第 **14** 辑

高桂林 主编

首都法学论坛

中国政法大学出版社

2018 · 北京

图书在版编目（CIP）数据

首都法学论坛. 第14辑/高桂林主编. —北京：中国政法大学出版社，2018. 6
ISBN 978-7-5620-8299-6

Ⅰ.①首… Ⅱ.①高… Ⅲ.①法学－文集 Ⅳ.①D90-53

中国版本图书馆CIP数据核字(2018)第119993号

出 版 者	中国政法大学出版社
地　　址	北京市海淀区西土城路 25 号
邮寄地址	北京 100088 信箱 8034 分箱　邮编 100088
网　　址	http://www.cuplpress.com (网络实名：中国政法大学出版社)
电　　话	010-58908437(编辑室)　58908334(邮购部)
承　　印	北京九州迅驰传媒文化有限公司
开　　本	720mm×960mm　1/16
印　　张	23.00
字　　数	393 千字
版　　次	2018 年 8 月第 1 版
印　　次	2018 年 8 月第 1 次印刷
定　　价	79.00 元

序 言

　　党的十八届六中全会提出，2017 年经济发展要统筹推进"五位一体"总体布局和协调推进"四个全面"战略布局，树立和贯彻新发展理念，适应经济发展新常态，坚持宏观政策要稳、产业政策要准、微观政策要活、改革政策要实、社会政策要托底的思路，以推进供给侧结构性改革为主线，适度扩大总需求，加强预期引导，深化创新驱动。这表明，在新发展理念指导下，在推进供给侧结构性改革过程中，经济法治将继续发挥重大作用，经济法研究迎来新的发展机遇和挑战，研讨此课题，具有重要的理论意义和实践价值。

　　为此，中国人民大学经济法学研究中心和首都经济贸易大学环境与经济法治研究中心共同举办"第十二届中国经济法治论坛"，主题是"新发展理念、供给侧结构性改革与经济法治"。此次论坛围绕"竞争政策与产业政策研究""供给侧结构性改革与财税、金融调控监管""宏观调控与规划和产业政策"以及经济法治其他相关主题进行研讨，得到了国家司法部门、著名法学专家以及社会各界人士的积极响应，并收获了四十余篇高质量、高水平的论文成果，《首都法学论坛》（第十四卷）借此收录并向社会各个领域展示和呈现，希望本次论坛所收录的理论成果能够为我国经济法治的建设进言献策，方不负此次论坛开设之初心。

高桂林

首都经济贸易大学法学院教授

首都经济贸易大学环境与经济法治研究中心主任

C目录
Contents

【宏观调控与产业政策】

【其他经济法治论题】

【竞争政策与产业政策】

标准必要专利许可费确认与事后之明偏见

——反思华为诉 IDC 案

李 剑[*]

[摘要] 在确定标准必要专利许可费这一难题上，现有的主要方法都有其局限性。相较而言，通过可比较交易来确定许可费的方法，由于具有体现市场行为的基本理念、简化判断过程和提高结果被接受程度的优势而在实务中被广泛采用。但是，通过可比较交易来判断许可费的过程也存在一些问题，例如，专利费确认的过程也是法官的认知过程，由于法官的裁判总是处于纠纷发生以后，因此会受到事后之明偏见的影响而不利于判决的公正性和合理性。在华为诉 IDC 案中，法院从事后判断苹果公司智能手机的成功是必然发生的事件，忽略了许可协议签订时的市场风险，典型地体现了这一认知偏差。尽管不能完全消除事后之明偏见，但通过完善判决书说理等方式，可以在很大程度上降低事后之明偏见的不利影响。

[关键词] 标准必要专利 许可费确认 华为诉 IDC 案 可比较交易 事后之明偏见

中国华为技术有限公司（简称"华为公司"）诉美国交互数字公司（简称"IDC 公司"）[1]是我国法院审理并做出终审判决的第一个涉及标准必要

* 李剑，上海交通大学凯原法学院教授。本论文为上海交通大学文理交叉重点项目、上海市"曙光计划"阶段性成果。

[1] 本案被告有交互数字技术公司（Inter Digital Technology Corporation）、交互数字通信有限公司（Inter Digital Communication, Inc.）、交互数字公司（Inter Digital, Inc.）和 IPR 许可公司（IPR Licensing, Inc.），它们均为交互数字公司（Inter Digital Corporation，简称 IDC）的全资子公司，对外统称交互数字集团（Inter Digital Group），本案的法院判决将被告统一简称为交互数字公司（IDC）。

专利的反垄断诉讼案件，法官在判决书中较为详细地阐述了许可费确认的原则与方法，具有非常强的"指导"意义。[1]

一、确认标准必要专利许可费的方法与可比较交易法的优势

理想状态下，无论是标准必要专利还是普通专利，只要许可方和被许可方在平等、自愿的基础上进行协商而达成许可费，该费用就是"合理的"许可费。但现实中因为标准产生的锁定（locked-in）等因素的影响，专利许可费无法达成一致。在华为诉 IDC 一案中，法院正是采用的可比较交易的方法。

（一）可比较交易法的概念

作为标准必要专利许可的核心，专利许可费的确定体现了标准必要专利问题的复杂性。尽管目前在理论上已经发展出许多方法，但由于各种限制因素，真正能够为法院解决纷争所评判、采用的并不多。

可比较交易法（comparable license approach），即利用具有可比性的市场交易来确定争议标准必要专利许可费的基准。例如，争议的标准必要专利正好也被专利持有人许可给其他的公司，而这一许可协议是在自由协商的基础上达成的，那么，则可以参照这一合同所确定的许可费来判断争议专利应当支付的许可费。这一方法最大的优点在于可以简化许可费的确认过程。当然，利用可比较交易来判断应支付的许可费也存在操作层面的问题。现实中很少碰到完全一样的许可交易，交易之间往往都存在专利数量、支付方式、许可范围等方面的差异，这可能导致由于"基准合同"的重要性而使得该交易本身失衡，[2]甚至还可能根本就没有可比较交易存在。

目前的三种主要方法，都存在或多或少的缺陷，这也是标准必要专利许可费确认成为理论、实务中重大难题的原因。即便如此，特定条件下存在具有"相对优势"的方法，会具有更强的可操作性和更高的被接受度。

（二）可比较交易法的相对优势

可比较交易法在司法实务中也有大量折中做法。但如果市场中有自由交易达成的许可协议作为参照对象，在比较争议交易的各种因素后得出最终的

---

[1] 华为诉 IDC 的反垄断诉讼中，同时包含了超高定价、搭售、歧视等多个反垄断法诉求，但核心无疑是许可费的确认。

[2] 即专利许可方竭尽所能去影响"第一个"许可合同，以构建更为符合自己利益的比较基础。

许可费具有几个方面的优势：

1. 体现了市场行为的基本理念

在理想状态下，专利费的确认应当是由许可方与被许可方在平等、自由的基础上通过谈判来确认的，因为个体是自身利益的最佳判断者。这一过程并非完全要求"等价"。在市场经济下的自由交换，大部分都不是等价的。如果一件商品对双方的价值都一样，那么发生交换的可能性就很小。只有我们对某件商品的评价存在差异，自由交易才会发生，交易一旦发生，就为双方都创造了价值。从这个意义上说，自愿交换一般都不会是等价的，而是伴随着价值的创造，也就是财富的创造。[1]在这一理念下，专利所具有的商业价值最终取决于市场需求，而不受专利数量、研发成本以及是否被纳入标准的影响。[2]因此，"合理使用费方法的思想来源于假想有意愿的专利权人（许可人）和有意愿的侵权人（被许可人）经过协商之后得出合理的专利许可费"。[3]而且，考虑市场交易的基本理念其实也在一定程度上融合了增量值法的内核。

2. 简化了判断的过程

首先，可比较交易的存在建立了市场行为的基准。交易价格的确定涉及复杂的决策过程。按照行为经济学家的研究，人们在风险条件下的决策存在着参考依赖（reference dependence）和损失厌恶（loss aversion）等特征。[4]其中，构建并形成参考的基点，即参考点（reference point）具有重要意义，因为参考点的形成使价格决策可能得以实现。无论是法官，还是相关当事方，在判断许可费时通常很难凭空想象相关交易的许可费的数额，因此在判断时同样需要构建参考点。而在参考点确立之后，围绕这一参考点进行适当的调整，才能形成可接受的价格范围。

---

〔1〕 张维迎：《经济学原理》，西北大学出版社2015年版，第11页。

〔2〕 Joseph Farrell, John Hayes , Carl Shapiro &Theresa Sullivan, "Standard Setting, Patents, and Hold-Up", 74 Antitrust Law Journal, 603, 616 (2007); Dan Swanson & William Baumol, "Reasonable and Nondiscriminatory (RAND) Royalties, Standard Selection, and the Control of Market Power", 73 Antitrust Law Journal, 15 (2005).

〔3〕 秦天雄："标准必要专利许可费率问题研究"，载《电子知识产权》2015年第3期。

〔4〕 Daniel Kahneman & Amos Tversky, "Prospect Theory: An Analysis of Decision under Risk", 47 Econometrica, 277~279 (1979); Daniel Kahneman & Amos Tversky, "Choices, Values, and Frames", 39 American Psychologist, 341~350 (1984).

3. 提高了结果被接受的程度

由于当前的标准必要专利许可费确认都不完美，获取相关信息也有一定的难度，因此，无论是美国还是其他地区，法院在处理相关案件的时候，"实际上"通常是在一般性原则的基础上考虑很少的因素来计算许可费。在此情况下，判决结果本身的可接受性就成为重要部分。由于被选作比较对象的是自愿达成的交易，它本身就蕴含了市场认可度，传递了"被告获得专利技术使用的价值是多少的信息，因为被告会考虑通过使用这一技术获得的回报"。[1]此外，如果法院和经济学专家已经就可比较的许可协议和诉讼中涉及的差异做出了考虑，从现实的许可协议中观察到的信息可以消除经济学分析中猜测的部分，会因此减少错误的风险。[2]结果准确性的提升，无疑也会提高结果的可接受性。

实际上，不仅法院广泛采用这一方法，相关案件的当事人也往往依赖于可比较的许可合同来主张自己的许可费。专利池作为许可合同的替代物出现，仍然是发挥类似比较基准的作用。由于可比较交易法的优势，在计算专利损害赔偿的时候，经济学家一直都依赖于可比较的许可协议。[3]当然，作为现实折中的方法，学者、法官也强调可比较交易法适用中的"可比较性"，也就是作为基准的交易与争议交易之间的差异。[4]

二、华为诉 IDC 案中的认知偏差

华为诉 IDC 案中法院虽然基于可比较交易而得出了许可费率，但是，受这一方法本身框架的影响，存在显著的认知偏差问题。[5]法官是在争议发生

---

〔1〕 Carnegie Mellon Univ. v. Marvell Tech. Grp. , Ltd. , (Fed. Cir. 2015).

〔2〕 J. Gregory Sidak, "Apportionment, FRAND Royalties, and Comparable Licenses after Ericsson v. D-Link", 4 University of Illinois Law Review, 1825 (2016).

〔3〕 例如，Michael J. Chapman, "Using Settlement Licenses in Reasonable Royalty Determinations", 49 IDEA, 313, 336 (2009); John C. Jarosz & Michael J. Chapman, "The Hypothetical Negotiation and Reasonable Royalty Damages: The Tail Wagging the Dog", 16 Stanford Technology Law Review, 769, 819 (2013); Thomas F. Cotter, "Four Principles for Calculating Reasonable Royalties in Patent Infringement Litigation", 27 Santa Clara High Technology Law Journal, 725, 734-35 (2011).

〔4〕 John C. Jarosz & Michael J. Chapman, "The Hypothetical Negotiation and Reasonable Royalty Damages: The Tail Wagging the Dog", 16 Stanford Technology Law Review, 819 (2013).

〔5〕 这里要特别说明的是，本研究的假设前提是：法官在处理案件中是基于"正当地履行审判职责"的信念，不考虑法官受到审判活动之外的各种压力的影响。

之后，寻求争议发生之前所形成的交易，进而进行比较，难免与争议发生前当事人的视角不同。[1]法院在判定作为比较参照物的苹果公司的许可费时依据的是非常简单的逻辑，即"根据 IDC 公司的上市财务年报，推算出 IDC 公司给予苹果、三星等公司的标准必要专利使用费数额，通过对比，法院认定 IDC 公司违反了 FRAND 原则，并据此支持了华为公司的诉讼请求"。[2]

根据判决书中确认的事实，尽管苹果公司的 iPhone 手机是在 2007 年 6 月 29 日正式上市，但是 IDC 和苹果公司之间的协议签署于 2007 年 9 月 6 日。这一交易是"全球范围内的、不可转让的、非独占的、固定许可费用的专利许可协议"。[3]因此，对于双方来说，协议的达成应该是基于在 2007 年 9 月 6 日之前的市场竞争状况而做出，而不是基于在华为和 IDC 公司因为许可费纠纷诉诸法院，法院做出判决时的市场竞争状况。因此，要理解法院判决是否准确，首先需要判断在 2007 年 9 月签署许可协议时的市场状况。

（一）2007 年的智能手机市场状况

从事后的眼光来看，苹果在 2007 年推出的智能手机 iPhone 对于手机产业而言是一次革命性的变化，改变了整个产业的发展方向。苹果不仅通过手机硬件赚钱，还通过封闭的软件系统，构建了基于智能手机的"生态链"，并在此基础上开发了 iPad 等产品，成就了现在的苹果商业帝国。但是，从事前的视角来看，苹果的第一代 iPhone 手机在推出时能否成功，以及获得多大程度上的成功则处于极度的不确定状态之中。实际上，2007 年 9 月之前的世界手机产业为以诺基亚为代表的公司所统治。

在 2007 年的时间点上去看当时的市场，可以发现，在新生的智能手机市场上，诺基亚和 RIM 公司最具市场地位，合计全球份额在 50% 以上。在苹果公司的 iPhone 上市之后的一段时期内，市场份额在 3% 以上的公司另外也只有 Sharp、HTC 以及 Fujitsu，几乎 40% 的全球市场份额是由大量市场占有率不足 3% 的公司瓜分。

而如果考虑单个的行业领先企业，可以看到，作为当时世界手机霸主的

---

[1] 陈林林、何雪锋："司法过程中的经验推定与认知偏差"，载《浙江社会科学》2015 年第 8 期。

[2] 祝建军："标准必要专利使用费条款：保密抑或公开——华为诉 IDC 标准必要专利案引发的思考"，载《知识产权》2015 年第 5 期。

[3] （2013）粤高法民三终字第 306 号。

诺基亚在 2007 年的时候占据了世界智能手机市场 45%以上的份额。2007 年第 4 季度，以出货量计，其全球市场份额达到了顶峰，超过 50%。[1]如果以全球手机市场的出货量作为标准，诺基亚在 2005 年前后的市场占有率也在 30%以上，而且远远领先于第二、第三的摩托罗拉和三星。[2]

（二）苹果第一代智能手机产品的销售

尽管第一代苹果手机正式在美国上市销售是在 2007 年的 6 月 29 日，但其发布于 2007 年 1 月 9 日。在美国才上市时，作为一款全新的手机，iPhone 受到市场热捧。在当年度的销售中（半年），苹果卖出了大约 139 万台手机。作为新产品，这虽是不错的成绩，但还远未达到"颠覆市场"的程度。

如上文所言，当时的 iPhone 手机产品面临非常多的困难，从手机的安全性到竞争对手的竞争压力，[3]莫不如此。在种种因素的制约下，苹果 iPhone 第一年的最终销售数量为 541 万部。[4]从实际销售状况上看，苹果手机在一开始的销售量尽管相比其他公司有一定的优势，但从 2007 年第 3 季度到 2008 年第 3 季度的一年时间内，销售量并未见有非常大的突破。其中在 2008 年达到高峰后甚至开始大幅度下降。[5]

（三）对产品成功概率的估计

苹果第一代手机上市之初的销售状况远没有当时 CEO 乔布斯自己预计的那样好。市场对这一新产品的认识也存在分歧。即便是同样具有丰富科技、商业经验的人，也有完全不同、甚至非常悲观的看法。

苹果公司的转机出现在一年之后的 2008 年第 4 季度。当时，苹果公司推出了新一代 iPhone 3G 智能手机，获得了成功，从此开启了爆发式的增长。而这种增长又超越了当时很多乐观的估计。

---

〔1〕 载 http://www. statista. com/statistics/263438/market-share-held-by-nokia-smartphones-since-2007/，访问日期：2016 年 3 月 4 日。

〔2〕 载 http://www. zdnet. com/article/mobile-phone-market-share-for-q4-2005-nokia-34-1-motorola-18-2/，访问日期：2016 年 3 月 4 日。

〔3〕 "商业周刊：并非所有人都想要 iPhone"，载 http://tech. sina. com. cn/t/2007-07-01/13141592074. shtml，访问日期：2016 年 3 月 4 日。

〔4〕 载 http://www. statista. com/statistics/263401/global-apple-iphone-sales-since-3rd-quarter-2007/，访问日期：2016 年 3 月 4 日。

〔5〕 相关数据可参见 https://en. wikipedia. org/wiki/File: IPhone_ sales_ per_ quarter_ simple. svg；或者 http://www. statista. com/statistics/276306/global-apple-iphone-sales-since-fiscal-year-2007/，访问日期：2016 年 3 月 4 日。

从苹果公司 iPhone 手机的销售状况可以看到，新产品的市场表现往往比较难以预计，因为没有足够的经验可供参考。单纯依据公司以往的表现也难以有确定的判断。苹果公司也有非常多失败的产品，并一度走到破产的边缘。反向的例子则是诺基亚、摩托罗拉。这两家公司都因为对智能手机市场发展的误判，迅速被市场边缘化，濒临破产。市场风险无处不在。如果在每一阶段都能够正确地评估风险、预计科技发展的方向，那么可能就没有企业会破产了。也正是由于对属于新生事物的苹果第一代 iPhone 智能手机未来市场发展的不确定性所带来的风险的回避，和与华为公司的交易不同，IDC 公司在与苹果公司的交易中采用了固定收取许可费 5600 万美元的方式。

在华为诉 IDC 案中，法官直接将 IDC 公司与苹果公司的许可费除以在此期间销售的手机数量而得出许可费率，并将此作为可比较的交易基准，实际上，这是认定苹果手机的成功是一个必然的结果，没有考虑到在 2007 年和 2011 年时市场的发展阶段不同，产品的销售风险有显著的区别。这种事后视角对风险的理解，属于典型的事后之明偏见。

三、事后之明偏见的原理与缓解措施

案件的判决由法官做出，案件的审判过程也是法官的认知过程，也因此会受到认知偏见的影响。对事后之明偏见的理解，则有助于对案件判决结果的合理性有更为清晰的认识。

（一）事后之明偏见的一般原理

事后之明偏见（hindsight bias）又被称为事后偏见后见判断、后见效应等，[1]是一种人们在知道事情的结果后会持续夸大可预见性的心理现象。从心理学的角度来说，人们获知事件的结果之后，该结果信息就会不可避免地进入大脑的信息储备。当大脑模拟从事前的角度估计该事件发生概率的时候，结果信息会在主体无意识的情况下进入思维过程并影响判断，进而导致对事件发生概率与可预见性概率的估计高于真实值。[2]后见效应有两类经典的表现形式：一种是对事件发生概率的歪曲，另一种则是对产生判断时的事实性

---

〔1〕 在不同的文献中有不同的称谓，为了行文上的一致，本文统一采用"事后之明偏见"。

〔2〕 陈林林、何雪锋："司法过程中的经验推定与认知偏差"，载《浙江社会科学》2015 年第 8 期。

知识的记忆歪曲。[1]而无论是何种类型，最后都导致因为错误地评估了事情发生的可能性而产生错误的判断。

事后之明偏见对于理解法律现象具有重要意义。虽然人们一般不需要估计已经发生的事件在过去的发生概率，但是法官的裁判总是处于纠纷发生以后，因此事后之明偏见对司法决策有着深刻影响。[2]法律决策虽然属于特殊职业中特殊人群的决策，但其决策的结果会影响到整个社会秩序的维护，以及为人们的行为提供的引导和规范作用。法律决策是在法律案件的审判过程中，与案件有关的当事人（证人或专家），以及案件的审判人员（法官、陪审员）依据事实、证据和法律规定，对案件被告人的行为做出自我判定，而形成具有法律效力的结果。在法庭审判中的法官，往往面临着一个艰难的挑战，即他们必须忽略结果对他们所产生的事后效应的影响，以一种公平的方式来判决被告在结果出现之前的行为是否有罪。在尝试忽略特定信息的同时，这种重新判断过去的方式使得法官在做出决策时不可避免地出现了事后之明偏见。[3]换句话说，由于司法裁判的流程所限，决定了法官总是受到事后之明偏见的影响。

上述结论同样得到大量研究的支持。[4]例如，在一些心理学实验中，当案件提供的信息可能间接地不利于决策者时，法官们会更倾向于认定是由于案件被告的疏忽或过失、放任或者没有及时采取适当的措施而导致案件不利结果的发生，并且认为该不利结果的发生是能够早已预料到的，由此更容易判定被告的行为存在严重过错，对被告的行为进行处罚，进而对社会公众起到警示作用，以避免今后类似有害的事件结果会发生在自己身上。而当案件所提供的信息可能间接地有利于决策者时，法官们往往会感知被告人在事件中所实施的行为即使存在一定的过错，也是受到外界其他原因的影响而导致不良结果的发生，并认为该不良结果在发生前是不太可能被预见到的，进而

---

[1] 彭慰慰："法律决策中案件相关性及消减策略对后见偏差的影响"，载《心理与行为研究》2013年第4期。

[2] 陈林林、何雪锋："司法过程中的经验推定与认知偏差"，载《浙江社会科学》2015年第8期。

[3] 彭慰慰："法律决策中案件相关性及消减策略对后见偏差的影响"，载《心理与行为研究》2013年第4期。

[4] 钟毅平、彭慰慰："法律决策中事件结果对后见偏差的影响"，载《心理科学》2010年第4期。

更容易判定为"情有可原",出现心理学上的"移情"反应,即假设自己作为案件当事人也期望能尽可能地接受有利结果给自己带来的获益,而尽量避免不利结果对自身造成的损害。[1]此外,还有学者通过研究法律领域的决策指出,陪审团在对被告进行判决的过程中,本应依据被告的行为本身进行判决,但却不可避免地受到了被告行为所导致结果的影响。尤其值得注意的是,结果的呈现不仅提高了陪审团对事件结果的预测性,还相应提高了他们对被告自身预测能力的估计。[2]

司法活动过程实际上是法官的认知过程。波斯纳就提到,在法官必须决定是否相信某证人的言辞证据时,通常在证人作证之前,他就已经对这个言辞证据的真实概率有一个估计。这个提问前的估计就是所谓的"先验概率"(prior probability),或称"先验"。该法官也许完全没有意识到自己会有这样一个先验概率,这个概率也最不可能用数字来表达。但这个先验概率的确存在,并影响他的"事后概率"(posterior probability),即在证人作证、交叉质证并提出与其言辞真实性有关的任何证据后,该法官对证人言辞实性给出的概率。该法官接受的、与这一证词的真实性有关的每个信息,都有可能改变他的先验概率,但不会消除它。[3]这实际上也意味着,事后之明偏见的存在,直接影响到了对先验概率的判断,提高了事件发生的概率,而最终会直接影响到法官对事后概率的判断,进而导致在案件结果上产生重大的影响。

现有的理论研究表明,减少事后之明偏见的核心在于推动决策者去思考和现有结果不同的可能性。从这一原理出发,实际上对于法院审理标准必要专利许可费确认案件时提出了分析和推理的基本要求,即需要从许可方和被许可方的角度,对于作为基准的交易、需要审理的交易发生时的市场、风险条件结合相关事实进行详细分析,考虑市场发展过程中的众多可能性,由此才能减少事后之明偏见带来的认知影响。

在具体分析标准必要专利许可费的反垄断案件中,则有两个基本要求:

---

〔1〕 彭慰慰:"法律决策中相关性及消减策略对后见偏差的影响",载《心理与行为研究》2013年第4期。

〔2〕 See Erin M. Harley, "Hindsight Bias In Legal Decision Making", 25 (1) Social Cognition, 48~63 (2007);龚梦园、徐富明、方芳:"事后聪明式偏差的理论模型及影响因素",载《心理科学进展》2009年第2期。

〔3〕 [美] 理查德·波斯纳:《法官如何思考》,苏力译,北京大学出版社2009年版,第61页。

1. 判决书的充分说理

判决书的充分说理，能够促使法官努力获取对法律、产业特性、商业运作、市场状况等方面的知识，加深对市场结果可能性的了解。而判决书说理越不充分、越简单，则既有结果对于认知的负面影响会越严重，因为法官在规避说理的过程中，也放弃了对新的可能性的了解。在华为诉IDC案中，法院认为，判断许可费自身的合理至少应考量以下因素：一是许可使用费数额的高低应当考虑实施该专利或类似专利的所获利润，以及该利润在被许可人相关产品销售利润或销售收入中所占比例；二是专利权人所作出的贡献是其创新的技术，专利权人仅能够就其专利权而不能因标准而获得额外利益；三是许可使用费的数额高低应当考虑专利权人在技术标准中有效专利的多少，要求标准实施者就非标准必要专利支付许可使用费是不合理的；四是专利许可使用费不应超过产品利润一定比例范围，应考虑专利许可使用费在专利权人之间的合理分配。[1]但这些表述过于笼统，在实际确定许可费率的时候，法官并没有调查2007~2013年间手机市场的变化，没有分析市场的多种可能性，甚至没有分析如何从苹果公司0.018%的许可费率来确认到华为公司支付0.019%的费率。因此，无论判决书对一些基本原则的阐释如何全面，在针对具体问题分析时所存在的巨大"跳跃"，必然会导致法官对于市场结果的认知产生严重的偏差。

2. 对许可方抗辩理由的全面回应

在标准必要专利反垄断诉讼案件中，被告的主张实际上是为法官提供了和原告不同的对市场状况可能性的分析。因此，法官对于这些主张进行全面回应时，能够促使其从新的角度理解和分析问题，从而发现更多的市场结果的可能性。在华为诉IDC案中，IDC公司在上诉中曾提到："原审判决将交互数字提供给华为公司的按实际销售量的许可费率报价与其提供给其他被许可人收取的固定许可费进行对比，明显错误和不公。原审法院在将交互数字与苹果公司固定收费的许可交易错误折算为所谓的许可费率时，使用了签订合同时无法预料的实际销售量进行计算和比对，进一步造成对比数据严重失

---

[1] 该案的审理法院所提出的这些方法本身是否合理也有待商榷，但限于本文的写作目的，对此不做分析。

真。"[1]为支持这一主张，IDC 公司在二审期间向法院递交的 17 份证据材料中包括了"9. iphone 五周年回眸：iphone 推出前的 11 大预言"。[2]但法官并没有根据 IDC 公司说理的逻辑来进行全面回应，而是认为"交互数字始终不愿在本案中提交相关专利许可使用合同、不愿披露其对其他公司按许可费率收取的情况下，原审法院根据交互数字年报披露的内容、其他被许可人的销售收入和其他情况，推算出专利许可费率，从而与交互数字拟对华为公司收取的专利许可费率予以比对，作为判断是否存在过高定价的参考，具有一定合理性和科学性"。[3]这导致法官没有真正意识到固定收费与许可费率在市场风险分担上的差异，以及事前、事后视角对风险理解的差异。

综上而言，在相关案件中，强调判决书的充分说理以及对被告抗辩理由的全面回应，能够将减少事后之明偏见的理论研究结论内化于案件审理过程，减少法官的认知偏差。

四、结语

中国目前的标准必要专利许可费纠纷案件借助于反垄断法来寻求救济途径，会导致对相关企业、相关产业产生更为深远的影响。而在对合理许可费进行具体判断的过程中，除了要关注其中技术性方法适用的条件之外，还要注意"事前"视角和"事后"视角所带来的差异。这种差异具有现实意义。因为标准必要专利许可的谈判持续的时间往往非常长，而相关产品的市场环境变化则可能非常快速。到案件进入法院接受审理时，法官可能面对的是一个发生了相对巨大变化的市场结果。当初不太确定的市场风险可能已经有了明确的市场结果。此时，"事后"视角会难以避免地干扰判断。波斯纳法官在苹果诉摩托罗拉案也中承认，事后的视角会产生谬误。[4]而要缓解认知偏见的负面影响，则需要在得出判决之前充分、详细地合理化判决理由，换位考虑市场决策的做出。如此，即便事后之明偏见永远相伴，但最终判决结果的合理性与可接受程度会大幅度提高。

---

〔1〕 (2013) 粤高法民三终字第 306 号。

〔2〕 (2013) 粤高法民三终字第 306 号。

〔3〕 (2013) 粤高法民三终字第 306 号。

〔4〕 Apple, Inc. and Next Software Inc. , v. Motorola, Inc. and Motorola Mobility, Inc. , Case no. 1：11-cv-08540 (2012).

从实然到应然：反垄断委员会的职能重构

胡国梁*

[摘要] 我国目前的反垄断法实施机制是一种"三权分立"的模式，这种模式的建立有其背后的考量因素，但在实践中容易带来垄断行为管辖权冲突、反垄断执法权尺度不一、反垄断执法权独立性不足等不良后果。将反垄断执法权分散化配置并不是一个好的配置模式，分散化配置向集中式配置已经是一个重要趋势。虽然在既有的反垄断法实施机制中，反垄断委员会并不具有直接的执法权，但其在竞争政策的拟定、竞争状况的评估和反垄断指南的发布方面依然可以积极作为，这也让反垄断委员会统合反垄断执法权成为可能。以此思路重构反垄断委员会的职能不仅契合反垄断内在规律，进而有效规制各种垄断行为，还能为国务院机构改革提供样板。

[关键词] 反垄断法　反垄断委员会　竞争政策

我国《反垄断法》所确立的是"双层三元"的反垄断法实施机制，第一层是总体上负责"组织、协调、指导"反垄断工作的反垄断委员会，第二层是具体负责反垄断执法的行政执法机构，具体的反垄断行政执法权，又根据不同的垄断行为，被分别授予商务部、国家发改委和国家工商总局。严格来讲，反垄断委员会并不是直接的经济调节机构，但其在国家经济调节中仍然具有一定作用，并且在今后可能会发挥越来越大的作用。这里主要是从建构的视角，在分析市场规制领域现有执法机制的弊端之后，提出将来构建以反垄断委员会为主体之反垄断执法机制的初步想法。

---

* 胡国梁，江西泰和人，江西财经大学法学院，法学博士，研究方向为经济法。

一、问题缘起：反垄断委员会的主要职能与法律性质

首先，有必要根据《反垄断法》的相关规定对反垄断委员会的主要职能进行简要分析。我国 2007 年颁布的《反垄断法》第 9 条专门对反垄断委员会进行了规定，据此，反垄断委员会由国务院设立，总体上负责组织、协调、指导反垄断工作，具体职责包括：①研究拟订有关竞争政策；②组织调查、评估市场总体竞争状况，发布评估报告；③制定、发布反垄断指南；④协调反垄断行政执法工作；⑤国务院规定的其他职责。

市场经济的本质就是竞争，"确立竞争政策在经济政策体系中的基础、核心地位，是对市场经济运行规律的尊重"[1]，但对于何为竞争政策，学界尚未形成一致的看法，如果认为法律和政策之间存在本质区别，那"狭义的竞争政策……通常以法律的形式存在"[2]的主张就值得商榷了。反垄断委员会这里所负责研究拟订的竞争政策也仅仅是"政策"而已，但也正因如此，竞争政策对反垄断执法工作的指导意义才得以彰显，因而才有学者主张要"用中国的竞争政策调整中国的反垄断法"。[3]虽然从文义解释来看，这里的"拟定"并非最终的"制定"，对竞争政策的出台不具有决定性意义，但"反垄断委员会这一权限内含对法律进行竞争评估的正当性"。因此，《反垄断法》所赋予的反垄断委员会"研究拟订有关竞争政策"职责在反垄断实践和竞争实践当中都具有风向标意义。从长远来看，可以认为研究拟订有关竞争政策是反垄断委员会最重要的一项职能。

与研究拟订有关竞争政策不一样，"组织调查、评估市场总体竞争状况，发布评估报告"更像是一项服务性或辅助性工作。对于具体的反垄断行政执法机构，要判定某一行为是否为反垄断法所禁止，必须首先考虑该领域市场总体竞争状况。对竞争状况的判定需要综合运用经济学、法学、统计学等多种分析理论，还必须熟悉该具体行业的专门知识。比如 2015 年 10 月 28 日所查处的重庆首例医药行业垄断案件"重庆青阳药业有限公司滥用市场支配地

---

〔1〕 时建中："论竞争政策在经济政策体系中的地位——兼论反垄断法在管制型产业的适用"，载《价格理论与实践》2014 年第 7 期。

〔2〕 徐士英："竞争政策视野下行政性垄断行为规制路径新探"，载《华东政法大学学报》2015 年第 4 期。

〔3〕 顾敏康："竞争政策对竞争法制的影响"，载《法学》2011 年第 9 期。

位拒绝交易案"，执法机构必须查清别嘌醇原料药对生产别嘌醇制剂的核心作用，才能得到是否构成限制竞争的准确结论。之所以认为反垄断执法是一项专业性极强的工作，正缘于此。由反垄断委员会组织调查并评估市场竞争状况，发布评估报告，无疑可以大大减少具体执法机构的工作量。

我国《反垄断法》总共只有五十七条，对垄断行为的具体规定更只有区区二十五条，这与反垄断执法工作的专业性、技术性和复杂性形成鲜明对比。从其他国家和地区的立法经验来看，有关反垄断方面的规定也都十分简略，被称为反垄断法鼻祖的美国《谢尔曼法》总共只有八条规定，其核心内容也主要是第一条和第二条。因此，反垄断指南就成为反垄断执法必不可少的操作指引。从反垄断实践来看，"虽然这些指南只是执行机构对执行政策的表述，但是经过多年的演化，指南已经成为一种执行机构的法律制定形式"[1]，以致有学者认为，"一系列指南处理了反垄断的绝大部分领域的问题，由此建立的反垄断权力渊源已经使先前的法官造法的普通法体系以及国会的制定法体系失去光芒"[2]，可见反垄断指南的重要意义。其他国家反垄断执法指南多由反垄断执法机构制定，我国《反垄断法》将制定反垄断指南的权力交由反垄断委员会，彰显了反垄断委员会在反垄断实施机制中的重要地位。

我国反垄断的具体执法工作，是根据垄断行为的类型，分别交由商务部、国家发改委和国家工商总局来完成，这种"三足鼎立"的权力配置模式，虽然在理论上比较清楚明晰，但在实践中会因各种各样的因素产生职能交叉或职能真空，无论是哪种情形，都不利于反垄断执法工作的开展。为协调这三大执法机构的工作，《反垄断法》特规定反垄断委员会有"协调反垄断行政执法工作"之责，这在当前的执法机制中是非常必要的，而且从反垄断委员会的构成来看，反垄断委员会的主任通常由一名国务院副总理兼任，副主任为上述三大执法机构的负责人，因而反垄断委员会也有能力协调好三大执法机构的工作。

反垄断委员会的全称是国务院反垄断委员会，目前将其定性为国务院议事协调机构。作为议事协调机构，其基本的工作内容从名称当中也可以看出，

---

〔1〕 Spencer Weber Waller, Prosecution by Regulation: *The Changing Nature of Antitrust Enforcement*, 77 Oregon L. R1392（1998）.

〔2〕 李剑："反垄断私人诉讼困境与反垄断执法的管制化发展"，载《法学研究》2011 年第 5 期。

即"议事"与"协调"，但"'议事'是为了'协调'，议事的过程同时也是协调的过程"[1]。可是，从上述对反垄断委员会主要职能的分析来看，"议事"与"协调"只是其职能的一部分，甚至同拟订竞争政策和发布反垄断指南两大职能相比，还很难说是最重要的部分。因此，如果细究反垄断委员会的职能，将其定性为议事协调机构是不无疑义的。只是在现有政府行政体制和精简机构改革的背景下，除了议事协调机构外，也没有其他更好的选择。然而，对于这样一个极其重要而且将来会越来越重要的机构，将其定性为国务院议事协调机构只是权宜之计，是不宜长期坚持的，我们必须在当前的过渡阶段为其探寻出一条可行的路径。

二、我国反垄断规制"三权分立"模式的成因与弊端

(一) 采行"三权分立"模式的缘由

如果要为反垄断委员会法律性质的定位寻找到一条更好的路径，首先还是从我国反垄断规制现有的权力结构入手。众所周知，我国反垄断法的执行是分别由商务部、国家发改委和国家工商总局根据各自业务范围来展开，其中商务部负责经营者集中行为的反垄断规制，国家发改委负责价格垄断协议行为的规制，国家工商总局负责价格垄断协议之外的垄断协议、滥用市场支配地位以及滥用行政权力排除限制竞争行为的规制。对于这种权力分配模式，学界批评的声音多，肯定的声音少。存在的未必是合理的，但存在的必定有其存在的理由，对于采行这一模式的原因，笔者认为主要包括以下几个方面：

首先，是权力主体之间的博弈。日本通产省前通产产业审议官天谷正弘曾说，"官吏为争权限，不分昼夜，不顾理歪"。[2]之所以如此，权力不仅可能带来一定的寻租利益，而且在地位、政绩以及政治前途等方面均具有巨大影响。更何况，在《反垄断法》出台之前，商务部、国家发改委和国家工商总局在各自职权范围内已经有一定的针对反限制竞争行为的规制权限，要剥夺其已有权限必然会遭遇巨大阻力，可谓难于上青天。《反垄断法》如果要及时出台，必然要作出一定的妥协，在一定时期内依然承认这三大机构的执法

---

〔1〕 周望："议事协调机构的过去、现在与未来"，载《中共天津市委党校学报》2013 年第 6 期。

〔2〕 转引自宋华琳："建构政府部门协调的行政法理"，载《中国法律评论》2015 年第 2 期。

权限也是无奈之举。

其次，是执法经验上的需要。"三权分立"的执法模式固然有权力博弈的因素存在，但也需要看到承袭既有监管机制的合理性。这三大机构，尤其是国家发改委和国家工商总局，此前就有一定的反限制竞争规制权限，积累了比较丰富的执法经验。由于我国《反垄断法》规定得比较抽象，而反垄断执法本身又极具专业性和技术性，因此执法经验就十分重要。倘若另起炉灶，新建一套执法系统，不仅浪费了原有机构已经积累的丰富经验，新设机构在经验空白的条件下也很难真正落实好《反垄断法》。

最后，也是精简机构的需要。随着向市场经济体制的转轨，政府逐渐从管理型向服务型转变，大量不当的管制职能和机构相继被撤销，可以认为精简机构也是适应市场经济发展的重要政府体制改革。在精简机构的背景下，如果既有的行政主体已经有了执法权限，自然就不宜再设一个新的机构。

（二）我国"三权分立"规制模式的弊端

对于这种各司其职的规则模式，有学者认为，"表面上看，这种执法体系采取行政执法而非司法执法的形式，符合世界反垄断法的趋势。但是，多头执法的方式在权威性和民主性方面却有很大问题，尤其是在中国行政垄断十分严重的现行状况下"。[1]由三大机构分别行使反垄断执法权力在实践中所产生的弊端却是不可忽视的，随着商业模式的创新和反垄断执法的深入，这些弊端可能还会越来越明显，尤其会表现为以下几个方面：

其一，是垄断行为管辖权的冲突。从国务院对三大机构职权的界定来看，三大机构分别管辖不同形式的垄断行为，这些垄断行为的边界在制度和理论上都是比较清楚的。但制度和理论上清晰的边界在实践中却可能显得极为模糊，毕竟制度的规定和理论的概括并不等于实践的运行。根据相关规定，国家发改委和国家工商总局之间权限划分依据在于是否涉及价格垄断，若涉及价格垄断，则归国家发改委管辖；若不涉及价格垄断，则归国家工商总局管辖，但在实践中极有可能出现某一行为既有价格垄断的元素，又有滥用市场支配地位的元素，此时国家发改委和国家工商总局之间的管辖权界限就不那么清晰了。再者，商务部负责管辖的是经营者集中行为，"当发生跨国公司通

---

〔1〕 刘丽、陈彬："我国反垄断执法机制的不足与完善"，载《时代法学》2010 年第 5 期。

过并购实现滥用市场优势地位、实施限制性竞争行为等案件时"[1]，如何确定商务部和国家工商总局之间的管辖权亦不无疑问。更严重的问题是，当这种定性存在争议的垄断行为出现时，在现有体制下还必须首先对其到底属于何种垄断行为进行判定，此后该行为才能进入相应的规制通道，这极有可能造成对垄断行为的迟延处理，不利于保护市场的竞争秩序。

其二，是反垄断执法权的尺度不一。在划分三大机构权限的时候，标准其实并没有统一，商务部和国家工商总局是根据《反垄断法》确定的垄断行为类型来划分的，而国家发改委所管辖的是价格垄断行为，换句话说，当《反垄断法》所确定的垄断行为若是价格垄断，则归国家发改委管辖；若不是价格垄断，则归其他机构管辖。问题在于，价格垄断并不是一种法定的垄断种类，是依附在其他垄断行为之上的。因而，国家发改委也有可能查处垄断协议或滥用市场支配地位的行为。不同机构对同一种类的垄断行为都具有管辖权的时候，就有可能产生执法权尺度不一的问题。执法权尺度不一，最终必然会给市场的公平性带来不良影响。

其三，是反垄断执法权的独立性不足。如前所述，反垄断规制权作为一项重要的国家经济调节权，必须具有一定的独立性。从国际上反垄断执法实践来看，反垄断执法权的独立性也都比较明显。之所以如此强调反垄断执法的独立性，一方面在于反垄断执法的专业性要求，另一方面，反垄断执法权的独立性也是其权威性的重要保障。然而，从我国的情况来看，三大机构本来就承担了较多的职能，这些众多的职能中难免会有一些同反垄断执法构成一定冲突。因此，有学者评论道，"在目前的体制下，无论是反垄断与反不正当竞争执法局、反垄断局还是价格监督检查与反垄断局，均是一个内设机构，其独立性令人担忧"[2]。对反垄断执法权独立性的担忧也就包含着对其权威性的质疑。

从上述对我国既有"三权分立"反垄断规制模式的成因和弊端可以看出，正是我国反垄断执法机制的设计没有遵循反垄断执法所应有的内在逻辑，而更多地考虑权力部门之间的博弈，导致我国反垄断执法机制存在各种各样的问题。

---

[1] 倪娜、万欣："论我国反垄断实施机制的完善"，载《中州学刊》2010年第2期。

[2] 王健："权力共享制抑或权力独享制：我国反垄断执法机关权力配置模式及解决方案"，载《政法论坛》2013年第3期。

三、域外反垄断权力配置与我国反垄断委员会职权的重构

从以上对我国反垄断委员会的主要职能和当前反垄断执法权配置模式的分析中可以看出，反垄断委员会并没有具体执法权，而"三权分立"的执法权配置模式又不太符合反垄断的内在逻辑，并且在实践中容易导致各种问题，影响《反垄断法》的贯彻实施。

既然集中式的反垄断执法权配置模式渐成世界趋势，而我国"三权分立"式的反垄断执法权配置模式也存在诸多问题，考虑改变我国既有的配置模式，将三家机构的反垄断执法权集中起来行使就成为顺理成章的选择。对此，学界已经作出了不少努力，且形成了比较一致的观点，那就是将反垄断执法权集中到反垄断委员会，由其统一行使。比如王先林教授就认为，在将来的反垄断执法机制改革中，可以尝试"将现有部门如国家工商总局、商务部、国家发改委中与反垄断执法有关的内部机构统一并入国务院反垄断委员会"，由国务院反垄断委员会集中行使反垄断执法权。王健教授在分析我国反垄断执法机关权力配置模式的种种问题后也认为，"最优的解决方案应是由权力共享制过渡到权力独享制，承接权力独享制任务的最佳主体应是国务院反垄断委员会"。对建立以反垄断委员会为主体的反垄断执法权模式的信心并非"一厢情愿"，还源自既有的制度基础。如前所述，反垄断委员会虽然目前并没有具体的执法权，但其在拟订有关竞争政策、制定反垄断指南以及协调反垄断行政执法工作方面具有很大的作用空间。目前的反垄断委员会成员基本上来自既有的反垄断执法机构，因此，反垄断执法机构所积累的经验也就是反垄断委员会的反垄断经验。因此，将来由反垄断委员会来统一行使反垄断执法权在技术上是可行的。

由反垄断委员会统合反垄断执法权，可以为妥善解决因"三权分立"权力配置模式所带来的垄断行为管辖权冲突、反垄断执法尺度不一、反垄断执法独立性不足等问题提供有效的制度通道。由一个机构统一对各种垄断行为予以规制，自然就不太可能导致大量垄断行为管辖权冲突和反垄断执法尺度不一问题（至少没有制度上的硬伤）。将一系列专业性极强的反垄断执法工作整合到反垄断委员会之中，也有利于倒逼反垄断委员会的体制改革。换言之，为了应对数量如此巨大的反垄断执法工作，反垄断委员会自身也必然要进行

自我重塑，这种倒逼压力是"三权分立"模式所不可比拟的。反垄断委员会自我重塑的方向显然是更强的独立性，因此，反垄断委员会也会日益超脱行政权力的不当束缚，专注于反垄断执法。

四、主题的延伸：国家经济调节权与国务院机构改革

应当认为，反垄断规制权是国家经济调节权的一项重要内容。如前所述，国家经济调节权是一种现代性权力，一种独立性权力，国家经济调节权的现代性和独立性必然要求国家经济调节权的承载主体——国家经济调节机构在一定程度上超脱于传统行政权力。要实现这一理念，必然要求国家经济调节机构的设置从传统行政部门中独立出来，形成一套独立的系统。这样，反垄断规制权就有必要从既有的三大机构中剥离出来，被置于国家经济调节机构系统之中，而反垄断委员会显然是承载所剥离出来的权力的最好主体。

有学者在论述国务院机构改革时敏锐地指出，"国务院下设机构可以分为三大类：行政部门、调制机构和事业单位""国务院议事协调机构中的国家能源委员会、反垄断委员会等，都可以划转到国家调制机构这一系列"。[1]其所指的国家调制机构与本文的国家经济调节机构并无实质区别。这种划分方法十分简单明了，并有效地将国家经济调节权从传统行政权力中区分开来。但是若将议事协调机构划入国家经济调节机构当中，则并不妥当，一方面很多议事协调机构与经济调节并无直接关联，比如国务院纠正行业不正之风办公室、全国老龄工作委员会、全国爱国卫生运动委员会等，另一方面，这些议事协调机构的运作逻辑和国家经济调节机构的运作逻辑完全不一样，其中很多都是临时性机构，且并不拥有实体性权力。我国目前存在36个国务院议事协调机构，其中只有3个单设了办事机构，因此，将议事协调机构划入行政部门更为合适。这样一来，国家经济调节机构就变得比较纯粹，如果赋予反垄断委员会反垄断规制权，使其作为与行政部门相独立的国家经济调节机构，反垄断委员会就能独立行使权力。以上制度设计也恰好可以很好地回应这样一个科学主张。

---

〔1〕 陈云良、陈婷："银监会法律性质研究"，载《法律科学（西北政法大学学报）》2012第1期。

论美国联邦反托拉斯行政执法的司法审查标准

——从麦克韦恩诉 FTC 案（2015）切入

洪莹莹*

[摘要] 随着我国反垄断执法步入常态化和执法争议的逐渐显现，有关反垄断执法决定的司法审查问题迫切需要关注，然而我国现行立法及理论并不足以对此问题提供支撑。美国作为反垄断法的发源地，相关经验可兹借鉴。麦克韦恩诉 FTC 案（2015）显示，联邦巡回上诉法院对 FTC 的事实认定和经济结论适用实质性证据标准，对法律解释和 FTC 将法律适用于事实进行重新审查，但对 FTC 的具体法律适用给予一定遵从。这种基于事实–法律区分的司法审查模式具有成文法上的依据，根植于美国行政法的上诉审传统，该模式本身及各审查标准在反托拉斯领域的具体适用可对我国提供诸多启示。

[关键词] 司法审查　反托拉斯　FTC　实质性证据　重新审查

一、FTC 反托拉斯行政执法的司法审查标准分析

麦克韦恩诉 FTC 案（2015）显示出法院对 FTC 执法决定采取了以事实——法律二分法为基础的不同审查标准，这种模式一方面存在《联邦贸易委员会法》《联邦行政程序法》等制定法上的依据，另一方面则是源于美国行政法领域的上诉审（appellate review）传统。

（一）缘何如此：FTC 司法审查标准的制定法依据和上诉审传统

首先，制定法依据。《联邦贸易委员会法》明确规定："任何个人、合伙

---

*　洪莹莹，就职于安徽财经大学商学院。

或公司，被委员会命令停止使用某种竞争方法或行为时，可以在收到命令的60天之内，向使用该竞争方法地或行为地，或该个人、合伙、公司居所或营业所在地的上诉法院申请复审，请求法院审查并撤销该命令……如果委员会对于事实的认定有证据支持，将是结论性的。"此处明确了对事实认定审查的标准，即"有证据支持，将是结论性的"。但是"有证据"是否就等于麦克韦恩案中的"有实质性证据"？对此，联邦最高法院在适用其他制定法中的相同条款时，将"有证据支持"解释为"有实质性证据支持"，遵循体系解释，此处亦应如此。[1]而且，《联邦贸易委员会法》出台时上诉审模式正在形成的特殊背景也直接指向这一解释，详见下文。然而，对于法律问题以及将法律适用于特定事实的混合问题如何审查，《联邦贸易委员会法》并无规定。此时，作为司法审查一般规范基础的《联邦行政程序法》便成为相应依据。由此明确了法院对法律问题的决定性解释权，相应审查即为重新审查。

其次，无论是《联邦贸易委员会法》，还是《联邦行政程序法》，相关规定均根源于美国行政法领域的判例法实践。《联邦贸易委员会法》颁布之时，恰逢美国行政法上诉审模式初形成之时。在民事诉讼中，通常对初审法院的事实认定采取较宽松的审查标准，即实质性证据标准或明显的错误标准，[2]对法律问题则重新审查。基于类比，上诉法院对行政机构执法决定的审查也采此模式，并将诸如"实质性证据"等法律术语及规则一并从普通法诉讼中借用、移植过来。

（二）上诉审模式之正当性基础及争议

虽然仿照法官——陪审团之间的关系建构法院——行政机构之间的上诉审模式已扎根于美国传统，被视为自然而然之事，然而其正当性基础仍需阐明。

总体上，上诉审模式的正当性基础在于比较优势理论行政机构直接接触证人，举行听证，收集信息和制作记录，其更具有认定事实的优势，而上诉

---

〔1〕 如在涉及《国家劳工关系法》的 Washington Coach Co. v. Labor Board 案中，联邦最高法院指出"因为第 § 10（e）规定，如果该局的事实认定有证据支持，将是结论性的，本案中有实质性证据支持事实认定。"See Washington Coach Co. v. Labor Board, 301 U. S. 142, 146~147 (1937).

〔2〕 实质性证据标准适用于有陪审团的初审判决，明显的错误标准（clear error standard）适用于无陪审团的初审判决，是指"基于全部证据，审查法院已确定并坚信已构成某种错误。"See United States v. United States Gypsum Co. , 333 U. S. 364（1948）

法院，则被假定对法律问题更具有解释上的能力和权威。如果不加分工，而全部由法院进行重新审理，那么创设行政机关所欲求之效率也就不复存在，不仅耗费了大量公共和当事人资源、重复劳动，同时也产生了更多的不确定性。此外，专家经验是又一影响因素。随着现代经济、社会的发展，行政机关面临的管制任务日益专业化、复杂化、多样化、新颖化，立法机关难以预见迅速发展变迁的社会现象并制定精细的法律规范加以应对，便通过授权将规制任务委任给具有专家经验的行政机关，由其在连续、日常的执法实践中发展规则，而非被动、不连续的通识性法院。在这一过程中，一方面，行政机关通过日常的管理、执法实践积累了更加丰富的经验和特长，另一方面，独立的管制机关在人员组成上也引入了大量的经济学专家等，具有应对复杂实践问题的知识储备和能力，而这些则是通识法院难以具备的。

但是，上诉审模式也并非无可争议。首先，上诉审模式以行政机关享有裁决权为前提，而由此引发的美国联邦宪法第三条上的争议至今都没有消除。奉行三权分立体制的美国，在合众国成立之初，即通过联邦宪法第三条将解释法律的权力授予联邦法院系统，故若从纯粹的形式主义角度理解分权理论，司法权是不能让渡给非中立的行政机关的。其次，即使认可其裁决权并采用上诉审模式，对于应该适用实质性证据标准还是明显的错误标准亦存争议。而更有甚者，对于由法院审理的无陪审团案件中适用的明显的错误标准，亦有学者建议取消，而对相应事实问题改采重新审查标准，其理由包括缺乏宪法约束、初审法院并没有相对的事实认定优势、没有陪审团的集体智慧以及统一法律适用的需要等方面。[1]尽管这与对行政机关的审查并没有直接关联，但是也反映出对于事实问题审查标准的一些争议。

（三）上诉审模式下各审查标准之要义

1. 审查事实认定的实质性证据标准

笔者认为实质性证据标准的要义可以概括为如下两点：①合理性，即一个理性的人可以接受足以支持特定结论的证据。从证明程度上而言，合理性要求证据介于微弱和压倒性证据之间，并足以使行政机关对某一种结论达到合理确信。但是实质性证据并不排除从事实基础上可以得出不同的推论。换

---

[1] See Stephen A. Weiner, *The Civil Nonjury Trial and the Law-Fact Dinstinction*, 55Cal. L. Rev. 1020 (1967).

言之，"从证据中可能得出两种不一致的结论并不妨碍一个行政机构的认定被实质性证据所支持"。②禁止法院代替行政机关进行事实认定。一旦对行政机构的事实认定采取实质性证据审查标准，就意味着法院不可以自己对证据加以权衡，即"禁止法院自己做出对证人证言的评价，在不确定和相互冲突的推论中为自己挑选"，[1]而只能审查行政机构的结论是否有实质性证据的支持。

2. 对法律问题的重新审查

对法律问题应进行重新审查，意味着上诉法院在解释法律时无须受到行政机关的约束，可以独立判断并决定法律的含义。然而，不受约束并不代表完全不考虑，可以独立判断也不代表全然不受影响。事实上，在美国行政法实践中，已经发展出一系列对行政解释加以遵从的教义体系，并在诸如环境、劳动、税收等各种领域得到了广泛的应用。对于这些司法遵从教义，尽管其发展过程曲折漫长，法院立场并不统一，具体内容也纷繁复杂，但总体上笔者将联邦最高法院现行主要的司法遵从教义概括为双层次三教义体系。

3. 对法律-事实混合问题的审查

对将法律适用于特定事实的混合问题应如何进行司法审查，一直是一个难题。其难点在于法律与事实混合问题中同时包含了法律因素和事实因素，而两种因素则分别指向了不同的审查标准。实践中，法官往往是选择倾向于其中一种而采相应的审查标准，对此，有学者指出，对于将法律适用于特定事实这一领域，法律与事实的区分并没有意义，它们已经被各自用作自由审查和有限审查的代名词，解决之道应是承认法律的适用是自成一格的领域，并在无陪审团裁判的案件中直接适用重新审查。

（四）反托拉斯领域事实-法律问题界分及审查标准适用

笔者认为，在反托拉斯领域，纯粹的事实认定主要是指通过证据可以直接证明而不包含影响或效果评价的相关判断，通常包括诸如相关市场界定、是否存在固定价格或瓜分市场等协议、是否存在搭售或价格歧视等；经济结论则是在认定事实的基础上对特定行为的经济影响或效果做出的评价，通常包括是否具有垄断力量或市场支配力量、协议是否产生了反竞争效果以及是否存在可以抵消的竞争性利益、行为是否构成对市场支配地位的滥用等，这

---

[1]　See Polypore Int'l, Inc. v. FTC, 686 F. 3d 1208, 1213 (11th Cir. 2012).

些适用实质性证据标准，并同样是基于全部记录的实质性证据标准。而且，即使委员会最终做出的事实认定与内部行政法官的初步裁定或建议不一致，也并不妨碍实质性证据标准的适用，只是在审查程度上会更加详细彻底，行政法官制作的记录会作为对委员会事实认定不利的记录而被加以考虑。

而法律问题则包括法律的解释和适用，其中法律的解释主要是具有普遍性意义的抽象性解释，如协议、限制竞争、不合理、相关市场、支配地位、不公平竞争方法、本身违法规则、合理规则的含义等，法律的适用则是将法律适用于特定事实，既包括对行为的违法性认定，如企业行为是否属于不公平竞争方法，是否违反了联邦贸易委员会法、谢尔曼法等；也包括如何采取规制措施或救济，如发布禁令或制裁。但制裁或救济措施通常属于典型的后果裁量行为，其审查标准另成体系，本文对此暂不讨论。就法律解释和混合性问题而言，法院重新审查，但一方面，前述有关法律解释的遵从教义从未适用于反托拉斯领域，当国会已经规定由一个行政机构最初将一个宽泛的制定法术语适用于特定情形时，我们的职责仅限于决定委员会的决定是否"有记录依据"和"合理的法律基础"，虽然法院拥有最终话语权，但我们必然要对委员会的结论给予极大的尊重。[1]

基于此，联邦反托拉斯领域的司法审查事实上存在三个层次：事实问题的实质性审查——法律事实混合问题有限遵从下的重新审查——法律问题的重新审查。在反托拉斯领域事实-法律问题的谱系中，纯粹的事实问题或法律解释处于相对可以清晰辨认的两端，而中间较难区分的是最终性经济结论和法律适用。以某一适用合理规则进行分析的垄断协议为例，要认定其违法往往需要经过如下步骤：证明协议的存在（包括明示或默示）——证明协议的反竞争效果——考察是否存在可以抵消的利益——权衡反竞争效果与可以抵消利益之轻重——判断是否最终构成不合理的限制贸易——不合理限制贸易是否违反了反托拉斯法——是否应予禁止或制裁。在这一过程中，判断是否构成不合理的贸易限制这一最终性经济结论与是否违反了反托拉斯法常常难以截然区分，因为一旦认定存在不合理的贸易限制，往往也就意味着构成违法。

而在实践中，究竟将二者分开分别界定为经济结论和法律结论，抑或是

---

〔1〕 See Labor Board v. HearstPublications, Inc., 322 U. S. 111, 131 (1944).

作为整体加以审查，联邦巡回法院的判例其实并不完全统一。麦克韦恩案中，被告违反了联邦贸易委员会法这一最终法律结论，被界定为对事实的法律适用加以审查，而对市场的界定、垄断力量和竞争损害的认定则被界定为事实问题采实质性证据标准。[1]

总之，在反托拉斯领域中，对纯粹事实问题和法律结论的审查已较为统一，分别适用实质性证据标准和重新审查，但对法律适用于特定事实这一混合性问题，虽然法院强调其采用有限遵从下的重新审查，实践中却频频将其与最终经济结论作为整体一并适用实质性证据标准，这说明对于事实法律混合问题的司法审查存在这样两个特点：其一，不能严格适用重新审查的标准，其二，其司法审查强度具有较强的灵活性，可以在实质性证据标准审查和一定的遵从之间进行控制，而遵从的程度最终又取决于法院的选择，具有很大的弹性和空间。

二、启示

（一）一国行政法制传统对反垄断执法司法审查的影响

美国经验显示出一国行政法制传统对司法审查模式的根本性影响。作为普通法系国家，其根深蒂固的陪审团-法官之间的分工深刻影响并直接导致了行政法领域上诉审模式的形成。反观中国，行政法的产生和发展更多地受到大陆法系的影响，在司法审查机制上并不存在事实与法律二分法进而适用不同司法审查标准的行政法传统，行政机关在集调查、追诉、制裁、规则制定等权力于一身的情况下，内部行政程序也相对缺乏可以有效保障当事人权利和事实认定中立、权威的对审机制，法院也倾向于强力的司法审查。因而，尽管国内亦有不少学者提出应借鉴事实-法律二分法司法审查模式的建议，如王锴博士从司法审查一般性意义上认为"应当重视事实与法律问题的区分并进行不同强度的司法审查"，游钰教授从反垄断领域出发，认为"我国反垄断执法的司法审查可以对事实问题与法律问题进行区分。而如果说事实问题与法律问题的区分在我国行政诉讼中要逐步推行的话，反垄断行政诉讼将是一块较为合适的试验田"，但笔者认为这些仍有待于深入论证，其正当性难以得到简单证成。

---

[1] See Gibson v. FTC 682 F. 2d 554, 571 (5th Cir. 1982).

（二）反垄断司法审查事实法律二分法之利弊

对于事实-法律二分法的司法审查模式是否适用于反托拉斯行政执法领域，还需要对该模式本身及其与反托拉斯法领域的结合进行利弊分析。

毋庸置疑，基于事实与法律问题的区分而采用不同的司法审查标准具有鲜明的优点，主要体现为高效性、合理性和灵活性。正如比较优势理论所揭示的，现代行政机关在机构设置、人员组成和执法方式等方面都更加适合作为事实认定者，而法院资源有限、被动司法且必须负责法律的全盘适用而非某一专门领域，故对事实认定进行较弱的司法审查可以实现效率价值。其次，专家技能、日常经验也使得对行政机关和法院进行恰当的分工具有更大程度上的合理性。此外，这一模式还具有很强的灵活性。之所以说具有灵活性，是因为事实与法律问题的非截然性区分使得在对问题的定性上，法官可以具有一定的弹性空间，从而根据自己的审查能力适用不同的审查标准，同时又不会突破法律的限制。

然而，灵活的另一面即是不确定性，这也是二分法模式存在的一大弊端，而这一弊端在以不确定性著称的反垄断领域又更加凸显。

首先，反垄断立法公认的不确定性可能模糊问题的性质。例如《联邦贸易委员会法》第5条规定的"不公平竞争方法"就具有极大的宽泛性。而紧接着的问题便是，在如此宽泛的条文下，对"不公平竞争方法"的界定究竟属于纯粹的法律解释问题，还是法律适用于特定事实的混合性问题以及应采取何种审查标准？Thomas W. Merrill 认为，作为联邦最高法院策略性撤退出现的上诉审模式，在对 FTC 进行审查之时，却极富攻击性意蕴。[1]但是在之后的案件中，联邦最高法院拒绝了这一路径，承认委员会有宣告不公平商业方法的宽泛权力。换言之，将委员会对不公平竞争方法的界定作为法律对特定事实的适用，而给予一定的遵从。

其次，反垄断领域事实与法律问题的易转换性和易被操控的风险。在反垄断执法过程中，执法机关必须运用大量的经济分析，一方面，经济分析在某些情况下不可避免地会暗含一些法律因素。如游钰教授指出，反垄断执法机构界定相关市场的重要内容是进行市场调查，相关市场状况的调查属于事

---

〔1〕 See Thomas W. Merrill, Article III, *Agency Adjudication, and the Origins of the Appellate Review Model of Administrative Law*, 111 Colum. L. Rev. 939, 969（2011）.

实问题，但是对调查的事实进行分析并具体界定特定案件的相关市场则涉及法律条文的解释和运用，而相关市场的界定可能对相对人利益产生巨大影响，因此相关市场的界定同时涉及法律问题。[1]另一方面，由于经济分析的结论最终会影响法律上的判断，而经济分析的方法本身又具有多样性和复杂性，因而存在以预设法律结论为前提进行分析的可能性。有学者对美国法院现行的审查模式进行了反思，尽管是针对上下级法院之间的审查标准，但对于行政执法司法审查却不无启发。对此，他认为这是一种伪二分法，其可以被操控以至于大部分决定可以被包装为市场界定问题而依据"明显的错误标准"审查，也可以被包装为竞争效果问题，而适用重新审查，这事实上赋予了初审法官巨大的权力，而考虑到许多反托拉斯案件的复杂性和对经济的巨大影响，初审法官不应该有权力，上诉法院应全部进行重新审查。[2]

（三）对经济结论采用宽松的审查标准

对于执法机关基于基础事实做出的经济结论，美国联邦巡回上诉法院适用实质性证据标准进行较为宽松的审查。虽然美国的上诉审传统是极其重要的影响因素，但脱离这一体制性框架，经济评价这一行为本身亦具备值得相当程度遵从的特性。经济结论并非通过证据分析而对某一事实进行发生与否的简单确认，它更多涉及的是对既定事实的效果或影响评价，在评价中，执法机关必须运用专业的经济学知识展开大量的经济分析，其蕴含的专业知识则常常是法院所不具备或未受到过良好训练的，同时，由于国会对行政机关发展和执行竞争政策的相关授权，评价有时也含有整体性价值判断，这些都是法院应予遵从的理由。

笔者认为，这种超越两大法系行政法传统差异的共同遵从，在很大程度上正是事物本质特征所产生的结果，而这对于我国反垄断行政的司法审查极具借鉴意义。

---

〔1〕 参见游钰："论反垄断执法的司法审查"，载《中国法学》2013年第6期。

〔2〕 See Steven Semeraro, "Worse Than the Tower of Bable? Remedying Antitrust's False Dichotomy Through De Novo Appellate Review", *5 Wm. & Mary Bus. L. Rev.* 413 (2014).

《对人力资源专业人士反垄断指南》介评

仲　春[*]

[摘要]　2016 年 10 月美国司法部和联邦贸易委员会共同发布《对人力资源专业人士反垄断指南》，《指南》一方面对企业联合限制获取劳动力的竞争性行为，以适用本身违法原则和合理分析原则进行了区别介绍；另一方面结合案例、问答等模式对阐述内容加以具象化。对我国在该领域的理论研究和执法推进具有良好的借鉴效果。

[关键词]　劳动力　垄断　指南

2016 年 10 月 21 日，美国反垄断执法机构——司法部和联邦贸易委员会共同发布了《对人力资源专业人士的反垄断指导》，旨在提醒从事人力资源工作的专业人士（HR）在参与招聘及设置员工待遇和福利时避免潜在违反反垄断法。该指南拓展了人们对企业反竞争行为存在领域之范围性的认知。通常，我们将市场竞争理解为市场主体在商品和服务交易层面竞争，因此也习惯性地将反竞争行为发生场景框定于产品生产、销售或者提供服务过程中。然而本指南明确提出，反托拉斯法同样适用于公司在雇佣劳动力层面的竞争。如果企业间协议限制单个公司在工资、薪金、福利以及雇佣条件、赋予劳动者工作机会方面的自行决策权，就会违反反垄断法。

一、《指南》主体部分的基本内容与观点

（一）反垄断法确立就业竞争市场基本规则

指南首先阐释了劳动力自由竞争与流动对市场的重要意义，指出自由开

---

* 仲春，就职于深圳大学。

放的市场是经济活跃的基础，开放市场中，竞争会给予消费者低价高质的产品和服务，提供丰富的选择和创新。同样，雇主之间的竞争使得现有与潜在的被雇佣员工得以获取更好的工资、福利及其他雇佣条件。富有竞争的劳动力会创造更多更好的商品和服务，由此使得消费者最终获益。

竞争性市场的界定是反垄断法的一个基本议题，将反垄断法适用于劳动力市场，自然也面临这一基本问题。如何界定不同的企业在同一个劳动力市场上存在竞争关系？这些企业是否需要生产或者销售同类产品或服务？对此，《指南》认为，无论相关企业是否制造相同的产品及服务，它们只要在聘用与继续雇佣同类雇员层面存在竞争，就属于同一劳动力雇佣市场的竞争者。即劳动者提供的劳动力是企业竞争购买的产品，而对于同类劳动力产品的购买存在竞争，使得这些企业得以划入一个相关市场。

为加深印象，《指南》同时提及联邦反托拉斯机构（司法部和联邦贸易委员会）已对从事此类反竞争行为的企业与个人采取了执法行动，并特别提醒个人或组织违法将承担包括刑事责任在内的严重后果。司法部会根据案件事实对个人和公司单独或合并提起刑事及民事诉讼。此外，因非法雇佣协议受损的雇员及其他人可提起三倍民事损害赔偿诉讼。

基于此，《指南》设立了一些基本原则来帮助 HR 及其所在公司避免在与其他公司沟通及达成协议时违反反垄断法。《指南》特别提示，其内容不涉及判断包括竞业禁止条款在内的雇主和雇员之间签订合同之具体条款的合法性问题。

（二）"固定工资协议"与"禁止偷猎"协议本身违法

《指南》特别提醒 HR 避免与存在雇佣竞争关系的公司签订涉及雇佣条件的协议，协议正式、书面与否不影响此类行为本身的违法性。尤其是"固定工资协议"[1]和"禁止偷猎（互不挖角）"协议[2]，无论是直接还是通过第三方达成，都适用本身违法原则。本类协议非法性的认定并不拘泥其存附形式，存在讨论或可推断出个体授意从事该行为的证据，也可认定违法。该类协议通常无须评估其竞争效应就会被视为非法。倘若该类协议属于雇主间

---

〔1〕 无论是在特定的水平或者一定范围内，都同意采用另一家公司的员工工资或者其他待遇条款。

〔2〕 根据指南，为同意拒绝招揽或者雇佣另一家公司的员工。

一项更大型的合法合作协议下之必需项目，例如合资企业对设施适当地进行共享使用，则需要进行具体分析，并不会被视为违反反垄断法本身。

考虑到纯"工资固定协议"及"禁止偷猎协议"对竞争损害极大，性质相当于历来被视为核心卡特尔行为的固定产品价格或者划分客户，司法部强调未来将推进刑事诉讼。若在调查过程中发现两类协议，就极有可能对个人和公司提起刑事重罪之有罪指控。

本部分中，《指南》介绍了几个相关案例，我们会在本介评第二部分予以具体介绍。

（三）避免与竞争对手分享敏感信息

竞争性公司对就业条款、雇佣条件等信息的交换同样违法。即使交换并未导致就待遇或其他就业条款进行明确固定的合意，但交换行为可作为达成隐含性非法协议的证据。共享信息类协议不适用本身违法原则，不会被追究刑事责任，但会因其导致的反竞争效果产生民事责任。就员工福利而言，即使企业间没有达成明示或暗示的固定福利条款，然而数据交换行为已实际或可能减少员工福利，则行业中少数雇主之间定期交换信息的证据也构成垄断行为。即使交换方意图进行合并、收购、合资及其他合作，该行为仍然存在反垄断风险。

本部分特别提到司法部起诉犹他州卫生人力资源管理协会一案。该协会为犹他州医院的人力资源专业人士组织，协会内部实施了交换州内注册护士当前及未来非公开工资信息行为。该交易导致被告医院间相互匹配工资，使注册护士在盐湖城和犹他州其他地方的工资被人为降低。案件以法院签署同意令的方式结束，终止了这一信息交换行为，最终使得注册护士得以从提供服务的竞争中获益。

既然适用合理原则，即意味着并非所有的信息交流行为都非法。《指南》也列举了可能符合反垄断法的信息交换方式，包括：通过中立第三方管理交换行为、交换相对陈旧信息、信息汇总时隐去底层源身份且通过收集足够多的资源，防止竞争对手链接到某个单独源获取特定的数据信息。此外，在确定是否进行合并或者收购的过程中，买方可能需要获得部分竞争敏感信息。如果信息收集关联一个合法的合并或收购并且采取适当的预防措施，则可能符合反垄断法。

二、疑问与解答

《指南》第三部分通过提问和解答的方式对实践中代表性问题进行了清晰的阐述，进一步强化 HR 的感性认识，避免日常工作碰触反垄断法红线。同时更为重要的是，这些问题通过具象化的场景对《指南》第一部分叙述的原则进行了阐述：

（一）禁止偷猎协议和固定工资协议的具象化

根据《指南》，这两类协议均为本身违法，因此在问题一和问题二中，《指南》首先对其进行强调。问题一为：人力资源人士面对员工的跳槽可否接受竞争性公司同仁的建议，通过签订协议来阻止员工跳槽？问题二为：同行间是否可以通过建立工资标准来阻止员工工资过快增长？

问题一的提问者身份设定为企业 HR。其所在公司为培训新员工消耗了大量人力、物力，而这些被招聘者却频繁跳槽到竞争对手公司。此时另一家公司 HR 建议其通过签订协议来解决此问题，并提到自身所在公司曾经签订了这些协议且行之有效，因此提问者请教该建议是否可行。问题二提问者身份设定为公司经理。该经理认为自己所在行业员工工资出现失控性增长趋势。有朋友建议他通过与行业内其他领导者共同建立合理的工资标准来解决该问题，因此提问是否可行。

《指南》对问题一和问题二设定和回复的核心在于举例禁止偷猎协议、固定工资协议的现实表现及其本身违法性。回复明确告知提问者两类协议行为的严重违法性，如果提问者接受建议，并代表公司从事该行为，会将自己置于重大刑事责任和民事责任的危险之下。提问者应拒绝并考虑与司法部的公民投诉中心或者联邦贸易委员会的竞争局联系，报告该公司的非法行为。

（二）非营利组织联合限制工资行为的非法性

行为的本身违法性是否会因为主体的性质而发生变更呢？为了阐述这一问题，《指南》设定问题三：非营利组织出于降低成本、为更多人提供服务的目标，可否呼吁其他非营利组织共同限制员工工资增长？问题三明确了对于劳动力领域竞争限制的非法认定并不要求主体以营利为目的，不能因为不以营利为目的而免除公益组织的反垄断责任。

问题提出者为某非营利组织高级人力资源专家，出于降低成本的考虑，其所在组织希望限制员工工资增长，以为更多人服务。但同时担心员工会流失。由此，提问者试图呼吁其所在地区的其他非营利组织共同考虑工资增长率的上限。其问题为可否如此操作，或者不直接接触其他组织，而是通过聘请同一个顾问的方式来沟通薪酬规模可否？

《指南》回复，雇主及其它组织是否以营利为目的经营并不重要，这些非营利组织都在为获取同一类员工竞争，因此构成竞争对手。非营利组织违反反垄断法同样需要承担刑事或者民事责任，且削减成本的愿望并不构成抗辩理由。在操作方法上，通过雇佣同一个顾问的方式来确定设置工资表或者采用第三方中介都不会使得个人或者组织免于反垄断法责任。

（三）敏感数据收集与使用的具象化

调查行业内公司当前和未来工资数据是否合法？提问者是一名服务于所在行业专业协会董事会的人力资源专业人士，他对确定当前和未来行业的工资趋势感到好奇。他咨询通过发送调查问卷的方式，要求行业内公司提供当前和未来的工资数据是否可行？

回复指出这种行为可能违法。首先，行业成员对竞争性公司发布涉及当前或未来工资的调查问卷并征询特定回复的行为可能违法。而且，专业团体发布公司过去、现在和未来工资特定信息的行为可能违法。竞争者之间关于公司现有和未来工资水平特定信息的非公开交换可能违反反垄断法。除非采取某些减轻竞争损害措施，该调查程序才可能被允许。回复还对竞争对手之间信息交流如何进行以避免违反反垄断法进行以前资料引导，引导疑问者参见司法部和联邦贸易委员会发布的医疗保健行业指引。

《指南》设定与回复该问题的目的在于对敏感数据的收集与使用的合法性与否进行普及。

三、对《指南》的进一步解读

《指南》一方面促进我们了解美国反托拉斯法在劳动领域的可适用性理论与实践的实体性，另一方面《指南》中提及的执法部门在指导、规范企业反垄断合规运作时的一些独特程序，也对我国反垄断法执法具有借鉴效果。同时，对于劳动领域的反垄断法适用指南仍然留有未提及的空白，值得进一步研究。

（一）实体性内容的把握与评价

1. 反垄断法在劳动领域的适用及发展

按照我们通常的理解，反垄断法约束对象指向经营者限制其他市场经营者的排除竞争行为。就垄断协议而言，无论是横向还是纵向协议，排除行为指向对象往往是市场上其他经营者，竞争损害最终通过市场传递到消费者。而《指南》中提及的限制行为，即达成本身违法的不招聘协议和固定收入协议，其排除对象均为单个劳动者，且《指南》明确提出企业得以纳入同一相关市场的原因在于它们通过竞争来购买同样的劳动力产品。因此，《指南》从某种角度将劳动者视为自身劳动力经营者，并通过企业的自由竞聘行为实现劳动力这一产品价格的最优化配置。作为卖家，其市场的平等交易权应当受到保护。

然而，《指南》只明确了反托拉斯法对企业横向限制获取劳动力之间竞争行为的适用，并特别指出其并不适用于类似竞业禁止的公司与员工的内部就业限制协议。这从理论上带来一个问题，即如果《指南》隐含地将劳动力视为劳动者提供的产品，相当于只针对对其的横向协议限制行为进行了违法规制，而可能形成纵向限制的竞业禁止协议的合理性却未被纳入监管视野。纵向限制行为本身在反垄断法中适用合理原则，而竞业限制同时涉及劳动法、合同法相关理论，涉及企业经营权与劳动者就业权利之间的冲突与平衡。从表象上看，似乎竞业禁止问题在劳动合同法中已得到精心的处理——劳动合同法规定了劳动者禁止的时间、地域、补偿等中心内容。但是，竞业禁止并非孤立的属于劳动合同法上的问题，毕竟，竞业禁止涉及平衡劳动者、用人单位和竞争者三者之间的利益关系。如果竞业禁止协议缺少竞争理念的指导及商业秘密的基础性约束，则可能被用人单位滥用并成为限制劳动权的工具。如在未来竞业禁止理论的发展过程中能融入竞争法视角，则可能会对竞业禁止协议理论发展带来新突破。

2. 买家联合行为的本身违法性

联合抵制、固定价格、限制产出、分割市场都是反垄断法中的本身违法行为。但是，与卖家违法相比，买家违法受到的关注相对有限。事实上，买家垄断作为卖家垄断的镜像，也是反垄断法关注的重要领域。而且，买家联合限价、排除行为在反垄断法中也适用本身违法原则。在阅读《指南》后，我们可以发现，对于此类行为，《指南》自始至终未提及需要进行相关市场界定，而是直接推定行为本身违法。

实际上，买方垄断和卖方垄断一样，与消费者福利相抵触。经济学分析显示，那种认为买方垄断者所付的低价会降低转售价格，并传递到消费者身上的推断多数情况下不能成立。反托拉斯政策制定者必须对购买价格降低的原因加以区分，究竟是交易成本减少还是消除上游市场力量造成。如果大买家能够通过降低交易成本而降低购买价格，则它会增加购买量，而不是减少购买量。这会导致转售价格降低，哪怕其转售活动所在市场是一个垄断性市场。如果一家企业通过消除上游垄断者或上游卡特尔而降低了购买价格，则它一般会降低转售价格，无论其在转售市场上是竞争者还是垄断者。而在《指南》列举的案例中我们会发现，买方横向协议行为并未显著降低交易成本，而是通过联合实施市场力量，使得卖家无法获得更好的竞价选择。

司法部特别提到，买家和卖家都可能违反《反垄断法》。同时也承认，协议中的买家不一定违反《反垄断法》，在某些情况下，协议可以提高消费者福利。在西北部批发文具店的案件中，法院认为该协议可以帮助创建采购和物流的规模效益，并帮助小买家更加有效地通过确保访问库存与大商店竞争。一些集团采购协议也可能使得买家支付商品和服务的价格降低，同时并未造成卖家损失。例如，采购协议可以保证一个特定的实际采购量，允许卖家实现规模经济和降低平均生产成本。因为卖方的成本较低，他们可以在不降低生产的情况下接受更低的购买价格。因此，卖家和买家可能受益于买家的协议，或者至少不会比他们本来差。反托拉斯法关于买方垄断的政策中最主要的困难在于，如何将由于降低交易成本，或者由于消除上游垄断所造成的有效率的低购买价格，与由于买方垄断所造成的无效率的低购买价格区分开来。联合购买有可能大大节约成本，但也有利于买方固定价格。这种情况下，法官应努力确定，被告的管理者是不是在鼓励其成员尽可能多买，如果其鼓励其成员压低购买量，就具有很大的违法嫌疑。

3. 信息交换行为的反垄断规制

美国尽管在反托拉斯法的立法条文中没有专门规定信息交换协议，但在实践中出现了一系列规制信息交换协议的案例。一方面，信息交换协议具有积极作用。通过信息交换协议，至少可以获得三个方面的正面效果：第一，实现资源的最佳配置。信息交换协议导致的信息交换，可以让企业了解市场供求关系情况，从而有助于作出理性决定，避免过量生产以及由此造成的供需失衡。第二，在涉及消费者权益保护方面的信息交流有助于提高消费者福利。第三，有助于公共利益的信息交流可以实现增进公共利益的目标。

另一方面，信息交换协议具有消极效应。竞争者之间通过相互之间交换信息知晓其竞争者的基本动向和处境，将使得企业有预见地调整自己的商业行为，在竞争者之间达到协同目的。[1]

（二）程序性内容把握与评价

1. 反垄断执法机构的意见咨询程序

如果厂商对某一特殊行为实施的合法性表示怀疑，可以咨询司法部或联邦贸易委员会。反托拉斯司将会指明：根据反托拉斯法，某种行为是否会受到指控。《指南》中多次提到，现实的复杂性使得指南不能对所有的行为合法与否做出完善的界定和解释，如果企业、HR 对拟从事行为合法性具有疑问，可以向执法机构咨询，获取进一步的信息。当然，即使经历了咨询程序，也不能保证咨询行为不会受到贸易法规的指控，因为企业从事的行为可能会产生无法预见的反竞争后果。

司法部的商业审查程序（Business Review Process）承担此项功能。该程序从企业向总检察官助理发出书面请求开始。司法部未必会接受该请求，尤其是对于进行中而不是计划中的行为。另外，如果一个商业行为必须得到政府其他监管机构的批准，司法部可能会拒绝申请，直到监管机构批准。在任何情况下，司法部实施该程序只基于反托拉斯法，而不是联邦或者州的其他法律。司法部只会在对咨询涉及的行为或者服务具有管辖权时才接受咨询请求。此时，企业需要提供监管需要的所有信息和文件。司法部也可能要求其他额外信息，同时也可能在必要时进行独立调查。司法部回应的时间取决于行为的复杂性以及咨询方按要求提供信息所需时间。然而，涉及对出口贸易的竞争评价，司法部会在收到所有信息的 30 个工作日内作出答复。

针对咨询行为，司法部通常会给出三种答复：①当前对该行为不打算采取行动；②司法部拒绝陈述其执行意图，倘若建议行为发生，司法部提起诉讼的可能性不定；③如果该行为发生，司法部会起诉。司法部强调，审查信只表明发出该信当时的意图，之后如认为该行为涉及公共利益而提起任何行

---

[1] 李国海、李玲华："论反垄断法对信息交换协议的规制"，载《竞争政策研究》2016 年第 3 期。

动也都是可能的。但可以明确的是，如果请求中信息披露充分，在司法部表明不起诉后，历史上从未再提起过刑事诉讼。

"答复"会通过由助理总检察长或者助理司法部长签署的商业行为评论信发出，通常包括以下内容：审查要求的程序性历史、企业对业务的描述、司法部执法的意图、司法部商业审查文件中对于如何公开信息的描述。最终，在通知发出 30 日内，企业的请求函和司法部商业评论信会向公众开放，相关信息在隐去涉及多商业秘密后，会被放置在司法部公开文件组中。

当前我国反垄断执法机构人力紧缺，也尚未规定类似的咨询程序，但并未禁止当事人的主动咨询，也不排除对于已从事被咨询行为的处罚。在重庆市工商行政管理局对重庆青阳药业有限公司滥用市场支配地位拒绝交易案中，其案件的启动即为当事人主动咨询。青阳药业向重庆市工商行政管理局咨询其 2013 年 9 月与湖南湘百合医药公司签订的《别嘌醇原料经销协议》是否违反《反垄断法》相关规定，同时提供了《协议》原件和别嘌醇原料药、制剂的相关生产情况。重庆市工商行政管理局核查和调查后，认为当事人涉嫌滥用在别嘌醇原料药市场上的支配地位实施拒绝交易行为并最终作出处罚决定。[1]

考虑到竞争政策的实施将在我国深化市场经济过程中扮演愈发重要的角色，以及随着公平竞争审查制度的推行和"十三五"市场监管规划将公平竞争政策树立为基本目标，未来如能在企业行为预备阶段进行有针对性的指导，一方面可以实现个案指导，另一方面也可以通过公开答复而实现同类行为引导与规范效果。同时，这种事前指导也会节约后期的执法资源。

2. 反垄断案件中同意令（Consent Decree）的适用

在反垄断案件中，起诉机构和被诉方之间就如何解决问题达成协议，根据该协议，被告将停止进行政府所指控的违法活动。地区法院就将双方协议的判决意见归档备案。如果协议判决意见获得法官的批准，法院就会发布"同意令"（consent decree）。在美国民事反托拉斯诉讼程序中，大部分民事反托拉斯诉讼都以这种方式得以解决。除非存在欺诈证据，否则不能对同意令进行上诉。同意令由双方达成并提交给法院，法院进行审查并且正式发出。

---

〔1〕 渝工商经处字［2015］15 号，载 http://www.saic.gov.cn/zwgk/gggs/jzzf/cfjd/201512/t20151221_165120.html，访问日期：2017 年 3 月 19 日。

由此，法院也成为案件的持续参与者，并且常常监督被告的行动，以确保同意令中的诺言得到遵守。

同意令通常在公司被政府机构提起诉讼的情况下使用。例如，环境监管机构可能希望公司清理含有有害材料的场所，但在不提起诉讼的情况下很难获得企业的合作。相较通过一个漫长而昂贵的诉讼，政府可能会要求公司同意遵循同意法令来达到目的。同意令在反垄断法、就业歧视和环境监管中最常用。

通过同意令，可以避免对所指控的违法行为的全面诉讼，通常在调查完成的前后，司法部或联邦贸易委员会与被告可以就同意令进行谈判。同意令并不等于被告承认违法，但它具有与反垄断执法机构根据完全程序而产生的命令同样的法律效力。同意令的内容会事先予以公布，执法机构会根据同意令公布后 60 天内的公众评论，来对同意令进行分析。如果公众评论显示同意令是不合适或者不充分的，就必须对同意令作出修改。法院对于同意令的执行具有管辖权，任何一方可以在需要时向法院申请进一步的命令或指示来对同意令进行适当履行或解释，或者修改规定，强制遵守并对违反规定的行为进行处罚。

目前我国的反垄断执法以行政执法为主导，对于行政机关作出的处罚决定尚未有企业提出异议或提起行政诉讼。与美国司法部需通过向法院提起诉讼来实施处罚不同，我国的反垄断执法机构具有独立执法权，无需向法院诉讼即可作出处罚，我国反垄断法实施中的"承诺"制度和同意令制度具有一些相似之处，但并无法院的参与。由于我国目前的反垄断案件集中在民事和行政领域，且原告均为民事主体，当前同意令在我国反垄断司法审判中的适用并未产生现实需求。同意令有很多特点类似我国民事诉讼中的"调解"制度，但不完全等同。在我国司法调解制度中，法院仍然占主导地位。而同意令则以原、被告双方为主体，尤其是原告。通常在提起诉讼时，同意令已经达成，法院仅起到认可作用，无须太多的主动性。

阅读《指南》可以使我们有一个直观的感受，即刑事责任对于个体的震慑性远大于普通的罚款或民事赔偿。《指南》不断地对 HR 强调：如实施本身违法的反垄断行为，就将面临刑事责任的风险，从而对 HR 形成非常大的心理震慑。正常的阅读者都会深思自己行为的利弊取向。毕竟，主要由公司承担的金额性赔付支出，对管理与 HR 等具体违法行为的规划和实施者来说，并不具备切肤之痛。即使针对高管的罚金，其震慑效果也受到当事人财富水平、风险偏好的约束。而我国的《反垄断法》不仅未规定刑事责任，甚至对企业个体都一般未设置反垄断民事责任或行政责任，仅在第52条中对于个人妨碍反垄断调查的行为，规定可以处以两万元以下的罚款，完全不具有震慑力。因此，是否在未来的《反垄断法》修订中增加对个人的刑事或金额性责任，值得深思。

威慑理论与我国反垄断罚款制度的完善

——法经济学的研究进路

王 健* 张 靖**

[摘要] 反垄断罚款制度以威慑为主要目标。在威慑理论指导下，反垄断罚款可以基于获利或损害而设定。为有效实现威慑目标，各国不断革新反垄断罚款制度，普遍提高了反垄断罚款的严厉程度。而宽恕政策的实施则提升了执法机关发现并惩罚违法行为的概率，进一步加强了罚款制度的威慑效果。我国反垄断法仅对罚款制度做了原则性的规定，实践中呈现出罚款不够严厉、适用标准不明确等问题，反垄断罚款的威慑力大打折扣。我们应制定统一的罚款指南，改变罚款的计算方式，明确罚款的计算步骤和裁量因素，同时完善宽恕政策，以显著改善我国反垄断罚款制度的威慑效果。

[关键词] 威慑理论 反垄断罚款 威慑不足 宽恕政策 威慑效果

最近两年，我国反垄断执法机关的执法力度不断加强，反垄断罚款额度也屡创新高。为有效实现威慑目标，各国反垄断罚款制度不断革新，不约而同提高了罚款的严厉性，而罚款的确定性也是各国着力解决的问题。总体而言，我国反垄断罚款规定比较抽象，实践中，反垄断罚款的威慑效果虽然有所提高，但仍然存在威慑不足的问题。因此，对反垄断罚款的威慑理论进行系统研究，并以此为基础优化我国反垄断罚款制度，从而有效达到威慑效果，有着重要的理论价值和实践意义。

---

* 王健，男，浙江黄岩人，法学博士，浙江理工大学法政学院院长、教授。
** 张靖，女，山东临沂人，浙江理工大学法律经济学硕士研究生。

一、威慑理论在反垄断罚款制度中的应用

（一）反垄断罚款规定体现威慑理论

在反垄断罚款制度设立之初，执法机关都以谨慎的态度适用该制度，而且对违法者处罚的金额也比较低，威慑力明显不足。

贝克尔的最适威慑理论已经揭示社会不可能也不应该不计成本地投入执法资源，以发现并惩罚所有的违法行为。贝克尔还曾提出，理性的公共政策可以通过α（垄断行为被发现和证明的概率）和f（罚款）的不同取值间接地为"违法不合算"提供保证。20世纪末期以来，各国为使反垄断罚款制度有效达到威慑效果而不断对其相关的法律法规进行修正，其修正的方向主要围绕提高罚款的严厉程度和罚款的确定性（惩罚概率）两条主线而展开。提高惩罚的严厉程度可以加大违法成本、减少违法收益，而提升垄断行为被发现和证明的概率则有助于罚款确定性的提升。

1. 罚款严厉程度

美国1890年颁布的《谢尔曼法》（Sherman Act）是世界上第一部规制垄断行为的成文立法，该法规定，执法机关对于违反本法第1条的规定，可以对违法企业和个人实施刑事追诉——对企业处以罚金、对个人处以罚金或监禁。2004年6月，美国颁布的《2004年反托拉斯刑事制裁强化及改革法》（Antitrust Criminal Penalty Enhancement and Reform Act of 2004），甚至将企业违法者的最高处罚金额提高至1亿美元，将个人最高罚金也提高到了100万美元，其处罚力度不可谓不严厉。

2. 罚款的确定性（惩罚概率）

自反垄断罚款制度实施以来，违法者采取的规避措施越来越多元化，传统的调查取证方式存在很大的困难，一度降低了执法机关对违法者的惩罚概率。实际上没有人可以确切告诉我们，一个垄断行为被发现和证明的确定百分比。1986年，美国司法部长助理格拉斯·金斯伯格认为，反垄断执法人员能发现垄断行为的概率不超过10%，其他专家认为其概率应该在10%到33%。随着20世纪90年代反垄断法宽恕政策（Leniency Program）的实施，垄断联盟从内部出现了分裂，同时也极大地提高了垄断行为被发现和证明的可能性，即增加了被查获和惩罚的概率。事实也证明，这个概率超过了33%。当然也

有证据表明，尽管执法者非常努力地执法，但许多卡特尔仍然在运作。

虽然引入宽恕政策的目的是提高执法机关发现、惩罚违法行为的概率，但从美国的宽恕政策发展来看，单纯地引入该政策是不够的，还需要将政策规定得更具有确定性和可预测性，这样申请者基于自身的成本收益分析才更愿意选择申请宽恕，执法机关的惩罚概率才可能提高。毫无疑问，到目前为止，对于打击核心卡特尔的执法者，宽恕政策是独一无二的最佳的调查工具，已经成为各国或地区打击卡特尔的有效手段，对卡特尔的执法实践产生了巨大影响。这也在实践中证明了贝克尔提出的威慑理论，即违法者对风险持偏重态度时，惩罚概率α比惩罚严厉性 f（罚款）更具有影响力。

（二）威慑理论适用的现实局限性及改进思路

1. 反垄断罚款中威慑理论适用的现实局限性

从各国反垄断罚款的发展趋势来看，提高罚款的威慑效果是贯彻始终的总的指导准则，而按照威慑理论来设定反垄断罚款也正逐步得到体现。从理论上来说，为了发挥威慑效果，我们应该基于获利或损害再乘惩罚概率的倒数来设定反垄断罚款。但从实践情况来看，即使得到训练有素的顶级经济学专家的帮助，竞争执法机构或法院对某一特定的反垄断违法行为测算或估计在理论上正确的、可信赖的反垄断罚款数额，仍是不太现实的。

基于获利的反垄断罚款离不开超高定价（overcharge）的计算，它是消费者实际支付的垄断价格与产品或服务的竞争价格之间的差额，是衡量垄断厂商获得超额利润的重要指标，也是垄断厂商损害消费者福利的一部分。其中，消费者实际支付的垄断价格很好确定，而市场中不存在垄断行为时的"竞争价格"（but-for price）则比较复杂，估算难度很大。尽管随着经济理论研究的拓展和计量方法的进步，人们对于超高定价的研究也越来越深入，但还远没有达到精确估算的程度。此外，就违法获利而言，即使它的事后估算在原则上是可能的，但每个案件获利的量化行政成本非常高昂，竞争执法机关量化获利的举证责任也是很重的，其估算的获利必须要达到法律规定的证明标准。相比被告企业而言，在估算获利方面，竞争执法机关在信息上处于劣势，其证明的获利很可能低于实际收益，导致威慑不足。

基于损害的反垄断罚款需要估算社会净损失、执法成本（调查诉讼成本和惩罚成本）。迄今为止，对于垄断造成的社会净损失，理论界仍然莫衷一是，许多研究人员进行了大量的实证分析，同时进行了各种大胆假设并加以推导和证明，逐渐形成了一些观点和理论，但在不同国家、不同时期的情形进行分析的过程中得出了许多不同的结论。因此，社会净损失是一个无法进行实际度量的估计值。相对而言，执法成本的计算是可行的，但由于它涉及面广，需要投入较多人力物力进行大量的数据收集和整理，同时也离不开各执法部门的配合，因此实施起来也是不容易的。

惩罚概率等于违法行为被发现并惩罚的案件总数占总的违法案件数量的百分比，因为该百分比的分母和分子都处在不断地变化当中，所以其是一个动态的数值。虽然世界各国或地区的执法机关对垄断行为的查处已经有了相当的经验，也取得了一定的成效，但对于究竟还有多少隐藏在市场中的违法行为尚未被发现，我们则不得而知，这也给惩罚概率的估算带来一定的难度。

2. 反垄断罚款的改进思路

基于这种情况，各国反垄断法或罚款指南并没有完全按照获利或损害来设定反垄断罚款，一般将销售额（也有的国家称为"受影响交易量""销售价值"）作为获利或损害的替代因素来计算反垄断罚款，对于惩罚概率也进行了大致的估算。

这种改进思路造成了理论设计与实际效果之间存在一定的偏差，相当程度上降低了反垄断罚款制度的威慑力。尽管如此，将销售额作为计算反垄断罚款的基准是有一定合理性的。美国和欧盟的罚款指南将受影响销售额（销售价值）代替损害，这是因为它们认为受影响销售额实际上可以代替损害。我们的研究表明，受影响销售额与卡特尔超高定价的评估是高度正相关的。把销售额作为反垄断罚款基础的另一个可能解释是，由违法行为所涉及的货物计算出的销售总额可以被看作是该违法行为造成的损害的表征。它也是理论上计算罚款数额的正确起点，虽然它是十分粗略的近似。欧洲法院认为，为了确定罚款数额，要考虑将企业全部销售额作为罚款的基数。全部销售额尽管不是一个完善的方案，但它可以揭示企业规模和经济力的大小；罚款比例的确定揭示了违法行为的严重程度。我国也有学者认为，一方面，销售额能够在一定程度上反映行为人的市场地位和违法获益程度；另一方面，销售额也是反垄断法执法机构相对容易获取的数据。

二、以威慑理论为指导完善我国反垄断罚款制度

（一）威慑不足的我国反垄断罚款制度

我国反垄断法第 46、47、48 条分别规定了垄断协议、滥用市场支配地位以及违法实施集中的经营者的行政责任。通过统计分析反垄断法实施 7 年时间内执法机关已经查处并公布的反垄断案件，我们发现普遍存在威慑不足的问题。这种威慑不足主要体现在罚款不够严厉、罚款裁量因素不明确以及宽恕政策适用标准不确定三个方面。

1. 罚款不够严厉

（1）上一年度销售额的解释过于严格。

罚款基准最具有争议的当属"销售额"这一概念，其是指涉案企业的全部销售额还是仅仅局限于涉案商品或服务的销售额？是全国范围内的销售额还是全球或是某一地区的销售额？国家发改委价格监督检查与反垄断局原局长许昆林在一篇专访报道中指出："在过去几年的执法实践中，我们倾向于对'上一年度销售额'做严格解释，目的是避免高额的处罚对被罚企业的生产经营造成不必要的影响。"由此我们可以看出，执法机关在实际执法中将"销售额"做限制解释，因此"销售额"仅指涉案商品在相关地域市场中的销售额。我国反垄断执法以"销售额"的限制解释作为罚款的计算基准对于那些违法持续时间长、大幅度提价的企业来讲处罚力度和威慑力是不足的，其违法得利通常大于罚款数额，从而助长了该类违法行为的滋生。

（2）罚款幅度偏低。

在过去 7 年的反垄断执法中，国家发改委只在个别案件的罚款幅度达到了 8% 至 10%。其中，最严厉的当属广东海砂价格垄断一案，该案对垄断协议的主要成员全部给予销售额 10% 的处罚。12 家日企实施的汽车零部件和轴承价格垄断案、美国高通公司垄断案均按照 8% 比例进行处罚。实际上，像上述这种对违法垄断行为给予从重处罚的案件寥寥无几。根据我们统计的情况，大多数案件都在 1% 至 2% 范围内进行处罚，达到 5% 以上处罚比率的案件屈指可数。尽管国家发改委在最近几年逐渐加强处罚力度，但从整体来看，难以达到威慑违法企业的效果。从国家工商总局网站首页"竞争执法公告"中公布的处罚案件来看，罚款幅度基本为 1% 或 2%，只有极少数案件罚款幅度按

照 4% 和 8% 的比例进行处罚，有的执法案件甚至未公布罚款比例。这种罚款比例会导致违法成本偏低，难以有效威慑违法垄断行为。

总体而言，我国反垄断执法机关的罚款力度是较轻的。这种轻度罚款的执法态度对违法者而言，罚款数额可能小于其违法收益，造成"违法合算"的情形，无法遏制其继续或再度违法；另一方面，对潜在违法者而言，过低的罚款造成的"违法合算"的局面可能会鼓励他们从事违法行为，造成激励违法的扭曲现象，难以实现罚款的威慑目标。

2. 罚款裁量因素不明确

《反垄断法》第 49 条规定，执法机关在确定具体数额时，应当考虑违法行为的性质、程度和持续时间等因素。这是对执法机关自由裁量权的法定限制。但"等"字的立法用语表述又表明执法机关在实际执法中可以考量一些非法定因素，这增加了罚款的不可预测性，影响了企业对预期违法成本和收益的判断，从而最终影响罚款的威慑效果。

（1）法定因素。

对于影响罚款数额的违法行为的性质、程度、持续时间等法定因素，我国反垄断法只是给出原则性规定，执法机关在实际执法中完全要依靠自由裁量。在执法机关公布的执法公告中记载的影响罚款数额的考量因素均是抽象说明，违法企业更加无法明确了解这些因素对罚款的影响程度以及执法机关是如何定量的和工商行政机关在处罚违法企业时是否以及如何考量违法行为的性质、程度等法定因素，这些在案件材料中没有清晰描述。

（2）非法定因素。

执法机关在计算违法企业的罚款数额时，不仅会考量违法行为的性质、程度、持续时间等法定因素，而且还会考量违法企业在调查过程中的配合程度、整改措施等非法定因素，甚至这些非法定因素在实践中比法定因素更能影响罚款数额。国家发改委反垄断局调查二处处长徐新宇在被问及为何合生元的处罚高达上一年度销售额 6%，比其他几家公司高出 3 个百分点时回应称："虽然最终合生元也采取了一些整改措施，但是落实（措施）不是很积极，后续的措施也没有跟上，影响了我们对他从轻处罚。"在执法机关公布的执法公告中对于违法企业的处罚信息的描述往往包含"主动配合调查""积极主动整改"等词汇，其隐含的意思是企业的态度可以影响执法机关的处罚力度。

值得一提的是，我国反垄断执法机关似乎把"配合调查"这一因素"扩大化"了，执法机构在调查过程中一般要求被调查企业签署或者提交自认报告，同时表明对执法处罚结果的态度，如果自认报告不到位，可能导致因"不主动配合"而被处以高比率的罚款。这种执法方式存在很多弊端，一方面，大多数企业抱着减少处罚的心理提交自认报告和相关证据，致使其针对处罚结果提起的行政复议和行政诉讼无望；另一方面，如果违法企业在垄断协议中处于主导地位，其主动提交自认报告就可以减轻处罚，那么对该类违法行为就难以收到威慑之效果。

3. 宽恕政策适用标准不确定

我国《反垄断法》在第46条第2款规定，经营者主动向反垄断执法机构报告达成垄断协议的有关情况并提供重要证据的，反垄断执法机构可以酌情减轻或者免除对该经营者的处罚。导入宽恕制度有利于提高罚款的确定性（惩罚概率）。对于该条规定的具体适用，《工商行政管理机关禁止垄断协议行为的规定》第11条、12条以及《反价格垄断行政执法程序规定》第14条对此做了较为详细的规定。但从我国宽恕政策适用的情况来看，实际上还是存在着很多不确定的问题，这无疑会影响反垄断案件的惩罚概率。从国外情况来看，宽恕政策适用的确定性是提高惩罚概率的必要条件。

（1）如何界定"重要证据"。

《反价格垄断行政执法程序规定》第14条第5款规定，重要证据是指对政府价格主管部门认定价格垄断协议具有关键作用的证据。这条对重要证据的界定，无疑是将"重要"改成了"关键作用"。但具体该如何界定，仍然需要执法机关的自由裁量。从目前的执法实践来看，重要证据主要包括达成的垄断协议，实施垄断的通知、公告，会议纪要、签订的行业自律公约等，执法机关如何判断这些证据属于重要证据并相应的给予不同档次的减免，则不得而知。

（2）可能减轻罚款的企业数量不明确。

《反价格垄断行政执法程序规定》第14条第4款规定，其他主动报告达成价格垄断协议的有关情况并提供重要证据的，可以按照不高于50%的幅度减轻处罚。《工商行政管理机关禁止垄断协议行为的规定》第12条第2款规定，对主动向工商行政管理机关报告所达成垄断协议的有关情况并提供重要证据的其他经营者，酌情减轻处罚。上述两条只是笼统的规定"其他"经营者，至于其他经营者可以有几个，是否只要主动报告垄断协议的有关情况并提供重要证据就应该归类为"其他"经营者且可以减轻处罚，则无法明确。

（3）第一个主动报告并提供重要证据是否当然免除处罚。

在广东海砂价格垄断案件中，执法机关对涉案的3家主要企业给予了罚款处罚。其中对该案唯一一个提供重要证据的广东宝海公司给予50%幅度的减轻罚款处罚，与《反价格垄断行政执法程序规定》第14条第2款第一个主动报告达成垄断协议的有关情况并提供重要证据的可以免除处罚的规定不一致。在日本8家汽车零部件企业价格垄断案和4家轴承企业价格垄断案中，执法机关则按照《反价格垄断行政执法程序规定》的规定，分别给予第一家、第二家主动报告达成垄断协议有关情况并提供重要证据的企业免除处罚和减轻50%的罚款处罚。同样是第一家主动报告，两个案件中的企业却有不同的处罚结果，由此可见执法机关自身也没有明确的宽恕政策适用标准。

（二）我国反垄断罚款制度的完善

基于有效威慑理论，反垄断罚款的威慑效果取决于罚款的严厉程度和罚款的确定性（惩罚概率），所以采用罚款严厉程度和惩罚概率的不同组合就可能获得最优的威慑效果。在我国反垄断法实施已经积累一定的执法经验的基础上，如何进一步完善相关制度，以实现罚款的预期威慑效果，是执法机构面临的首要问题。我们认为，我国反垄断罚款的完善应以威慑理论为指导，围绕提高罚款的严厉程度和惩罚概率（惩罚的确定性）两条主线展开。

1. 提高罚款的严厉程度

（1）改变罚款的计算方式。

从世界各国反垄断罚款制度发展演变及执法经验来看，提高罚款的严厉程度有着多种方式，除了直接提高罚款数额以外，更多的是采取一定比例的上一年度销售额作为罚款计算方式来提高罚款的数额。我国反垄断法规定的罚款数额是"上一年度销售额百分之一以上百分之十以下的罚款"。这种罚款计算方式由于实践中的严格解释和偏低的罚款幅度，呈现出威慑不足的弊端。很多反垄断案件"高高举起，轻轻放下"，不能有效达到威慑效果。从表面情况来看，我国似乎是在模仿欧盟的反垄断罚款设定方式，但实际情况却有很大的不同。两者的共同点在于罚款的上限均为上一年度销售额的10%，但我国对于"销售额"的解释非常严格，从现有案件的处理情况来看，一般均为中国某一地域范围内涉案商品的销售额，而欧盟却是涉案企业全球营业额，两者相差巨大。

鉴于此，应改变我国反垄断罚款的计算方式，可以通过以下两种方式加以实现：其一，将法律规定中的销售额的10%改为相关市场内涉案商品销售额的30~80%；其二，可以将现有法律规定中的"销售额"扩大解释为全球范围内的企业全部销售额，而非相关市场内的涉案商品的销售额。如此，方可使执法机关不受现有规定中10%的限制而加重对恶性违法行为的惩处，也可以防止某些违法行为的非法收益可能超过现有的罚款上限而出现罚款威慑不足的现象。此外，如果按照一定比例的上一年度销售额计算的罚款数额不足以剥夺违法所得收益或弥补违法行为所造成的损害时，我们还可以综合美国、欧盟、澳大利亚、新西兰等国家和地区的规定，将违法行为所受利益以及造成他人损害的2倍或3倍作为反垄断罚款的选择因素之一。只有这样，才可以达到有效威慑违法行为的效果。

（2）明确罚款的计算步骤和裁量因素。

我国现有的反垄断罚款规定使得执法机关享有较大的自由裁量权，企业不能较为准确地预测其预期违法成本和收益，影响了反垄断罚款的威慑效果。同时，这种过于笼统的规定也使得执法机关对罚款数额的计算无从下手，执法过于谨慎，处罚力度过轻，难以达到罚款的威慑效果。为了提供企业稳定的预期和约束反垄断执法机关的罚款裁量权，各国通常会制定相应的罚款指南，以明确罚款的计算步骤和裁量因素。我国尚未制定罚款指南，罚款实践中也看不出执法机关计算罚款的基本步骤，以及在计算罚款时需要考虑的裁量因素，因此亟须对此加以完善。

关于计算罚款的基本步骤，有的国家在罚款指南中规定了两步法，也有的国家规定了五步法，当然还有其他方法。它们的共同点是提供反垄断执法机关计算罚款的基本方法，使得反垄断罚款在相同或类似案件中不至于有太大的偏差，企业也大致能计算出其可能遭受的反垄断罚款。我国在将来制定罚款指南时，可以考虑通过下列步骤来计算反垄断罚款：第一步，确定违法企业在立案调查的上一年度于相关市场中相关产品的销售额 S；第二步，考量违法类型、违法性质、违法企业的市场占有率、对价格的控制能力、企业的规模等影响企业提高价格幅度的因素，分别赋予不同的权重，个案计算罚款比例的大致范围，用该罚款比例乘上述年度销售额 S；第三步，考量违法行为的持续时间，如果持续时间为一年以上的，则用该年数乘上一步计算结果；

第四步，估算个案的执法成本，与上一步计算结果加总后除以惩罚概率（a），即得违法企业的基本罚款数额。如果基本罚款数额不足以威慑违法行为，则可以参照欧盟的做法启动"以威慑为目的特殊增加的罚款"。

我们还应在罚款指南中将影响罚款的裁量因素具体化，明确罚款裁量时要考虑的加重或减轻因素。执法机关计算出基本罚款数额以后，可以通过加重或减轻因素来进一步修正基本罚款数额。这些"加重因素"通常包括：重复违法行为、故意或意图妨碍调查、不配合调查或故意隐藏证据、居于主导地位等，个案增加罚款数额。"减轻因素"有违法企业居于从属或受胁迫地位、开始调查后立即停止违法行为、过失、积极协助调查等，个案减少罚款数额。在极个别的情况下，执法机关应考虑违法企业的罚款支付能力。因为反垄断法保护的是竞争而非竞争者，不能因对企业处罚巨额罚款而致使其退出市场竞争。但不能仅仅因为企业由于支付罚款会导致财务状况恶化而扣减罚款，必须是所有客观证据充分表明若实施罚款将会不可避免地危及涉案企业的生存并造成其资产价值全部丧失的情况下才可以扣减罚款。

2. 完善宽恕政策提高惩罚概率

宽恕政策的导入，可以提高执法机关发现并惩罚垄断协议（卡特尔）的概率，提高执法效率，节省执法成本。我国反垄断法虽然已经规定了宽恕政策，但适用中的不确定性明显影响了该制度的效用和价值，需要在以下几个方面加以完善。

（1）适用对象。

我国《反垄断法》第46条第2款，规定的宽恕政策的适用对象是主动向执法机关报告达成垄断协议的有关情况并提供重要证据的经营者，而该经营者是否包括卡特尔的领导者、煽动者、发起者或是强迫他人者等，反垄断法对此没有规定，《反价格垄断行政执法程序规定》以及《工商行政管理机关禁止垄断协议行为的规定》也没有规定。从执法机关公布的执法公告来看，执法机关并没有考察申请者是否是卡特尔的领导者、煽动者，或是考察了申请者的领导地位但未予公布仍然适用宽恕，我们无法得知。执法机关的这种做法所传达的信息是，处于主导地位的申请者是否适用宽恕政策全凭执法机关的自由裁量。因此，潜在申请者可能因不确定性而不敢主动申报，因其主动报告达成垄断协议的有关情况可能不会得到减免反而提供了自己违法的证据，得不偿失。所以，鉴于执法机关在实践中并未排除卡特尔的领导者、发动者，那么关于宽恕政策实施的相关法律法规就应予以明确，但对于强迫他人参与卡特尔的企业，各国法律均将其排除在适用免除罚款的范围外，我国也应当采用相同的规范，以避免"精明"企业恶意利用宽恕政策排挤竞争者。

（2）资格要件。

《反价格垄断行政执法程序规定》第14条，规定了申请者的申请顺序所对应的减免金额，但并未界定申请者的申请时点对减免金额的影响。目前为止的执法案件，适用宽恕政策的企业几乎都是在执法机关介入调查后才主动报告达成垄断协议有关情况并提供重要证据的。依照国外的执法经验，违法企业也可能在执法机关尚未发动调查时主动申报。企业申报时点的不同，提供的"重要证据"所代表的含义也不同：①在开始调查前，企业提供的"重要证据"应可以使执法机关认定违法行为的存在，介入调查；②在开始调查后，企业提供的"重要证据"应可以帮助执法机关证明行为违反《反垄断法》的规定并可以给予处罚。另外，对于申请适用宽恕政策的企业，要求其提供"重要证据"这一要件太过主观，应予以删除，而规定为以下要件：①企业发现自身行为为违法行为时，应立即采取措施有效终止；②企业应如实且完全地供述其违法行为，并全面且持续地协助调查。

（3）减免标准。

减免标准是宽恕政策实施的核心，是申请者最关心的部分，应当明确。《反价格垄断行政执法程序规定》虽明确了申请者的申请顺序所对应的减免金额，但条款中规定的"可以"却扩大了执法机关的自由裁量权，增加了减免申请的不确定性和不可预测性，必会重蹈美国1978年宽恕政策的覆辙，影响实施效果。鉴于美国宽恕政策的实施经验，我们应限制执法机关在该部分的裁量权，明确符合要件的申请者可以当然获得减轻或免除处罚，至于减轻的幅度大小，执法机关可以有一定的裁量权。具体而言，申请者符合上述要件，执法机关可以给予如下减免：①第一个符合要件的申请者，免除罚款（胁迫者除外）；②第二个符合要件的申请者，减轻30%~50%的罚款金额；③第三个符合要件的申请者，减轻30%以下的罚款金额。

论我国反不正当竞争法的消费者保护功能

周樨平*

[摘要]《反不正当竞争法》是否规范直接损害消费者利益的行为？这一问题既涉及该法的功能定位，又涉及其与消费者权益保护法的分工，在我国《反不正当竞争法》修订中再次成为争议焦点。经营者在争夺竞争优势的过程中，既可能损害其他经营者的利益，也可能损害消费者利益，我国现行《反不正当竞争法》并没有回避对直接损害消费者利益的不正当竞争行为的规范。我国《反不正当竞争法》从制定之初就采用了综合性的立法模式，确立了保护经营者、消费者和市场竞争秩序的三重目标，并设立了行政执法机关，没有必要将损害消费者利益的不正当竞争行为排除出反不正当竞争法。侵害消费者知情决策权的不正当竞争行为使竞争性市场的淘汰和选择功能失灵，应由反不正当竞争法调整。反不正当竞争法保护的对象是消费者的整体利益，应赋予消费者团体诉权。

[关键词] 不正当竞争　消费者保护

一、问题的提出

　　保护消费者是《反不正当竞争法》的重要目标，我国《反不正当竞争法》第1条开宗明义地指出"保护经营者和消费者的合法权益"是该法的立法宗旨。但消费者利益在反不正当竞争法中的地位究竟如何，应如何保护，有关这一问题的争议却从来没有停止过。2017年全国人大常委会最新发布的《反不正当竞争法》修订草案（以下简称"17版草案"）第2条将不正当竞

---

　　* 周樨平，南京农业大学人文社会发展学院教授。

争行为定义为："经营者违反前款规定，以不正当手段从事市场交易，损害其他经营者的合法权益，扰乱竞争秩序的行为。"该草案将不正当竞争行为定位为损害经营者合法权益的行为，删去了之前历次草案中都存在的"损害消费者合法权益"的字眼，使消费者保护问题再次成为焦点。

消费者保护在《反不正当竞争法》中究竟是什么地位？《反不正当竞争法》是直接还是间接保护消费者？对这一问题的认识直接关系到该法的调整范围和法律性质，也是《反不正当竞争法》修订必须要解决的前提性问题，本文从竞争行为的本质入手，解析不正当竞争行为是否侵害消费者利益，进而探讨消费者保护在《反不正当竞争法》中的地位，明确《反不正当竞争法》的性质及其与《消费者权益保护法》的关系。

二、不正当竞争行为侵害的利益

主张限缩反不正当竞争法适用范围的观点认为，不正当竞争行为首先应当是竞争行为，因而它必须直接或间接地造成或可能造成竞争对手的损害，一个非竞争对手在法院主张他人对其实施了不正当竞争，应当很难得到法院支持。[1]由此看来，探讨反不正当竞争法中的消费者的地位，首先应明确什么是竞争行为，划清不正当竞争行为与其他市场侵权行为的界限。

我国现行《反不正当竞争法》列举性规定的不正当竞争行为，一部分直接侵害竞争者和消费者利益，如假冒；一部分直接侵害消费者利益，间接侵害竞争者利益，如虚假宣传、搭售等；还有一部分间接侵害竞争者和消费者利益，如商业贿赂、有奖销售。可以看出，我国现行《反不正当竞争法》既调整直接侵害竞争者利益的不正当竞争行为，也调整直接侵害消费者利益的不正当竞争行为。应当承认，在《反不正当竞争法》中，经营者利益和消费者利益交织在一起，很难将其截然分开。如果将不正当竞争行为仅仅定义为损害经营者利益的行为，显然不够科学和准确。而认为《反不正当竞争法》应当只调整损害竞争者利益的不正当竞争行为的观点，是认为损害消费者利益的行为应归消费者权益保护法调整，为维护反不正当竞争法的纯粹性，诉权只能被赋予竞争者。那么，进一步需要探讨的是该法的性质，及其与《消费者权益保护法》的关系。

---

[1] 焦海涛："不正当竞争行为认定中的实用主义批判"，载《中国法学（文摘）》2017年第1期。

三、我国需要什么样的反不正当竞争法

我国正值《反不正当竞争法》修改，该法的定位再次引起争议。有学者认为我国同时制定有《消费者权益保护法》，应当将损害消费者利益的不正当竞争行为和损害竞争者利益的不正当竞争行为分开规定，坚持二元论。那么我国是需要一部仅保护竞争者利益的《反不正当竞争法》，还是同时保护竞争者和消费者利益的《反不正当竞争法》？笔者认为，无论是从立法史、法律功能，还是现实需要来看，我国《反不正当竞争法》都应是一部维护竞争者、消费者和市场竞争秩序的综合性立法，理由如下：

（一）从立法之时，我国《反不正当竞争法》的定位就是维护竞争秩序的市场规制法，而不是维护竞争者利益的私法

我国《反不正当竞争法》1993 年制定，从其产生之日起的定位就是维护市场竞争的法律制度。该法第 1 条开宗明义指出，其立法宗旨是"保障社会主义市场经济健康发展，鼓励和保护公平竞争，制止不正当竞争行为，保护经营者和消费者的合法权益"。虽然该法采用了限制竞争和不正当竞争统一规定的合并式立法模式，但即便剥离限制竞争的内容，仅从不正当竞争的规范内容来看，也不仅限于维护竞争者的利益。现行《反不正当竞争法》既规定了以维护竞争者利益为主的不正当竞争行为，也规定了以维护消费者利益为主的不正当竞争行为，还从维护市场竞争的角度规定了一些并没有直接损害对象的不正当竞争行为，可见，我国《反不正当竞争法》从立法之初就确立了维护竞争者、消费者、公共利益的三重保护目标，其定位是市场规制法，而非单纯维护竞争者利益的私法。有些学者考察美国、法国、日本等国家的反不正当竞争法之后，认为这些国家的反法都是私法，我国也应"还《反不正当竞争法》以本来面目"。有关问题已如前文所述，各国都有公法性质的反不正当竞争法，只不过在有些国家是与私法性质的反不正当竞争法分开规定的。我国在反不正当竞争法立法之初就采取了公私法合体的立法体例，设立了工商行政机关为不正当竞争行为的监督检查机构，能够对损害消费者利益和公共利益的不正当竞争行为进行查处，没有必要将反不正当竞争法"纯化"为保护竞争者利益的私法。如果倒退回去，还要考虑如何与其他法律协调，将公法性质的反法纳入这些法律调整的问题，纯属多此一举。法国、意大利

等所谓采用"二元论"的国家，将损害消费者利益的不正当竞争行为纳入消费者法调整，是因为其反不正当竞争法是从民法典发展而来的，不适合发展对消费者公共利益的保护，也无法嵌入公共执法机关，所以采取了二元论的立场，这与我国的立法路径绝不相同。

（二）侵害消费者知情决策权的不正当竞争行为破坏了市场选择功能，应由《反不正当竞争法》调整

正如有的学者指出的，所有的竞争行为都是以消费者为指向的，其目的是吸引消费者。[1]经营者通常需要通过影响消费者的选择来获取竞争优势，很多不正当竞争行为就是直接针对消费者的购买决策而实施的。经营者通过欺骗、误导甚至压迫的方式，使消费者知情决策的基础被篡改或者剥夺，从而获得正常交易情况下不能得到的交易机会，其行为虽然直接指向消费者，但却具有显著的竞争意图，同时也损害了诚实经营者的竞争利益。正当竞争首先需要透明的信息传导机制，构成消费者决策的基础，其次是消费者的选择不受外界的干扰，只有消费者的知情决策不被破坏，市场才能发挥优胜劣汰的功能。直接针对消费者的欺骗性交易行为，或者引诱性交易行为，或者压迫性交易行为，如利用某种优势地位或不正当手段的强迫交易，通过侵害消费者的知情权和选择权破坏了市场选择功能，使好的产品无法被认知，而差的产品却胜出，使市场功能受到阻碍，是扭曲竞争的不正当竞争行为，应当受到反不正当竞争法的规制。而我国现行《反不正当竞争法》已经规范了部分侵害消费者知情决策权的不正当竞争行为，没有理由将此类不正当竞争行为逐出《反不正当竞争法》。

（三）不适合将损害消费者利益的不正当竞争行为交由《消费者权益保护法》规定

如果采用二元论的思路，将损害竞争者利益的不正当竞争行为由反不正当竞争法调整，而将损害消费者利益的不正当竞争行为由消费者权益保护法调整，还要考虑消费者权益保护法的立法体例是否适合纳入此类行为。笔者认为不宜采用二元论，理由如下：

首先，我国《消费者权益保护法》主要是权利保护法，而非行为规制法。

---

〔1〕 李友根："论消费者在不正当竞争判断中的作用"，载《南京大学学报（哲学·人文科学·社会科学版）》2013年第1期。

我国在消费者保护领域，不仅有《消费者权益保护法》，而且有《产品质量法》《反不正当竞争法》《反垄断法》《食品安全法》《广告法》等，其中《消费者权益保护法》侧重对消费者权利的规定，是权利宣示法；而其他法律则侧重对经营者行为的规范，是行为规制法。我国《消费者权益保护法》虽然也在规定消费者权利的同时，规定了经营者的义务，但并非整合式立法，因为其并未将有关经营者对消费者义务的法律规定全部整合进入该法，而只是就经营者行为规范中与消费者利益直接相关的部分进行重申、拓展和补充，如对消费者安全保障义务的规定是对侵权法的重申；对格式条款、店堂告示的规定是对合同法的重申和拓展；对产品质量、产品宣传和经营者销售行为的规定是对《产品质量法》《广告法》《反不正当竞争法》的重申、拓展和补充。

《消费者权益保护法》是一个庞大的系统，对经营者行为的规范是保障消费者权利的主要途径。消费者权利保护和经营者行为规范是一体两面，《消费者权益保护法》通过对消费者权利的宣示，促使相关法律完善对经营者行为的规范，从而实现消费者权利。我国《消费者权益保护法》对经营者义务的规定只是补充其他行为规制法的不足。正因为《消费者权益保护法》侧重于权利宣示而可直接作为裁判规范的条文较少，一些学者才认为我国《消费者权益保护法》基本上属于宣示性法律，属于软法的范畴。按照《消费者权益保护法》与其他市场规制法的体例安排，我国有关损害消费者利益的不正当竞争行为应当由《反不正当竞争法》统一规定。

其次，《消费者权益保护法》侧重于保护消费者的个体利益，而《反不正当竞争法》侧重于保护消费者整体利益，二者立法目的不同，所采用的救济手段也有所区别。《消费者权益保护法》关照的是消费者的个体权利，救济途径主要是民事诉讼，消费者组织可以在诉讼、调解中支持消费者，弥补消费者的弱势地位。而《反不正当竞争法》规范的则是经营者对不特定消费者实施的发散性侵害行为，因为反不正当竞争法中的消费者利益具有公共性的特点，主要对其采用行政规制的手段。

（四）消费者利益保护是合理化反不正当竞争法公共实施的主要方面

有学者认为《反不正当竞争法》的公共性和经济规制效能，是《反不正当竞争法》作为实质上私法的"外部性"的表现。[1]的确，如果将反不正当

---

〔1〕 王博文："德国反不正当竞争法私法属性的历史和理论建构"，载《竞争政策研究》2016 年 7 期。

竞争法看作仅保护经营者个体利益的法律，通过经营者的维权行为就可以实现维护竞争秩序的公共目标，公共规制手段的介入不仅浪费行政资源，而且有过分介入私人权利之嫌。正是因为不正当竞争行为可能损害不特定消费者利益，而不特定消费者缺乏提起诉讼的足够动力和激励，才需要公共规制机关的介入。对于损害特定经营者利益的不正当竞争行为，如商业诋毁、侵犯商业秘密，行政机关不需要介入；同时损害竞争者和消费者利益的不正当竞争行为，如仿冒，应当鼓励经营者通过维权行动达到维护市场秩序的目的；而直接损害消费者利益间接损害竞争者利益的行为，才是公共规制的主要对象。如前所述，《反不正当竞争法》的公法化是伴随着消费者保护进入《反不正当竞争法》而逐步出现的，消费者保护是《反不正当竞争法》公共实施的主要理由，如果将直接保护消费者利益的功能排出《反不正当竞争法》，则公共实施也将失去大半支撑。我国反不正当行政执法已经形成了较为成熟的执法体系，积累了丰富的执法经验，将直接损害消费者利益的不正当竞争行为交由反不正当竞争行政执法机关实施，具有充分的理由。

四、反不正当竞争法与消费者权益保护法在消费者保护功能上的区别

1. 反法规制经营者对消费者的不正当营销方法

经营者在市场竞争中获取竞争优势的方法有很多，通过提高质量、降低价格等方式进行效能竞争的是正当竞争，而通过欺骗、引诱、压迫、强制等方式争取顾客的是不正当竞争。对消费者实施的干扰消费者的自主判断和选择的不正当竞争行为，使经营者获取了本不应获取的交易机会，同时使市场通过消费者选择而优胜劣汰的竞争功能失灵。《反不正当竞争法》所规范的是经营者对所有消费者实施的某种营销方法，而不是针对个别消费者实施的特定销售行为，后者受《消费者权益保护法》调整。营销方法是指特定的销售方式，具有受众广、影响面大的特点，从而可能对竞争秩序造成不良影响。

2. 影响消费者的广度和深度

《反不正当竞争法》规范的是能够造成不特定的消费者受到损害的行为，其保护目标是消费者的一般性整体利益，而非个别消费者利益，受害者人数的多寡，或存在潜在受害者人数，是衡量是否构成不正当竞争行为的要件。如果是单一个别的非经常性的交易纠纷，应寻求民事救济或消费者权益保护。

对消费者利益损害的严重程度，也是衡量《反不正当竞争法》是否应当介入消费者保护的要件。在影响交易秩序程度的各种相关因素上，整体而言要有相当明显而突出的表现，例如，涉及整体产业消费者之行为，或影响数量相当多的消费者，可能造成消费者之重大损害、具有严重之资讯不对等或纠纷解决资源明显多寡不均等情形。[1]

正是因为《反不正当竞争法》规范的是经营者采用不正当经营方式使消费者整体利益受到损害，因此《反不正当竞争法》中消费者利益的保护，主要采用公共实施或公益诉讼的方式。我国现行《反不正当竞争法》没有规定消费者诉权，为保护消费者在《反不正当竞争法》中的集体利益，应在新法中赋予消费者团体代表消费者提起公益诉讼的权利。

五、结语

《反不正当竞争法》是以规范经营者行为为中心的法律，但并不是以保护经营者利益为中心的法律，不正当竞争行为在损害竞争者利益的同时，也在相当程度上损害了消费者的利益，广义而言，《反不正当竞争法》是消费者权益保护法的重要组成部分，对消费者利益的保护，是反不正当竞争法直接而重要的目标。

---

[1] 吴秀明：《竞争法研究》，元照出版公司 2010 年版，第 105 页。

【供给侧改革与调控监管】

论规划法治对我国供需结构错配的调整功能

宋　琳*

【摘要】 供给侧结构性改革需要解决的核心问题是经济供需结构的错配，努力促使供给侧与需求侧协调适配，实现供求关系的动态平衡。规划法治对市场和政府两重维度进行调控与规范，其对我国供需结构错配所起到的调整功能具有现实性。同时，规划法治的调整功能也具有必然性，即不仅是基于全面落实依法治国基本方略的需要，也是基于完善我国宏观调控的客观需要，更是出于建设服务型政府以维护市场主体利益的需要。基于以上现实性和必要性分析，对强化规划法治供需结构错配的调整功能提出四项建议：确立科学的规划法治发展理念与基本要求、构建完备的规划法制体系、推进规划法治配套机制系统化建设，以及加强公众对规划法治的正确理解与认识。

【关键词】 规划法治　供需结构错配　宏观调控　供给侧结构性改革

一、引言

长久以来，我国经济矛盾产生的主要根源在于长期高速发展积累起来的重大结构性失衡。[1]经济结构性失衡主要表现为供需结构错配，供给侧结构性改革的核心问题是解决供需结构的错配，努力促使供给侧与需求侧协调适配，实现供求关系的动态平衡，达到经济发展"量质齐升"的理想状态。人们应当打破"发展规划就是发展计划经济"的错误认识，以推动规划法治建设强化科学规划对经济的调节作用。规划法治要求国家通过制定法律、法规，

---

* 宋琳，中国人民大学法学院博士生，主要从事经济法学研究。
〔1〕 参见徐孟洲："论供给侧结构性改革与经济法的完善"，载《经济法论丛》2017年第1期。

规范，规划主体决策行为、协调规划关系、规范规划程序、明确规划责任，保证规划决策的民主性和科学性，合理确定国民经济和社会发展战略、宏观调控目标和政策，做好经济预测，促进经济持续和健康发展。本文旨在以"两重维度、三个需要、四条路径"为逻辑主线，试论规划法治对我国供需结构错配的调整功能。

二、两重维度：规划法治发挥调整功能的现实性分析

马克思在《资本论》中将商品销售形容为"惊险的跳跃"，不能实现这一跳跃，最终摔坏的不是商品而是商品的提供者，即供给方。很显然，目前中国的经济正处于"跳跃"的瓶颈期。国内有巨大的供给能力，消费者却热衷于国外海淘，我国粗钢产量世界第一，每年仍要以高价进口千万吨高级钢材。问题的根源在于供需结构的错配：供给结构无法适应需求结构的变化，大量中高端消费购买力流向海外市场，国内低端产品无法消耗造成大量产能过剩、产品滞销，供给侧无法转化为需求侧，无效、低端供给与中高端消费之间出现结构性断层。供需结构错配仅仅依靠市场自身调节不能得到及时调整，必须在发挥市场作用的同时有效调动宏观调控机制。科学的规划落实到位，供需错配能够得以避免或纠正，经济结构可以得到有效调整，而规划的科学性、合理性必须依靠规划法治的保障。故而规划法治能够对目前我国供需结构错配起到调整功能，这一功能的现实性可分别从规划法治与市场和政府关系的两重维度加以论证。

（一）规划法治与市场

市场机制靠完全自发调节独脚难行，需要辅以外力才能更好地在微观层面配置资源，即需宏观调控机制的调节。在我国宏观调控机制中，规划的统筹性和目标导向性决定了其与其他宏观调控处于不同层次，规划本身就是一种科学性的体现，其功能在于适时而理性地将现实社会生活中可以利用的一切人力、物力与财力资源，事先安排或分配到预设的时间和空间内，以实现经济社会发展目标。[1]规划调节可以弥补市场机制的内在缺陷，通过事前安排和主动调节，对市场主体的经营决策进行调控和指导，化解个体利益与集体利益、短期利益与长期利益之间的矛盾和冲突，保证国民经济按比例协调

---

[1] 参见徐孟洲："论经济社会发展规划与规划法制建设"，载《法学家》2012年第2期。

发展，这是社会化经济发展对规划的要求。[1]就好比一台投放物资的机器，科学的规划可以使有限的物资及时有效并精准地被投放至所需之处，实现各类资源的最优化配置。

（二）规划法治与政府

如何有效改善供给？政府必然不能置身事外，政府要确定社会经济发展战略和宏观调控经济目标，实施产业政策，促进产业结构优化，从而逐步改善经济的供给结构，然而，政府的规划行为不能完全避免负外部性，其同样存在政府失灵的治理风险。因此，规划行为不能脱法，政府的规划活动必须依法。规划调控机制的健康运行有赖于规划法治的保障，规划法治能够保证规划手段具有科学性和合理性，将政府借规划干预市场的决策行为限定在合理范围内，防止随意规划、违法规划。政府规划作为一种决策行为，是一个受制于特定政治框架和制度约束的理性行为，既要符合一个国家政治权力的运行构建，体现其正当性与合法性，也要符合决策事项的内在特征与发展趋向，体现其技术性与科学性。[2]任何改革都不能成为"法外之地"，更不是"法律禁地"，规划功能的有效发挥需要法治化的保障，规划法治正是通过规范和控制政府权力，从而以科学合理的宏观调控调整供需结构的错配。

三、三个需要：规划法治发挥调整功能的必然性分析

2014 年，中共中央十八届四中全会审议通过《关于全面推进依法治国若干重大问题的决定》，标志着中国进入了建设社会主义法治国家的新阶段，供给侧结构性改革正是在这一大背景下作出的重大经济调整战略。规划法治是全面推进依法治国的重要组成部分，因此，供给侧结构性改革在特定的改革背景下无法回避规划法治问题。改革的核心任务是解决供需结构的错配，如前文所述，规划法治通过对市场和政府的调控和管理，能够对目前我国供需结构错配起到重要的调整功能，规划法治发挥其调整功能具有现实性。现实性是包含内在根据的、合乎必然性的存在，在事物发展过程中，其只有表现出必然性才具有现实性。规划法治对供需结构的错配能够发挥调整功能的现

---

〔1〕 徐孟洲：《耦合经济法论》，中国人民大学出版社 2010 年版，第 216 页。

〔2〕 参见张忠军、朱大旗、宋彪：《擎社会责任之光—刘文华教授 80 华诞庆贺文集》，法律出版社 2012 年版，第 312 页。

实性是建立在必然性基础之上的，其必然性主要体现在三个"需要"：

（一）全面落实依法治国基本方略的需要

法治是治国理政的基本方式，实施依法治国基本方略是发展社会主义市场经济的重要保证。长期以来，我国的规划工作尤其是发展规划，主要依靠各类红头文件，规划的编制和实施没有得到法律的规范和保障，各级各类规划之间无法形成统筹格局，规划执行缺乏国家强制力的保障。同时，在实施发展规划过程中，各级政府权限范围不明确，容易造成行政行为冲突与交叉。为适应依法行政的迫切需要，必须通过法律形式从权力与职责，权利与义务以及程序等方面对规划行为加以规范、约束和保护，从而提高依法行政能力和效率。规划行为法治化能够增强改革措施的确定性，减少政府在改革中行政行为的随意性，通过制度保证国家推进改革的稳定性和持续性，增强人们对于改革的制度自信和内心认可，从而激发改革动力。调整目前我国经济结构供需错配，需要规划法治提供改革动能，以发挥巨大的指导和保障作用，这也是全面落实依法治国基本方略的需要。

（二）完善我国宏观调控的客观需要

中国经济运行面临着供给侧和需求侧都亟待结构性调整的双重压力，供给侧结构性改革，不能只顾供给侧，不顾需求侧，两者是矛盾统一体的两方面，不是非此即彼的对立面，不能顾此失彼。[1] 调整供需结构错配需要调动跨部门统筹机制，借助改革的重大顶层设计，政府更好地配合市场，调动市场主体的积极性，引导国民经济的平衡发展。改革顶层设计的科学内涵实则是建立在各类大数据分析基础之上的新一轮规划统筹，调整供需结构错配的重点之一在于更好地发挥政府作用，供给侧管理和需求侧管理是政府进行宏观调控的两大基本手段，两大手段协同发力的科学宏观调控离不开国家发展战略和规划。规划对经济进行宏观层面上的调控指导，借助"有形之手"，保证国民经济供给与需求两端按比例协调发展。供给侧结构性改革的五项任务"去产能、去库存、去杠杆、降成本、补短板"是解决供需结构错配的具体方案，这些方案的落实无一不需要通过合理的发展规划予以有效疏导，稳中求进以求实现预期目标。简言之，规划法治对供需结构错配发挥调整功能具有

---

〔1〕 参见中共中央市委党校马克思主义理论研究中心：《中国供给侧结构性改革研究》，中国社会科学出版社 2016 年版，第 22 页。

必然性是出于完善国家宏观调控的客观需要，国家宏观调控能力及功能的发挥直接关乎供给侧结构性改革的成效。

（三）建设服务型政府以维护市场主体利益的需要

市场经济的发展为政府职能的全面转型提供了重要的经济基础，在经济新常态背景之下，市场在资源配置中起决定性作用，政府的角色逐渐从管理者转向服务者。规划法治化能够为政府行为提供重要的法律依据，引导政府正确处理好其与市场、社会的关系，让政府清晰地认识到自己的角色定位，完成简政放权，将工作重心从管理性事务向创造良好的发展环境、提供优越的公共服务、维护社会公平正义等服务性事务过渡和侧重。规划法治为加强和改善各级政府服务市场主体，提出了法律规则，可以增强发展规划的服务功能，服务和指导市场主体行为，引导市场资源优化配置，克服市场主体经济行为的盲目性，节约资源，消除系统性市场失灵和供需严重失衡现象的发生，为维护生产经营者利益，最终为消费者和最广大人民的利益提供法治保障。概言之，调整目前我国经济结构供需错配，亟须政府转变自身职能，适应角色转型。

四、四条路径：强化规划法治供需结构错配调整功能的建议分析

在供给侧结构性改革背景下，基于上文对规划法治发挥供需结构错配调整功能的现实性和必然性的分析，本文对进一步强化规划法治供需结构错配调整功能提出以下四方面建议：确立科学的规划法治发展理念与基本要求、构建完备的规划法制体系、推进规划法治配套机制系统化建设以及加强公众对规划法治的正确理解与认识。

（一）确立科学的规划法治发展理念与基本要求

规划法治的发展应当坚持以马克思主义法学思想和中国特色社会主义法治理论为指导，全面贯彻国家治国理政的新理念、新思想和新战略，确立以人为本、统筹协调、民主以及可持续发展的四大规划法治发展理念。规划法治化过程要求确保国民经济和社会发展总体规划的统领性作用，建立协调顺畅的发展规划衔接机制，促进社会经济的全面共同发展，因此，要坚持统筹协调；规划法治化需要以民主作为发展理念以真正体现人民意志，提高并充分保障公民在规划活动中的民主参与度；规划法治也要以可持续发展作为重

要的发展理念，以发展理念为指导，强化规划法治对供需结构错配的调整功能需满足以下基本要求：坚持以良法善治为首要前提、尊重市场机制与宏观调控机制的耦合、保证正当性在法治与改革间的双向建构、实现原则性与灵活性的辩证统一以及要确立法治构建的全局意识。

（二）构建完备的规划法制体系

"立善法于天下，则天下治；立善法于一国，则一国治。"[1]规划法治必须要坚持立法先行，发挥立法的引领和推动作用，制定出台我国的《发展规划法》，进而构建完备的规划法制体系。强化规划法治的调整功能需要尽快构建规划法制体系，当前，完善规划法制体系的首要任务是制定我国的《发展规划法》。此外，《发展规划法》还应当与《预算法》《中国人民银行法》《价格法》《城乡规划法》等宏观调控立法相衔接，改变目前依循管理从事规划活动的局面，充分发挥规划法统筹全局的协调、引领作用，[2]真正实现规划法治对供给侧结构性改革的保障作用，强化并突出规划法治的调整功能。

（三）推进规划法治配套机制系统化建设

规划法治的主要作用就在于控制行政机关的公权力，将公权力的内容和运行均纳入到法治轨道上来，一切规划行为在法律所允许范围内进行，实现行政机关的职能、权限、程序以及责任法定化，由此能够有效避免随意规划、违法规划行为的发生，防止公权力滥用侵害公民的合法权益，从而实现"风能进，雨能进，国王不能进"的理想状态。强化依法行政的关键举措在于建立行之有效的问责制度，坚持有责必问、问责必严。此外，提高规划司法公信力是推进规划法治配套机制系统化建设中重要的一环，司法是维护社会公平正义的最后防线，健全的规划司法救济机制是实现规划法治的重要后盾。提高规划司法公信力的重点是早日完成司法预算独立，在实现真正的司法独立审判的基础上完善行政诉讼体制机制，支持法院受理规划行政案件，精简相应的司法救济程序，降低司法救助门槛，为改革中的经济结构调整提供司法保障。

（四）加强公众对规划法治的正确理解与认识

强化规划法治对调整经济结构供需错配的功能，需要加强公众对规划法

---

[1] 《王安石文集·周公》。

[2] 参见徐孟洲："论经济社会发展规划与规划法制建设"，载《法学家》2012年第2期。

治的正确理解与认识，排除人们的观念性障碍。国家要注重加强规划法治的普及宣传，借助先进的互联网科技和多媒体技术，向公众传达构建规划法治的重要性，引导公众积极参与规划法治建设，为规划法治化发展建言献策。同时拓宽公众参与规划决策的渠道，提高公众参与度，保障规划民主性。同时，规划法治宣传的对象应相对侧重于政府规划行政部门的行政人员，改变以往规划部门随意规划、规划内容难落实以及违法规划等不良现象。[1]因此，只有不断通过普及规划宣传教育，强化社会成员的规划法治观念，才能使全社会形成遵法、学法、守法、用法的法治习惯，为供给侧结构性改革完成供需结构错配的调整任务营造良好的规划法治氛围。

五、结论

供给侧结构性改革需要解决的核心问题是供需结构的错配，努力促使供给侧与需求侧协调适配，实现供求关系的动态平衡。规划法治化能够通过科学调控辅助市场机制，使市场机制更好地发挥作用，克服滞后性、自发性及盲目性等缺点，保持经济发展的宏观平衡，降低供需结构错配发生的前置性风险。同时，规划法治可以有效规范和控制政府权力，强化政府的服务职能，提高宏观调控水平，从而以科学合理的宏观调控辅助市场调整供需结构的错配。将以上讨论作为前提，本文对进一步强化规划法治供需结构错配的调整功能提出四项建议：确立科学的规划法治发展理念与基本要求、构建完备的规划法制体系、推进规划法治配套机制系统化建设以及加强公众对规划法治的正确理解与认识。供给侧结构性改革是一次短期激励、中期制度建设与长远预期塑造相结合的改革实践，实现规划法治对我国供需结构错配的调整功能，既是供给侧结构性改革之必需，也是构建规划法治之价值所在。

---

[1] 参见张锐："普法教育与法治观念的形成"，载《中国司法》2005年第10期。

英国 FCA 监管目标及措施阐释与反思

何宗泽*

【摘要】 英国金融行为监管局 FCA 是全世界监管最完善、法律执行力最强的金融监管机构，是英国金融投资服务行业的中央监管机构，负责监管银行、保险以及投资业务，为保证其履行职责，其权力配置为对英国的机构和零售外汇交易公司、流动性提供商、金融技术初创企业、机构经纪商和整个客服生态系统进行监管。关于其对于风险零容忍以及突出保护金融消费者公平交易权的监管理念，笔者认为其有很多优点值得我国当下金融监管改革借鉴，同时也需运用战略思维对其集监管权与执法权于一身进行法理评判。

【关键词】 FCA　金融消费者　诚信度

一、引言

FCA 是英国金融投资服务行业的中央监管机构，负责监管银行、保险以及投资业务，FCA 目前是全世界监管最完善、法律执行力最强的金融监管机构，成为各国金融监管机构学习的典范，其权威性得到投资者的高度认同。FSA 在 2013 年 4 月被英国政府废止后，FCA 和 PRA 两大机构正式取代 FSA，并分别承担其职能，PRA 监管所有银行相关活动，而 FCA 则开始作为全球知名的监管机构，对英国的机构和零售外汇交易公司、流动性提供商、金融技术初创企业、机构经纪商和整个客服生态系统进行监管。

＊ 何宗泽，安徽广播电视大学教师，法学副教授。

二、以金融消费者权益保护为核心的 FCA 监管目标

英国行为监管总体战略目标为，确保金融市场良好运行以保证金融消费者获得公平交易。[1]在 FCA 机构运行中，对金融企业行为监管的最基本目标是要求他们保证以金融消费者为利益核心。由此可以看出，金融行为监管目标与金融消费者权益保护不完全等同，而是以金融消费者保护为核心，侧重金融市场的良好运行。实际上是提供了金融消费者以及有关企业（不论大小）一个良好的金融市场环境，并保证金融市场与其他市场协调一致作为一个整体和谐的经济体，从而与审慎监管一起构成市场监管体系，实现金融市场监管目标。需要说明的是 FCA 也对部分金融机构进行审慎监管[2]，不过这一审慎监管也体现对于金融消费者和投资者的保护目标。FCA 审慎监管的目标是当金融机构遇到资金压力或破产时，最大限度地减少对消费者、批发市场参与者和市场稳定的伤害。基于以上目标，行为监管具体表现为三大具体操作目标：

一是，对消费者进行适度保护（Protecting consumers）[3]。首先，市场准入把关。FCA 针对进入金融市场的企业或者个人获得 FCA 办法的执照进行严格审查，确保他们符合 FCA 制定的保护金融消费者的规范与细则，保护金融消费者利益高于其利润与收益预期[4]，所以也就有世界最严的监管机构一说，这也表明 FCA 重视事前防范。其次，妥善应对消费者投诉。FCA 不直接处理消费者投诉，而是明确金融机构的主体职责，出台详尽的监管指引，详细规定金融机构处理消费者投诉的具体操作流程，同时还要求金融机构按指

[1]　参见 FCA 官网，载 https://www.the-fca.org.uk/about/the-fca：Financial markets need to be honest, fair and effective so that consumers get a fair deal. It is our aim to make markets work well-for individuals, for business, large and small, and for the economy as a whole. 访问日期：2016 年 8 月 13 日。

[2]　英国 PRA 负责存款机构、保险公司和大型投资公司的审慎监管工作，但 FCA 也有审慎监管，主要包括资产管理公司、独立财务顾问以及抵押贷款和保险经纪公司。

[3]　From bank accounts to mortgages, credit cards, loans, savings and pensions, virtually every adult in the UK is a consumer of financial services, and one of our objectives is to ensure an appropriate degree of protection for all consumers. , 参见 FCA 官网，载 https://www.the-fca.org.uk/about/protecting-consumers，访问日期：2016 年 8 月 14 日。

[4]　We act to ensure that a firm has its customers at the heart of how it does business, giving them appropriate products and services, and putting their protection above profits or remuneration.

定格式定期上报消费者投诉案件的数量和处理结果，并向公众发布各家金融机构遭受投诉情况等相关信息，通过舆论监督的方式督促金融机构公正对待消费者，改善金融产品和服务。另外，FCA 也在其官网发布金融消费投诉指引，引导金融消费者按照规定的步骤表达诉求。第一步，消费者应以书面形式向金融机构提交投诉。第二步，消费者若不满意金融机构的投诉处理结果，可向金融监察服务机构寻求帮助。金融监察服务机构是依照英国《金融服务和市场法案》成立的独立的法定非营利机构，负责处理金融消费者和金融机构之间无法妥善处理的纠纷。金融监察服务机构在协调纠纷时保持独立公正，提供服务而不向金融消费者收取任何费用，其经费来源主要是每年向金融机构收取的费用和处理单个案件时收取的手续费，通常自第 25 例案件后开始收取费用，且每笔收费为 550 英镑。为更好地履行职责，金融监察服务机构与金融行为监管局等英国监管当局及其他有关政府机构签订备忘录。第三步，作为最终解决方案，若消费者对金融监察服务机构的处理结果依然不满意，可向法院提起诉讼。[1]最后，金融机构触犯刑律的，FCA 可以行使法律赋予的刑事诉讼权，权威地提高了英国金融体系的诚信度并有效促进市场竞争以维护消费者权益。

二是，保护和提升英国金融系统的诚信度（Enhancing market integrity）[2]。FCA 致力于支持和鼓励健康而成功的金融系统，使得金融机构生意兴隆，同时金融消费者能够充分相信市场的透明与公开，从而保障交易的公平与公正。

三是，促进符合消费者利益的有效竞争（Promoting competition）[3]。FCA 努力促进符合消费者利益诉求的金融市场的竞争行为，从而使得市场竞争与金融消费者权益保障实现双赢。

三、FCA 监管目标下的监管措施

FCA 成立于 2014 年 4 月 1 日，直接的行为监管对象有 56 000 家金融企

---

〔1〕 陈宇、叶睿："英国监管体制改革路径：双峰监管模式与金融行为监管局运行机制"，载《中国银行业杂志》2015 年第 7 期。

〔2〕 参见 FCA 官网，载 https://www.the-fca.org.uk/about/enhancing-market-integrity，访问日期：2016 年 8 月 15 日。

〔3〕 参见 FCA 官网，载 Find out how we promote effective competition in the interests of consumers. https://www.the-fca.org.uk/about/promoting-competition，访问日期：2016 年 8 月。

业，其中 24 000 家企业中超过一半的审慎监管也属于监管对象。FCA 监管权力有：为大公司进行连续评估及对小公司进行监控市场及其产品等，以确保企业公平竞争和不损害消费者的利益，在威胁行业诚信的事件或问题上，作出迅速及果断的回应，必要时确保公司对消费者的赔偿。

FCA 对风险的容忍度将更低，并将更倾向于采取预防手段而不是坐视损害发生。这种方法还将意味着更多地使用判断，即用专业知识来判断对消费者的损害是否可能会发生，并基于这种前瞻性分析进行相应的干预。为实现战略目标与具体操作目标，FCA 主要采取以下具体监管措施：

一是参与金融市场竞争监管。在英国，市场竞争监管权，包括金融市场竞争监管权，全部由竞争与市场管理局（CMA）享有，但根据英国 1998 年竞争法，那么 FCA 与 CMA 在金融市场竞争领域管理有合作共同管理权，因而，也为金融市场竞争与反垄断注入了 FCA 监管角色，从而在执行竞争法规的同时，更好地保障了金融消费者权益。

二是制定"允许行为清单"。FCA 制定了"允许行为清单"，金融机构如果有意愿开展清单中所列业务，均需获得金融行为监管局授权。申请时，需满足一系列条件，如营业机构所在地、监管当局是否具备相应的监管资源和技能、商业模式是否合适等。对于大型机构的某些重要岗位，任职人选还需报 FCA 同意。由于脱欧前英国是欧盟成员国，因此还需执行"欧盟通关政策"，若中资银行在欧盟成员国获得分行许可，则在欧盟其他成员国跨境开展获批业务或设立分行不需再次申请重新获得许可，只需分行所在国监管当局通知第三国监管当局即可，因为英国已经脱欧，此种状况也在改变。

三是制定详细的监管手册。金融行为监管局制定了详细的监管手册，明确了 11 项监管原则和相关细则，主要包括：诚信、技能与专注力；管控、财务审慎、市场行为、消费者权益、客户沟通、利益冲突、客户信任关系、客户资产、与监管当局关系。金融机构要主动向 FCA 展示自身遵守相关监管原则的情况。

四是分类监管。FCA 按照行为总体情况和风险大小分为四类，从高到低依次是 C1、C2、C3 和 C4。C1 包含 12 个大规模零售业务的银行及保险机构；C2 包括 120 个较大的银行、保险公司和资产管理公司；C3 包括 350 个中等规模的银行、互助保险机构和保险公司；C4 包括剩下较小的金融服务公司、独立顾问和经纪人。C1 是金融市场上最大和最重要的参与者，接受最严格的直接监督和持续评估：①每两年接受一次业务模式和策略分析，一年后复查；②定期召开例会，参会人员包括 FCA 监管部门、高管、金融机构董事会成员、控股人以及外部审计人员，在必要时召开临时会议，持续了解机构业务变化和风险隐患；③定期检查管理层信息，包括检查董事会、执行委员会以及内部规则执行情况；④召开年度战略会议，参会人员包括 FCA 高管与金融机构 CEO、管理人员；⑤每年对机构进行一次评价，结论以信件形式递达机构并交董事会；⑥对收益进行常规基线监测，收益的异常增加都会引起 FCA 的关注。C2 在金融市场上的重要性仅次于 C1，在两年的评估周期内接受一至两次深度评估，且每年接受一次同行业业务模式和策略分析（peer group BMSA）。C3 每年接受同行业分析评估，每四年至少接受一次定期评估，也可能进行临时评估。C4 类主要评估关键问题，如机构商业模式中的风险、如何处理以及对消费者的影响。[1] FCA 也关注机构文化和公司治理、资本和流动性、商业模式分析等重点领域，通过现场检查和非现场监管等手段进行监管。其中，三大监管支柱分别为"单家机构检查""主题或产品检查"和"事件检查"，顾名思义，分别是针对单家机构、特定主题或产品，出现的不良事件开展的专项检查。对关注度高的机构进行更高强度的监管，而对为数众多的中小型机构则更多地通过特定主题或产品检查的方式进行。当出现不良事件时，则承担消防员职责，及时化解风险。

五是与外界广泛联系，前瞻性预测风险与寻找良策。[2] 与金融机构，消费者、专家学者保持联系，认真收集分析相关资料，在问题暴露和消费者利益受损前进行干涉；确保消费者权益受损时得到及时、合理补偿。

六是处罚措施除了 FCA 制定的规则外，FCA 还拥有民事和刑事处罚权。如刑事诉讼（bringing criminal prosecutions to tackle financial crime），能对不良行为形成足够的震慑力，还拥有一支高效的执行和打击金融犯罪团队，如内幕交易、无证经营等。2012～2013 年共开出 51 笔罚单，总金额 4.2 亿英镑。2014 年的罚单超过了 14 亿英镑，共对 39 家机构实施了处罚，颁布了 25 个禁

---

〔1〕 孙天琦："金融业行为风险、行为监管与金融消费者保护"，载《金融监管研究》2015 年第 3 期。

〔2〕 We work with consumer groups, trade associations and professional bodies, domestic regulators, EU legislators and a wide range of other stakeholders. With this extensive remit, we use a proportionate approach to regulation, prioritising the areas and firms which pose a higher risk to our objectives.

令和 11 个没收令（withdrawing a firm's authorisation）。此外，在打击金融犯罪方面，FCA 有着广泛的全球视野，与其他国家、欧盟及欧盟内部各国的监管机构保持合作。[1]

四、针对 FCA 的反思

（一）针对金融消费者的保护目标，我国金融监管改革措施与不足

我国人民银行、银监会、证监会、保监会均设立了相应的金融消费者保护部门。2011 年 4 月，保监会获批设立"保险消费者权益保护局"，主要职责为：拟订保险消费者权益保护的政策法规；调查处理损害保险消费者权益案件；开展保险消费者教育及服务信息体系建设工作，指导开展行业诚信建设工作；督促保险企业和从业人员加强信息披露、消费者风险提示等工作。2011 年 5 月，证监会获批设立"投资者保护局"，主要职责为：拟订证券期货投资者保护的政策法规；组织开展投资者教育和服务工作，督促市场主体向投资者提示风险；受理投资者投诉并组织协调、督促有关方面办理；协助投资者对受侵害权益依法进行救济；按规定监督投资者保护基金的管理和运用。2012 年 3 月，人民银行获批设立"金融消费权益保护局"，主要职责为：综合研究我国金融消费者保护工作的重大问题，会同有关方面拟定金融消费者保护政策法规草案；会同有关方面研究拟定交叉性金融业务的标准规范；对交叉性金融工具风险进行监测，协调促进消费者保护相关工作；依法开展人民银行职责范围内的消费者保护具体工作。同日，银监会获批设立"银行业消费者权益保护局"，主要职责为：研究制定银行业消费者权益保护工作总体规划，拟定银行业消费者保护的规章制度和具体政策；调查处理银行业消费者投诉；开展银行业消费者公众教育等。[2] 与 FCA 相比，我国在金融消费者保护方面仍有很大差距，主要体现在：

一是没有将金融消费者权益保护作为行为监管核心，倡导性语言居多。我国虽然在形式上设立金融消费者保护机构，但是并没有引起金融企业的高度重视，有多少金融企业真正将金融消费者作为核心来进行运作？能像英国

---

〔1〕 陈宇、叶睿："英国监管体制改革路径：双峰监管模式与金融行为监管局运行机制"，载《中国银行业》2015 年第 7 期。

〔2〕 王华庆："完善金融消费权益保护机制"，载《中国金融》2012 年第 22 期。

那样，违规将受到监管机构处罚？相反，近几年不断出现的金融跑路事件，恰恰反映出我国金融市场的准入监管以及对金融消费者的保护均流于形式，没有真正实现监管目标，没有达到 FCA 监管基本职责与要求。

二是没有金融消费者权益保护专门立法。现有的《消费者权益保护法》《产品质量法》中没有金融消费者保护、金融服务质量方面的规定；《人民银行法》《商业银行法》《证券法》《保险法》等法律法规尚未建立起完善的金融消费者保护体系。

三是金融消费者权益保护协调与投诉解决机制需要整合。如何加强人民银行、银监会、证监会、保监会部门间的协调，协调处理跨市场、跨行业金融产品与服务涉及的金融消费者保护问题，确保金融行业间规则的一致性，形成金融消费者权益保护的合力，是我们目前面临的一个重要问题。目前，人民银行、银监会、证监会、保监会均自行探索不同的投诉受理和纠纷解决方式，尚未能从整个金融业角度出发统筹考虑建立统一的金融消费者权益救济渠道。

（二）FCA 监管措施涵盖执法权与监管权，长久运行可能导致专制

通过分析 FCA 目标与措施，可以看出 FCA 职能集监管与执法权于一身，近乎集金融案件司法与执法于一身。2016 年 7 月，有英国高级议员提出，应重审英国金融监管机构——英国金融市场行为监管局（FCA）的职能。他们呼吁剥夺 FCA 对违规个人做出惩处或禁止的权利，并认为 FCA 应由两种不同职能的监管机构取代。这些特别委员会提出，在英国两大金融监管机构 FCA 和英国央行（BOE）之外，应设立一个新的独立机构，来专门解决曾发生在苏格兰哈里法克斯银行（HBOS）身上的监管问题。[1]特别委员会的报告称："一个机构集监管和执法的权利于一身，这种监管系统已经过时了，可以说是很不公平的。将执法和监管分开，现有机构才能集中精力实施关键职能，即审问证据、判断违规行为。"一位议员 Antony Townsend 表示："FCA 能够恰当且公正地处理大多数投诉，然而，FCA 并不愿意面对或者承认自身的缺陷，在面对这样的案例时，FCA 会变得拖沓。"

（三）我国如何进行监管模式改革

目前，关于我国新的金融监管框架大致有六种改革模式，这些方案各有

---

〔1〕 "英国 FCA 出大事啦！"，载 http://mt.sohu.com/20160729/n461711207.shtml，访问日期：2016 年 8 月 13 日。

利弊：[1]金融协调委员会+"一行三会"（美国模式）；单一央行模式；"一行一会"；"一行两会"（央行+证监会+保监会）；央行+行为监管局（英国模式）；"一行双峰"模式（央行+审慎监管+行为监管，澳洲模式）。根据目前理论界探讨结果，多数学者主张参考英国模式的"央行+行为监管局"或者参考澳洲模式的"一行双峰"（央行+审慎监管委员会+行为监管局）架构。这两种金融监管模式在理论上比较完善，在结构上既符合宏观审慎管理的原则，又强化了综合监管和功能监管，同时实现了行为监管与审慎监管的适度分离。相比英国模式，澳洲"一行双峰"模式将非系统重要性金融机构的微观审慎监管部门与央行分设，从而更具独立性。在中国特定的环境下，应该考虑将金融机构和业务（不论是否具有系统重要性）统一在央行这个综合监管机构之内，以避免监管竞争和监管套利。正是因为如此，笔者认同部分专家学者的观点，英国模式（"央行+行为监管局"）在逻辑上为更佳的选择，既符合"宏观审慎"的原则，也符合综合监管和功能监管的要求，同时兼具"双峰模式"的特征。中国金融监管改革的初始条件与英国模式颇为不同，需要权衡改革旧体制和维护新体制的成本与收益。从中国的实际出发，新的金融监管框架改革既不应墨守成规，也不应过于激进地照搬别国模式，应是一个分步走的渐进过程。改革的第一步，可以考虑以"一行两会"或设立"金融协调委员会"为起点，将重点放在加强监管协调和构建宏观审慎监管体系之上，将具有系统重要性金融机构的监管移交央行。第二步，在完善宏观审慎管理的基础上，实现功能监管，强化行为监管，最终形成类似于英国的"央行+行为监管局"的模式。

因此，我国金融监管模式结合分业经营向混合经营体制过渡，可以"央行+行为监管局"（英国模式）或"央行+审慎监管委员会+行为监管局"（"一行双峰"）为参照目标，采取渐进改革的方式实施，最终构建一个满足宏观审慎、综合监管、功能监管和行为监管要求的现代金融监管框架，实现我国十三五规划的战略部署。

---

[1] 秦晓，中国金融四十人论坛（CF40）学术顾问，本文系作者向中国金融四十人论坛（CF40）提供的交流文章，原标题为《重构金融监管体系：理念、功能和模式选择》，转载请注明出处。文章仅代表作者个人观点，不代表 CF40 立场。载 http://news.hexun.com/2016-07-19/185041728.html，访问日期：2016 年 8 月 14 日。

供给侧改革背景下我国破产重整制度的反思与重构

梁小惠*   李笑飞**

【摘要】 化解过剩产能、处置"僵尸企业"是供给侧结构性改革的重要内容。破产重整是依法处置"僵尸企业"的重要途径。因此，研究我国破产重整制度具有重要的现实意义。本文试图以供给侧结构性改革为背景，通过对我国近年来破产重整制度的立法和实践的认真审视，在检讨和反思其存在问题以及面临困境的基础上，从"破产重整程序的启动、破产重整程序的运行、破产重整计划的执行"等方面提出进一步完善我国破产重整制度的建议。

【关键字】 供给侧改革　破产重整制度　重整程序　重整计划

一、破产重整：实现供给侧结构性改革的重要路径

为进一步促进我国经济结构调整升级和发展方式转型，实现经济发展新常态，从 2015 年开始，中央明确提出了供给侧结构性改革的发展战略，其核心点是以改革的形式实现经济结构的调整和优化升级。企业无疑是供给侧结构性改革的关键所在。近年来许多企业不具备产品创新升级的能力，甚至在政府和银行资金支持下也难以完成去产能的任务，因而成为"僵尸企业"。为了保证经济的持续增长，处理好"僵尸企业"这一重要问题，国家明确提出了"重组救活为主，破产退出为辅"的处置原则。实践证明，这一原则能否得到有效落实，除了受政策方面的影响外，更有赖于我国破产重整制度的有效运行。

---

* 梁小惠，女，河北经贸大学法学院教授，研究方向为企业与公司法。
** 李笑飞，女，河北经贸大学法学院 2015 级经济法专业研究生。

破产重整是指经由利害关系人申请，在法院的主持和利害关系人的参与下，对具有重整原因和重整能力的债务人进行生产经营上的整顿和债权债务关系的清理，以使其摆脱财务困境，重获经营能力的破产预防制度。破产重整制度对供给侧结构性改革的意义及价值主要体现在重整制度的目标与功能上。破产重整制度以清理债务和拯救企业为主要目标，这与供给侧结构性改革的"去产能、去库存、产品的优化升级"目标具有相通性。破产重整制度的功能主要包括：其一，解决企业债权债务关系。重整制度为了使企业免于破产，首先要解决企业所欠债务，只有企业还清债务或者重新有能力还清债务，才能够达到重整需要的目的；其二，帮助企业走出困境。重整制度通过激活有营运价值的困境企业，可以保存企业的技术、信誉等无形财产，在减少对社会资源的浪费的情况下帮助困境企业重新获得更高的营运价值；其三，保障社会公共利益。重整制度避免了破产带来的高失业率等社会问题。破产重整制度的功能为企业积极参与供给侧结构性改革创造了内在和外在的有利条件。所以，破产重整是实现供给侧结构性改革目标的重要路径。

二、检视与反思：我国现行破产重整制度的立法与实践

（一）破产重整制度的立法

1. 破产重整程序的启动与运行

《企业破产法》第 2 条规定，企业法人不能清偿到期债务，并且资产不足以清偿全部债务或者明显缺乏清偿能力的，或者有明显丧失清偿能力可能的，可以依法进行重整。这就是说，破产重整程序的启动除了债务人具备破产清算的原因之外，即便债务人没有达到破产清算的界限，但有可能丧失清偿能力时，也可以开始破产重整程序。即在债务人有可能达到破产界限时，利害关系人就可以向法院申请对企业进行重整。同时，《企业破产法》第 7 条第 2 款规定："债务人不能清偿到期债务，债权人可以向人民法院提出对债务人进行重整或者破产清算的申请。"即债权人对于符合破产清算条件的债务人，既可以申请其破产重整，也可以申请其破产清算。这说明，相对于破产清算原因的设置，立法对破产重整原因的规定更加宽松。

重整的适用对象是指包含在立法规定范围内可以申请对其进行重整程序的主体资格问题。不同的国家对重整适用对象的规定不一，主要存在以下类

型：其一，将重整制度适用对象的范围限定于股份有限公司。例如，日本的《公司更生法》明确规定，公司更生的适用对象是处于困境但又具有挽救可能性的股份有限公司。其二，对重整制度的适用对象无限定范围。例如，美国《联邦破产法》对个人债务人、合伙、公司以及任何非公司的主体都适用重整制度的保护。[1]我国《企业破产法》将重整程序的适用对象笼统的规定为企业法人，可见我国企业重整范围是比较广泛的。

重整人-债务人进入重整期间后，为保证债务人营业的连续性，应当确定担当管理债务人财产和营业事务的重整人。重整人的选择直接关系到重整程序的顺利开展与否以及重整计划制定与执行的成败。根据各国破产法的有关规定，与破产清算中单纯由破产管理人担任经营管理破产财产机构不同，重整期间的管理人既可能由管理人或托管人担任，也可能由债务人自己担任。我国《企业破产法》第73条规定，在重整期间，经债务人申请，人民法院批准，债务人可以在管理人的监督下自行管理财产和营运事务。于此情形下，已接管债务人财产和营业事务的管理人应当向债务人移交财产和营业事务，《企业破产法》规定的管理人的职权由债务人行使。同时，《企业破产法》第74条还规定了管理人负责及债务人参与管理的模式，管理人负责管理财产和营业事务的可以聘任债务人的经营管理人员负责营业事务。分析可知，我国立法对重整期间的管理人的确定采用"选择制"，并且以选任债务人为经营管理人为主。因此，我国企业破产重整程序，是以债务人为中心的运行模式。

2. 破产重整计划的制定、批准与执行

我国《企业破产法》第80条规定，债务人自行管理财产和营业事务的，由债务人制作重整计划草案。管理人负责管理财产和营业事务的，由管理人制作。由于我国立法在重整管理人的选择问题上，施行的是以选任债务人为经营管理人为主的模式，因此重整计划的制定也呈现出以"债务人为中心"的特点。与债权人和公司股东相比，债务人对自己的经营状况及财产状况最为了解，以债务人为主制定重整计划具有合理性，但债务人基于对自己利益的考虑，在一定程度上可能会滥用重整制度。

重整计划草案制定和提出后，要通过表决、批准才能进入执行环节。由于企业重整关系到债权人的利益和社会公共利益，因此面对个别表决组出于

---

〔1〕 柳经纬：《破产法》，厦门大学出版社2007年版，第132~133页。

自身利益而拒绝通过重整计划的情形，《企业破产法》进行了理性权衡，设立了重整计划未通过时的强行批准制度。《企业破产法》第87条规定，未通过重整计划草案的表决组拒绝再次表决或再次表决仍未通过重整计划草案，但重整计划草案满足法定条件的，债务人或管理人可以申请人民法院批准重整计划草案。强行批准制度体现了司法权力对重整计划的干预，这也是重整程序较和解程序的优势之一，但这一制度为地方行政干预企业破产重整提供了空间，不利于保障重整计划的合理性与可行性。

重整计划的执行是实现重整目的的最后一个环节。我国《企业破产法》规定，重整计划由债务人负责执行，由管理人负责监督。在重整计划的执行环节上，仍然体现了"债务人中心主义"的特点。重整计划进入执行环节后，债务人就被动地承担了履行重整计划的义务，虽然立法规定由管理人负责监督债务人对重整计划的执行，但对重整计划的执行效果问题，立法未对债务人设置约束机制，《企业破产法》还规定了重整计划的终止执行，如此，重整计划很难得到有效执行。

（二）破产重整制度的实践

1. 破产重整程序启动难

受我国《企业破产法》关于重整程序启动的立法规定以及有权申请重整程序的债务人、债权人对破产重整制度中企业营运价值认识不足的影响，我国破产重整制度在实践中面临着程序启动困难的问题。立法将重整的适用对象规定为企业法人，包括所有的大、中、小型企业，而且立法对破产重整启动条件只作了消极原因的规定，未在企业是否具有重整能力等积极原因上限制重整程序的启用，使得现实中有大量的僵局企业等待着破产重整制度的解救，但与之形成对比的是，我国通过破产程序退出市场的企业很少，重整成功的案例更少之又少。在本应该利用破产重整制度打破公司僵局的案件中，还存在着债务人和债权人缺乏启动重整程序积极性的问题，其根本原因是缺乏对企业持续经营价值的认识。此外，受重整制度中"债务人中心"主义的影响，债权人对债务人的制约能力差，加之地方政府对重整计划的影响，使得重整计划的执行效果较差，因此，债权人缺乏重整制度启用的积极性。

2. 破产重整程序运行难

我国对破产重整制度的研究起步较晚，一方面对破产重整制度的立法规定不完善，缺乏科学性和实效性。比如对于破产重整人的确定问题、对债务人作为重整人的监督问题等；另一方面对破产重整的实践经验不足，比如在重整人对重整企业的管理，以及破产法官对破产重整案件的审理方面，导致破产重整程序的运行面临重重困难。按照我国目前的《企业破产法》，债务人在整个破产重整程序的运行过程中处于中心地位，债务人为了实现自我利益的最大化，在行使职权时容易出现滥用职权以及消极履行义务的情形，加之立法没有规定完善的债务人信息披露义务以及债权人和管理人对债务人的强有力的制约机制，无疑加大了重整程序运行的阻力。尤为重要的是，破产重整案件对专业性的要求较高，法官必须要有分析破产案件特殊性和复杂性的能力，多数国家为此设立了专门法院或法庭审理破产案件。由于我国破产重整制度历史较短，法院审判欠缺专业性，破产法官经验不足，因而影响了破产重整程序运行的效率。

3. 破产重整计划执行难

重整人的确定、重整计划的制定和批准都直接关系到重整计划执行的成败。以债务人为中心制定的重整计划的执行效果并不理想。首先，我国的破产重整制度中没有相关的信息披露法律规定，而完善的债务人信息披露制度有利于保证重整计划的合理制定以及有效执行。其次，重整企业往往和地方政府有着千丝万缕的关系，这也是破产重整制度能够被用来保护过剩产能的原因之一。再次，重整计划成败的处置制度是重整计划有效执行的保障，而《企业破产法》欠缺重整计划执行成败的处置规定，因此，没有强有力的法律约束机制促使债务人积极面对重整计划执行中面临的障碍，所以很难达到重整计划预期的执行效果。

三、完善建议：我国破产重整制度的重构

（一）完善破产重整启动和运行机制

1. 合理规范破产重整启动条件

重整条件规定的合理与否直接关系到重整程序的启动情况。如前所述，就我国《企业破产法》对启动重整程序条件的现行规定来看，应该科学把控适用破产重整制度的困境企业。首先，缩小破产重整的适用范围。按照《企业破产法》的规定，破产程序的适用对象为企业法人，即所有的大、中、小型企业法人，因此，我国企业重整范围是比较广泛的。鉴于我国司法实践中

普遍存在着债务人滥用重整程序逃避债务而损害债权人利益的现象，并且考虑到破产重整案件数量高、重整工作特殊复杂、破产管理人和法官审理破产案件经验缺乏、社会成本高的现实情况，建议缩小重整的适用范围，将其明确限定为大、中型企业。其次，在重整原因中增加企业是否具有重整能力的积极原因。如此，可以通过限制一部分企业启用重整程序而降低对重整程序的滥用；可以降低重整计划失败的风险；可以提高破产程序的效率，避免重整不能再转入破产程序而可以直接进行破产清算。

2. 建立执行转入破产机制

如前所述，现行破产重整制度下债务人和债权人从各自利益出发，都没有提出破产重整的动力和积极性，破产重整程序难以启动。同时，在相当一部分进入执行程序的案件中，虽然债务人财产不足以支付全部债务，但是在"执行不能"的情况下，债务人和债权人都不愿意申请破产。对此，最高人民法院和各地方法院正在建立并完善落实人民法院依职权将相关执行程序转入破产程序的制度，逐步确立执行程序与破产重整程序衔接机制。构建执行转入破产机制需要处理好以下问题：其一，执行转入破产重整程序的启动主体。在执行转破产程序衔接中，法院的执行部门应当是执行转入破产重整程序的发起人，同时兼顾当事人意愿，建立以法院职权主义为主、当事人申请主义为辅的启动机制。[1]其二，执行转入破产重整程序的条件和审查。一个强制执行不能的案件若要转入破产重整程序，不仅要求企业法人具有破产原因并具备继续营运的能力，还要求债权人与债务人没有达成和解且没有和解的可能。

（二）优化现行破产重整程序

1. 构建多元化重整模式

理论界和实务界对重整模式的传统认识认为，重整必须要保持债务人企业"外壳"的存续，这种认识不但限制了破产重整制度理论的发展，也使得现实中大量困境企业丧失了利用重整制度获得重生的机会。目前，基于对多元利益"营运价值"的考虑，学者研究和司法实践中对挽救企业进行重整并不局限于使债务人企业继续存续一种方式，更不是一定要保留其"外壳"。[2]改

---

〔1〕 张艳丽："破产重整制度有效运行的问题与出路"，载《法学杂志》2016年第6期。

〔2〕 张艳丽："破产重整制度有效运行的问题与出路"，载《法学杂志》2016年第6期。

变单一传统存续型重整，建立有效的多元化重整模式，可以防止债务人为了个体利益而滥用重整，欺诈损害社会总体利益，也有利于解决供给侧结构性改革下复杂的"僵尸企业"处置问题。

2. 设立预重整制度

预重整制度是将传统重整制度和庭外重组结合在一起的一种新型的破产保护制度。预重整程序包括两个方面：一是程序开始之前的自愿重组谈判和达成重整计划，二是在自愿重组谈判成功以后，当事人根据破产法的规定进入快速程序，以便法院确定该重整计划。预重整机制融合了庭外重组和司法重整各自的特点，其功能在于将庭外重组与司法重整相结合，提高正式重整程序的效率和重整计划实现的可能性。建立预重整制度需要解决以下两点问题：其一，处理好庭外自愿重组谈判阶段和庭内重整程序之间的关系；建立较为完善的预重整程序机制，主要包括程序的启动以事先达成自愿重组计划为前提、规范预重整程序的时间、建立信息披露制度、对自愿重组计划进行确认等。

（三）保证重整计划的执行成效

1. 完善债务人信息披露义务

我国《企业破产法》在重整程序中没有有关信息披露的法律规定，应当借鉴《美国破产法》以及联合国的《破产法立法指南》建立和完善重整中信息披露制度。信息披露制度应当包括以下内容：明确规定重整程序中信息披露义务人，指明债务人或管理人负有向债权人及时提供必要信息的义务；明确规定债务人提供信息的时间；详细规定重整计划制作人在将重整计划提交表决前向债权人等履行的信息披露义务；规定债权人等利害关系人具有申请召开听证会的权利、质询权和对重整计划发表意见的权利；规定信息披露充分、全面的标准，以及对信息披露争议的解决途径；规定信息披露人的法律责任。

2. 规范法院强制批准制度

为了防止地方行政干预，最终保护普通债权人利益，法院强制批准权应当受到限制。具体可以从以下两方面进行限制：第一，规定异议制度。在人民法院裁定强制批准重整计划前，未通过重整计划的表决组以及反对重整计划的债权人或出资人等利害关系人，对破产清算率是否公平、重整清偿率是否实质上高于破产清算率以及对出资人的权益调整是否公平、公正等问题，以书面形式提出异议的，人民法院应当组织债务人、债权人及利害关系人进行听证。[1]第二，规范强制批准原则。法院在强制批准有关重整计划时应当坚持最大利益原则、担保债权保障原则、绝对优先原则、平等对待原则和方案可行性原则，这些原则性要求应被视为债权人接受或者法院批准重整计划的最低标准。[2]

3. 完善重整计划执行成败的处置制度

为了提高重整计划的执行成效，应当完善重整计划执行成败的处置制度，具体可以采取以下措施：第一，规定债权人对批准重整计划的质疑权利，建立对批准重整计划裁定的抗告权；第二，明确规定重整计划执行发生障碍的救济机制。具体包括：当重整计划发生中断或不能履行时，若符合法定条件，则允许债权人对重整计划提出修改，建立重整计划合理延期制度；第三，细化重整失败转入破产清算的情形。我国《企业破产法》虽然对重整计划执行失败可以转入清算程序作了规定，但对转入原因和情形需要加以细化，以提高债权人对计划执行预期的认识和加强申请转换程序的主动权。

破产重整制度的运行面临着种种困难，这与供给侧结构性改革背景下充分发挥破产重整制度的功能与价值，依法处置僵尸企业、去产能、去库存的现实需求不相符。因此，需要从破产重整程序与运行、破产重整计划执行等方面完善破产重整制度，这样才能更好地推动供给侧结构性改革。

---

〔1〕 王欣新："上市公司重整实务问题研究"，载《人民法院报》2008年5月8日第6版。

〔2〕 张艳丽："破产重整制度有效运行的问题与出路"，载《法学杂志》2016年第6期。

供给侧结构性改革下的会计法制供给

马立民[*]

【摘要】在现代市场经济中，市场在资源配置中起决定性作用，要充分发挥作为企业的市场主体作用；同时，更要发挥经济政府在资源配置中扮演的服务、监管、调控和保障等作用。在供给侧结构性改革中，政府提供公共产品，必须加强政府会计改革；企业提高产品和品牌质量，提高有效供给，必须加强管理会计制度建设；在整个国家治理现代化建设的大背景下，加强政府调控和监管，必须加强企业报告会计建设。要加强管理会计、政府会计和财务报告会计法律制度的建设，提供完善的中国特色会计法律制度供给，促进供给侧结构性改革。

【关键词】供给侧结构性改革　会计法　政府　企业

供给侧结构性改革的核心问题是处理政府与市场的关系，所谓政府与市场的关系，最为重要的一个方面体现为政府与企业的关系。具体有两点：一是提高作为服务、监管和调控市场的政府的治理能力水平，更好地发挥政府在资源配置中的作用，从提供公共服务、监管与调控等方面向市场提供有效供给，与企业和市场一起实现社会经济健康持续稳定发展。二是作为市场主体的企业进行产品品质和企业品牌的提高，以市场为导向，实施创新驱动，加强管理，提高产品品质和企业品牌质量，形成有效供给，增强市场的适应性。本文从分析社会经济中会计的基本价值和作用入手，进一步分析政府和

---

* 马立民，男，汉族，河北迁安市人，2015 年毕业于中国人民大学法学院经济法学专业，获取法学博士学位，河北工业大学人文与法律学院副教授、副院长，主要从事会计法、金融法等经济法学研究。

企业在现代市场经济时代的角色和职能，研究企业和政府目标和职能实现对会计的需要，探索供给侧结构性改革中的会计法律制度建设问题。

一、社会经济中会计的基本价值和作用

自古至今，会计就是社会经济基础性活动的一部分，尤其是在现代市场经济中，会计在适应社会化大生产发展方面起着越来越基础性的支撑和纽带作用。与民主法治社会时代相适应，市场经济主体的经济活动也全面法治化，其中，会计法制成为市场经济法制的基础。更有学者提出，会计是有效且低成本的信任工具，是人类文明产生和发展的基础。

从宏观角度，会计行为结果所体现的会计信息是分配、交换、生产管理、消费的经济选择和评价等方面的依据和基础。第一，分配方面。会计确认、计量、记录等基本的会计核算行为直接影响分配领域。在当前社会中体现为生产单位中劳动、资本和其他生产要素之间的一次分配和国家征税二次分配。第二，在交换方面。以报告为目的的财务会计直接影响交换领域。除了一般的商品和服务贸易外，在借贷交易、产权交易（证券交易）中，会计信息的基础和纽带价值尤为明显。尤其是在以产权交易为核心内容的证券市场，会计信息是神经，是交易的基础和纽带。第三，生产的领域中，发挥作用的是管理会计。通过生产要素的组合而形成商品和劳务中，基于效率管理的需要，各类生产要素以及具体生产要素组合的各个环节的具体经济指标的核心内容是会计信息，当前供给侧结构性改革，管理会计发展成为国家会计战略，甚至把管理会计发展提升到国家经济治理现代化的高度，主要是为了发挥管理会计在高效供给中的手段作用和价值。第四，在消费领域，从消费理性经济选择和节俭道德评价的视角，发现在商品和劳务中各种要素的构成，进而判断自己的消费或者生存或者消费福祉来源，这也离不开会计信息。从微观角度，会计的基础性作用主要是会计核算、会计监督和会计报告，其中，会计核算包括会计确认、计量和记录。其一，计量行为的价值。在经济复杂发展的今天，法律解决产权归属问题，会计解决产权数量问题。只有计量正确，才能更好地分配，才能更好地为交换提供基础。其二，确认行为的价值。超越具体产品和劳务的具体计量，进入到中观领域，就是确认问题，是否发生了一个具体的经济交易行为，对于这一点，会计确认行为依照法律的规定。

但是，在确定权利实现的时间点和量、义务履行的具体时间点和量等方面，会计确认行为以法律为基础的同时要超越法律，即尊重法律确认的交易形式外，更要注重经济发生的实质。这种确认的会计行为，存在很大的自由裁量空间，必须予以规范。其三，记录等核算行为的价值。更宏观一些，经过记录计算后，进行综合核算，即把各个项目的发生额进行合并，但是，这个核算行为发生的时间、遵循的方法，也是存在具体空间的，需要法律对其加以规范。这里的利润操作空间更大。其四，会计监督行为的价值。根据以上确认、计量、记录等核算后，还要有监督环节，包括内部监督和社会外部监督，内部监督包括会计核算部门的内控机制和会计主体自身对会计核算部门的专门审计监督控制部门；社会外部监督包括两个方面：一是行政会计监管；二是注册会计师审计见证监督。其五，会计报告的价值。报告，即信息公开或者信息披露。何时公开、公开内容、方式，甚至文本表达方式等，都会影响满足交易、投资、征税以及其他方面的真实有效的经营信息需要。

二、现代市场经济中政府和企业的经济角色及会计制度需求

在社会经济中，市场在资源配置中起决定性作用，政府按照市场在资源配置中起决定性作用的经济规律，在资源配置中扮演好服务、监管和调控的角色。这三种经济职能的发挥都需要加强会计建设和供给，现实高效服务、精准监管和有效调控的目标。

高效服务需要政府绩效管理，需要加强政府会计建设。政府公共服务职能的发挥需要绩效管理和公开透明的财政政策，实现政府进行绩效管理和公开透明的财政政策的重要手段是加强政府预算和政府会计建设。2015 年 1 月 1 日开始施行的新《预算法》为规范政府收支行为、保障经济社会健康发展提供了制度保障。[1] 为了进一步落实新《预算法》对政府会计改革的立法要求，2014 年 12 月，国务院批转财政部《权责发生制政府综合财务报告制度改革方案》（国发〔2014〕63 号），这标志着我国政府会计改革与发展进入新阶

---

〔1〕 根据新《预算法》第 58 条的规定，各级预算的收入和支出实行收付实现制。特定事项按照国务院的规定实行权责发生制的有关情况，应当向本级人民代表大会常务委员会报告。第 97 条规定，各级政府财政部门应当按年度编制以权责发生制为基础的政府综合财务报告，报告政府整体财务状况、运行情况和财政中长期可持续性，报本级人民代表大会常务委员会备案。

段。[1]以权责发生制为核心确认基础的政府财务报告信息和以收付实现制为核心确认基础的政府预算会计报告信息，能够显著提升财政透明度。

精准监管需要政府对被监管对象的经济行为所影响的经济效果进行精细准确考量。政府市场监管职能的发挥和效率保障有多个途径，会计监管是一个重要手段和途径。统一的会计核算、监督、报告准则、行政法规和法律规定是世界各国普遍的做法。会计行为生成的会计信息是会计主体进行管理的手段，是市场交易主体之间交易的参考和信用考量的基础，也是投资者决策、债权人维权、国家征税的依据，还是国家进行反垄断监管决策和对他国企业是否在本国市场构成倾销进行判断的依据。总之，高质量的会计信息是社会经济健康运行的基础，是政府维护市场秩序所进行监管的重要对象，会计监管是市场监管的重要内容和手段。根据现行《会计法》《公司法》《证券法》以及《注册会计师法》以及其他相关法律法规，县级以上财政部门对本辖区内的会计工作负责，进行会计信息质量监督检查；证监会等特殊行业监管部门对本行业范围内的会计信息质量进行监督检查。因此，必须加强会计监督建设。

有效调控需要政府掌握充足准确的经济信息，其中，高质量的会计信息是构成准确宏观经济信息的基础，需要加强财务报告会计建设。政府通过综合预测，设定宏观调控目标，采取多种手段进行调控，目的是实现宏观经济的健康发展。由于是通过综合信息的综合宏观预测，没有对具体市场主体的具体经济行为进行分析，而且这是出于宏观经济健康的考虑而非给予具体市场主体经济利益最大化的考虑，所以，政府进行宏观调控时无法也不应该对微观市场经济主体的行为进行直接的具体干预。就具体市场领域而言，采取行动响应宏观调控政策或者说让谁退出市场，这应该是由具体微观经济主体自觉决策并实施。无论是采取财政政策，还是货币政策，宏观调控所需宏观经济信息主要是由会计法治下生成出的符合会计信息质量要求的微观经济主体的会计信息构成的。因此，政府宏观调控职能的发挥要求必须加强会计

---

[1] "2014年12月，国务院批转财政部《权责发生制政府综合财务报告制度改革方案》（国发〔2014〕63号，开启了我国政府会计改革与发展的新征程，明确了全面反映政府财务信息和预算执行信息的改革路径和目标，并将增强财政透明度作为改革的重要任务之一。《改革方案》迈出了落实新《预算法》中对政府会计改革立法要求的第一步。""国务院批转财政部《权责发生制政府综合财务报告制度改革方案》"，载《通化日报》2015年1月1日第01版：头版新闻。

建设。

会计的计量职能、管理职能、信用显示职能和经济决策职能使得会计建设成为必要。就企业内部管理水平提高和企业对各种社会经济资源的有效利用的视角而言，通过会计手段实现企业产品和企业品牌成本的降低和质量的提升、管理效率的提高以及社会责任的承担，形成整体质量成本意识，实施会计信息质量成本绩效管理，将其纳入企业战略管理中，提高会计信息质量成本基础管理水平。此外，在高度社会化的现代市场经济时代，无论是出于对企业内部利益的考虑，还是基于企业社会责任承担的法律义务要求[1]，都需要企业会计遵从"计利当计天下利"思想[2]，更加强调以价值为主线，向利益相关者提供更加科学、更加准确的全面反映经济利益、环境利益、社会利益等"综合收益"的信息。对于财务报告制度，这是一个划时代的变革。综上所述，若要实现供给侧结构性改革中企业目标，则必须加强包括管理会计和财务会计在内的会计建设。

三、供给侧结构性改革下会计法律制度建设路径

会计自产生之始就是技术与规范的统一，技术性是客观规律性的体现，规范性是主观社会性的体现。会计法制是一种产品和服务管理的规范，是一种经济监督的规范，是一种调控会计信息系统运行的规范。无论是从供给侧角度，满足全社会供给侧结构改革方面而言，还是从会计自身建设角度而言，都要加强会计法制建设。如果把法律作为一种公共产品，则会计法律制度建设也是在提高和增强会计供给和会计法制供给，也是践行供给侧结构性改革的表现。当前，有关部门正在推动《会计法》的修改，[3]本文就以此为契机，结合《会计法》的修改，对供给侧结构性改革下会计法律建设提出以下建议：

第一，把会计法律制度建设作为中国社会主义制度建设有机不可分的一

---

〔1〕《公司法》第5条："公司从事经营活动，必须遵守法律、行政法规，遵守社会公德、商业道德，诚实守信，接受政府和社会公众的监督，承担社会责任。"

〔2〕习近平主席在"携手建设中国－东盟命运共同体"中提出。

〔3〕为了充分征集社会对修订《会计法》的意见和建议，2016年3月22日，财政部主要面向单位经营管理人员、会计实务工作者、会计教育和科研人员、注册会计师、会计行政管理人员以及其他相关人员进行为期50天的网上问卷调查，并且与会计人员继续教育衔接起来。

部分。会计法律制度建设属于法治范畴，在全面推进依法治国战略的背景下，会计法律制度建设是社会主义法治建设的当然任务和内容。会计法律制度建设是中国社会主义建设不可缺少的一部分，尤其是在以马克思主义劳动价值理论为指导的社会主义经济建设中，更应该加强会计法律制度建设，发挥会计对劳动价值的计量作用，通过会计法治建设，促进马克思主义劳动价值理论在实践中的应用。

第二，提高会计法律制度建设的理论指导。"摸着石头过河"的立法模式在过去的 40 年立法中与中国社会发展具有高度适应性，但是，在今天法治环境发生重大变化的情况下，这种立法模式应该与时俱进。尤其是在中国特色社会主义法律制度体系已初步形成时，在全面依法治国战略的大背景下，在市场在资源配置中起决定性作用的前提下，按照中国特色社会主义法治体系建设理论的指导，本着"两个一百年"的建设目标，全面推进适应供给侧结构性改革要求的会计法律制度。

第三，坚持会计法制建设的国际视野和经济全球化理念。当今世界已进入全球化时代，在此背景下，形成了资本市场所主导的商品和劳务市场、经济要素市场和资本市场的三层次市场体系，会计所具有的核算、管理、分配、监督和报告等功能，使得会计信息成为三层次市场体系运行的"血液"，尤其是在资本市场，会计信息更是显示出"灵魂"纽带价值。当今，会计准则国际趋同步伐不断加快，会计法律制度和国际会计准则在国内和国际市场一体化平台中的利益分配功能显得越来越强。因此，会计法律制度建设，无论基于经济理由，还是基于公平正义的法的价值目标，都要有国际视野和经济全球化理念。

第四，对现行《会计法》进行系统研究，构建反映时代要求的《会计法》。现行《会计法》修成于 20 世纪末，我国的社会主义市场经济处于初步形成阶段，市场在资源配置中发挥基础性作用的阶段。现行《会计法》存在以下两点不足。一是缺少政府会计、管理会计等。根据《会计法》第 2 条的规定，《会计法》中应该如同第三章"公司、企业会计核算的特别规定"一样，做出有关政府会计的特别规定。二是缺少会计报告的规定，会计核算、监督、报告和管理是现代会计的四大系统性功能，其中核算和监督是基础，是会计的基本职能，而报告和管理是在现代市场经济条件下，在会计基本职能基础上而衍生出的功能，即财务会计和管理会计，因此，《会计法》中应该与核算和监督单列成章一样，制定有关会计报告和管理会计的规定。

第五，会计法律制度建设要坚持协同理念，对与会计信息质量维持和提高相关的多部法律进行修改，加强综合会计信息质量法律制度的修改和构建。除了进行专门的会计法制外，还要进行公司法、证券法、财税法、破产法、注册会计师法、审计法等相关法律制度建设和相关法治机制构建。

第六，构建社会主义会计法治体系建设。"徒法不足以自行"，会计法律制度建设只是会计法治体系建设的一部分，还要加强会计行政执法建设，主要是会计行政监管水平建设；还要加强会计司法建设，主要是提高检察机关、法院和律师等法律职业部门对会计法律制度的适用水平；还要加强会计守法建设，主要是加强会计法教育和会计职业道德教育，在会计守法建设中落实法治与德治相结合的国家和社会治理理念；还要加强会计法制实施条件建设，如会计人员素养、会计实施机构和其他实施条件建设，等等。

低价旅游市场供给侧改革与经济法分析

荣国权 *

[摘要] 本文从旅游业中存在的"低价游"或"零价团"的欺诈或强迫交易现象出发，分析了此类行为的法律性质。结合供给侧改革理论，提出对此类市场行为进行规范的法律思路——实行监管制度的有效供给，以弥补私法无法有效救济的竞争空间，从而矫正低价旅游市场中存在的问题。

[关键词] 低价游　供给侧　经济法

一、低价旅游市场竞争中的违法性分析

（一）低价旅游竞争现象描述

在近年的旅游市场上出现了一些低价游，甚至是"零价团"，很多消费者被这些优惠至极的价格吸引，兴高采烈地报了团，期望着快乐地游玩一番，但却掉入了旅游低价团的陷阱。2013 年 8 月 8 日《楚天都市报》报道了一些旅行社赴泰国旅游报价，一家低过一家，但消费者却被变相强制购物折腾得痛苦不堪。乱象被报道后，引起湖北省和武汉市旅游局高度重视，省市旅游部门表示，将对泰国低价游的情况进行重点整顿。相关部门将在全省旅游平台上，发出赴泰国低价游的旅游消费警示，以免游客陷入低价陷阱。这种现象在国内很多旅游区域已经成为公开的秘密，有很多消费者已经习惯于这种方式了，因为旅游团告诉消费者，如果没有这种盈利方式，那么旅游团根本无利可图，旅行社也不会从事该行业了，结果还是损害了消费者的利益。可是，他们的行为如此猖獗，进行公开强迫或变相强迫，收费的陷阱不断出现，

---

* 荣国权，北方工业大学文法学院副教授。

公开违反诚信原则，这难道会成为中国法制化道路上一道不可解开的难题吗？协议、指导意见和《旅游法》、《消费者权益保护法》、旅游局等都无法制止此类行为吗？本文将从经济法角度对此切入分析。

（二）违法性分析

消费者在报团的时候往往都签订了旅游协议。当前的很多消费者的法律意识也很强，往往要认真地阅读协议条款，并基本了解协议的基本内容，当旅行社将游客拉到购物点的时候，往往是违反了协议的约定条款，可是如果消费者试图通过法律途径追究旅行社的违约责任，则往往得不偿失，因此这种情况下，多数消费者选择容忍。还有的旅游协议中就规定了有购物旅游，这是单方面提供的条款，消费者不得不接受，而且一到购物中心就待一个小时或更多，消费者根本无法选择，无奈只能在合同上签字。如果发生了冲突，旅行社会拿合同条款说事。即使消费者懂得霸王条款的法律知识，但维权的成本很高，往往也是一忍了之。没有旅游协议的就更有问题了。若是碰到有资质的企业还好，无非是被逼迫买点商品，若是碰到没有资质的黑旅行社，坑蒙拐骗、威逼利诱，甚至严重危害消费者的生命健康。这些就不仅是合同纠纷问题了，而是已经严重影响到私人生命健康与国家正常的经营秩序，属于公法规制的范畴了。

从对以上行为的分析来看，私法范畴的合同法可以保护消费者的权利，只要对方违约就可以追究对方的违约责任。但是，从现实来看，维权的难度和高成本会让消费者忍气吞声，一场官司旷日持久，法院能够支持的违约赔偿未必能使原告获得合理的经济补偿，更不用说精神上承受的巨大压力了。

从经济法角度看，《消费者权益保护法》第10条规定：消费者享有公平交易的权利。消费者在购买商品或者接受服务时，有权获得质量保障、价格合理、计量正确等公平交易条件，有权拒绝经营者的强制交易行为。这赋予了消费者公平交易权等一系列保护性权利，也有12315投诉电话，具有社会法保护功能的消费者协会可以帮助维权，《旅游法》第35条也规定，旅行社不得以不合理的低价组织旅游活动，诱骗旅游者，并通过安排购物或者另行付费旅游项目获取回扣等不正当利益。从主体保护角度出发的竞争维权法和从行业管理角度出发的旅游业法两部经济法对此的规定都很明确，但事实是监管仍没有到位，2017年央视又曝光了触目惊心的低价旅游团事件，中国正在构建法治社会，怎么会对于这种明目张胆、屡教不改的违法行为听之任之呢？

二、低价旅游市场中政府监管与供给侧改革

（一）供给侧改革理论分析

面对上述法律困境，笔者认为，在该市场中需要构建更加强有力的监督与管理制度。基于平等主体之间的意思自治产生的合同已经无法有效规范低价旅游竞争行为了，我们需要求助于更有针对性的理论和法律制度支持。供给侧改革理论是一个很不错的理论选择。2016 年 1 月 27 日的政治顶层财经会议中提出了供给侧结构性改革方案。供给侧结构性改革旨在调整经济结构，使要素实现最优配置，提升经济增长的质量和数量。需求侧改革主要有投资、消费、出口三驾马车，供给侧则有劳动力、土地、资本、制度创造、创新等要素。本文选择的就是其中的制度创新。将制度作为经济增长的基本要素是西方经济学对全人类的贡献，各个发展中国家积极地将该理论适用到变法图强的过程中，用国家的积极推动力量来为社会发展构建需要的经济制度，而不是被动地等待渐进式的制度变迁。这种思想不再是狭隘的重商主义的经济思想的翻版，而是建立在经济科学基础之上的经济理论。中共中央也是基于这种科学性，创造性地提出了供给侧改革的战略经济思想，这也符合我国当前时代的社会特征与实际需求。

（二）低价旅游市场中政府监管制度分析

根据供给侧改革理论中的制度创新思想，旅游市场中已经建立了私法上的一般制度，如《合同法》中的合同制度，《保险法》中的商业保险合同制度，一般的经济法制度也已经构建，如《消费者权益保护法》中的权利保护制度和救济、监管制度，《旅游法》中的旅游服务合同制度（已经不属于完全放任自由的意思自治合同了）、监管制度等，《反不正当竞争法》《反垄断法》《价格法》等建立的一般维护旅游市场竞争秩序的基本经济制度，但是这些制度却缺乏威慑力。《旅游法》中规定了最高数额的罚款为 30 万元，一般情况下就是几千元至几万元数额不等，很少看到处罚 30 万元的实例。这些处罚对旅行社及其从业人员而言就是杯水车薪，甚至有的旅行社可能将产生的罚款都已经提前准备好了。监管部门的监管能力也是很有限的，处罚力度有限，机动性监管能力薄弱，快速反应机制滞后。2015 年 10 月，一名赴港旅游的黑龙江游客，因购物问题被殴打致死。当时该事件引发了众多关注以及对"低

价团""零团费"等现象的深度讨论。2016 年 4 月下旬,来自四川省宜宾市兴文县的男子王林向封面新闻爆料,声称在港参加名为"完美港澳中山六日品质游"期间,因拒绝强制购物,遭导游辱骂殴打。2016 年"五一"小长假前夕,来自四川宜宾的多位游客,再次遭遇了拒绝购物被关珠宝店的"黑暗之旅"。令人惊讶的是,游客称自己明确表明拒绝购物后,还遭到了当地导游的辱骂甚至打头威胁。[1]这些行为明目张胆地发生在政府监管制度的框架内,各地消费者的权利持续被侵犯至今,而利用低价游的方式引诱消费者"上钩"并强迫、欺诈消费者的行为至今未断。就在 2017 年春节前,云南省副省长陈舜以普通游客的身份参团旅游,所见所闻让他深受刺激。监管者应当反思制度的不足之处了。

(三) 低价旅游市场供给侧改革理论运用

依据供给侧改革理论,旅游市场的监管制度需要创新,需要国家通过法律进行制度再供给。制度经济学研究认为,当制度变革的收益大于其成本时,就产生对制度创新的需求,这一需求必定诱发实际的制度变迁。[2]旅游市场监管制度供给不足导致持续的侵害行为不断,既扰乱了国家的统治秩序,又危害了旅游者的私法权利和经济法权利,在已有的私法秩序和公法框架基础上,应当有针对性地构建更加有效的监管制度,结合当代最新的技术手段,以体现现代法律的威严和控制社会的效果。用强有力的监管力量对抗信用崩溃了的违法经营者,以弥补私法和一般经济法力量之不足。

三、低价旅游市场法律的完善

(一) 加重法律责任

对于违法的经营者,应当在法律上受到动态的监管和重罚。中国拥有庞大的旅游市场和人群,发展市场经济的潜力巨大,巨大的市场规模让全世界为之惊叹。可是,市场经济是法制经济,离开了法制,市场经济就会陷入恶性竞争,最终被摧毁,因此,我们应重视深入的监管、动态的监管。国家旅游局监督管理司司长刘克智于 2017 年 4 月 27 日在北京召开的新闻发布会上披

---

〔1〕 "宜宾游客组团游香港拒购物被关珠宝店疑遭打头威胁",载《华西都市报》2016 年 5 月 2 日。

〔2〕 杨瑞龙:"论制度供给",载《经济研究》1993 年第 8 期。

露，通报"不合理低价游"专项整治行动中查处的 20 起典型案件中，涉及不合理低价游案件 10 起，未签订旅游合同案件 5 起，指定购物场所案件 2 起，其余 3 起分别为擅自增加自费项目、非法转让经营许可以及非法经营旅行社业务。以上处罚结果均被列入旅游经营服务不良信息记录，并转入旅游经营服务信用档案，向社会公布。[1]这种由旅游专业行政执法监管机构进行的执法行为对违法经营者产生了巨大的震慑，这种强有力的监管行为应当能够常态化、制度化，只要有投诉，就应当有快速反馈机制。《旅游法》第 91 条规定，县级以上人民政府应当指定或者设立统一的旅游投诉受理机构。受理机构接到投诉，应当及时进行处理或者移交有关部门处理，并告知投诉者。显然在上述举出的案例中，这些投诉机制很多都不能反馈，也没有监管常态化。国家设立旅游局的首要目的就是促进法律的有效实施，法律赋予的执法权力量要远远大于私人经营者，其调查、取证等的权力都是消费者难以望其项背的，也是经营者真正惧怕的，国家旅游局应当督促各地建立此类旅游业投诉机构，并在旅游法中将此类机构的权力与职责法律化或法规化，建立类似于 110 等快速反应机制，并将怠于履行监管职责的法律后果明确定于法律之中，这一点在《旅游法》中并没有体现，使得这部法律无法体现出真正的经济法原理，干预经济要依法、适度，做到责任法定、违法必究。

法律确定的处罚力度应再加重。作为经营者，首先要考虑的问题是收益，如果赔偿太多或罚款过重，经营者就会慎重考虑违法的后果。在经济学家贝克尔看来，犯罪行为也是人类理性决策的后果。[2]30 万的最高处罚一般不会使一个旅行社感到巨大压力，甚至也感受不到法律的威慑力。一般数千元至几万元常见的罚款就更不用说了，有些像隔靴搔痒。在强迫交易、欺诈购物的案例中，很多情况下已经侵犯了消费者的尊严，造成消费者精神的巨大痛苦，产生强烈的屈辱感，《旅游法》可以考虑借鉴《食品安全法》，对于强迫交易和欺诈性购物考虑设定十倍的惩罚性赔偿，这也是公法性质的经济法区别于普通合同法的不同之处，也会从私法上支持消费者维权，十倍的赔偿款会使消费者可以获得足够的资金和动力去诉讼维权，甚至聘请律师。

---

〔1〕 参见 http://news. youth. cn/jsxw/201704/t20170428_ 9604864. htm。

〔2〕 ［美］加里·S. 贝克尔：《人类行为的经济分析》，王亚宁、陈琪译，三联书店上海分店：上海人民出版社 1995 年版。

罚款的数额也可以考虑借鉴《反垄断法》，根据营业额的比例进行处罚，或是设定 100 万元的顶点，起点可以是现在的几千元，如果情节恶劣，逃避处罚、对抗执法或侮辱消费者人格、伤害人身，就将其罚得倾家荡产，如果主动配合、积极致歉或主动赔偿，罚款数额可以少一些甚至不罚，让法律的威严在实施中得到体现，否则打击行动过后依然我行我素。2017 年春节过后国家旅游局严打不合理低价产品、严查合同签订、严管购物场所，建立专门台账，实行挂牌督办，责成相关省区市旅游主管部门依法严查旅游企业违法违规行为，依法处罚 166 家，处罚金额 485 万元，平均处罚 3 万元，看似"战绩辉煌"，2017 年 5 月 2 日央视财经频道《消费主张》栏目曝光的低价游的强迫消费与欺诈购物的行为令人触目惊心，这些旅行社根本没有将几万元钱放在眼里，不知参与《旅游法》立法的代表们做何感想，如果他们退休了也遇到此类旅行社，会不会考虑立法与人类违法行为的经济分析？

（二）建立信息监管制度

《旅游法》可以考虑构建全国旅游市场信用信息公示系统。在现代互联网技术和信息制度的支持下，立法可以考虑设定旅游市场信用公示系统，将那些被处罚过的旅游业经营者列入异常名单或失信名单，就像案件执行之中的失信名单制度一样，许多主体的私法或公法权利受到限制，禁止或限制开展某些正常的经营行为，甚至终身禁止进入该行业。对于那些合法、诚信的经营者，这是一个非常具有奖励性和激励性的法律制度，这需要国家通过立法供给，才能使旅游业的非法经营者感受到自己就像过街老鼠，人人喊打。

在此基础上可以考虑构建旅游消费警示制度，对于优秀的旅游业经营者，可以考虑挂牌表扬，对于被处罚过的经营者还尚未被清除出该行业的，提示消费者其曾经有过的违法行为，并提示消费者警觉，注意保留基本的被侵权证据。在当前互联网信息终端平台日益发达的时代，信息监管制度既可行又可信，只要有法律设定的坚持不懈的信息建设基础，很快就会形成庞大的信息库，而这些信息可以随时为公民提供指导性服务，这也是非互联网时代的法律无法发挥的功能。

经济法的职能就是教导国家适当地干预市场经济，设定供给式的经济制度，以保护私法上的意思自治和私人财产的自由支配。过度的经济干预会扼杀市场配置资源的积极性，但是监管制度的缺失同样也会窒息市场的功能。充分发挥经济法的现代法理观念的优势，既要保护市场的自由竞争性，又要给国家的监管留下相应的空间。监管在某种意义上来讲，就是马克思主义政治经济学中所讲的生产力。在近 40 年前，中共启动经济改革时，邓小平说科技是第一生产力，历经快 40 年，现在看来，从经济法学的角度讲，监管是不可缺失的生产力。法治是政治经济健康发展的轨道，经济法是监管健康发展的轨道。

以财税法基本理念斩断税权归属之绳结

——供给侧结构性改革下环境税权归属的路径分析

武骁哲

【摘要】本文以《环保税法》文本为基础，先后论及财政法的基本理念及其框架下的环境税权归属的实体法律问题，从财税法基本原则、环境税本质、"费改税"目标以及具体国情需要四个维度对环境税权归属进行分析，并试图提炼出税权归属分析的应然规范路径，为其他新兴税种的税权归属提供参考。

【关键词】环境保护税　财权事权相统一　税权归属

引　言

2016年12月25日，第十二届全国人民代表大会常务委员会第二十五次会议通过了《中华人民共和国环境保护税法》（以下简称《环保税法》），同时设置了一年多的"宽限期"，明确该法将于2018年1月1日起施行。但《环保税法》对于"由谁征"即环境税权的归属这一关键问题的安排尚付阙如。环境保护是典型的政策驱动型公共产品和服务，如不及时予以明确，将令环境税缺乏基本的课税主体要素，使《环保税法》丧失可操作性，沦为一纸空文，有悖"铁腕治理"[1]之决心，或导致国税、地税部门竞争上岗、自行其是，损及税收法定之要义。不蹶于山，而蹶于垤，未免令人遗憾，因此

---

[1] 2015年3月5日，第十二届全国人民代表大会第三次会议在北京人民大会堂开幕。国务院总理李克强作政府工作报告。报告指出，打好节能减排和环境治理攻坚战。环境污染是民生之患、民心之痛，要铁腕治理。参见2015年国务院《政府工作报告》。

应当对环境税权归属问题予以高度重视，以期实现经济效益、社会效益和环境效益相统一的愿景。[1]

一、环境税权与税权归属概念

（一）环境税的概念和外延

定义"环境税权"，首先应明确何谓"环境税"。根据经济合作与发展组织、国际能源署（IEA）和欧盟委员会（EC）的相关规定，环境税有广义、中义和狭义三种定义：广义上是指一系列因环境保护而征收的特定税种以及为保护环境而采取的各种税收措施，包括政府征收的针对环境相关税基的任何税种，例如对能源产品、机动车、废弃物、污染物排放、自然资源等所征收的税；中义上是指对开发利用环境资源的单位和个人，按照其开发程度、利用强度和污染程度而征收的一种税，包括二氧化硫税、碳税、污染税、生态保护税等；狭义环境税仅指环境污染税，即国家为限制和治理环境污染而对排污主体征收的特别税种。[2]

我国现行立法虽未对环境税含义作明确定义，但是《环保税法》的立法目标、纳税主体、纳税对象已反映出我国现阶段所推行的环境税采纳的是最狭义概念。[3]

（二）环境税权的内涵与体系

定义"环境税权"，还须明晰何谓"税权"。有学者设置国际法和国内法两个参照系以探寻税权之定位，提出税权有广义和狭义之分：广义税权的主体包括国家与国民，税权即税收权利与税收权力，狭义税权仅指国家征税权，具体包括税收立法权、税收征管权和税收收益权。[4]综合上述观点，本文采取狭义税权定义模式来界定环境税权：即由国家机关行使的、在环境保护尤其是污染治理领域的税收立法、税收征管和税收收益等各种权力

---

[1] 参见刘文华：《经济法》（第四版），中国人民大学出版社 2012 年版，第 54~56 页。

[2] 参见邓保生：《环境税开征立法问题研究》，中国税务出版社 2014 年版，第 5 页。

[3]《环保税法》第 1 条规定立法目标为"保护和改善环境，减少污染物排放"，明确纳税主体为"向环境排放应税污染物的企业事业单位和其他生产经营者"，而纳税对象具体是指"大气污染物、水污染物、固体废物和噪声"四类"应税污染物"，由此可知我国针对四类特定污染物的排放量征收环境税，实质上即为环境污染税。

[4] 参见张守文："税权的定位与分配"，载《法商研究（中南财经政法大学学报）》2000 年第 1 期。

的总称。

税权的内容体系，有税收立法权、执法权、司法权三分法，也有税收立法权、征管权和收益权的分类。[1]本文倾向于后一种，并通过分别阐述上述三类环境税权以明确本文的写作重心和研究要点：

第一，环境税收立法权。主要包括《环保税法》的初创权、修订权、解释权和废止权，其中环境税的开征权与环境税税额的确定权和调整权尤为关键。本文对于环境税收立法权的归属不作过多着墨和讨论，而是以业已明确的税收立法权为前提性要件，讨论后两类税权的归属问题。

第二，环境税收征管权。是指法律法规确定的国家机关依法行使的税收征收和税收管理的权力，具体包括税收征收权、税务检查权、税收处罚权、税收减免权等。本文所讨论的问题是税务部门内部的职能分配问题，即国税与地税中哪一个是认定计税依据、行使上述权力的法定责任主体。

第三，环境税收收益权。也称税收入库权。它因征管权的实现而产生，指应由政府职能部门行使的，涉及谁有权获得税收收入、谁有权将其缴入哪一国库的权力。税收收益权是政府间税权划分的最终利益着力点，直接关系到中央和地方财政收入规模的大小及其公共产品供给的资金保障情况。本文所关注的环境税权主要是指环境税收收益权。

（三）税权归属问题的产生背景与实质

分税制财政体制改革是讨论税权归属问题无法回避的时代背景。根据"财权与事权相统一"原则，我国于1994年将税收立法权收归中央，将税种划为中央固定税、地方固定税和央地共享税，分设国税、地税两套税务机构进行税收征管。但这种划分方式本身语焉不详、大而化之，缺乏规范性，站在今天回望改革进程，可以看到分税制虽然初步理顺了中央与地方的关系，规范了国家与纳税人之间的关系，但是制度兼容性并不强，难以明确新兴税种的归属。[2]国务院《关于推进中央与地方财政事权和支出责任划分改革的指导意见》（国发〔2016〕49号）亦明确指出该制度的缺漏以及改革必要

---

〔1〕 参见陈少英："可持续的地方税体系之构建——以税权配置为视角"，载《清华法学》2014年第5期。

〔2〕 1993年工商税制改革时，曾确立"合理分权"的指导思想，但并没有真正落实，"合理"二字无因可寻、无路可觅，因而每遇新兴税种出现，其税权归属问题就如同交错的绳结——"剪不断，理还乱"，如房产税的税权归属也是近年来争议不断的话题。

性。[1]

在分税制框架下，本文所要讨论的环境税权难以被简单地代入来确认归属，一方面，立法已确认环境税以独立税种的属性，无法直接并入现存的任何一类税种；另一方面，分税制下各类税种"花落谁家"缺乏充分的依据和论证。换言之，税权归属缺乏规范路径，无法给环境税的归属问题提供良好的分析路径。因此，应当提出一条规范的环境税权归属的分析路径，以防止课税"公权力"的滥用，保障经济个体的财产自由权。[2]

二、确认环境税权归属的基本维度

随着《环保税法》的出台，环境税权归属的"老问题"重现于环境税改革的聚光灯下。确定新兴税种的归属，须具备充分正当的理由，从财税法基本原则、环境税的本质和目标、现阶段改革目标以及具体国情需要四个角度，可以形成如下分析思路：

（一）立足财税法基本原则

1. 税收法定原则与权力制衡

由于税收涉及人民基本财产权利的安排，内含税权与私权之间的基本矛盾，[3]其征收必然要征得人民的同意，其行使必然要符合人民的意愿，因此各国宪法通常要求税收必须依据法律进行课征，并要求课税要素法定、明确。税收法定原则是现代税法的"帝王原则"，确定环境税税权归属，即环境税征管主体要素，同样绕不开这一原则。假定将环境税归属于国税系统，则横向上，由于税额和税目的立法调整权属于地方，而征管权和收益权归属中央，得以形成权力制衡；纵向上，由于国税系统实行彻底的垂直领导，不向地方政府负责，故地方政府无法插手环境税的征管，从而通过组织领导结构的制衡保障了纳税人的权利。

---

〔1〕 例如"中央与地方财政事权和支出责任划分不尽合理""中央和地方提供基本公共服务的职责交叉重叠，共同承担的事项较多部分""财政事权和支出责任划分缺乏法律依据"等。参见"关于推进中央与地方财政事权和支出责任划分改革的指导意见"，载 http://www.gov.cn/zhengce/content/2016-08/24/content_ 5101963.htm，访问日期：2017年4月28日。

〔2〕 参见朱大旗：《税法》（第三版），中国人民大学出版社，第21页。

〔3〕 参见滕祥志：《税法实务与理论研究》，法律出版社2008年版，第175页。

2. 财权与事权相统一与环境责任

关于环境税权归属问题的研究，虽以《环保税法》为切入点，但是事权和财权相统一是财政分权的基本原则之一，即各级政府财力的使用权与办事权的统一。判断环境税收由国税还是地税征收，看似是一道程序性规定，实则是考量财权在中央政府与地方政府之间的划分问题。"税权划分的基础和前提是事权的划分"，[1] 故环境税收益群的划分归根结底取决于环境保护责任的划分。为避免"公地悲剧"，现行《环境保护法》按照"损害担责"，即"谁污染谁治理、谁破坏谁恢复"的原则分配责任，这一分配原则可推广适用于财税领域对环保事权责任的划分上。

3. 公平与效率原则与环境事权

判断事权划分，应以现代财政的公平与效率原则为基础。基于公平原则，税权划分必须公正合理和公开透明，安排税收权利人公平受益，并使社会各界能够准确地获知和监督财政支出的流向；基于效率原则，应通过制度设计使财政所提供的公共服务的效率和效果达到帕累托最优，使公众福祉最大化。

以分配正义价值考量环境税权的设计，能够在实质理性层面理顺相关各方的利益分配关系，从而达致公平与效率的最大化。以北京雾霾问题为例，作为全国的政治经济文化中心，北京曾为中国整体经济发展做出巨大贡献，以环境污染为代价换取全国经济的增长，因此从公平角度而言，雾霾治理的资金不应由北京纳税人独自承担；再如青海省是各大江流的发源地，基于水源保护的需要，许多地区限制开发，从公平角度应对其予以生态补偿。

以效率最优为导向衡量环境税权，则必须首先正视"中国式环境分权"所带来的种种弊端。原有的"专项资金""专项拨款"[2] 治污财政模式存在两大问题：一是地方政府专项支出占主要部分，地区间财政收入不均衡导致财

---

〔1〕 朱大旗："'分税制'财政体制下中国地方税权问题的研究"，载《安徽大学法律评论》2007 年第 2 期。

〔2〕 例如，为支持京津冀及周边地区、长三角地区、珠三角地区开展大气污染防治工作，财政部下拨专项资金 80 亿元，河北省政府表示到 2017 年底将安排共计 900 亿元的专项资金，北京市政府承诺投入 7600 亿元用于治理 PM2.5；为落实《大气污染防治行动计划》《河南省蓝天工程行动计划》，河南省财政于 2014 年安排了大气污染防治专项资金达 4.06 亿元；陕西采"以奖代补"的方式，对关中地区燃煤锅炉拆改工作完成较好的地方政府给予奖励，累积安排专项奖励资金 3.51 亿元。参见叶青等："财政助力治霾：绩效与监管"，载《财政监督》2014 年第 19 期；李志刚、刘慧、李先亮："大气污染防治专项资金预算绩效监督报告———以河南省为例"，载《财政监督》，2016 年第 9 期。

政支出能力上的差别；二是资金在使用的过程中往往存在监管不严、税款挪用、政府俘获（State Capture）等现象，利用效率较低。地方政府过多的环境自主行为并不适合环境治理这种具有正外部性的公共产品，[1]中央政府应适度实行环境集权。

4. 环境公共产品与政府责任界定

现代财政以公共产品理论为基石，确认政府责任，划分政府职能。环境产品和环境服务具有"消费上的非排他性"和"供给上的非排他性"的特点，是典型的公共物品，因其外部性、非营利性、非市场性等特征，各国均将政府视为承担和提供环境公共产品的责任主体。在环保领域，表现为从环境保护工作的实际需要出发，按照环境保护的实际需要来组织公共产品的有效供给，例如中央对全国性或跨区域污染治理、基础设施建设、重点生态功能区保护、环境科研创新、大规模退耕还林、防风固沙工程、生物多样性保护、水源地保护等项目的负责将更为高效有序，而地方负责提供区域内环境污染治理和基础设施建设将反应迅速，便宜灵活。

（二）透视"环境税"的本质特征

环境税归属设置的合理与否，决定着环境税的法律实效即开征目标能否实现以及实现的程度。通过与其他税种作横向比较，可以总结出环境税的特性：第一，外部成本内部化。空气、水、海洋、臭氧层、地下水流域与水体资源、牧区、森林及灌溉渠道等环境公共产品由于公共的性质，政府作为社会公共利益的代表，通过环境税等方法进行公共修正，将环境成本纳入产品、服务及其活动价格之中，使污染的外部负作用内化为污染者所应承担的成本，激励生产者和消费者改进生产模式和消费模式，从而提升环境质量；第二，环境税具备"双重红利性"，在改善环境的同时能够带来经济发展的红利，如就业的增长；第三，针对特定行为时具有惩罚性。传统税收具有非罚性，但是由于环境问题涉及区域之间、代与代之间的公平与可持续发展，故对于排污行为要求代价性的赔偿；第四，课税对象跨区域流动性强、分布不均。前者如大气污染、水污染，后者如固体废弃物污染，土壤污染等。学者马斯格

---

〔1〕 学者通过实证研究得出中国式环境分权不利于环境污染物排放的减少，而赋予地方政府较大的环境管理权限可能正是加剧环境污染的体制性因素。参见朱小会、陆远权："环境财税政策的治污效应研究——基于区域和门槛效应视角"，载《中国人口·资源与环境》2017年第1期。

雷夫曾指出，可以作为中央税的税种都有如下特征：一是有利于宏观经济稳定；二是具有累进性的再分配功能；三是税基在各地分布严重不均；四是地区间流动性强。[1]而环境税的上述诸多特征恰恰与之相契合。

（三）实现"费改税"的改革目标

当下"费改税"改革如火如荼，"税"具有非个别等价性、法定性、规范性等特征，而"费"作为强制性非税收入则具有直接有偿性、非规范性、非普遍性等特征。排污收费制度在多年实践中凸显诸多弊端：一是地方政府享有收费权，甚至市一级的政府即可开征，[2]以致收费名目渐次繁多，社会不堪重负；二是由于监管不力，寻租行为屡见不鲜，地方保护问题饱受诟病；三是具体收费主体是环境主管部门，导致整个收支体系混乱，难以预防和发现部门"小金库"等贪腐行为。

对比排污收费制度，实行环境税具有如下四点进步：其一，税收法定，规范政府肆意膨胀权力；其二，持续刺激，鼓励污染者发展新技术；其三，信号效应，促进资源自觉有效配置；其四，接轨国际，发掘企业国际竞争优势。[3]环境税开征的直接目的就是以税代费，减少环保领域收费乱象，但是理论必须与实践同行，税权归属是在实践中切实发挥环境税理想效果的关键一环，设计得当，则更好地凸显环境税的比较优势，设计不妥，则艰难改革将"竹篮打水一场空"。

（四）立足国情和环境治理需要

一国制度的各类安排根源于具体国情的需要，环境税制的诸多安排，应以中国环境污染治理的实际情况为前提。考察全国生态环境保护之实际情况，在宏观层面上：第一，东西部地区环境问题矛盾点不同。西部落后地区生态脆弱区，环境承载力较低，生态破坏问题尤为突出，而东部地区人口稠密、车辆保有率高，因排放造成的环境污染形势更为严峻；第二，经济发展程度的差异决定了东西部地区由产业造成的环境污染程度不同，由于环境税的征

---

〔1〕 参见樊勇、董聪、李倩维："我国环境保护税在政府间的分配关系分析"，载《环境保护》2017年第2期。

〔2〕 中央部属和省（自治区、直辖市）属排污单位的排污费，缴入省级财政，其他排污单位的排污费缴入当地地方财政。中央部属和省属企业集中的城市，经省人民政府批准，排污费可缴入当地地方财政。

〔3〕 参见陈少英：《中国财税法的生态化——以路径依赖为切入口》，法律出版社2015年版，第4～19页。

收是以污染排放的当量为基础的，不考虑地区间税额的差异（考虑到经济承受力，通常是发达地区高于欠发达地区），这些西部欠发达地区的地方政府面对严峻的生态形势却"囊中羞涩"无力治理，不仅易形成地区差异的恶性循环，而且将难以有效遏制生态恶化趋势；第三，环境监测技术要求高、难度大。作为环境税计税依据的排污量的测算需要专门的技术和设备，环境信息的稀缺性和不对称性，使得环境税的征管对技术和资金要求较高，欠发达地区缺乏技术和资金支持，不利于税收征管的效率和便利。[1]因此，将各地环境税归入中央税，再由中央统筹规划财政返还和转移支付，能够更为顺畅地为环境治理保驾护航。而在微观层面上，由于环境保护不同于传统资源管理，水污染、空气污染具有流动性，仅靠一个地区治理不可能根治。

综上所述，我国地方财政收入差异较大，没有环境保护的转移支付，西部省份就难以实现绿色发展；没有中央层面的统筹协调，跨区域治理就难以顺利有效开展。中国式环境分权存在诸多不合理之处，中央应适当集中财政事权并完善转移支付制度。

三、环境税归属的比较法借鉴

（一）美国环境税制模式初探

美国实行三级政府高度分权的财政体制，分别立法、分别征管、财源共享。美国地域辽阔，和中国地理环境相似，故其环境税制具有高度的借鉴价值。自国会在 1971 年引入在全国范围内对向环境排放硫化物征税的议案以后，美国逐渐形成一套完整的环境税收制度：将环境税权归属联邦，由税务部门统一征收环境税上缴至联邦财政部，然后由财政部将税款分别纳入普通基金预算和信托基金，信托基金还下设超级基金，由美国环保局负责管理，主要用来专门服务于专项的环保事业。在遵守联邦政策的前提下，州政府还可以根据情况制定有利于地方环境可持续发展的税收优惠政策，以便激发企业和个人参与环保的积极性。可见作为分税制核心的税权划分问题，归根结底取决于一国的基本国情。

（二）环境税的细分模式

经济合作与发展组织、国际能源署和欧盟委员会将环境税称为"与环境

---

〔1〕 参见梁云凤：《绿色财税政策》，社会科学文献出版社 2010 年版，第 97~123 页。

相关的税收"，其所称的"环境税"并非是一个独立税种，而是以环境保护作为设计目标的各项税种的集合，包含大气、水资源、生活环境、城市环境等诸多方面，包括与能源相关税收、机动车相关税、污染与资源税、直接税收中的环境条款4大类，并包含了40余项税种和相关条款。这种细分模式显然更具科学性合理性，可以依据环境要素的流动性讨论事权与财权的归属，因此未来可以借鉴此类环境税征收模式，依据征税对象属性的不同，拆分单一环境税，变为多项税种的集合，再细分其税权归属。

四、环境税权归属的模式设计

笔者认为，在《环保税法》业已出台的背景下，可以将其简化为"两步走战略"。一是在短期内，围绕税收法定原则和财权事权相匹配原则，应将环境税收的征管权与收益权统归中央税，以充分发挥环境税改革之目的和愿景。同时，由于《环境保护法》第16条授予地方政府以部分环境保护的事权，因此应保障与其相适应的地方财政资金，中央应依据地方环境治理实际需要和公平原则开展规范有序的转移支付。二是待环境监测和环境税征管能力提升到一定水平时，效仿经济合作与发展组织成员国家，不再按照单一环境税种征税，而是将各类环境税依据其本身属性和影响范围确认税权归属。例如固体废弃物对环境造成的影响是区域性的，对区域之外的居民构成的影响极小，则污染者（或受益方）应当缴纳地方税以补偿当地居民，而大气污染造成的环境问题，如酸雨问题则是跨区域的，污染者应缴纳中央税以更好地实现全国性、跨区域的治理。

五、结语

本文认为环境税权归属中央税更符合财税法基本原则、环境税的本质和目标，并提出了环境税权归属的"两步走"战略：长期来看，可以分为"统一归属中央税——依据税种性质独立确权"两个阶段。其次，在每一阶段内又形成不同目标，在第一阶段沿着"财权事权相匹配——环境税归入中央税——规范有序的转移支付"三个层次构成有机系统，以协调地区差异，共享环保成果；在第二阶段向国际上成熟的环境税设计转轨，考虑环境税内部各税种的属性和功能，单独设计各类细分税种的税权归属。环境税归属问题在对现实问题作出回应的同时，也对投射出分税制体制的深层痼疾。"合理分权"的路径不明确，导致中央与地方在税权配置上存在极大的随意性，也是造成地方财政赤字频发的原因之一。破局之关键，在于确立一条理论上站得住，实践中行得通的税权归属规范分析路径，本文形成财税法基本原则、该税种的本质和设置目的、"费改税"的改革目标以及现阶段国情需要这四个维度的判断标准，以期为此提供可选择的路径，使新型税权的归属于法有据、于理应当，促进央地财政形成良性互动、协同推进的局面。

互联网金融监管组织设计的原理与框架

靳文辉[*]

【摘要】 互联网金融监管组织的科学构造，是决定互联网金融监管合理性的关键要素，其对互联网金融监管目标的确定、监管手段的运用、监管工具的选择都会产生决定性影响。传统的"统合监管"和"分业监管"等金融监管组织模式，和互联网金融均存在某种程度的非契合性。互联网金融运行的基本事实和风险的具体状态，决定了对互联网金融的监管必须是综合整体性监管和专业性监管的复合型监管，必须是灵活、适应和富有弹性的回应型监管。以此为依据，建立由正式监管组织、行业协会和互联网平台构成的多中心监管组织，通过文化、资源、责任和技术等途径来构建监管组织的跨部门协调机制，引入专家知识、强化监管队伍建设以提升监管组织的专业能力，实现互联网金融风险评估组织的独立运行，是互联网金融监管组织设计中应该遵从的路径。

【关键词】 互联网金融　监管组织　监管原理　组织框架

一、引言

电子商务的兴起以及传统金融的服务盲区为互联网金融的发展创造了机会，金融业不可能对互联网技术和信息技术所带来的便捷和高效视而不见，同时，互联网技术的广泛渗透性也决定了其不可能对金融业漠然置之，两者的结合势在必行。因此，互联网金融存在的风险不是因噎废食的理由，我们必须认识到互联网金融的创新价值以及广阔的发展空间。同时，也要认识到

---

* 靳文辉，法学博士，重庆大学法学院教授、博士生导师。

兼具互联网和金融双重因子的互联网金融所具有的特殊风险，不能放任其野蛮生长，更应制定合理的制度予以规范。毋庸置疑，在互联网金融监管的制度设计中，对监管组织及运行机制的科学构造，是决定监管合理性的关键要素。

二、"统合监管""分业监管"组织模式与互联网金融的非契合性

学术界对一般意义上的金融监管组织体制有较多的研究积累，并将之分为统一监管和多边监管两大模式。近年来，随着综合经营模式成为金融业发展的基本走向，学界大都认为，统合监管应成为未来我国金融监管变革的趋势，因为其更适应金融集团化发展的需要，本文认为，以分业监管的弊端分析代替统合监管的正当性论证，或者以统合监管的弊端论证来代替分业监管正当性的分析，都是对金融监管组织模式选择的简单化处理，互联网金融的特殊性决定了其监管组织模式不是对现有模式的简单套用，也不是在现有模式间的仓促转换，其独特的发展规律和风险特征决定了必须重新思考其监管组织模式的构造问题。

（一）互联网金融风险的系统性、融合性与"分业监管"的悖论

一般认为，互联网金融是互联网技术和金融业务多重交错、融合和渗透基础上出现的金融服务方式和融资方式。因此，对互联网金融的监管必须是整体的、系统的和全面的。但以分业监管模式作为思路来构造互联网金融监管组织，其弊端显而易见，以下详述之。

首先，在分业监管模式下，监管主体的监管行动是根据细分的金融市场和金融业务来确定的，不同的监管机构只是针对某一具体金融产品或金融业务的风险加以预防和规制，监管主体间缺乏必要的信息共享机制，行动的一致性难以形成。其次，互联网技术的渗透性和开放性，强化了金融业务边界的模糊性，原有的金融产品因互联网技术的注入变得更加交错和重叠，互联网金融产品和服务常常表现为多主体、多层次、多环节的资产叠加和技术叠加。但是，分业监管是依据监管对象来确定监管主体的监管模式，监管行动由监管主体围绕监管职责展开，对其职责之外的事项，缺乏关注的依据、动力和激励，监管组织间的联动机制难以形成。由此导致的结果是，互联网金融产品和服务的供给和消费链条上或出现监管真空和监管漏洞，或出现监管

冲突和监管重叠，相互推诿、相互冲突，监管缺位、监管错位等情形在所难免。其不仅会增加互联网金融监管本身的成本，也难以对金融消费者的利益给予充分有效的保护。

（二）互联网金融风险性的多样性、专业性与"统合监管"的悖论

统合监管是在金融业务形态日趋复杂，行业界限日益模糊，金融创新产品层出不穷的背景下，由一个权威的监管部门对不同金融机构共同参与的金融产品和金融活动给予统一监管的监管组织模式。该模式被认为是克服分业监管中监管重叠、监管真空的重要举措，也是实现信息共享、加强合作和促成监管行动一致性的有效手段。但是，互联网金融的参与主体的多元性、范围的扩张性、业务的专业性，以及发展过程中的高度变异性，决定了统合监管和互联网金融之间也存在着显而易见的冲突和悖论。

首先，互联网金融涉及的领域和业务范围异常广泛，这种事实和状态意味着不可能将所有的互联网金融监管主体整合到"大一统"的金融监管机构中，当然，也许有人认为，笔者对统合监管中的"统合"存在误解——"统合监管"中的"统合"只是"金融业务"，而不是外部条件和工具，但作为外部条件和工具的互联网技术与金融业务的融合，恰恰是互联网金融的典型特征，互联网金融运行中的技术风险是互联网金融风险的重要类型，"统合监管"的核心指向不正是对金融业运行中的各类风险进行综合监管吗？一个显而易见的事实是，互联网技术使得互联网金融业务有了更为复杂的结构安排和程序编码，其风险的科技属性和专业性更为明显。对技术风险的监管不仅涉及传统的信息保护部门，而且可能还会有更多的部门介入，比如当前正在发展中的指纹、声纹、虹膜、人脸识别等生物识别以及跟行为的识别相结合的综合生物识别技术，可能都会成为保证信息安全的重要依赖，这也许意味着未来对信息安全的保障，可能需要生物学领域的知识（主体）参与。监管主体多元化发展的趋势异常明显，统合监管中的"统合"有必要的限度，不可能无限地扩张。

进一步讲，谁能穷尽互联网金融的业务模式？谁能保证未来的互联网金融组织和业务的综合化，所"综合"的仅仅是传统的金融、证券、保险等业务，而不是与其他经济形态整合而生成的一种新形态？随着互联网技术的发展和商业模式的创新，互联网金融的运行过程中的客户定位创新、销售策略创新、产品类型创新、支付手段创新和互联网技术创新，都会成为互联网金

融发展中必然出现的形态，这些事实意味着互联网金融所涉及的领域、工具、手段和功能会不断革新，所涉及的行业和领域也会不断增加。因此，除非一个新的监管组织能够涵盖所有的互联网金融产品和服务并能对所有的风险加以监管，否则保证互联网金融运行规范和安全必然是多个机构的责任。

而且，互联网金融中与业务相关的银行业务、证券业务和保险业务，与技术相关联的电信业务，金融信息业务和互联网信息业务，所涉及领域的不同决定了对其监管的目标、手段和工具等方面有显著的区别，一味地"统合"只是完成监管机构形态上的合并，并不会解决监管机构的角色冲突问题，而仅是从"外部"角色冲突转化为"内部"角色冲突而已，统合监管所企及的目标并不会因监管机构"物理"形态的统合而必然达致。

三、互联网金融监管组织设计的基本原理：从互联网金融运行的基本事实出发

互联网金融运行的基本事实和目标期待，是决定互联网金融监管组织设计的逻辑前提，监管组织的设计应以互联网金融风险的特点、类型和形态等因素为依据，应与互联网金融的监管目标相契合。互联网金融风险的系统性，决定了互联网金融监管应是统筹全局、能形成监管合力的整体性监管，互联网金融的专业性、多样性和技术性，决定了互联网金融的监管应该是专业性监管。显而易见，整体性监管和专业性监管分别与"统合监管""分业监管"相关。在笔者看来，既然分业监管和统合监管的优势为互联网金融监管所必须，那么整合分业监管和统合监管，在保留各自的优势的同时，克服可能存在的弊端，以形成一种宏观上协调一致、微观上专业精准的监管形态——笔者将之称为"复合型"监管，是互联网金融监管走出分业监管困境，同时克服统合性监管局限的可行路径。另外，互联网金融的创新性和风险的快速变动性，意味对其的监管应该是灵活、富有弹性的回应型监管。复合型监管和回应性监管构成了构建构造互联网金融监管组织的基本要求，互联网金融监管组织模式的设计应以此为依据展开。本部分中，笔者将论述互联网金融监管组织机构改革和职能调整的基本原理，对于具体的框架和方法的设计，将在下一部分探讨。

（一）互联网金融复合型监管要求与监管组织设计原理

和对现有金融监管组织体制"另起炉灶、重新设计"的改革思路不同，

互联网金融的复合型监管更强调对现有组织资源加以利用，它强调在日益动态、复杂的互联网金融运行环境中，监管行动既要考虑到互联网金融风险的系统性、融合性和交错性，也要考虑到风险的多样性、专业性和领域性。从监管组织及其职责设计的角度讲，复合型监管要求下监管组织及其运行机制的设计应符合以下要求。

第一，监管组织的多中心化。"多中心化"不仅和互联网金融监管的整体性、系统性要求并不相悖，而且为监管组织的协同与合作提供了必要的空间。互联网监管组织的多中心化意味着多个监管决策主体和监管行动主体的多样化并得到了制度的确认，尽管它们在形式上相互独立，但它们可以在相互关联的基础上开展多种契约性和合作性事务，这和互联网金融监管所要求的网络性行动相契合。除此之外，多中心监管组织还有着充分的效率价值，由于不同的监管行动有着不同的成本曲线，监管行动应根据互联网金融风险的具体情势来整合、构建和配置资源。它拥有单一监管主体所不绝具备的动态性和灵活性，从而有效避免了重复性支出，降低了成本，提高了监管效益。

第二，建立监管组织的联动和协同机制，保证互联网金融宏观监管的协调性和一致性。各监管主体在监管决策和监管行动中形成一种协同合作、相互平衡、优势互补的互联网金融监管网络，防止监管行动的碎片化，保障互联网金融的运行安全，防止系统性风险。多个监管主体的充分参与和广泛协商，能保证对互联网金融风险的判断、认知、识别和预期更为全面和准确，监管行动中工具、方法的采取等制度安排更为理性和规范，其为整体主义上统筹考虑风险提供了组织机制的保证，这对于化解互联网金融的系统性风险尤为重要。同时，监管组织间的联动和协调可以提高互联网金融风险治理的效率和能力，避免互联网金融风险的转移和扩散。监管组织的联动机制和协调机制的建立，可有效克服"跨部门职能运作层面主要体现为一个机构对于其他机构转嫁困难与成本、项目的互相冲突性、重复性、目标的互相冲突性、缺乏或者差劲的排序、回应多元化需求时的狭隘排他性、服务的不易获得或对于其可获得性的困惑、服务提供或干预中的遗漏或差距等问题"。这对于破解互联网金融监管中监管主体组织结构的分割，功能重叠、部门主义、各自为政等情形，整合监管主体力量以形成监管合力，实现监管的系统化和整体化，都异常关键。

（二）互联网金融的回应型监管与监管组织的设计原理

回应型监管和监管组织的设计存在密切的关系，笔者认为，专业化的监管组织是保证其成为"有能力的法律机构"的关键。同时，"回应"要以存在明确的回应"对象"为前提，传达给监管实施者的风险形态、发展趋势和危害性等信息，是决定监管目标、行为方式的重要参数，它事关监管对象和监管手段的选择，是保证监管方式与监管要求之间的适配和协调的重要因素，因此构建专门风险评估组织，以准确识别互联网金融运行中的风险信息，对于互联网金融的回应型监管的实现亦很关键。专业化的监管组织和专门的风险评估组织，是回应型监管要求互联网金融监管组织构建的基本要求。

第一，强化监管组织的专业能力，实现互联网金融的精准监管。为保证互联网金融监管行动的精准性，需要通过专业化的分工把任务分解给能胜任的主体，由受过训练的人员执行监管任务，构成监管主体的工作人员必须在技术素质上合乎要求，"让更合格、更灵活的操作者（即专业人士）去处理这种复杂性"。[1]第二，构建独立的互联网金融风险评估组织。当下世界各国在诸多的风险监管领域都采取了风险评估和风险管理机构的分别设置模式，"为了解决问题，分解并建构适当的程序和组织，将风险问题分阶段解决是适当的"。[2]笔者认为，设置独立的风险评估组织，这对于实现互联网金融风险的精准化监管具有重大的意义。

四、互联网金融监管组织构建及运行的框架设计

本文仅以上文所提出的互联网金融设计的基本原理为依据，同时参考我国现有的法律框架和经验做法，以及当下互联网金融的主要实践类型，从多中心监管组织的设计路径、监管组织之间的协调路径、监管组织专业化的构建方法、监管评估组织建构的方法等方面，来探讨互联网金融监管组织实践构造的框架。

（一）多中心监管组织构建的实践路径

首先，2015 年 7 月，由中国人民银行牵头工信部、公安部、财政部、工

---

〔1〕 ［美］理查德·斯格特：《组织理论：理想、自然和开放系统》，黄洋等译，华夏出版社2002 年版，第 238 页。

〔2〕 王贵松："风险行政的组织法构造"，载《法商研究》2017 年第 2 期。

商总局、法制办、银监会、证监会、保监会、国家互联网信息办公室制定的《关于促进互联网金融健康发展的指导意见》对我国互联网金融的总体监管框架进行了设计，提出了"分类监管、协同监管"的基本要求，确认了互联网金融多中心监管的监管组织模式。《指导意见》规定，对属于支付清算范畴的互联网支付，由人民银行负责监管；对属于民间借贷范畴的 P2P 网络借贷，由银监会来负责监管；股权众筹属于股权融资范畴，由证监会负责监管；互联网保险、互联网信托和互联网消费金融，其本质属于保险业务、信托业务和金融消费业务借助于互联网技术的拓展和延伸，由保监会和银监会监管更为合理；互联网基金销售，由证监会监管更具有技术和经验优势；对于其他金融机构开展的其他金融业务，由其对应的金融业务和金融机构进行监管；对于信息科技和技术操作风险，由工信部以及国家互联网信息办公室承担监管职责更为恰当。笔者认为，目前我国监管组织设计的方式符合互联网监管组织设计的基本原理，也能和我国现有金融监管组织有效对接，值得肯定。

其次，互联网金融监管多中心监管还需要各种行业协会的参与。作为一个拟制出的组织形态，行业协会可充当传统社会"熟人社区"的角色，不仅可以强化自发私人秩序中的"信息中介"功能，还能便利地为"社区"内的成员收集和传递失信成员的违约信息，同时具有对行业领域内争议进行裁决，以及对违约者进行统一惩戒的功能。[1]在我国，银行业协会，证券业协会，保险业协会，以及于 2015 年 7 月成立的互联网金融业协会，都应该充分发挥对本行业运行风险的预防与监测功能。

最后，在互联网金融运行中，互联网平台的事前登记义务，事中违法信息或行为的发现义务，违法信息停止传输、保存、报告义务，以及事后配合执法等义务履行与否，也与互联网金融风险的形成、积聚、传播、处理不可须臾分离。笔者认为，在互联网金融监管的组织设计中，应该将互联网平台作为监管组织中的重要主体，完善互联网金融的市场准入制度，通过互联网平台强化对互联网金融的事中和事后管理，明确互联网平台在尽职调查、项目审核、信息披露、隐私保护等方面的监管职责，使其与正式的政府金融监管机构、行业协会一道，形成立体交叉的监管格局，这对于互联网金融风险

---

〔1〕 雷华顺："众筹融资法律制度研究——以信息失灵的矫正为视角"，华东政法大学 2015 年博士学位论文。

的预防与消解，也很关键。

（二）监管组织跨部门协调机制建立的实践策略

互联网金融监管组织跨部门协调机制，是在充分发挥各个独立的监管机构的优势，降低各自领域金融风险的同时，为克服分业监管的弊病，实现信息资源共享、一致行动所做的努力。有学者认为，跨部门协调合作机制的基本要素包括目标与责任、组织文化沟通、领导者、角色与责任的明晰、参与者、资源、书面合作指南与协议等内容，[1]笔者将互联网金融监管组织协调机制建立的基本要素归纳为文化、资源、责任和技术四个要素。

文化要素和资源要素是互联网金融监管协调得以实现的动力基础和物质保障。文化要素要求在互联网金融监管过程中，各监管主体确立共同的目标，注重对长期利益的考量，发挥文化背景下的共同信念和行动约束力，实现在互联网金融监管中各方主体间的利益协调、分工协作、团队塑造和责任共担，克服隔阂与分裂，追求共赢结果。资源要素要求互联网金融监管组织具有协调的要求、充分的资金、足够的人员配置和匹配的技术系统。充分保障监管机构协调机制所需的资金并规范资金的使用，配备具有合作知识、技术和能力的人员，充分利用新时代的信息网络技术，实现信息的互通与共享，是实现互联网金融组织间协调中的资源基础。

责任要素和技术要素是互联网金融协调机制得以实现的方法和过程保障。从责任的角度来讲，监管组织间的协调意味着众多行动者间多重、共享的责任关系形成，落实这种责任类型的关键点在于把纵向的责任机制融合于个体机构的绩效体系当中。[2]从技术角度来讲，和所有的跨部门协调一样，互联网金融监管组织的协调机制也可分为结构性协调和程序性协调机制，结构性协同机制侧重协同的组织载体，即为实现跨部门协同而设计的结构性安排，如联席会议、专项治理小组等；程序性协同机制则侧重于实现协同的程序性安排和技术手段，如监管行动的启动方式和程序性安排，参与的人员确定，促进协同的技术手段、财政手段和控制工具，等等。

---

〔1〕 马英娟："走出多部门监管的困境——论中国食品安全监管部门间的协调合作"，载《清华法学》2015 年第 3 期。

〔2〕 参见谭学良："政府协同三维要素：问题与改革路径：基于整体性治理视角的分析"，载《国家行政学院学报》2013 年第 6 期。

（三）提升监管组织专业化能力的实践方案

在互联网金融业务分工日益精细、所涉行业日益深入的背景下，仅仅通过监管机构的分工来实现专业化是远远不够的，互联网金融监管组织的专业化还需借助其他手段来加以强化。本文认为，互联网金融监管中专家知识的引入和监管队伍的专业化建设，是互联网监管中提升监管组织专业化能力的可行路径。

结合互联网金融监管的要求及内容，笔者认为，互联网金融监管中专家知识运用的重点内容，主要包括对互联网金融运行状态的判断、风险发生及变化的预估、风险性质的界定、监管目标的设定、监管手段的确定及有效性评估等。就参与的模式而言，应让专家实质地嵌入到互联网金融监管机构并加以体制化，成为互联网金融监管系统中的确定构成，唯有此，才能保证互联网金融监管中专家知识利用常态化。制度设计中可就互联网金融风险评估、决策组织中的专家代表数量、选任标准、选任程序等事项予以明确，通过一整套连续和统一的制度、组织与规范体系，将专家真正吸纳进监管框架当中，提升互联网金融监管行动的专业性。除了专家参与之外，监管队伍的建设也是提升监管组织专业化的关键要素。实践中可就互联网金融监管队伍的职业准入、资格认定、专业水平、实践能力、考核机制、教育培训体系等方面，制定明确的规范。

（四）风险评估机构组织设计的实践路径

在所有的风险治理行动中，风险评估不仅是风险分析框架的基本构成，而且还处于"灵魂性"的位置，是监管决策和执行的依据。笔者认为，互联网金融风险监管也应参照食品安全、药品安全、农产品安全监管领域模式来构造自己的评估机构。

关于互联网金融风险评估机构的定位问题，按照我国学者王贵松的研究，在职能分配上，其应该是辅助机关中的咨询机关，在内部领导体制上，其是合议制而非独任制机关，在上下级关系上，其应该是具有独立性的机关。[1]互联网金融监管中的风险评估机关，也应该以此定位来构造自身。其次，关于评估主体的构成问题，在当下，评估主体多元化构成已是任何风险评估主体设计的主流趋势，政府监管机构人员、利益相关者、专业评估机构、专家学者、

---

〔1〕 参见王贵松："风险行政的组织法构造"，载《法商研究》2017年第2期。

公众都应该成为评估组织的参与者，实践中，可对各个参与主体的权利与责任、参与的范围与参与的方式、参与的形式与参与的程序，以及评估主体间的权责关系进行明确，赋予各个评估主体特定权力，同时要求其依法承担相应的评估责任，实现互联网金融评估组织的法治化运行，以此来保证评估机构的民主性、科学性和独立性。

五、结语

互联网金融监管组织设计的合理与否，决定着互联网金融监管的正当性、效率，甚至成败。互联网金融的产生和发展，的确对传统的金融监管组织体制提出了挑战，但尊重事物本身的性质，从互联网金融运行的基本事实出发，来探究互联网金融监管组织设计的基本原理及框架设计，无疑是我们必须遵从的一个前提。而且，"除非处于极端情形，学者们似乎不应动辄抛弃现行依然有效的金融监管制度，依据抽象公理或域外法制对金融法实施一次又一次的'重构'"，[1]作为一种不可否认的力量，我国特定的经济体制、行政管理体制、法律环境和制度背景，必然会影响到互联网金融监管组织设计的原理和框架，这种"路径依赖"同样是我们在互联网金融监管组织设计中应该认真对待的问题。否则，相关的理论构造和制度设计不仅会陷入自说自话的尴尬境地，也会消解理论的解释力和制度本身的效用，在此意义上，本文所揭示的互联网金融监管组织设计的原理和实践逻辑，对于一般意义上的金融监管的组织设计，也有比较重要的认知和参考价值。

---

〔1〕 彭岳："互联网金融监管理论争议的方法论考察"，载《中外法学》2016年第6期。

论监管沙盒

袁达松*　刘华春**　李　宁***

【摘要】金融科技及金融业混业经营的发展给现有金融监管带来了巨大的冲击，但同时也为金融监管法律制度的改革提供了契机。为了破解金融监管难题，监管沙盒理念顺势而生。监管沙盒打破传统监管思维，以保护消费者权益、严防风险外溢为前提，强调消除不必要的监管壁垒，通过适度放松监管，减少金融创新障碍，为金融创新机构提供安全的发展空间和法律环境，从而实现金融监管对金融服务有效竞争的促进作用。本文从监管沙盒的作用入手，分析了监管沙盒对我国金融监管的启示。

【关键词】监管沙盒　金融创新　金融监管　法律制度

一、监管沙盒从何而来

（一）监管沙盒的理论基础

沙盒（Sandbox），也被称作沙箱，简单地说，沙盒就是为一些来源不可靠、具备破坏力或无法判定程序意图的程序提供试验环境。在沙盒中进行的测试，多是在真实的数据环境中进行，但因为有预设的安全隔离措施，所以并不会对真实系统和数据造成影响。[1]

2015 年，英国金融行为监管局（FCA）在《监管沙盒》报告中首次提出

＊　袁达松，北京师范大学法学院教授，博士生导师。

＊＊　刘华春，北京师范大学法学院博士研究生。

＊＊＊ 李宁，北京师范大学法学院硕士研究生。

〔1〕薛洪言：“从英国‘沙盒实验’看金融监管的演变”，载《中国信息报》2017 年 3 月 1 日经世导刊版。

"监管沙盒"概念。沙盒是一个"安全空间",在其中企业能够测试创新产品、服务、商业模式及交付机制而不会立即招致从事有关活动而导致的所有正常监管后果。[1]所谓"监管沙盒",主要是指监管部门在其金融创新中心设立一整套监管机制,旨在保护消费者切身利益的同时,去除对创新不必要的监管壁垒,以此为金融机构的创新提供一个安全的发展空间。[2]

从本质上看,监管沙盒是监管者为履行促进金融创新,保护金融消费者职能而制定的一项管理机制。在该管理机制下,金融创新机构可以在真实的环境下测试新产品的商业模式或营销服务,也就是说,监管者在以保护消费者权益、严防风险外溢的前提下,通过主动合理地放宽监管规定,减少金融科技创新的规则障碍,以鼓励更多的金融机构积极主动地将创新方案由想法变成现实。[3]

(二)沙盒式监管的法理分析

金融监管是一种公共管理行为,既包括在规则之下进行动态管理,也包括静态的规则本身。金融监管权作为一种公权,其依照法定职权和法定程序,通过政治、经济和法律等多种手段对金融领域进行监控和管理,其重点在于防控金融风险向金融危机的转化,有效维护金融安全和金融秩序,提高金融服务效率和国家的金融竞争力。随着金融科技和金融业混业经营的发展,传统的分业监管暴露了监管冲突与监管空白等问题,已经无法综合评估金融风险,难以满足多层次的市场需求,逐渐失去了维护金融安全和稳定的效用。[4]"谁的孩子谁抱走"的传统监管理念不仅会导致体制内金融压抑,同时也会造成体制外的风险失控,形成"野孩子无人看管"的金融乱象。[5]为此,打破传统的监管范式,构建新的金融监管法律制度已成必然趋势。

(三)监管沙盒的双重价值

监管沙盒通过沙箱为进入测试的创新机构提供真实的测试环境,并给予特殊的监管许可。一方面,监管沙盒通过设置统一的申请标准、适用要求、

---

〔1〕 李爱君:"沙盒监管对我国金融创新监管的启示",载《中国品牌》2017年第3期。

〔2〕 何晓晴:"全国人大代表陈晶莹:借鉴'沙盒监管'推进征信业供给侧改革",载《21世纪经济报道》2017年3月7日。

〔3〕 胡滨、杨楷:"监管沙盒的应用与启示",载《中国金融》2017年第2期。

〔4〕 程信和、张双梅:"金融监管权法理探究——由金融危机引发的思考",载《江西社会科学》2009年第3期。

〔5〕 郭锋:《证券法律评论》,中国法制出版社2017年版,第38页。

准入程序以及监管方式，确保监管活动的透明以及所有申请测试的创新机构被公平公允地对待，金融创新机构可以在监管机构的控制下进行安全且低成本的快速实验。同时，将法律风险置于可控制的环境下，充分保障消费者权益。

另一方面，监管沙盒可以为监管者厘清金融创新与金融监管之间的辩证关系提供更清晰的视角和方向。金融科技和混业经营的发展进一步放大了金融监管权的不对称性、监管法律的不确定性及滞后性等负面效应，而监管沙盒的实施可以有效控制此类负面影响。在监管沙盒中，监管者可以通过对测试的监控，及时了解金融科技行业的发展动态，鉴别出有损消费者权益的、亟须修订的、不合时宜的监管规则，同时也可以发现已有法律监管体制在应对创新产品或服务时所存在的漏洞与缺陷，做出及时的调整和补充，进一步完善金融监管框架。监管沙盒试图建立新型的市场与监管关系，加强市场主体与监管者之间的有效沟通，构建创新者与监管者良性互动的合作机制，让监管者更好地把握未来发展趋势，了解创新的重要途径。[1]。

总体来看，监管沙盒是基于目前金融业发展和金融监管的现实需要而提出的，可以提高金融监管效率，同时可以促进金融创新与金融安全的协调共进。

二、监管沙盒的监管框架

（一）监管沙盒的适用标准

根据 FCA 规定，监管沙盒的适用标准主要包括公司范围、实质创新、消费者权益、沙盒需求以及背景研究五个方面。[2]凡是想要在真实环境中测试创新产品或服务的企业，均可以申请进入"监管沙箱"测试，但须满足以下条件：一是企业须接受 FCA 监管。二是测试的产品或服务必须是真实的突破性创新或者与现有产品或服务相比有显著改善。三是测试的产品或服务能增加消费者利益。四是产品或服务需要经过"监管沙箱"测试来验证。五是申

〔1〕 王才："各国金融科技的'监管沙盒'有何不同？"，载《中国战略新兴产业》2017 年第 10 期。

〔2〕 FCA, *Regulatory Sandbox*, *Implementing a regulatory sandbox*, *Firm journey for FCA options*, 3.19, available at https://www.fca.org.uk/publication/research/regulatory-sandbox.pdf., visited on March 10, 2017.

请产品或服务测试的企业对测试应有充分准备，理解沙箱内适用法规并能采取措施降低测试风险。[1]关于监管沙盒的使用对象，监管机构不限定申请企业的规模，既适用于金融科技创新机构，又适用于传统金融机构以及非金融机构。

（二）监管沙盒的准入程序

为了完善金融监管制度，监管沙盒分别设置了授权沙盒、虚拟沙盒（Virtual Sandbox）和沙盒保护伞（Sandbox Umbrella）三种不同类型的准入程序。

第一类是授权沙盒。授权沙盒是最为基础的监管沙盒，凡是想要进入监管沙盒的金融创新公司，都需要先申请并获得金融行为监管局的授权与批准。只有在公司范围、实质创新、消费者权益、沙盒需求和背景研究五个方面全部符合标准的创新公司，才有可能得到授权，进入沙盒中并成为沙盒使用者，并且每一个申请公司都需要经过一系列流程才能最终通过监管局的审核进而获得批准。进入沙盒的创新公司，一旦触及沙盒的监管边界就会被剔除出沙盒行列。

第二类是虚拟沙盒。虚拟沙盒的进入标准相比授权沙盒要低，创新公司进入虚拟沙盒不需要金融行为监管局的授权，而且不用受到沙盒标准的限制和约束。虚拟沙盒的好处在于，它是根据一些真实数据拟设的虚拟环境，不存在损害消费者切身利益的风险，同时也不会因为试验破坏市场完整性，不会产生测试过程中的金融稳定性风险。[2]虚拟沙盒的建立无论是对于无法自己构建沙盒的小型初创企业，还是对于寻求与老牌公司接触的技术公司都是非常有益的。[3]

第三类是沙盒保护伞机制。沙盒保护伞机制是专门针对非营利性质公司而成立的。[4]金融创新者无需申请授权并且符合授权要求，只需要通过考察其解决方案，沙盒保护伞公司就可以评估该公司能否成为代理人，即使是未

---

〔1〕叶文辉："英国'监管沙箱'及对我国金融监管的启示"，载《金融理论探索》2017年第1期。

〔2〕FCA, *Regulatory sandbox*, *Recommendations for industry*, 4.4. available at https://www.fca.org.uk/publication/research/regulatory-sandbox.pdf., visited on March 12, 2017.

〔3〕FCA, *Regulatory sandbox*, *Recommendations for industry*, 4.5. available at https://www.fca.org.uk/publication/research/regulatory-sandbox.pdf., visited on March 12, 2017.

〔4〕FCA, *Regulatory sandbox*, *Recommendations for industry*, *Sandbox umbrella*, 4.7, 4.8. available at https://www.fca.org.uk/publication/research/regulatory-sandbox.pdf., visited on March 12, 2017.

经批准的金融创新者，只要其满足要求便可以成为沙盒保护伞公司委派的代理人。

（三）监管沙盒的监管方式

在监管沙盒模式下，对于不同的监管客体实行差别式监管。金融行为监管局对于未经授权公司设置限制性许可授权，而对于已授权公司则出具无执行措施信函（NALs）、个别指导意见（IG）以及实行豁免，[1]从审慎监管的角度看，其本质就是有限度地放松监管。[2]对于未经授权的公司，当他们有意加入沙盒测试时，必须承担一次性成本费用并且向 FCA 申请授权，行为监管局会设置一个特定的授权过程，发放限制性金融牌照，让公司在限定的条件下测试新的产品或服务，当该公司满足所有监管条件时，限制将会被取消，但是获得限制性授权的公司只能在授权范围内进行测试活动，不能进行《金融服务和市场法案》授权范围之外的活动。对于已授权的公司，根据受监管公司的具体情况，FCA 为其提供不同程度的监管豁免权限，以确保金融创新公司的测试活动不会被采取执法行动，为其创新提供更安全稳定的发展环境。

三、监管沙盒的创新与实践

监管沙盒的创建不仅解决了金融监管的滞后问题，减少了法律监管的不确定性对创新的阻碍，给予了金融创新公司适量的监管豁免权，同时它也体现了监管理念的自我革新，变革了现有的监管制度和监管方式，重新定义了监管者角色，并扩展了金融消费者保护的具体内涵，充分保障了消费者权益，平衡了金融创新、风险防范与消费者保护三者关系。因此，监管沙盒一经推出，便受到新加坡、澳大利亚、中国香港等国家及地区金融监管部门的认可，并相继在本土开展试验，推行沙盒计划。

（一）监管沙盒在监管理念与制度方面的创新

1. 缓解金融监管的滞后与不确定性

现有法律监管机制本身尚不完善，很难有效应对瞬息万变的金融科技创

---

〔1〕 FCA, *Regulatory sandbox*, *Implementing a regulatory sandbox*, *Options for authorized firms and outsourcing arrangements*, 3.13. available at https://www.fca.org.uk/publication/research/regulatory-sandbox.pdf., visited on March 12, 2017.

〔2〕 李爱君：《金融创新法律评论》（第2辑），法律出版社 2017 年版。

新，导致法律监管的滞后与不确定。根据英国行为监管局的调查研究，在金融创新的过程中，法律监管的制约和监管法规的不确定性，导致创新业务的上市时间被延后三分之一，增加的成本占产品生命周期收入的百分之八，创新企业的商业估值被减少了百分之十五。[1]这无疑增加了创新公司的时间成本，使创新公司的商业价值被低估，进而影响创新公司融资。

监管沙盒为创新机构提供监管试验区，加强了监管者对创新机构的实时监管，有利于监管者把握最前沿的产品动态及运行机制，探究评估创新的潜在风险，及时调整补充现有的监管规则，提高监管机构应对金融创新的决策能力，有效解决金融监管滞后的问题。同时，监管沙盒允许授权企业在真实市场先行试验，无需等到所有法律审批合格之后再投入市场，并且根据创新方案的实际需求可调整监管规则，由此极大缩减创新公司的时间成本，降低公司承担的监管成本，也有利于创新公司的融资。

2. 革新金融监管理念与监管者角色

沙盒基于真实且受限的测试环境，便于监管机构评估风险、决定是否大面积商用，并判定如何完善现有的监管规则。有限地放宽监管规则，能够对金融创新的发展进行正确的引导。监管者参与到监管沙盒之中，可以充分了解创新方案的金融本质、风险特征和操作方法等，为监管者制定相关政策措施积累了经验。在金融产品和服务的早期，监管者可以充分利用监管沙盒的时间和沟通机制建立相应的监管框架，在产品或服务推向更广泛市场前及时出台相关的监管政策。

监管沙盒的目的是在风险可控的前提下促进金融创新，其实施需要监管机构的支持并辅以现有监管规则的变革；而它的价值在于可以识别现有不适宜的监管规则，并影响规则的改变。因此，监管沙盒模式的创建不仅仅是对金融创新者的激励，更是一次金融监管理念的革新。

3. 给予金融创新公司法律监管豁免权

在监管沙盒模式下，如果创新机构所测试的创新产品或服务无法适用于当前的法律监管框架，创新机构在申请获得授权后，监管机构可以根据一定的条件标准给予创新机构一定的监管豁免权。根据《监管沙盒》报告，金融

---

〔1〕 赵杰、牟宗杰、桑亮光："国际'监管沙盒'模式研究及对我国的启示"，载《金融发展研究》2016 年第 12 期。

行为监管局为进入监管沙盒测试的企业提供了无执行措施信函（NALs）、个别指导（IG）和豁免[1]三类协助，帮助创新机构在符合一定标准条件下得到不同程度的监管豁免，为金融科技创新提供强有力的支持和保障。

无执行措施信函（NALs）是在创新机构满足沙盒要求或不损害沙盒测试活动目标的基础上，金融行为监管局对创新机构作出的不对其测试活动采取执行措施的一种承诺，但是金融行为监管局保留关闭测试的权力。个别指导（IG）是指创新机构若是能够按照金融行为监管局所发布的关于此类测试活动的使用规则或者是个别指导内容进行活动，便可以不被采取执行措施。豁免制度是当创新机构在测试中产生一些不符合沙盒规则的行为时，如果此公司的活动在豁免权范围内，便可以获得豁免或由金融行为监管局针对公司修改特定规则。

4. 扩展金融消费者权益保护的内涵

监管沙盒的根本目的是保护消费者利益。首先，在沙盒测试前期，金融创新机构需向消费者告知测试的具体情形及潜在风险，只有在完全得到消费者同意时，方能将其纳入方案的测试中，这充分保障了消费者的自由和知情权。其次，消费者在测试过程中享受与其他客户同等的权利，消费者可随时向参与测试的公司和监察机构投诉，如果投诉失败，还可以通过金融服务补偿计划寻求救济，充分保障消费者的公平交易权。最后，公司和监管机构要针对客户建立专门的补偿机制，消费者在公司测试失败后可享受一定的金融服务补偿计划，获得包括投资损失在内的所有损失，由此保障了消费者的求偿求助权。

除了传统意义上对于消费者知情权、自由权、公平交易权、保密权、安全权以及求偿求助权等这些基本权益实施保护之外，监管沙盒还扩展了金融消费者保护的内涵，更加注重消费者受益，通过降低价格、提高服务质量、互惠交易、增强便利性和可得性，帮助消费者识别和缓释风险，让消费者在金融市场的有效竞争中受益。

（二）监管沙盒的域外实践

2016 年 3 月，澳大利亚联邦政府批准澳大利亚证券和投资委员会（Aus-

---

〔1〕 FCA, *Regulatory sandbox*, *Implementing a regulatory sandbox*, *Options for authorized firms and outsourcing arrangements*, 3. 13. , available at https://www. fca. org. uk/publication/research/regulatory - sandbox. pdf. , visited on March 12, 2017.

tralian Securities & Investments Commission，简称 ASIC）成立并管理"监管沙盒"，[1]为金融创新公司提供在正式监管政策出台前进行相关业务试运行的机会，使处于试验阶段的金融科技公司也能够应对监管风险，从而降低其上市的时间和成本。

2016 年 6 月，新加坡金融监管局（Monetary Authority of Singapore，简称"MAS"）针对金融科技企业推出了"监管沙盒"制度，并发布了《金融科技监管沙箱指南》文件。[2]该局推行的"监管沙盒"，旨在为企业创新提供一个相对宽松的"监管试验区"以及必要的监管支持，激发企业创新活力，以此实现引导和促进金融科技产业持续健康发展。

2016 年 9 月，香港金融管理局成立金融科技创新中心并推出"金融科技监管沙盒"（Fintech Supervisory Sandbox，简称"FSS"），[3]致力于帮助金融科技相关企业适应现有的监管环境，创造出真正符合市场审核的金融科技产品，力图提高香港的金融科技枢纽地位。

从各国现发布的指导性文件和征求意见稿中可知，各国在对监管沙盒的具体安排中具有相似之处：第一，对于监管沙盒的对象不设定限制，受监管或不受监管的金融机构均可申请加入。第二，申请者就其提交的创新产品或服务方案均会得到监管机构有针对性的建议或指引，这对于监管机构理解和评估金融科技创新的能力提出了更高的要求。第三，在所有关于监管沙盒的指导性文件或指南中，对于消费者保护都提出了基本的监管要求，凸显了监管者在沙盒中承担的风险监管和消费者保护的职能。

由于各国及地区的具体情况存在差异，所以在监管沙盒具体实施方面又略有不同。

首先，就监管主体而言。英国金融服务管理局（FSA）分为金融行为监管局（FCA）和审慎监管局（PRA），对金融科技的监管是金融行为监管局的

---

〔1〕 ASIC, *Regulatory Guide* 257, *Testing fintech products and services without holding an AFS or credit licence*, available at http://asic.gov.au/for-business/your-business/innovation-hub/regulatory-sandbox/, visited on March 12, 2017.

〔2〕 *Proposed Regulatory Sandbox for Fintech in Singapore Released*, available athttps://www.morganlewis.com/pubs/proposed-regulatory-sandbox-for-fintech-in-singapore-released, visited on March 10, 2017.

〔3〕 HKMA, *ASTRI Fintech Innovation Hub*, available at http://www.hkma.gov.hk/media/chi/doc/key-information/guidelines-and-circular/2016/20160906c1.pdf, visited on April 5, 2017.

职责范畴。新加坡则于 2015 年 8 月在新加坡金管局（MAS）下新设立金融科技和创新团队（FTIG），并为进一步支持金融科技创新，在 2016 年 5 月由新加坡创新机构（SG-Innovate）和新加坡金融管理局（MAS）联合设立金融科技署来管理金融科技业务并为创新企业提供一站式服务。澳大利亚则是由联邦政府批准成立澳大利亚证券和投资委员会负责管理金融科技创新的相关业务。香港则是由金管局与香港应用科技研究院（ASTRI）合作设立金融科技创新中心，共同对金融机构进行监管。

其次，就监管力度而言。新加坡的监管力度与英国相比更为宽松灵活。英国对于金融科技企业在监管沙盒中的测试时间有更为明确的要求，一般为 3 到 6 个月，而新加坡对于测试时间没有规定具体时长，所以时间更具弹性。澳大利亚和香港也为金融科技公司提供了较大的监管自由，澳大利亚为金融科技公司创设许可证豁免制度，允许企业进行长达 12 个月的商业应用测试，香港则给予了一定的监管豁免权，使金融科技企业可以免受资本要求、管理经验等监管规则的限制。

最后，就监管沙盒的适用范畴而言。虽然各国推行监管沙盒的目的均是支持金融创新，但新加坡发布的《金融科技监管沙盒指南》的征求意见稿中明确将范围局限于 Fintech 领域，英国颁布的"监管沙盒"的适用范围则更广，运用于"颠覆性创新"，而不仅局限于 Fintech 领域。其他国家目前还没有明确规定监管的具体适用范畴，有待日后的进一步调查与研究。

四、监管沙盒对我国金融监管的启示

（一）加强我国金融监管法制理念转变

1. 从合规性监管向风险性监管转变

传统金融法理念过度注重金融安全，偏重合规性监管而轻视风险性监管。对于现有的金融监管，不能一味地强调金融市场准入及活动的合规性，应当加强对潜在的安全隐患进行风险评估，在问题尚未全面爆发时就及时地解决。在金融监管领域设立监管沙盒，可以帮助监管机构在创新产品或服务的试验初期及时发现问题，对新的金融业务形态及时做出回应，对风险作出评估和预测，根据预测的结果做好事先的防范工作，解决在合规性监管模式下出现的事后监管、滞后监管等问题，促进金融科技创新的发展。

2. 从静态监管向动态监管转变

传统的金融监管理念强调事后监管、结果监管，是一种静态监管。但在金融全球化、信息化的当下，金融监管必须动态化、过程化、实时化。引用监管沙盒模式，监管机构便可以在产品或服务的创新初期介入活动进行管理，对产品的适用范围、信息披露设计以及具体的消费者损失赔偿等多方面进行合理干预和标准设定。在该模式下，金融创新机构的所有行为，无论是利于金融市场发展的，还是破坏金融秩序的，都在沙盒的监控范围内，便于监管者进行动态实时监控，并及时提供解决方案。

3. 从被动监管向互动监管转变

传统的金融监管过度强调金融管制和金融监管者的主体性，忽视了被监管者的激励相容性和主观能动性。在监管沙盒模式下，被监管机构不再是单纯地处于被动地位，而是可以对监管者实行监督，为监管提供建议，让监管者、金融机构、投资者等各方利益相关者都可以参与到监管之中，形成一个责任明确、风险分摊、相互制约、相互影响的动态的监管体系。

（二）完善我国金融监管法律制度建设

与传统监管模式制定具体监管规则有所不同，监管沙盒制度的重要价值在于平衡金融创新与监管的矛盾关系，消除创新的不必要监管壁垒，为金融创新机构提供更安全和稳定的法律环境。对于金融科技创新，我国也应当建立相对宽松的法律监管环境，允许金融机构在事先报备的情况下，在监管边界范围内进行与法律法规相冲突的创新试验，并确保创新机构不会因此被追究法律责任。

目前，我国关于金融科技创新的法律法规尚不完善，既要加快法规修订，出台相关法律法规政策进行适当管制，防止金融创新野蛮生长，保障金融安全，又要注重对金融创新的鼓励与支持，因此，对于金融科技创新的监管应当设置监管红线，使金融机构在合理范围内开展创新。

同时，借鉴监管沙盒的监管理念，对于金融创新应该采用原则导向监管。与规则性监管侧重于过程导向有所不同，原则监管更多依赖原则并以结果为导向，强调通过高位阶的监管规范来确立监管对象的遵守标准，减少监管制度中具体规则的复杂程度，使监管的执行更具有灵活性，给予金融科技创新足够的发展空间和试错机会，更好地调动被监管者的积极性，促进金融创新的发展。

创设宽松的监管法律环境，应当适度放松监管法律环境，鼓励合法的金融创新。借鉴监管沙盒的相关制度，对有需求的金融创新机构在一定的监管范围内设立授权沙盒、虚拟沙盒以及沙盒保护伞等机制，为进入到该监管范围内的金融机构提供监管范围内的法律庇护，允许金融创新机构在一定程度上与现行法律法规相悖而进行产品和服务的创新，并提供无执行措施信函、指导意见以及豁免等不同程度的监管豁免，承诺对其不采取执法行动，在既定条件下无需承担暂时违反法规的后果，为金融创新创建安全稳定宽松的监管法律环境，在执法过程中采取柔性监管和软法治理，以包容的监管理念和法治环境促进金融创新的发展。

论"税收凸显"

——兼及间接税和"隐形"直接税在我国多多益善

刘梦羽*

【摘要】 目前我国税制和税法改革的一个重要思路,是增加直接税、减少间接税,通过中美横向比较,我们发现这并不符合我国国情,我国若提高直接税比例、强制直接征税,必然会强化"税收凸显"和"税痛感",引发规制悖论,而间接税和"隐形"直接税的税收凸显度较低,可以有效避免规制悖论的产生。所以,我国下一步税制改革应当改变思路,在现有直接税和间接税比例的基础上,尽量避免提高甚至最好降低直接税的比例,更多地采取间接税和直接税"隐形"征收的方式。

【关键词】 税收凸显 "税痛感" 住宅房产税 个人所得税综合申报 "隐形"直接税 规制悖论

一、引言:问题的提出

自 2011 年重庆和上海试点对个人住宅征收房产税,至 2014 年重庆三年累计征收不到 4 亿元,上海三年累计征收约 6 亿元,据计算,实际应征税额与两市应征税的住房规模远远不匹配。[1]个人所得税自行申报亦未达预期。自 2006 年实行年收入 12 万元以上个税自行申报制度至 2016 年初,实际申报人数占应申报人数之比未超 5%;应申报的经营所得或利得,从境内两处

---

* 刘梦羽,中国人民大学法学院博士研究生。

〔1〕 参见"沪渝两地房产税三年试点概览",载新华网,http://news.xinhuanet.com/fortune/2014-01/28/c_ 119171139. htm,访问日期:2017 年 2 月 25 日。

或两处以上取得工资、薪金所得，中国境外所得，没有扣缴义务人之应纳税所得，以及国务院规定的其他所得情形，申报人数更是寥寥。[1]现阶段，我国若提高直接税比例、强制直接征税，必然会强化"税收凸显"和"税痛感"，引发规制悖论，本意是调节收入再分配及房价等的个人所得税和个人住宅房产税，其实际征收效果却适得其反，而间接税和"隐形"直接税的税收凸显度较低，可以有效避免规制悖论的产生。所以，我国下一步税制改革应当改变思路，在现有直接税和间接税比例的基础上，尽量避免提高甚至最好降低直接税的比例，更多地采取间接税和直接税"隐形"征收的方式。

二、税收凸显理论：直接税、间接税和"隐形"直接税

税收凸显度是指税收征收方式的显著程度及其所带来的纳税人对税收的感知程度。[2]税收感知与税收凸显度是相互作用、相互影响的，税收显示的方式及透明度能够影响纳税人的行为模式和经济运行。税收透明度影响着税收凸显的程度，税收复杂性越低，纳税人越能感知税收的存在，税收的显著性也越强。[3]任何税收都会改变人们的行为，理想的税应该是最小程度影响有效市场参与者行为的税，以兼顾公平与效率。[4]凸显度低的间接征税恰好可以实现这样的目标。间接征税对税负负担者而言是隐形的，这样就可以在政府获得财政收入、调节收入再分配和经济社会调控时，较小地影响或不影响纳税人及税负实际负担者的心理和行为。这也符合公共财政的传统理论，即最有效的税收是在"非弹性"的行为和对价格相对不敏感的行为基础上征税。[5]只有纳税人意识到税的存在及其轻重的情况下，税才能导致纳税人行

---

〔1〕 参见许建国：《中国个人所得税改革研究》，中国财政经济出版社2016年版，第113页。

〔2〕 See Edward J. McCaffery & Jonathan Baron, "Isolation Effects and the Neglect of Indirect Effects of Fiscal Policies", 19 *Journal of Behavioral Decision Making* (2006), pp. 289~290.

〔3〕 See Deborah H. Schenk, "Exploiting the Salience Bias in Designing Taxes", 28 *Yale Journal on Regulation* (2011), pp. 253~312.

〔4〕 See Joseph E. Stiglitz, "Pareto Efficient and Optimal Taxation and the New Welfare Economics", in M. Feldstein & A. J. Auerbach ed., *Handbook of Public Economics Volume* 2, North Holland：Elsevier, 1987, pp. 1023~1037.

〔5〕 See Richard Abel Musgrave & Peggy B. Musgrave, *Public Finance in Theory and Practice*, Fifth Edition, New York：McGraw-Hill College, 1989, p. 279.

为的改变。因此，不被注意的税收，其征收比显著的税收更有效。[1]

美国学者相继用实验经济学的方法设计竞争性市场，证明人们对间接税和"隐形"直接税的税负感知程度较低，税收凸显程度也随之下降。Finkelstein（2009）通过对高速公路上采用传统现金收费方式与 ETC 电子收费系统的比较，发现 ETC 方式可以降低收费的凸显度。[2]Cabral 与 Hoxby（2012）调查发现，美国房产税的高显著性使得其成为最不受美国人欢迎的税种，人们厌恶房产税的高凸显度，相比自行申报的做法、更多户主倾向于采取 Escrow 协议付费的方式，Escrow 托管账户使房产税的凸显变低，纳税人的"税痛感"减小。[3]不同于中国采取间接税价内计税的方式，美国消费税的特点是结账时价税分列，Chetty 等人（2007、2009）对此多有批评，并以高档酒的消费税和销售税为例（消费税是价外税，销售税是价内税），指出通过降低税收凸显度、直接给出税后价格的销售税更有利于消费者优化支出、避免效率损失。[4]从行为经济学角度来看，税收源泉代扣缴以及价内税的征收方式是最理想的。美国汽油价格中包含很高的联邦和州税，却一般不在发票中标出，也是因为美国政府越来越认识到税收凸显的作用。[5]因此，我国未来征收个人住宅房产税和个人所得税改革时，必须充分考虑税收凸显的影响。

根据种聪和王婷（2016）的实证研究结果，税收凸显度与收入水平呈正相关，即高收入阶层对税收的敏感度更高。[6]这意味着对高收入群体直接征收个人所得税和房产税具有高税收凸显的特征，因为中低收入人群的收入和房产通常在起征点之下或免税额之内。间接税和"隐形"直接税具有隐蔽、

---

[1] See Herbert A. Simon, "A Behavioral Model of Rational Choice", 69 *Quarterly Journal of Economics* (1955), pp. 99~118.; Daniel Kahneman, "Maps of Bounded Rationality: Psychology for Behavioral Economics", 93 *American Economic Review* (2003), pp. 1449~1470.

[2] See Amy Finkelstein, "E-ZTax: Tax Salience and Tax Rates", 124 *Quarterly Journal of Economics* (2009), pp. 969~1010.

[3] See Marika Cabral & Caroline Hoxby, "The Hated Property Tax: Salience, Tax Rates, and Tax Revolts", *NBER Working Paper No.* 18514 (2012), pp. 1~46.

[4] See Raj Chetty et al., "Salience and Taxation: Theory and Evidence", *NBER Working Paper No.* 13330 (2007), pp. 1~62.; Raj Chetty et al., "Salience and Taxation: Theory and Evidence", 99 *The American Economic Review* (2009), pp. 1145~1177.

[5] See Shanjun Li et al., "Gasoline Taxes and Consumer Behavior", 6 *American Economic Journal* (2014), pp. 302~342.

[6] 参见种聪、王婷："税收凸显影响因素分析"，载《内蒙古财经大学学报》2016 年第 4 期。

间接、稳定的特点，能够有效降低税收凸显度，比如我国的消费税比外国的消费税、个人所得税源泉扣缴比自行申报，其凸显度都较低，效果也很好。国家立法和政府规制应当充分关注公众对税收凸显度的反应。若税收凸显度、敏感度高，公众对税收变动的反应强烈，政府就不应"一意孤行"，这样才能增强税收公平程度、维护社会的稳定。[1]直接税征收要求高、方法复杂，纳税人"痛感"强，征收阻力大，易发生逃税、漏税等问题。[2]间接隐藏的税收形式如价内税，使得纳税人对税的感知度降低，可在潜移默化"无痛"的状态下影响他们的税收偏好和行为，从而使政府在获得收入的同时不扭曲经济。早在1976年，斯蒂格利茨等人就提出，直接税会对经济产生负面影响。[3]因此，中国目前不宜广泛推行直接税，而应继续维持以间接税和直接税"隐形"征收为主的税制和征管方式。

我国地方财政收入在"营改增"后有所下降，亟须新增收入来源。而在某些情形下，降低税收显著性也是一种增加税收收入的可选策略，因为这样可降低纳税人对增加税收的抵触。就此，实践中已有不少应用，如工薪所得税采用源泉代扣缴的方式征收，企业所得税通过减少抵扣而非增加名义税率的方式来提高实际税率等。[4]税收显著性的降低还可能是有利可图的，比如Finkelstein（2009）的前述分析发现，ETC收费模式在降低收费显著性的同时，使得同一州内的通行费率提高了20%到40%。[5]所以低税收显著性有助于政府在必要时适当提高税率，增加财政收入。根据Schenk（2011）的论证，"隐形"税收可以充分利用认知偏差，比如人们规避损失和风险的行为，来减轻经济决策的负担。[6]Gamage 和 Shanske（2011）亦提到了可能发生的替代

〔1〕 参见种聪、王婷："税收凸显影响因素分析"，载《内蒙古财经大学学报》2016年第4期。

〔2〕 See Raj Chetty et al., "Salience and Taxation: Theory and Evidence", *NBER Working Paper No.* 13330 (2007), pp. 36~51.; Amy Finkelstein, "E-ZTax: Tax Salience and Tax Rates", 124 *Quarterly Journal of Economics* (2009), p. 972.

〔3〕 See Joseph E. Stiglitz & A. B. Atkinson, "The Design of Tax Structure: Direct versus Indirect Taxation", 6 *Journal of Public Economics* (1976), pp. 55~75.

〔4〕 参见童锦治、周竺竺："基于启发式认知偏向的税收显著性研究评述"，载《厦门大学学报（哲学社会科学版）》2011年第3期。

〔5〕 See Amy Finkelstein, "E-ZTax: Tax Salience and Tax Rates", 124 *Quarterly Journal of Economics* (2009), p. 969.

〔6〕 See Deborah H. Schenk, "Exploiting the Salience Bias in Designing Taxes", 28 *Yale Journal on Regulation* (2011), p. 277.

效应,"隐形"税收可以在降低无谓损失的同时提高税收收入。[1]

三、聚焦:直接征税困难的原因及规制悖论

1. 中美横向比较

在美国,对个人住宅征收房产税是与地税和福利挂钩、与公共服务的对价紧密相关。在美国,买房、拥房必缴房产税,房产税是地方税,由市、县地方根据房屋的评估价值征收,多为1%到2%。征收房产税的目的,主要是维系地方政府的开支、改善公共设施和福利。政府通过房产税支持公立教育系统、为市民提供免费的国民教育。[2]房产税对于存量环节的囤房、炒房行为无疑具有约束作用,是持房成本的重要组成部分。房屋的市场价也即评估价值,与公共服务的质和量相关,其对价关系显著,治安和交通状况、商业繁荣程度、该区域房屋需求等,直接决定着房价。买房要综合考虑房价和房屋税收,房价高、房产税也高,反之则低,而房价低的地方通常治安环境相对较差,生活也相对不便。好房子价格高、房产税高,只要不按规定缴纳房产税,房屋就会被政府拍卖,房主即丧失房屋所有权,这些都使得炒房者望而却步。相比美国,中国征收房产税的环境和美国大相径庭,不仅公民暨房屋所有权人缺乏缴纳房产税取得公共服务的意识,不动产登记、个人征信等征管基础设施尚未完善,而且"涨价归公"的方式亦不同于美国。

在中国,房屋限购措施可能随时变更,使得已交首付的买房者错过网签,[3]人口数量巨大及其复杂性和流动性,导致如果一切都要自行申报,则无法确保过程无误的问题。首先,源头上怎么防止避税,过程中又怎么监管,能像美国那样实行严密的稽核制度吗?美国还有较为严密的涉税信息共享制度,比如社会安全SSN号以及各种信用记录都影响到纳税人的各种日常行为,所

---

〔1〕 See David Gamage and Darien Shanske, "The case for reducing the market salience of taxation", *National Tax Association*, *Proceedings of the 103rd Annual Conference*, available at SSRN: https://ssrn.com/abstract=2027718, 2011, p. 49.

〔2〕 参见旧金山湾区华人资讯:"学区房白买了?用公立学校经费上私校,教育新政影响了谁?",载搜狐网,http://mt.sohu.com/20170210/n480356163.shtml,访问日期:2017年2月25日;励玫伶、张仁桥:"限购令与房产税对房价的影响",载《上海房地》2012年第9期。

〔3〕 参见"最严限购出台!成都购房者崩溃大哭",载央视网,http://news.cctv.com/2017/03/25/VIDED24kdEd1jq1MSov7FH41170325.shtml,载2017年3月25日。

以民众不敢不交税。而中国对个人的管理尚处在"原始"阶段，在这方面，法律和规则尚停留在纸面上。美国的税务机关不仅采用了人机结合的管制系统对纳税人的信息资料及时、动态的监管，还对家庭和个人税务申报实行重点审查，随时发现异常点，严罚偷税漏税行为，并将其计入个人诚信档案。我国存在大量传统的、跨越时空的家庭以及各类复合结构家庭，且各个家庭的收入形态复杂，以及整体纳税意识薄弱，这些都会给家庭申报个税带来难度。[1]当下美国朝野普遍认识到现行税制过于复杂，征税的社会成本高昂，比如税费征收与稽查的行政成本、税收对经济活动的扭曲而导致的效率损失等，对现有的美国税制提出了质疑，使该国已倾向于向一个更平滑的税制演化。[2]中国现行个税是以个人为纳税单位的累进税，若采取分类与综合相结合的征收模式，将个税转向以家庭为单位征缴，必将使个税制度复杂化，不仅会弱化其调节收入分配功能，更会导致额外的经济效率损失。

所以，中国不应在土地涨价归公的方式和个人所得税制上照搬美国。美国的住宅房产税、个人所得税及其征管与其背后的政治、经济、文化息息相关、密不可分，而且现在美国也开始反思直接税和直接征税的弊端了。

2. 直接征税困难的原因探析

在中国历史上和传统观念中，由于人民对国家缺乏认同感，税收的名声一直不好，"苛捐杂税""轻徭薄赋"等呼声，都反映出中国人对税的抗拒心理。[3]新中国成立后的计划经济时期，个人和公有制企业都没有直接纳税的"税痛感"，人们十分乐意接受税收"取之于民，用之于民"。在市场经济条件下，公民的主人翁地位很大程度上要体现在纳税和公共参与上，而国人这方面的意识尚比较薄弱，比如缺乏"税收是公共服务对价"的概念，也难以切实理解和接受对于税收调节收入分配的功能，更多地考虑个人利益，这都导致了纳税人对直接征税抱着可缴可不缴、能躲则躲，甚至抗拒的态度。[4]根据2005至2009年的国际货币基金组织数据，中国的"税负痛苦指

---

〔1〕 参见汪扬名："以家庭为单位申报个人所得税"，载《中小企业管理与科技》2016年第7期。

〔2〕 参见陈斌："复杂累进税还是单一税——个税改革方向辨析"，载《南方周末》2012年8月2日评论版。

〔3〕 参见智勐：《近年来税收若干问题探索》，中国税务出版社2012年版，第253~262页。

〔4〕 参见宋凤轩、张亚凯："我国直接税征管存在的问题及完善对策"，载《河北大学学报（哲学社会科学版）》2016年第4期。

数"与发达国家相比偏高,[1]2009 年《福布斯》杂志发布全球"税负痛苦指数"排名,中国内地高居全球第二。[2]"税负痛苦指数"高,不等于税负高,我国的宏观税负,也即税收总收入加上国有土地出让净收益与名义 GDP 的比值,低于世界平均水平。[3]这意味着中国民众对纳税尤其是直接税和直接征税的"痛感"触发点低,同等税负下其"税痛感"更高。

"税痛感"源于纳税人因税收感受到的"痛",造成"税痛感"的因素要比造成高税收凸显的因素多,即使国家宏观税负水平相比欧美国家较低,纳税人主观上认为自己获得的公共服务不够多、税管行为的随意和不规范都会加强纳税人的心理负担,即"税痛感"。"隐形"的税收能够降低纳税主体对税负的感知,降低税收凸显,从而减轻其"税痛感"。[4]早在 1897 年,Puviani 就指出,政府为了减少纳税人对税收的抵触情绪,会通过"隐形"税收的方式创造乐观的财政幻觉,来降低纳税人的"税痛感"。[5]人们对间接税的税负感知较低,而对直接税的税负感知较为强烈,提高直接税的比例会给纳税人造成税收负担加重的同时公共支出和福利反而减少的主观感觉,从而加剧其"税痛感"。

Learned Hand 在 Newman 一案中提到,"税收是强制索取不是自愿捐赠,以道德名义索取更多税额是伪善辞令"。[6]我国个人住宅房产税的征收和个人所得税的申报不可能依赖纳税人的荣誉感,也不应依赖于易引发民众抵触情绪的征管权力及其行为。若将个人所得税放进强化纳税人申报义务和法律责任的制度框架,包括针对住宅的税收、不缴就使其丧失其住宅所有权,只

---

〔1〕 参见庞凤喜、潘孝珍:"论税负痛感指数的构建及其运用",载《中南财经政法大学学报》2013 年第 2 期。

〔2〕 See Jack Anderson, "2009 Tax Misery & Reform Index", 5 *Forbes Global*, available at https://www.forbes.com/global/2009/0413/034-tax-misery-reform-index.html, (accessed March 20, 2017).

〔3〕 参见"楼继伟:中国宏观税负低于世界水平",载人民论坛网, http://www.rmlt.com.cn/2017/0120/456593.shtml,访问日期:2017 年 3 月 20 日。

〔4〕 参见周强:"新税负痛苦指数分析及启示:基于中国宏观税负加权",在《人民论坛(中旬刊)》2015 年第 2 期。

〔5〕 See Amilcare Puviani, *Teoria della illusione nelle entrate pubbliche*, Perugia, 1897, cited from James M. Buchanan, *Chapter 10*: *Fiscal Illusion in Public Finance* in *Democratic Process*: *Fiscal Institutions and Individual Choice*, Indianapolis: Liberty Fund, Inc, 1999.

〔6〕 Newman 案索引号: 159 F. 2d, 第 850~851 页,转引自 Zoë M. Prebble & John Prebble、宋彪:"避税的道德性",载《经济法学评论》2015 年第 2 期。

会加剧民众的抗拒心理。近十年来，我国个税收入占财政总收入比重逐年提升，个税起征点亦逐年提高，根据帕累托定律，高收入人群贡献的税收应该高于中低收入人群，我国个税累进税率的最高一级接近收入的一半，但是贫富差距犹存，就实际情况看，问题并不在于对工薪收入的税收不适当，而在于对资本所有者的利得征税不到位，这不是实行家庭个税综合申报所能解决的，需从加强对个体经营者、合伙人、公司股东等的利得源头扣缴入手加以解决。对个人所得税采取扣缴征管方式，效率高，成本低；若依赖于申报，则必然要求极高的征管能力和水平，征管成本会大大增加，还不一定能增加税收。纳税人中的富人往往是分散的，并可在经营中采取各种手段调整利得，加上其观望、逃避，对其收入征税难度大、漏洞多，从而造成高收入的"散富"普遍避税、逃漏税，收入集中、渠道单一的较低收入者反而缴税更多的情况，这对社会的稳定和贫富差距的改善起着负面作用。[1]所以，我国的个人所得税无论是个人申报还是家庭申报，都不如预扣预缴效果好。国家税务总局针对2012年税收工作部分热点问题解答时提到，对于年收入12万元以上的纳税人，要在充分运用日常税源管理信息、继续扩大自行纳税申报人数的同时，强化自行申报的后续管理和检查，加大对不申报或申报不实的处罚力度，实现自行申报和高收入者征管的有机结合。[2]即便如此，高收入和隐形收入群体仍逍遥法外，因为工作重点不准，未切中要害，改革思路忽视了公平正义的实质课税原则。[3]

在中国提高直接税比例还将面临征收环节的许多复杂问题。首先，个人住宅房产税实施困难重重，比如，类似借名或借用身份证炒股，对用他人身份证买房的人就无法征税，对在多个城市有多套房的某人，确定对其哪几套征税、哪几套不征税在技术上也很复杂；其次，核定房价的工作十分艰巨；最后，如何征收也是一个问题，不可能从固定的卡里扣钱，也无法像美国那样报税退税、多退少补。我国人口众多、地域广袤，人口和地域差距性极大，

---

〔1〕 参见汪扬名："以家庭为单位申报个人所得税"，载《中小企业管理与科技》2016年第7期；柏思萍："我国高收入群体个人所得税申报问题"，载《中国乡镇企业会计》2008年第1期。

〔2〕 "税收工作部分热点问题解答"，载国家税务总局网，http://www.chinatax.gov.cn/n810219/n810724/c1107521/content.html，访问日期：2017年2月28日。

〔3〕 参见吴晓红："论实质课税原则在个人所得税全员申报中的运用"，载《江淮论坛》2013年第2期。

税收征管基础制度和征管能力差强人意，若贸然采取提高直接税比例、强制纳税人缴税的做法，只能适得其反。我国税制的主要特点之一是重企业税和间接税，轻个人税和直接税。个人税基本上由工薪所得支撑，对个人房产租金、资本利得等基本收不到税，也没有开征遗产税和赠与税，在此背景下，试图通过开征涉及人群广、征管异常复杂的房产税一举提高直接税比例，不啻为“拍脑袋”的做法。

3. 内生逻辑：规制悖论

税收也是政府规制，通过税收对财富再分配，对市场调节进行再调节。但市场和政府都不可能是完全有效的，本意美好的规制可能带来事与愿违的后果。[1]凯斯孙斯坦总结了六种产生规制悖论的原因：第一，考虑到成本收益的平衡，规制过度即强制实行严厉的规范性控制往往造成规制不足；第二，对新危险的严格控制可能会增加总体危险程度；第三，要求采用可得到的最佳技术就是阻碍技术的发展；第四，重新分配的规范损害处于社会经济底层人们的利益；第五，披露信息规定可能使人们知情更少。第六，通过独立机构来避免公权力滥用的做法其实并不有效。[2]问题是，市场要不断去适应强加其上的规范，规制并不会实现如规制者理想中那样的资源转移。强制重新分配会造成非常复杂的分配后果，如果法律没法从内部改变偏好与相应新观念的形成，那么通过规制强制重新分配资源无异于抱薪救火。[3]

四、跳出规制悖论的怪圈

1. 化解规制悖论

随着社会的发展，当代的规制不再局限于“命令加控制”的刻板形态，而变得更加灵活和间接，直接强制越来越少。[4]规制在强调形式和书面上合法性的同时，还要看实际效果，即能否提高公共福祉和绩效、兼顾效率与公

---

[1] See *The Oxford handbook of regulation*, in Robert Baldwin et al. ed., Oxford：Oxford University Press，2010，pp. 31~32.

[2] 参见［美］凯斯·R. 孙斯坦：《自由市场与社会正义》，奎朝武等译，中国政法大学出版社2002年版，第368~385页。

[3] 参见［美］凯斯·R. 孙斯坦：《自由市场与社会正义》，奎朝武等译，中国政法大学出版社2002年版，第377~380页。

[4] See *The Oxford handbook of regulation*, in Robert Baldwin et al. ed., Oxford：Oxford University Press，2010，pp. 5~9，23，30.

平。个人纳税申报对纳税人的遵从度要求很高，税收如果不能契合社会暨市场的内在偏好，那只能是强制的、外在的命令和控制，民众会十分抵触。注重改变社会成员和市场主体的遵从度，"润物细无声"可使规制更顺畅，社会更和谐。用这样的软性规制把信号发放给社会和市场，社会成员和市场主体的决策、行为实质上就已经改变，在其没有"痛感"或"痛感"最小化的状态下实现规制目的，才是当代规制应有之义，也是解决规制悖论的不二法则。〔1〕为了化解规制悖论，政府应该通过"讲理"引导公共讨论，让社会成员和市场主体在尽可能"无痛"的状态下甘愿缴税，为公共服务提供对价。换言之，应尽量通过间接或"隐形"的方式来征税，以此逐渐改变纳税人的偏好与行为，从而不断提高纳税人对税的遵从度。

2. 提高间接税和"隐形"直接税的比例

中国既定的税制改革方向是增加直接税，这其实是在走美国的老路，并没有认识到背后的弊端。更多直接税的开征，会给人民带来税负又加重的直观印象及额外的"税痛感"。〔2〕即便是必要的直接税，也应提高其中"隐形"征税的比例。计入价内税、源泉代扣缴等，能够达到与直接征税同样的效果，但能规避直接税的"强制性"缺陷及相应的对抗和冲突风险。供给学派的"拉弗曲线"理论表明，税率高并不等于实际税收高，只有在税率达到一个最优值时，实际税收才是最高的。〔3〕"隐形"直接税可以兼顾税收与经济发展，使得税率无限趋近于"拉弗曲线"的最优拐点，防止实际税负过高或者普遍的偷漏抗税的负面情绪。间接税和"隐性"直接税相似，由于纳税人感知度低，从而"税痛感"也更小，间接税及时、普遍、可靠、稳定，简便易行，其税赋易于转嫁的特点还能够刺激经济的发展。因此，中国税法和税制改革，宜为尽可能提高间接税和"隐形"直接税的比例，而不是相反。

---

〔1〕 参见段礼乐："市场规制法的体系生成与制度实践：以市场规制工具为中心"，载《经济法学评论》2015年第2期。

〔2〕 参见宋凤轩、李少龙："推进我国直接税制度建设的障碍与破解对策研究"，载《财政研究》2015年第7期。

〔3〕 See Jude Wanniski, "Taxes, revenues and the 'Laffer curve'", 50 *The Public Interest* (1978), pp. 3~16.

论财政监督视野下的纳税人诉讼机制及其完善[*]

李慈强^{**}

【摘要】 纳税人诉讼对于保护纳税人权益、强化财政监督功能具有积极的作用，但是目前在我国还无法适应现行诉讼法的要求。为解决这一困境，厘清纳税人通过诉讼方式进行财政监督所具有的规范意义，建议将其改名为"财政公益诉讼"。在功能定位上，纳税人诉讼机制应充分发挥财政监督的作用。在具体的制度设计上，需要从诉讼费用、诉讼报酬等方面进行正向激励，同时设立前置程序等防止滥诉。最后，纳税人诉讼机制也需要预算监督、司法审查等配套制度相衔接。

【关键词】 纳税人诉讼 财政监督 财政公益诉讼 财税一体化

（一）纳税人诉讼的概念厘清

对于纳税人诉讼的名称，不同的学者持有不同的意见。有学者指出，纳税人诉讼，在英美法上又称为纳税人提起的禁止令请求诉讼，是纳税人以其自身名义，针对不符合宪法和法律的不公平税制、不公平征税行为，特别是政府的违法使用税款等侵犯国家和社会公共利益的行为，向法院提起的诉讼。[1] 有学者指出，基于公共信托理论，纳税人与行政机关之间建立相互对应的双重关系：税收征纳关系与用税监督关系。税务诉讼主要解决纳税人对征税主体的不合理征税行为问题，而"纳税人诉讼是指纳税人基于行政机关的不合

---

* 本文系司法部国家法治与法学理论研究重点项目"《税收征管法》修订问题研究"（编号12SFB1005）、上海高校青年教师培养资助计划"适格纳税人视野下的税收法治教育研究"（编号 ZZE-CUPLE16015）的阶段性成果，同时受上海高校高峰高原学科建设计划的资助。

** 李慈强，法学博士、博士后，华东政法大学经济法学院讲师、财税法研究中心研究员。

〔1〕 施正文："我国建立纳税人诉讼的几个问题"，载《中国法学》2006 年第 5 期。

理用税行为，以自己的名义所提起的诉讼"。[1]

同时，有学者不认同"纳税人诉讼"的名称，该学者指出，纳税人是财政法范畴下税法领域的概念，对纳税人权利的界定也应该停留在作为财政收入法中的税法层面，因此不同意将纳税人权利拓展至对财政支出进行监督的领域，进而也不赞同"纳税人诉讼"这一名称，建议将"纳税人诉讼"改为"公民诉讼"或"经济公益诉讼"。[2]

可以看出，学者们都一致认为建立纳税人诉讼机制对于推动我国财税法治建设具有重要的意义。笔者建议使用"财政公益诉讼"这一概念。具体原因如下：一是"纳税人诉讼"这一名词无法突出公益的性质，进而容易与纳税诉讼、税收诉讼、税务诉讼等一系列名称混淆。二是"纳税人诉讼"无法将财税法中的征税、管税和用税等各个环节很好地统筹起来，更重要的是，这一概念也无法将税收与财政融合起来。三是"纳税人诉讼"只是指出了原告主体，并不像"环境公益诉讼"那样具有学科上的规范意义。事实上，从已有的研究来看，"纳税人诉讼"的原告主体并不仅仅局限于纳税人，还包括检察机关、特定的社会组织等多种主体。

虽然笔者建议使用"财政公益诉讼"这一名称，但是下文将继续沿用"纳税人诉讼"这一称谓。

（二）纳税人诉讼的性质

纳税人诉讼具有典型的公益诉讼的特征。具体而言，首先，纳税人诉讼的目的是提高公共财政资金的使用效率，从而实现社会公共利益。纳税人诉讼的原告并非出于维护自身利益而提起诉讼，而是从"社会主义财政取之于民，用之于民，造福于民"的角度监督公共财政资金的筹集、管理和支出。理论上，"税收具有高度的公益性，税款的使用直接关系到每个公民享有的公共产品和公共服务，政府公共资金的违法支出行为影响了不特定纳税人的公共利益，加重了纳税人的负担，是对全体纳税人整体利益的侵害"。[3]纳税人诉讼在承认个人利益与社会公共利益一致性的基础上，鼓励纳税人利用诉讼

---

[1] 王霞、吴勇："我国开放纳税人诉讼的必要性及对策"，载《湘潭大学学报（哲学社会科学版）》2004 年第 3 期。

[2] 参见徐阳光："纳税人诉讼的另类视角——兼评蒋时林诉常宁市财政局违法购车案"，载《涉外税务》2006 年第 8 期。

[3] 施正文："我国建立纳税人诉讼的几个问题"，载《中国法学》2006 年第 5 期。

的方式维护社会公共利益，间接地增进纳税人的个人利益[1]。其次，纳税人诉讼突破了传统诉讼法的当事人适格理论，其原告是与本案无直接利害关系的人。

综上所述，"纳税人诉讼具有公益、他诉等公益诉讼的基本特征，是以行政机关作为诉讼被告的一种特殊的行政公益诉讼"。[2]

（三）纳税人诉讼的作用

理论上，纳税人诉讼具有深厚的理论基础，这可以从政治学和法学上的民主、人权和法治理论以及经济学上的税收价格论中寻找支持。同时宪法上也明确规定公民监督权的内容，建立纳税人诉讼具有法律依据。[3]对于纳税人诉讼的具体作用，学者纷纷从各个方面进行了阐述。

有学者指出，传统的理论和做法是以公权制衡公权，而纳税人诉讼则是突出程序法上的诉之利益、当事人适格理论，通过诉讼的方式将行政权的行使纳入司法审查的范围，因此纳税人诉讼的主要作用在于"以私权制衡公权"。[4]

有学者认为，设立纳税人诉讼制度具有多方面的重要意义：一是有利于把公民监督国家机关的民主权利制度化、法律化；二是有利于促进政务公开，遏制公共资金使用中产生的腐败现象；三是有利于促使纳税人积极履行纳税义务；四是有利于促进政府和公务员观念的转变；五是有利于激起公众维护公共利益的热情。[5]

有学者认为，尽快建立纳税人公益诉讼，是我国法治建设和民权保障中一个十分迫切的重大问题。建立纳税人诉讼有助于保护纳税人的监督权、公民的私有财产权、纳税人的知情权。同时，建立纳税人诉讼是建设公共财政

---

〔1〕 从某种意义上说，纳税人针对行政机关的不合理用税行为起诉，并不一定能为自己带来直接的经济利益，甚至还要支出一定的诉讼成本，但任何不合理用税行为至少会造成两方面的社会危害：第一，纳税人所缴纳的税款被无谓地浪费，纳税人本应享受的公共利益因此得不到保障；第二，不合理用税本身还可能成为社会的负担，比如一项不合理的基础设施建设的存在和运行，可能本身就是社会所背负的包袱。参见王霞、吴勇："我国开放纳税人诉讼的必要性及对策"，载《湘潭大学学报（哲学社会科学版）》2004 年第 3 期。

〔2〕 施正文："我国建立纳税人诉讼的几个问题"，载《中国法学》2006 年第 5 期。

〔3〕 施正文："我国建立纳税人诉讼的几个问题"，载《中国法学》2006 年第 5 期。

〔4〕 梁慧星："开放纳税人诉讼 以私权制衡公权"，载《人民法院报》2001 年 4 月 13 日第 3 版。

〔5〕 张献勇："浅谈设立纳税人诉讼制度"，载《当代法学》2002 年第 10 期。

和法治政府、加强廉政建设、建设宪政国家和构建和谐社会、防止国有资产流失和提高财政资金使用效益以及推动法学理论创新和发展的需要。[1]

从上述分析来看，纳税人诉讼的主要功能集中在两大方面：一是维护纳税人权利。笔者认为，其实这只是纳税人诉讼的间接功能，就我国目前的情况而言，不宜将其过分夸大。二是实现财政监督。有学者指出，"公益诉权是实体权利的请求权，因此纳税人诉讼的权利本源是基于纳税人身份而享有的一项实体权利。传统的纳税人权利被限定在税收征收过程，即纳税人在履行纳税义务时享有的相关权利，与征税机关的税收征管权相对。但是这种认识，实质上割裂了税收征收与使用的内在联系"。[2]在此意义上，笔者赞成这一说法。长期以来，我国的税务机关贯彻国库主义的税收观，认为国家作为社会整体利益的代表具有天然的合理性。但是事实上，作为国家的组成要素，无论是纳税人还是税务机关，抑或是行政机关，每个主体都具有自身独立的利益，而且这些利益可能相互冲突，对此我们必须予以重视。

就目前立法而言，虽然我国还没有允许纳税人针对公共财政资金的违规行为提起诉讼的规定，也没有对税收立法等抽象行政行为进行司法审查的规定，但是我们应当采取"超现实"的实用论的研究方法，从实践需要和财政运行效果的角度对财政法进行"超现实"的实用主义的研究。[3]"现代公共财政突出要求财政支出必须合法规范，纳税人作为税法的一方主体必须改变过去义务本位下的义务人身份，而成为权利主体。对纳税人权利的强调，也就是突出了纳税人是税收的合法所有者的身份，同时也将纳税人财政监督人的身份进行了强调。"[4]

（四）纳税人诉讼在我国的困境与实践——首例纳税人诉讼案评析与最新动向

1. 案情介绍

原告蒋石林时任湖南省常宁市爷塘村的村委会主任，在听说了常宁市财政局2005年"违法购买了两辆小车"一事后，他于第二年的1月18日随即

---

[1] 施正文："我国建立纳税人诉讼的几个问题"，载《中国法学》2006年第5期。

[2] 闫海、金华："我国纳税人诉讼的权利本原与制度构建"，载《广西大学学报（哲学社会科学版）》2010年第6期。

[3] 朱大旗："关于财政法学研究的若干思考"，载《国际商报》2010年1月20日第13版。

[4] 凌曼："论公共财政对我国税法理念的影响"，载《浙江工商大学学报》2005年第1期。

以特快专递方式向市财政局寄去了《关于要求常宁市财政局对违法购车进行答复的申请》。蒋石林认为，市财政局擅自高价购买两辆高级小轿车，既超出了国家规定的预算标准，又没有依法履行正常的政府采购程序。市财政局的这一违法行为，属于对公共财政资金的违法使用，蒋石林以公民身份要求市财政局对此事给予答复。2月16日，该市财政局领导收到材料后，亲自前往蒋石林家，针对其所谓的"违法购车"一事当面进行了简单的答复。

对于市财政局领导的这一答复，蒋石林并不满意，并于4月3日以市财政局为被告向常宁市人民法院提起诉讼，其具体的诉讼请求分别是：一、确定被告拒不履行处理单位违法购车和没有向原告给予书面答复的法定职责行为违法；二、确认被告购买两辆豪华轿车的行为违法；三、依法将违法购置的轿车收归国库。常宁市人民法院当日签收了诉状，4月10日以"起诉人蒋石林所诉事项不属于法院行政诉讼受案范围，不符合起诉条件"为由，做出了"不予受理"的裁定。

2. 争议焦点

从上述案情来看，该案的争议点主要如下：

一是案件是否属于法院受理范围。按照《行政诉讼法》（1989年）第2条、第11条、第41条的规定，法院受理的行政诉讼范围为"行政机关和行政机关工作人员的具体行政行为"。理论上，具体行政行为的构成要素主要有以下方面：一是主体要素要求为行政机关实施的行为；二是成立要素要求为行使行政权力所为的单方行为；三是对象要素要求为对特定的公民、法人或其他组织；四是内容要素上要求行政机关作出影响特定的行政相对人权利义务的行为。就原告蒋石林而言，本案中市财政局"违法购车"的行为无法满足具体行政行为的对象要素和内容要素。

二是起诉人是否具有原告资格。按照《行政诉讼法》（1989年）第2条、第11条、第41条的规定，提起行政诉讼的公民、法人或其他组织应当与被诉的具体行政行为具有直接利害关系。如上所述，在本案中，蒋石林与市财政局"违法购车"的行为之间的直接利害关系不是很明显。同时常宁市财政局局长还质疑，蒋石林的身份为农民，当时我国已经取消农业税，因此其是否具有纳税人的资格还有待讨论。

3. 笔者意见

该案被称为"纳税人诉讼第一案"，在我国的社会反响非常大。有人指出，蒋石林以一名普通纳税人的身份状告常宁市财政局，就公民的监督权而言，这一行为"确实是一个鼓舞人心的公益诉讼，必将推进新的监督形式的出台，进一步推进行政诉讼改革"。[1]

虽然目前纳税人诉讼在我国的诉讼法律制度框架下尚不具有合法性，但是不能因此就否认纳税人诉讼所彰显的财政监督权不具有正当性。我们应当以本案在实践中的尴尬境地为背景，认真思考、深入探讨如何通过立法对这一制度加以确认，并设置相应的条件、程序和规则，使其与既有的诉讼制度相得益彰。

4. 最新动向

据媒体报告，2016 年 1 月，甘肃省酒泉市人民检察院以酒泉市肃州区财政局行政不作为为由，依法向人民法院提起公益起诉，要求确认该财政局行为违法、要求酒泉市肃州区依法履行监管职责。[2]

该案是近年来人民检察院试点提起公益诉讼的典型案例。2015 年底，为了加强对国家和社会公共利益的保护，促进行政机关依法行政、严格执法，最高人民检察院制定了《人民检察院提起公益诉讼试点工作实施办法》，对于人民检察院提起民事公益诉讼、行政公益诉讼进行了详细规定。按照该文第28 条的规定，"人民检察院履行职责中发现生态环境和资源保护、国有资产保护、国有土地使用权出让等领域负有监督管理职责的行政机关违法行使职权或者不作为，造成国家和社会公共利益受到侵害，公民、法人和其他社会组织由于没有直接利害关系，没有也无法提起诉讼的，可以向人民法院提起行政公益诉讼"。

有学者指出，在我国，社会公益组织提起公益诉讼处于起步阶段。检察机关提起公益诉讼的制度设计，主要是为了解决诉讼主体问题，将检察机关提起公益诉讼引入到现有的法律制度之内，解决好与现有诉讼制度的协调问题，而非创设一套新的公益诉讼制度。[3]

---

〔1〕 参见"公民可否通过诉讼直接监督财政支出"，载 http：//review. jcrb. com/zyw/gmkf/index. htm，访问日期：2016 年 9 月 1 日。

〔2〕 关于该案的具体案情，参见"财政局不作为、检察院向法院起诉一案"，载 http：//www. lzrb. com. cn/2016/0603/31051. shtml，访问日期：2016 年 9 月 11 日。

〔3〕 范明志、韩建英、黄斌："《人民法院审理人民检察院提起公益诉讼案件试点工作实施办法》的理解与适用"，载《法律适用》2016 年第 5 期。

（五）纳税人诉讼机制的制度构建

在《税收征管法》的修订中，笔者建议在我国建立纳税人诉讼机制，需要探讨以下问题。

1. 纳税人诉讼的原告资格

按照诉讼法上的原告适格理论，只有法律明确规定的主体才能依法提起诉讼。笔者认为，纳税人诉讼的原告包括以下几类：

首先，是具体的纳税人。这里的纳税人是广义上而言的，并不要求事实上在具体的征纳关系中依法承担纳税义务。如前所述，在蒋石林诉常宁市财政局"违法购车"一案中，财政局局长以蒋石林是农民、而当时我国已取消农业税为由，认为蒋石林不是税法上的纳税人、进而也不具备纳税人诉讼资格。对此笔者予以强烈反对，事实上纳税人诉讼中的纳税人范围是极为广泛的，笔者甚至认为可以与宪法上的公民相等同。

其次，检察机关作为原告。为了消除纳税人个人起诉出现的取证难、诉讼成本高、可能"滥诉"、妨碍行政效率等问题，有学者建议我国可以借鉴英国和法国的做法，赋予检察机关作为公益诉讼代表人提起纳税人诉讼。

最后，是专业的社会组织。由于这些社会团体在专业知识、资金财力、人力资源等方面较普通纳税人而言具有较强的优势，由这些行业协会和专门性组织提起公益诉讼会更具有针对性。从目前的经验来看，纳税人协会主要充当社团自治、政治谈判、宣传培训、制定规范等重要功能。当前的纳税人协会已经超越了最初在税收宣言中维护自身权益的目的，正向着防止纳税人遭遇不公正的待遇、提高社会公共资源的分配效率、督促政府提供征税和财政支出明细信息的方向前进。[1]

2. 纳税人诉讼的对象

关于纳税人诉讼的对象即受案范围，对此学术界有不同的看法。刚开始大多数学者认为纳税人诉讼其实就是纳税人依法履行其用税监督权，"纳税人以纳税人的身份对税款的使用目的、使用规模、使用理由、使用方式、使用效益等进行监督，对税款的违法支出行为进行质询和纠正，以及对税款如何使用提出建议和意见"。[2]

---

〔1〕 李慈强："纳税人教育：税收征管法治建设的新议题"，载《江汉论坛》2016 年第 7 期。
〔2〕 赵勇："纳税人用税监督权研究"，载《财税法论丛》2013 年第 1 期。

有学者认为，上述纳税人诉讼的受案范围过于狭窄，应当进一步扩大，应当包括违反税负公平的案件、税务机关不征或少征税款的案件、政府违法使用税款的案件等。[1]还有学者指出，纳税人诉讼应当将行政机关使用公共财政资金的信息不公开行为、税收开征等抽象行政行为纳入司法审查的范围。[2]有学者从更广的范围来界定纳税人诉讼的对象，"从法理上看，纳税人诉讼的受案范围十分广泛，包括违宪违法和不公平的税收法律法规等税收抽象行为、违法和不公平征税行为以及政府机关违法使用税款行为等三类，可概括称为政府的财政行为"。[3]对此笔者深表赞同，事实上纳税人诉讼的初衷即加强对政府财政行为的监督，只有突破税收的使用，这一狭小的范围才更具科学性。这一点也与笔者在前文建议将"纳税人诉讼"改为"财政公益诉讼"相一致。

当然，如果我们将纳税人诉讼的对象确定为政府的财政行为，我们需要对此做进一步细致讨论。因为政府的财政行为范围广泛、种类繁多。

3. 纳税人诉讼的举证责任分配

在纳税人诉讼中，为了更好地强化纳税人履行财政监督职能，在纳税人诉讼过程中应当适用举证责任倒置的原则加重被告的举证责任。

具体而言，在纳税人诉讼的过程中，原告需要承担以下举证责任：一是证明起诉符合法定条件；二是原告对所诉政府财政行为的事实需要承担证明责任，例如是否存在滥用裁量权、不依法行使职权等情形；三是原告依法履行了纳税人诉讼的前置程序，先后向有关部门提出过相关建议且行政机关拒不纠正违法行为或者不履行法定职责。

被告需要在诉讼过程中承担以下举证责任：第一，被告对政府财政行为的合法性实行举证；第二，被告应当证明其财政行为符合法定程序，不存在浪费财政资金、损害纳税人权利等情形；第三，被告对原告提出的质疑、建议等行为进行了积极回应，依法履行了接受监督的义务。

---

〔1〕 李桂英："试论纳税人诉讼制度"，载《哈尔滨学院学报》2004 年第 1 期。

〔2〕 王霞、吴勇："我国开放纳税人诉讼的必要性及对策"，载《湘潭大学学报（哲学社会科学版）》2004 年第 3 期。

〔3〕 施正文："我国建立纳税人诉讼的几个问题"，载《中国法学》2006 年第 5 期。

（六）纳税人诉讼的正向激励与预防滥诉

1. 纳税人诉讼的正向激励

由于财政资金具有较强的公共性，维护整体社会公共利益对于每个起诉者，从中的受益既不直接、也不明显，如果仅凭个别纳税人的公德心和责任感来主动履行财政监督功能，将缺乏持续性。因此，纳税人诉讼需要激发纳税人的激情。这些包括以下方面：

在诉讼费用上，鉴于纳税人诉讼的主要目的是维护社会公共利益，所以大多数学者认为，提起纳税人诉讼的原告不应当缴纳诉讼费用。[1]对此有学者总结我国环境公益诉讼的诉讼费用与诉讼成本规则是："①原告起诉时法院缓收案件受理费，原告败诉时免收原告诉讼费用，鉴定费、律师费和其他诉讼成本由各省、自治区、直辖市设立的环境保护公益基金支付。原告胜诉的，判决被告承担诉讼费以及原告的律师费、鉴定费等费用。②原告申请保全或先予执行的，经人民法院审查符合法律规定的，应及时作出裁定并免收保全费用，并可以不要求原告提供担保。"[2]纳税人诉讼可以借鉴这些规则。

在纳税人的报酬上，给予金钱上的激励是调动纳税人提高纳税人诉讼积极性最行之有效的方法，若要发挥纳税人诉讼的积极作用，就必须建立补偿和奖励制度。对此，笔者认为可以借鉴财政法的有奖发票制度，"用中奖来吸引消费大众拿发票的方式，来控制厂商卖货要开发票，因此要诚信纳税，可以说是以互相牵制的制度来规划统一发票，里面就是用中奖方式吸引客户来拿发票"。[3]

2. 纳税人诉讼的预防滥诉

纳税人诉讼容易引起滥诉，这可能将会对司法资源造成巨大的浪费。因此适当地增加前置条件，是解决纳税人诉讼的预防滥诉问题的关键。对此有学者建议，在提起公益诉讼之前纳税人，应当采取"穷尽权利救济"的原则对其进行限制。[4]这一原则要求纳税人在发现公共财政利益受损后，应当先后向依法承担财政监督职责的行政机关反映情况、提出建议和督促改正，而

〔1〕 施正文："我国建立纳税人诉讼的几个问题"，载《中国法学》2006年第5期。
〔2〕 肖建国、黄忠顺："环境公益诉讼基本问题研究"，载《法律适用》2014年第4期。
〔3〕 李燕："'有奖发票'法律性质之探析"，载《行政法学研究》2008年第3期。
〔4〕 徐阳光："纳税人诉讼的另类视角——兼评蒋时林诉常宁市财政局违法购车案"，载《涉外税务》2006年第8期。

不是在经过上述途径之前径直以诉讼的方式提出问题。

具体而言，预防纳税人诉讼滥诉的主要方式是将纳税人向特定机关需求行政救济设为提起纳税人诉讼的前置程序。从整个工作流程的角度而言，依法承担财政监督、履行法定职能的部门涉及审计、监察、检察等部门。特别是在《预算法》修订后的背景下，需要我们"重视预算监督工作，切实将监督的重心转移到加强预算编制和执行的监督检查上来，转移到财政资金的安全性、合规性和有效性监督检查上来，不断健全覆盖所有政府性资金和财政运行全过程的监督机制"。[1]纳税人向这些行政机关投诉，有利于及时制止和处罚财政领域的违法乱纪行为，维护财政秩序。接受投诉的机关必须在一定期限内作出答复，纳税人只有在未获答复或处理不符合法律要求后，才能依法向法院提起纳税人诉讼。对此，有学者建议在借鉴日本居民诉讼经验的基础上，将纳税人诉讼的前置受诉机关明确规定为审计机关，纳税人在获得受理结果以后30日内有权提起诉讼。[2]

（七）结语

总体上，纳税人诉讼需要与其他财税法制度衔接。我们需要完善预算监督法律制度，通过预算公开、参与式预算等预算监督机制，将对公共资金的监督贯穿到预算的编制、调整、执行和决算等各个环节。在政府采购环节中，强化听证制度从而加强对公共资金使用的法律规制。同时，进一步完善审计法律制度，通过问责的方式强化经济责任。当然，在救济制度中最主要的还是建立司法审查制度。

就发展趋势而言，对于税收立法权的规范和限制，已经由立法控制转向司法审查为主。"目前的税收司法工作重点应放在涉税司法审查方面，把涉税司法审查作为税收的有效制度供给，按照税收宪定的原则，扩大涉税司法审查领域、提高税收立法质量，使作为正义象征的司法能对财产权起到切实的保护作用。作为联通税收立法和税收执法的交点，通过对行政执法活动和立法活动的审查，税收司法很好地体现了对权力加以制约的作用。"[3]

随着纳税人的不断觉醒，"纳税人不再简单地认同个体利益服从国家利益

---

〔1〕 刘明中："以法治方式进一步加强和改进财政监督工作"，载《中国财经报》2015年5月9日第1版。

〔2〕 张献勇："浅谈设立纳税人诉讼制度"，载《当代法学》2002年第10期。

〔3〕 赖勤学："宪政维度的新一轮税制改革研究"，载《涉外税务》2004年第3期。

等观念,而是越来越关注政府的活动是否会侵占自己的权益。他们开始思考什么是税收、为何纳税、自己与政府的相互关系、政府该如何使用税收等问题,越来越要求政府依法管理、依法活动,并努力为纳税人提供市场不能提供的公共产品与服务"。[1]在这样的社会大背景下,我国有必要建立和完善纳税人诉讼制度,促使政府逐渐地从全能政府向服务政府、责任政府、法治政府和廉洁政府转变,充分发挥纳税人的财政监督职能,"实现国家财政权与私人财产权的平衡与和谐,做到财政收入合理、合法、合宪,财政支出公开、公平、公正,财政管理有规、有序、有责"。[2]

---

〔1〕 马骁:"公共财政体制下财政监督体系建设的重点——基于纳税人觉醒的逻辑思考",载《财政监督》2009 年第 13 期。

〔2〕 刘剑文:"论国家治理的财税法基石",载《中国高校社会科学》2014 年第 3 期。

论供给侧结构性改革背景下完善"营改增"的路径选择*

闫翠翠**

【摘要】从短期看,"营改增"后,因为我国企业财务制度、税收征管体系及央地税收转移机制不完善等原因,个别行业或者企业税负会有所提高,地方收入可能减少。但从长远来看,"营改增"具有极强的体制机制结构性改革意义,是推动我国税收治理、企业财务管理和经营行为规范的有力工具。政府要持续推进供给侧结构性改革、着力推动公共管理创新,同时企业也要加强管理创新,才能在发挥"营改增"体制机制结构改革作用的基础上,确保"营改增"目标的全面实现。

【关键词】营改增 管理创新 供给侧结构性改革

经过三十多年改革开放,我国经济发展成绩巨大,但也积累了一系列模式性问题,并在 2008 年经济危机的作用下,经济发展进入增长速度换挡期、结构调整阵痛期和前期政策消化期的新常态阶段。在新常态的发展历史条件制约下,如何全面启动市场经济主体的发展能动性,实现内生性创新,就是关键之中的关键。为实现这一目标,首要任务就是降低发展主体的运营成本,推动发展主体的创业激情和创新持续性,为结构性调整提供新动能。为此,我国决定从 2016 年 5 月 1 日起,在区域性和行业性试点的基础上,全面推行

---

* 本文系国家社科基金青年项目"国家治理与现代税收制度构建研究"阶段成果。(编号:16CJL003)

** 闫翠翠,女,山东东营人,中国社会科学院财经战略研究院应用经济学博士后,研究方向为经济法。

"营改增",并要求"确保所有行业税负只减不增"。[1]但由于"营改增"涉及的行业和企业众多,具体征税环节中情况千差万别,税收征收政策的不周延性,税收征管部门面对着新政策的把握和执行、实践中新问题的应对、对纳税人服务内容改变等多方挑战,这需要政策制定部门、税收征管部门不断提高自身的公共管理水平;同时对于具体行业和企业,"营改增"并不必然确保其税负降低,为享受"营改增"的福利,企业必须从财务管理制度入手,在经营中全面遵循会计制度的严谨性和连续性,不断提升管理水准。

一、"营改增"实施情况及其引致的可能性税负提高问题

增值税作为国际上通用流转税种,于 1984 年在我国正式征收。党的十四大之后,为了适应社会主义市场经济体制建立的需要,我国于 1994 年对税收体制进行重大改革,开始实施分税制,形成了由增值税、营业税、消费税和关税组成的流转税体系。为应对世界性经济危机的影响,我国于 2009 年将生产型增值税改革为消费型增值税,将投资从税基里剔除,从而缩小了增值税的税基。"营改增"前,增值税是我国的最大税种,属于国税,由中央统一征收,并通过税收返还机制,按照中央和地方分占 75% 和 25% 的比例进行分享。营业税是我国第三大税种,"营改增"之前占税收收入的 15.5%,属于地税,由地税局征收并归地方政府所有,是地方政府的主要财政收入来源之一。

为降低企业税负,我国自 2012 年开始试点"营改增",试点地区由上海逐渐扩大至全国,试点行业逐步扩围。至今,营业税纳税行业全部纳入"营改增"范围,营业税已退出我国的税制体系。"营改增"极大地降低了各类企业税收负担。2012 年至 2015 年的四年间,"营改增"减税规模累计达 6412 亿元。其中,试点纳税人累计实现减税 3133 亿元,其他纳税人因可抵扣的进项税额增加而累计减税 3279 亿元。[2]

长期来看,"营改增"减税意义重大,是我国供给侧结构性改革的重要举措,是降低企业税负、增强企业发展动能的重要途径。但从短期看,虽然

---

〔1〕 李克强:"政府工作报告——2016 年 3 月 5 日在第十二届全国人民代表大会第四次会议上",载中华人民共和国中央人民政府网:http://www.gov.cn/guowuyuan/2016-03/17/content_5054901.htm

〔2〕 统计数字来源于国家税务总局网站:http://www.chinatax.gov.cn/n810219/n810724/c2039452/content.html。

"营改增"后中央和地方的分成比例在过渡方案中规定为 5：5，充分考虑了地方因营业税减少而导致的财政收入减低情况，但由于产业结构的差别、央地税收转移机制不完善等原因，部分地方的财政收入有减少的可能。同时，为适应"营改增"，税收政策、征管体制、企业财务制度都在变化和完善中，部分企业和行业的税负有可能上升，具体原因在于：

（一）抵扣少会造成部分企业税负提高

增值税缴纳时，进项税额是可以抵扣的，但前提是取得增值税的扣税凭证（包括增值税专用发票、海关进口增值税专用缴款书、农产品收购发票、农产品销售发票和完税证明等）。如果一段时期内进项较少或者是难以取得增值税的扣税凭证，那"营改增"后企业税负就有可能阶段性提高。尤其是对于"营改增"后增值税率名义上比营业税率提高的企业（比如建筑业和金融业），这种可能性更大。

（二）政策衔接会造成部分企业税负提高

"营改增"虽然覆盖了全行业，但"全面试点"仍是"试点"，这就意味着很多政策措施有待实践的检验。"营改增"涉及税收征管部门、税种、税收核算方式、征管方式等的衔接。这次改革虽安排了大量过渡措施，但这些过渡本身就是随时发现问题并解决问题的过程，因此难免会伴随着一些企业税负的暂时提高。

（三）政策把握不到位会造成部分企业税负提高

政策把握问题既可能来自于纳税人，也可能来自于税收征管部门。纳税人由于政策理解不到位，没有进行合理纳税筹划，未能充分享受"营改增"的政策利好，可能导致税负提高。"营改增"后，税务部门人员一边要加班加点学习新的过渡政策，一方面还要全面把握原来营业税的征收范围，时间紧，任务重，操作过程中，若对政策把握不到位，有可能在征收环节出现失误造成企业税负提高。

二、实施"营改增"的体制机制结构性改革意义

尽管短期来看，"营改增"存在一定的问题，个别地方收入可能减少、个别行业或者企业税负可能升高。但从长远来看，"营改增"具有极强的体制机制结构性改革意义，是推动我国税收治理、企业财务管理和经营行为规范的

有力工具。

（一）对政府而言，"营改增"是转变职能的有力工具

随着"营改增"的深入进行，作为地方收入主要来源之一的营业税退出历史舞台，地方收入来源难以保证，地方政府的事权、财权矛盾会进一步突出，这就需要改革原有财税体制，重置央地财政关系，以避免地方政府通过非税收渠道而维持收入的现象出现，如在卖地、收费、罚款、借债等方面加大力度，从而导致与民争利、土地财政依赖、中小企业税负加重、地方债高筑等问题产生。因此，全面"营改增"之后，一方面，要进一步理顺中央与地方的财政关系，完善中央与地方支出责任划分，加快省以下财政事权和支出责任划分，要建立动态的财权事权划分机制。目前，增值税在中央与地方之间5：5分成的方案只是权宜之计，平衡央地由于"营改增"造成的财政关系格局变化才是终极目标。另一方面，要推动地方政府进一步转变政府职能，以建设服务型政府为目标，推动市场主体的自主权建设，提升市场主体完成公共事务和公共品供给的积极性，并建立相应机制。

（二）对税务系统而言，"营改增"是推动税收征管机制创新的有力工具

"营改增"直接改变了税收征管机构的分工和征管方式。地税系统承担的征管工作被移交给了国税系统，由于两个系统的征管范围、方式有一定差异，大规模的工作移交会存在诸多不确定性并可能导致征管风险。此外，对增值税的具体征收上，对货物征税已有成熟的一套做法，而对服务征收增值税则有许多东西需要重新探索，服务业的增值额确定和抵扣的确认难度远远超过预期。因此，"营改增"必将推动税制改革进一步深入。首先，直接税征收范围和规模的扩大，会加快征管改革步伐，推动征管体制的优化和重组，理顺地方税体系与税收征管关系；其次，改革涉及了全行业，牵涉面广，客观上需要构建以大数据为支撑的税收征管机制；再次，随着国税与地税分工和工作量的变化，加强国地税的协调与合作，科学合理地设计征管流程，优化纳税服务，提高征管效能，达成政府容易管理、纳税人容易理解的和谐征纳目标上，也必将更进一步。最后，"营改增"直接涉及纳税人的经济利益，由于征纳的复杂性，会造成纳税人信赖利益保护变得更为敏感和困难，为改变这一困境，税收治理法治化程度将会进一步提高。[1]

---

[1] 张富强、许建聪："税收宏观调控中纳税人信赖利益之保护"，载《法学杂志》2016年第9期。

（三）对企业而言，"营改增"是推动管理规范化的有力工具

目前部分企业在"营改增"改革中，税负不降反增，其主要原因是原有财务管理制度不适应增值税管理要求，没有建立严格的财务管理制度。企业在"营改增"过渡期后，必须全部使用增值税专用发票。由于增值税进项税额可以用于抵扣税款，会直接影响到纳税人最终纳税额的多少，所以增值税专用发票的管理直接决定了企业计算增值税的准确与否。尽管国家对增值税专用发票的管理非常严格，但在利益驱动下，企业在会计核算、发票开立、发票获得等方面仍存在不少问题，如虚开发票等，此类管理问题不可避免地会给企业带来纳税风险，甚至法律风险。因此，企业必须严格财务管理制度，遵照相关法律法规的要求，对企业经营管理活动实施科学管理、对自身的业务流程进行相应的优化调整，不断完善增值税缴纳路径和环节管理，保证企业的稳定可持续发展。同时，企业还应加强与其关联企业的横向合作和沟通，做好相关信息的共享，进行合理税收筹划。

三、实施"营改增"确保全面减负的路径分析

近几年来，对于我国经济发展已进入转型攻坚期、改革深水期，已达成广泛共识，全面深化改革为核心的"四个全面"战略布局已经开始实施，但对待改革过程中的成本和利益，依赖于市场化意识的短期理性算账心理却占据了主导地位。这种状态直接影响到战略落地效果，好的政策在等不得的心态中半途而废。这要求我们对改革的任何细微影响，都要从大局出发进行应对，做好顶层设计，选择好路径。

"营改增"之后，虽然税负提高的企业所占的比例很小，但由于这次税制改革涉及我国所有的企业，所以从绝对数量上讲，未必是一个小数目。应对这一情况，要从以下几个方面进行突破，在发挥"营改增"社会管理意义的基础上，确保长期上企业发展全面减负。

（一）持续推进供给侧结构性改革

经济新常态下，我国经济运行仍存在不少突出矛盾和问题，产能过剩和需求结构升级矛盾突出、经济增长内生动力不足、金融风险有所积聚等问题依旧存在。而产生这些问题，究其原因，主要是资源稀缺约束下，作为发展中国家的中国，不得不确立以追求发展速度为主要目标的赶超型发展方式，

通过扩大规模、累积数量来增加我国的综合竞争优势,从而为战略突围准备条件。在发展到一定程度之后,尤其我国成为第二大经济体之后,我们的任何数量型积累,不仅仅是国际竞争优势,也将引起其他国家的竞争反弹,这给我们的发展带来恶劣的发展环境。因此,我们必须在综合分析未来发展趋势的基础上,重构我们的发展模式,改变简单的数量型赶超模式。发展模式的改变,离不开新动能的确立,新动能的确立则离不开创新。为不断推动创新深入,尤其是推动具有战略意义的实体经济创新,需要我们不断完善政策体系,理顺社会治理机制,不断提升市场经济主体的创新能力。为此,必须降低创新的交易性成本,建立良好的创新保障与服务机制。就需要政府积极持续推动供给侧结构性改革,实现全社会的要素联动,支持企业创新和产业升级。

我国全面推行"营改增",以"结构性减税"实现"结构性改革",为经济转型提供新的增长引擎。在供给侧结构性改革的路径上,"营改增"作为引导企业综合治理创新的有效措施,有助于进一步促进企业创新,引导市场转型,推动产业升级。从行业整体来讲,企业完善抵扣链条后,减税效应明显。这就为企业尤其是中小型企业创新提供了更大空间,降低了由于创新活动的不确定性以及外溢效应带来的沉没成本,有利于激励企业进行创新活动实现产业升级,促进经济结构转型。

(二) 政府要着力推动公共管理创新

"营改增"尽管只是税收体系中的一个局部创新,但其引致的结果却将影响到整个公共管理体系及其运行机制。因此,我们必须从实际出发,从长计议。

第一,税务部门要实现税收服务体系的转型升级。首先税务部门要对税负提高的企业进行重点调研,分析税负提高的原因。如果税负提高具有一定的普遍性,税务部门就有必要重新检视相关政策并对其加以完善;如果企业对政策把握出现偏差,或者由于经营周期问题而导致税负暂时提高,税务部门应该在政策把握和宣传上继续加大力度。可以通过购买社会咨询服务等方式直接服务纳税人;也可以通过微信、微博、网站实时问答等方式,与纳税人实现实时互动;面对纳税争议,在"营改增"的关键时期,可开通绿色通道,及时依法处理。税务部门应以此为契机,完善征纳互动机制,创新更多纳税服务方式,打造更加科学、高效、亲民的现代税收服务体系。

第二，政府要加快税收征管体制改革。"营改增"后，国税工作人员任务量剧增，应通过税收征管体制的改革，合理统筹国税、地税的人力资源，达成国税、地税在税收征管中的"合力"。

第三，推进税收立法。税收法定原则是指对税的课赋征收必须依据法律来进行，换言之，即如果不依据法律，则国家不能进行课税征税；国民亦不负纳税的义务。[1]我国2015年3月15日，十二届全国人大三次会议表决通过立法法修正案，将税收法定原则进一步明确，在条款上也放在比较靠前的位置。但我国18个税种中只有3个通过人大立法，其他大部分由国务院依据授权制定暂行条例。同时，我国税收政策历来存在数量多、变化快等特点，应利用立法法修订、"营改增"的契机，尽快推动增值税法的出台，进而推进"一税一法"的最终实现，这对于为市场主体提供稳定的预期和行为指引，保障纳税人的财产和民主权利具有重要的意义。

（三）企业要加强管理创新

社会主义市场经济条件下，企业一般具有财产上的自主性和法律上的独立性，在国家制定的法律、政策面前，企业不应只是经济集中中的一环，是被动受体；更应该是经济民主中的一环，积极对法律、政策做出应对，在遵从法律、政策的过程中实现自己利益最大化。[2]"营改增"带来了企业财务制度的变化，这就要求企业必须从发展规划和科学管理入手，加强规范管理，理顺财务管理制度，推动企业全面的管理创新。一方面，加快企业管理优化。"营改增"不是一个简单的税率变化问题。具体到某一家企业，税负减增与它的经营方式、采购周期有着密切关系，因此，应当促进企业规范内部会计控制，对纳税人身份、销售活动、采购活动、优惠政策和申报环节等进行合理纳税筹划，以期有效传递税负并降低税负。另一方面，加强与税务部门的互动。"营改增"涉及企业的具体利益，税负的提高必然促使企业寻找原因，并适时向税务部门咨询或提出意见建议，共同推动"营改增"目标的实现。

---

〔1〕〔美〕B.盖伊·彼德斯：《税收政治学——一种比较的视角》，郭为桂、黄宁莺等译，江苏人民出版社2008年版，第245页。

〔2〕刘文华：《中国经济法基础理论》，学苑出版社2002年版，第69页。

【宏观调控与产业政策】

"一带一路"背景下中国企业"走出去"法律问题研究

周明勇 *

【摘要】 我国提出的"一带一路"战略是以一种典型的跨国境区域合作的方式，以化解国际经济危机的冲击为目的，力图实现跨国界利益共享地带区域经济供给侧结构性改革。战略成败的关键之一是如何让我国具有优质过剩产能企业成功地"走出去"，创新"一带一路"区域经济增长极（驱动力）。但是，由于各国的法律、道德及风俗习惯不同，必然存在因制度差异而产生的区域社会、国家、企业的利益冲突，这种冲突集中体现在我国企业"走出去"所面临的法律风险。因此，预防和化解我国企业"走出去"法律风险，应当依据跨国区域社会"应然之法"的客观规律要求，从国家和企业两个方面着手，构建企业"走出去"生态市场制度。

【关键词】 一带一路　企业走出去　供给侧改革　生态制度

一、引言

面对当前世界经济低迷，我国国内经济产能过剩、供给侧结构性失衡现状，一方面，从国内的供给改革视角来看，如果能鼓励有竞争力、产能过剩的优质企业成功地走出去，既能"去产能"，还能刺激国内经济发展，最终通过企业或国内经济系统内部的传导功能实现供给侧结构性调整；另一方面，"走出去"的企业对东道国而言是其本国经济系统外的冲击力量，如果该企业

---

* 周明勇，男，湖南汨罗人，河北金融协同发展中心、金融重点实验室，河北金融学院法律系副高级教师；北京市经济法学会理事，河北省法学会交通法研究会常务理事；中国人民大学经济法博士，高级经济师；研究方向为经济法、财税金融法、法经济学、制度经济学。

的产品能填补东道国供给空白而满足东道国需要，就能通过投资的冲击力量对东道国经济系统造成冲击，并导致其内部产业传导而实现东道国经济系统性经济供给侧结构进行调整。于是，以习近平同志为核心的党中央顺应国际区域社会"应然之法"的要求，创造性地提出了跨国界利益共享的"一带一路"倡议，既有利于国内经济的供给侧改革，又有利于创新国际区域生态经济增长极（驱动力）。

二、中国企业"走出去"存在的问题

自从 2008 年美国次贷危机引发世界经济危机开始，世界经济进入低迷期。面对国内经济与国际经济"供给侧"结构严重失衡现实，2013 年 10 月习近平总书记将"丝绸之路经济带"和"21 世纪海上丝绸之路"两个倡议合并，旨在将安全互信、经济互补的优势转化为切实合作和共同发展，正式提出跨国界利益共享地带的"一带一路"战略。企业是"一带一路"倡议的重要实施主体，企业跨国的经营活动则是联结国际区域市场内各国内市场的桥梁和纽带。因此，如何成功推进我国企业成功地"走出去"是"一带一路"战略成败的关键。在我国企业"走出去"的实践中，企业不可避免地面临一系列政治、经营及法律等风险，其集中表现为以下三个方面的法律风险。

（一）企业法治意识不强，缺乏法律风险防范制度

通过笔者实践经历，并结合一些机构和专家学者的分析[1]，我们发现"走出去"的企业失败的主要原因是企业法治意识不强所产生的法律风险；具体表现为企业对外部法治环境认识与把握欠缺和企业内部法律风险预防与化解制度不完善两个方面。

首先，因外部法制环境认识和把握不正确所引起的法律风险具体表现为：对东道国法律及习惯认识与掌握不足、缺乏企业社会责任意识等原因，所导致的违背东道国环境保护及劳工保护法律而"走出去"失败。其一，忽视东道国法制，以我国的法制状况，想当然地推定东道国法律也如此。其二，资源类海外投资一般投向投资门槛低、生态较为脆弱、经济不发达且环境保护

---

〔1〕 王耀辉：《中国企业全球化报告》，社会科学文献出版社 2015 年版，第 206 页。

法制不完善的发展中国家，如亚、非、拉美地区[1]。如果缺乏保护东道国环境并促进其可持续发展的企业社会责任及法治意识制度，则很容易引发导致投资的失败的环境违法问题。其三，随着国际人权保护的重视和加强，"工作中的人权"劳工标准及劳工法律保护意识，直接影响着"走出去"企业的生存及其国际竞争力。根据中国与全球化智库"失败样本"分析的结果显示，约三分之一的投资事件失利或终止是由于忽视或不熟悉东道国劳工法律制度。

其次，企业"走出去"内部法律风险防范制度不健全，具体表现为：其一，企业法律风险防范机制落实不到位，合规审查制度不健全。一般来说，私有企业往往基于股东或大股东的意识，虽然有防范风险的意识，但由于这些人往往不是法律专业人员，同时不愿意或请不起国际投资的法律专业人员。而对国有企业来说，由于大股东是拟制的、而非天然的基于自身利益最大化的天然人，且"合规"审查机构不是企业主营业机构而是辅助机构，合规审查部门的话语权相当低，"合规"审查往往沦为形式。其二，知识产权保护意识不强，知识产权因其他国外主体抢先申请国际或东道国保护权利而丧失。"走出去"企业知识产权被侵权或被抢先注册保护，既有可能是因为东道地区或国家的法治不健全、保护政策和执法力度不够，也有可能因企业法律意识不强，海外知识产权保护不被重视。

（二）海外投资保护法律制度不完善、国际强权或霸权的破坏力量依然存在

从国家层面来说，影响我国企业成功"走出去"的另一个重要因素，就是国家在国际社会的地位与竞争及国内海外投资保护法治制度的建立。从目前的国际经济秩序及现状来看，一方面我国海外投资保护法律制度不完善，另一方面国际强权或霸权对国际区域市场生态的破坏力量依然存在。

首先，海外投资保险制度不完善，具体表现在：其一，我国《对外贸易法》第2条规定的的保护对象只涉及货物及技术进出口和国际服务贸易，而不包括海外投资。其二，西方发达国家已建立常规、重要的海外投资保险法律制度，我国目前还没有相关的法律规定。尽管中国出口信用保险公司已开始海外投资保险业务，但关于海外投资保险制度，我国尚未出台相关法律、

---

[1] 刘真："'一带一路'倡议推进中中国企业法律风险与对策研究"，载《湖北大学学报（哲学社会科学版）》2016年第6期。

法规予以确认。

其次，国际强权或霸权的破坏力量依然存在，跨国区域市场生态制度尚未建立。其一，无论是从世界人权，还是国际区域社会整体利益与个体利益对立统一的"应然之法"客观规律来看，国际市场内国无大小、强弱，都应当是平等主体。但是，事实上，个别强国为了追求自己的经济垄断或霸权利益，国际强权依然是破坏国际市场生态发展的重要因素之一。其二，"一带一路"沿线国家的政治、文化和社会等因素迥然不同，投资环境相当复杂，如何推进相关国家和地区对"一带一路"内涵的正确认识，破除跨国区域市场中的地方保护壁垒，建立利益共享的新南南合作伙伴关系，通过双边或多边条约创新跨国区域市场生态规制制度，这些亟待我们去实现。

三、"一带一路"战略本质及企业"走出去"的内涵

我国企业如果想成功地"走出去"，化解企业产能过剩并最终实现经济供给侧结构性生态化调整，应当针对"走出去"过程中现存的问题，分析"一带一路"战略本质及基于该战略我国企业"走出去"的内涵，才能根据国际市场发展客观规律要求，从企业和国家两个方面创新跨国市场生态制度。

(一)"一带一路"战略本质

2008 年美国次贷危机引爆世界性金融危机，面对复苏乏力的全球经济形势，2013 年 10 月习近平总书记以史为鉴，在周边外交座谈会上，极具创造性地提出了"一带一路"战略，即将"丝绸之路经济带"和打造"21 世纪海上丝绸之路"两个倡议正式合并；2015 年 3 月，《推动共建丝绸之路经济带和21 世纪海上丝绸之路的愿景与行动》进一步倡议要与沿线各国共建"一带一路"。因此，"一带一路"战略是在经济全球化趋势下，通过构建以中国为枢纽点的全方位经济开放新体系，进而推动沿线国家形成跨国界的利益共享的经贸合作新格局的重要战略[1]，旨在将安全互信、经济互补的地理毗邻国家之间的各自相对优势转化为共赢的合作和共同发展。本质是根据社会发展客观规律，构建跨国区域符合客观规律的生态国际区域市场制度，实现国际区域社会、区域内国家、参与企业三者之间利益的均衡发展；目的是化解国际

---

[1] 郭平："'一带一路'倡议的经济逻辑——国家优势、大推进与区域经济重塑"，载《当代经济管理》2017 年第 1 期。

经济危机的冲击，推动沿线国家形成跨国界的利益共享经贸合作新格局，创新国际区域生态经济增长极（驱动力），最终实现国际区域经济供给侧结构性改革。

（二）我国企业"走出去"的内涵

集体利益与个体利益均衡发展是人类社会基于"法益"的"二分法"而产生的最基本的矛盾，是其他一切制度的"应然之法"。其中，国家或政府就是其辖区集体利益的代表，其产生和存在的目的是实现辖区集体利益与个体利益均衡的系统利益最大化。市场是在社会分工存在的前提下，基于个体利益最大化，按照优胜劣汰的"丛林法则"而形成的供给与需求的交换场所。市场客观规律要求总供给与总需求平衡，市场中各大部类及部门应当按比例协调发展，否则就会造成系统财富的损失。然而，市场是基于市场主体个体利益最大化的、根据意思自治的、生产和交易的场所。由于生产社会化分工与生产资料私人占有之间的矛盾，市场的自然发展结果必然也是市场结构性失灵。根据"二分法"社会最基本矛盾规律，要求集体利益的代表，即政府或国家应当进行供给侧结构性改革。一方面，产能过剩是市场供给侧结构失衡的主要表现之一，另一方面，市场又具有相对性；对相对独立的一国市场过剩的产能，特别是其中的优质过剩产能，相对于特定国际区域市场来说，可能是有效供给；这种进出口既对出口国实现了供给侧结构性生态调整，也给进口国进行了结构性调整；这就是"一带一路"倡议的目的所在。正因为如此："一带一路"战略下中国企业"走出去"的内涵是指：其一，企业是中国"一带一路"倡议的重要实施主体[1]；其二，发挥"存量优势""供给优势"与"大国引导优势"[2]，努力推进在中国企业既维护自身利益又不损害东道国利益的前提下"走出去"，实现国内、国外两个子市场的供给侧结构性调整。

---

〔1〕 刘真："'一带一路'倡议推进中国企业法律风险与对策研究"，载《湖北大学学报（哲学社会科学版）》2016 第 6 期。

〔2〕 郭平："'一带一路'倡议的经济逻辑——国家优势、大推进与区域经济重塑"，载《当代经济管理》2017 年第 1 期。

四、中国企业"走出去"生态制度构建

（一）提高企业"走出去"法治意识，建立风险防范生态制度

首先，提高我国"走出去"的法治意识，包括三个方面的内涵：其一，加强对东道国法律、法规及法治环境的认识，防范与我国法律法规及法律文化差异所带来的法律风险。其二，加强我国对外贸易及海外投资法律法规的了解及认识，在东道国发展投资风险时，利用我国的海外投资保险及相关对外贸易法律制度化解投资风险。其三，加强对国际区域市场规则及相关国际条约的了解及认识，在公平正义的理论指导下，加强企业社会责任意识，保护东道国环境。

其次，我国"走出去"企业，应当建立海外投资合规审查和风险管理制度。其一，建立海外投资合规审查制度，合规审查制度应当规定，当可能发展海外投资业务时，该机构应当及时收集与业务相关的我国、东道国及其所在的国际区域的法律法规并进行比较分析，对相关司法环境进行调研，然后编制法律风险尽职调查报告，并签署海外投资意向书及合同等相关法律文书及其修改意见。其二，建立海外投资风险管理制度，加强对海外投资风险的事中、事后法律风险管理。转变思维，实现企业海外投资经营的本土化，[1]建立企业及高管的社会责任制度，在企业、员工双赢的基础上加强环境、劳工保护，预防环境、劳工福利等法律风险。

（二）创新跨国区域生态市场规则，完善海外投资法治制度

加强新南南合作，建立国际区域生态市场法律制度，建立抗衡国际强权及霸权的力量，完善海外投资法治制度。首先，国际区域生态市场法律制度建立，一是"一带一路"区域内国家应当从区域整体、国家、企业三者利益均衡发展视角，签订相关双边或多边国际条约或协定，并通过条约或协定法定化、制度化资本输出和资本输入国的权利和义务，完善贸易投资壁垒调查制度，建立以双边或多边条约为基础的国际区域投资风险生态保护制度。二是建立贸易和投资国际自由贸易区推进跨国交易自由化与便利化；建立或完善货物商品通关、电子商务、检验和检疫、产品质量标准、环境、劳工以及

---

〔1〕 刘真："'一带一路'倡议推进中中国企业法律风险与对策研究"，载《湖北大学学报（哲学社会科学版）》2016年第6期。

知识产权保护等国际法律制度。其次，适度增加国防科技建设，加强新南南合作，防范霸权和强权政治的掠夺。第三，借鉴国外的成功经验和国际惯例，结合本国现实情况，制定《海外投资保险法》或将《对外贸易法》改为《对外投资与贸易法》，将海外投资保险制度及其他海外投资保护制度纳入法律的保护框架。同时结合双边投资协定和《多边投资担保机构公约》，创新国内企业"走出去"生态投资和法律制度，最终创新国际区域经济增长极（驱动力），实现两个市场的供给侧结构性调整奠定基础。

京津冀电子商务立法协同机制建设研究

吴长军[*]

【摘要】加强京津冀电子商务立法协同机制建设，是京津冀电子商务法制统一的客观需要，是国家京津冀协同发展战略实施的迫切要求，是整合京津冀电子商务立法资源的现实需求。目前，我国京津冀电子商务立法协同尚存在一系列体制机制等瓶颈制约，迫切需要制定京津冀协同发展法，加强中央顶层设计，完善京津冀电子商务立法规划、提案、审议、通过、交叉备案、交流等程序协同机制，健全京津冀电子商务具体制度体系，建立完善立法后评估机制，为京津冀协同发展战略实施提供法治保障。

【关键词】京津冀　协同发展　协同治理　电子商务　立法协同

一、问题的提出及学术史梳理

《京津冀协同发展纲要》要求加快产业升级等方面协同发展。《国家"十三五"规划纲要》提出创新区域合作机制，强调要优化产业布局，推进建设京津冀协同创新共同体。国家区域发展战略实施需要法治保障，京津冀电子商务立法同样需要建立完善立法协同合作机制。京津冀协同立法是贯彻《京津冀协同发展规划纲要》与引领区域法治建设的一项重要机制。学界围绕区域立法、京津冀协同立法、电子商务立法一体化等相关主题展开研究。

---

* 吴长军，北京物资学院劳动科学与法律学院法学系主任、副教授；中国人民大学法学博士；北京师范大学中国社会管理研究院、社会学院博士后；中国商业法研究会副秘书长、常务理事；北京市经济法学会常务理事；青岛仲裁委员会仲裁员；北京市重光律师事务所高级律师。本文是作者主持北京市社会科学基金项目"京津冀电子商务立法协同机制研究（16FXB014）"的阶段性研究成果。

（一）区域立法协调问题研究

区域协同治理是国家治理现代化的重要标志之一，树立整体性治理理念是开展跨域协同治理的先决条件[1]。区域法治发展是国家法治发展在主权国家的特定空间范围内的具体实现[2]。区域法制协调论观点认为地区性多元法制的协调机制为行政协议制度和磋商沟通机制[3]。区域共同行政立法论观点认为可成立区域行政立法委员会，制定区域共同规章[4]。区域立法协调要在国家统一法制的基础上构建行政契约制度和磋商沟通机制[5]，遵循法制统一与地方立法相结合、公平与效率相结合、利益平衡与共赢相结合、市场调节与政府调控相结合原则[6]。政府间行政协调机制应提升至地方人大间的机制协调[7]。

（二）京津冀立法协同问题研究

立法先行是京津冀协同发展的工作经验，需要加强中央京津冀区域性立法，从立法层面赋予京津冀三地的权利与义务[8]。京津冀立法协调机构应由三地立法机关协商确定组织形式、议事决策程序、争议解决程序等重要问题。京津冀三地制定地方性法规、规章时事先需进行沟通协调[9]，进行密切协同与合作。

（三）京津冀电子商务立法协同研究

完善电子商务地方立法是促进京津冀电子商务发展的法治保障需求。加快电子商务立法是增强国家竞争力的需要，是规范电子商务市场的需要，对

〔1〕 魏向前："跨域协同治理：破解区域发展碎片化难题的有效路径"，载《天津行政学院学报》2016年第2期。

〔2〕 公丕祥："法治中国进程中的区域法治发展"，载《法学》2015年第1期。

〔3〕 叶必丰："长三角经济一体化背景下的法制协调"，载《上海交通大学学报（哲学社会科学版）》2004年第6期。

〔4〕 王春业："论经济区域内行政立法一体化及其路径选择"，载《中南民族大学学报（人文社会科学版）》2009年第6期。

〔5〕 戴建华："论区域立法协调法制化"，载《求索》2010年第4期。

〔6〕 黄夕彪："区域立法协调基本原则之探讨"，载《法制与社会》2011年第32期。

〔7〕 吴展："府际行政协调机制在区域立法协调领域的贡献及不足——以长江三角洲为例"，载《延边大学学报（社会科学版）》2012年第2期。

〔8〕 张淑莲："基于合作博弈的京津冀区域经济协作研究"，载《河北师范大学学报（哲学社会科学版）》2011年第1期。

〔9〕 王雅芬："环渤海区域立法协调机制问题研究"，载《辽宁工业大学学报（社会科学版）》2008年第6期。

于促进区域经济协调发展具有重要意义〔1〕。电子商务立法框架应当包括立法目的、适用范围、原则、电子商务行为、电子商务经营者、消费者、监管、法律责任。电子商务对产业结构优化具有重要作用〔2〕，要充分发挥电子商务产业对整个京津冀经济协同发展的促进作用。

二、京津冀区域电子商务立法协同的现状与主要瓶颈

（一）京津冀电子商务行业发展现状

近几年来京津冀三地均重视规范与促进电子商务行业发展，发挥政府规划引导和政策促进作用，强化服务支撑体系建设，发挥市场配置资源的决定性功能，电子商务交易规模不断扩大。北京电子商务企业发展更偏重于服务第三产业，津、冀两地电子商务呈现出服务于一次产业、二次产业和物流业的发展趋势，但电子商务产业成熟度较低，服务能力相对较弱。〔3〕京津冀协同发展战略下北京电子商务发展服务于非首都功能疏解转移战略；天津作为"国家电子商务示范城市"总体发展速度较其他示范城市相对缓慢。〔4〕河北省政府重视促进技术创新体系在电子商务中的应用，推动电子商务的发展创新。〔5〕京津冀三地电子商务产业发展不均衡，存在一定差异；北京电子商务产业成熟度较高，天津、河北电子商务产业成熟度相对较低。京津冀三地电子商务产业发展互动性尚显不足。

（二）京津冀电子商务立法协同的立法现状

2014年8月2日，国务院成立京津冀协同发展领导小组，为三地加强区域立法协同合作提供了组织保障。2015年4月30日中共中央政治局审议通过《京津冀协同发展规划纲要》，标志着京津冀协同发展成为国家重大战略。2015年5月，为配合京津冀协同发展国家战略的有效实施，北京市人大常委

---

〔1〕 姜伟："互联网+电子商务：促进我国区域经济协调发展"，载《世界电信》2015年第5期。

〔2〕 刘颖、陈继祥："生产性服务业与制造业协同创新的自组织机理分析"，载《科技进步与对策》2009第15期。

〔3〕 董志良："区域性商业批零企业B2B协同平台建设的利益推动机制创新研究"，载《商业时代》2014年第1期。

〔4〕 李哲平："结合天津优势推进电子商务发展"，载《北方经贸》2014年第10期。

〔5〕 邹林艳："关于河北省电子商务发展模式创新的几点思考"，载《现代经济信息》2016年第1期。

会、天津市人大常委会、河北省人大常委会分别出台《关于加强京津冀人大协同立法的若干意见》，完善了区域法治协同建设机制。2017 年 3 月《京津冀人大立法项目协同办法》分别经京津冀三地人大常委会会议通过。电子商务领域的国家立法方面，2004 年全国人大常委会制定了《电子签名法》，确立电子签名的法律效力，明确电子签名规则，维护电子交易各方的合法权益，保障电子交易安全，为电子商务和电子政务发展创造有利的法律环境。2007 年商务部出台了《关于网上交易的指导意见（暂行）》，对第三方电子商务交易平台在电子商务服务业发展中具有举足轻重的作用。2011 年商务部制定《第三方电子商务交易平台服务规范》，维护电子商务交易秩序，促进了电子商务健康快速发展。2014 年商务部制定了《网络零售第三方平台交易规则制定程序规定（试行）》，规定了网络零售第三方平台交易规则。京津冀电子商务地方立法方面，2007 年北京制定了《北京市信息化促进条例》，2007 年天津制定了《天津市信息化促进条例》，2012 年河北省制定了《河北省信息化条例》。总体上看，电子商务立法协同尚未全面启动。

（三）京津冀电子商务立法协同的主要瓶颈

虽然京津冀三地在环境治理等领域立法协同质量和效率有所提高，但是京津冀电子商务立法协同尚存在体制、机制等瓶颈制约。

1. 国家层面区域协同发展法与电子商务基本法尚未制定

我国尚未把《京津冀区域协同发展法》纳入立法规划。国家层面电子商务立法制度供给不足，《电子商务法》基本法尚未出台。

2. 京津冀电子商务地方立法尚需完善

目前，京津冀三地均未出台专门的电子商务规范与促进法规。京津冀迫切需要协同推进《电子商务促进条例》地方法规制定工作发挥地方电子商务立法先行先试的优势，为规范与促进电子商务健康持续发展提供良好的法治保障。

3. 京津冀电子商务立法协调机制尚需健全

根据我国《宪法》《立法法》规定京津冀三地均拥有地方立法权。京津冀三地均基于地方立法需求制定了大量地方性法规、规章，主要是规范单一行政区域内的地方立法，但是区域电子商务立法合作机制尚需健全。

4. 京津冀电子商务立法制约因素依然突出

京津冀三地整体经济定位、区域产业发展水平、发展规划、利益诉求不同，地方法规与治理政策的碎片化与区域协同发展目标实现之间的矛盾依然存在，区域发展不平衡问题日益凸显，北京"大城市病"依然突出，统一开放的市场体系尚未完全形成，京津冀行政边界与管辖权制约下的区域行政壁垒依然严重，区域之间的电子商务法规政策规范不协调问题亟须解决。

三、加强京津冀电子商务立法协同的必要性分析

（一）京津冀电子商务法制统一的客观需要

社会主义国家法制统一原则要求，任何法律法规不得与宪法冲突，下位法不得与上位法抵触。加强立法协同，有利于解决区域电子商务法律规则不协调问题，消除与减少区域法律规则冲突。京津冀电子商务产业协同发展，亟须完善立法体系加以规范。为促进京津冀电子商务法制统一，迫切需要完善电子商务立法协同机制。

（二）京津冀电子商务协同发展的迫切要求

国家"十三五"规划纲要提出，要创新区域合作机制，加强区域间协调协作，推进京津冀协同发展。电子商务协同发展是京津冀协同发展战略的重要一环。在京津冀协同发展战略实施背景下，加大电子商务立法协同力度，促进区域电子商务产业的健康持续发展。京津冀电子商务立法工作，需要贯彻"优势互补、互利共赢、区域一体"原则，完善区域电子商务立法，优化区域电子商务法制保障环境，努力实现京津冀电子商务产业协同发展。

（三）整合京津冀电子商务立法资源优势的现实需求

加强京津冀区域立法协同，有利于实现三地资源优势互补、发展利益共享、产业协同进步。区域立法协同能够更好地发挥京津冀互利共赢、共同发展的互助机制，致力于建构一套有利于区域经济社会健康发展的法律规则体系，为区域发展制定法律规则基础。[1]京津冀电子商务协同立法可以克服地方立法碎片化问题，有效整合区域立法资源，实现电子商务立法成果共享，提高电子商务立法质量与效率。

---

〔1〕 公丕祥："法治中国进程中的区域法治发展"，载《法学》2015年第1期。

四、完善京津冀电子商务立法协同机制的主要路径

(一) 制定出台京津冀协同发展法与电子商务基本法

1. 制定出台《京津冀协同发展法》

区域治理高度强调立法依据、规章制度设计和监督程序控制[1]。立法先行同样是我国京津冀协同发展战略实施的重要经验，是促进区域产业持续健康发展的重要法治保障。为促进京津冀经济协同发展，整合不同行政区域不同利益，全国人大常委会应当制定出台《京津冀协同发展法》，贯彻"创新、协调、绿色、开放、共享"新发展理念，对京津冀经济发展的基本原则、制度框架、宏观措施、法律责任等做出规定，规范区域经济协同的进程，为区域协同合作提供法治保障。

2. 尽快出台《电子商务法》基本法

我国电子商务发展迅猛，对国民经济发展起到巨大推动作用。我国迫切需要尽快制定出台《电子商务法》基本法，创新治理理念与模式，加强协同监管与共同治理，科学配置管理职责，创新监管模式，完善系统监管、全程监管与信用监管机制。

(二) 建立完善京津冀电子商务立法协同的组织保障机制

1. 设立国家级京津冀立法协调机构

为推动地方法规政策协调一致，迫切需要设立国家级京津冀立法协调机构。国务院京津冀协同发展领导小组之下成立"京津冀法制协同建设领导小组"，协调解决京津冀法规政策冲突问题。从整体上把握京津冀区域立法监督工作，本着平等协商、公平合理的原则进行立法活动；促进京津冀区域内的立法主体进行良性立法，保障京津冀区域经济协同发展战略顺利实施及战略目标快速实现。[2]

2. 科学设立京津冀三地电子商务区域立法协调机构

京津冀三地在现行立法协调机制内设立电子商务立法协调委员会，专司电子商务立法协调工作。区域范围内各地区在制定电子商务法规，需要加强

---

〔1〕 孙莹炜："德国首都区域协同治理及对京津冀的启示"，载《经济研究参考》2015 年第 31 期。

〔2〕 赵新潮："京津冀区域法治一体化路径研究"，载《金融教学与研究》2015 年第 3 期。

沟通协调，遵守立法规划与程序。在区域立法协调管理机构下再设争端解决办公室，由其制定区域一体化发展过程中的争端解决办法，负责解决区域内各方之间发生的争端与合作纠纷。[1]电子商务立法协调委员会应由京津冀三方的人大常委会现行立法协调框架内协商组成，负责协调确定三地电子商务立法规划和计划，对电子商务法规提出建议，确立统一标准、原则和规则，分别由各地方立法机关结合本地区实际情况与功能定位各自制定和颁行。电子商务区域立法协调委员会与区域内各方立法机关紧密联系，协商制定京津冀电子商务立法框架。

（三）建立完善京津冀电子商务立法规划、提案、审议、通过、交叉备案、交流沟通协同机制

京津冀电子商务立法协同工作，应当保证整个立法过程的透明性，确保电子商务立法程序公开、公平、公正，充分调动社会公众参与能动性，实现科学立法、民主立法、合作立法。

1. 完善电子商务立法计划确定机制

完善电子商务立法前期选项工作机制，全面引入立法项目建议征集制，多渠道收集社会电子商务立法建议。加强电子商务法规立项论证工作，在法规起草前就引入理论界、实务界的专家学者就立法的合法性、必要性和可行性进行论证。[2]京津冀立法机关要按照"优势互补、互利共赢、区域一体"原则，按照《京津冀协同发展规划纲要》《关于加强京津冀人大协同立法的若干意见》的要求，确定电子商务立法计划，提高电子商务立法协作成效。为适应京津冀电子商务发展的立法需求，进一步规范与促进电子商务行业发展，有必要完善电子商务立法计划，推进京津冀《电子商务促进条例》制定工作，为京津冀产业转型升级提供法治保障。

2. 完善电子商务法案起草机制

电子商务法案可以协商进行共同起草，也可以以协同立法决议的形式委托一方或某两方立法机关进行起草，先制定电子商务法地方性法规。联合立法协同模式要求，由三地立法机关联合起草电子商务法规，经过协调论证后，

---

〔1〕 靳志玲："京津冀区域性法治环境建设构想"，载《经济论坛》2006年第24期。

〔2〕 郑翔、丁琪："京津冀协同发展背景下对首都地方立法的反思"，载《天津法学》2015年第4期。

将成熟的电子商务法草案分别提交各自的立法机关表决通过。委托一方立法模式要求，由一个省级立法机关牵头起草电子商务法规，其他省市提出意见与建议，最终达成共识性立法蓝本，最终各自出台电子商务法规。

3. 完善电子商务法案提案机制

在电子商务协同立法草案起草完毕后，京津冀立法协调委员会负责召开协同立法会议，对电子商务草案进行投票表决，如果一次表决通过，就由各地方的提案主体向本地立法机关同时提交电子商务法律草案文本及其说明，提请审议。如果电子商务法案草案未被协同立法会议通过，则就存在的问题再次返回重新起草提交，或者另行提出新的电子商务法提案。

4. 完善电子商务法案审议表决机制

提请审议的电子商务立法草案，由京津冀三地各立法主体按照地方立法一般程序进行审议。各地立法机关对电子商务立法法案审议情况及时汇总，并向其他两个省市通报，以使各方密切关注电子商务立法的随时进展，对存在特殊状况的给予及时协调。京津冀三地电子商务立法机关按照有关规定分别进行表决和公布。

5. 建立完善京津冀电子商务协同立法的交叉备案机制

京津冀立法机关在各自制定完成电子商务法规后，向区域内其他地方立法机关进行备案，有效推进立法后沟通与协同合作。根据《立法法》规定，京津冀三地在开展区域电子商务法规立法协同之后，只能各自向全国人大常委会和国务院备案，由全国人大常委会负责审查地方性法规是否与上位法相抵触。

6. 建立完善区域电子商务立法沟通协商机制

加强京津冀区域立法规划沟通协调，是京津冀区域电子商务立法工作协同的重要基础。京津冀三地制定电子商务立法规划要充分考虑京津冀协同发展的需要，注意吸收彼此意见，最大限度地发挥京津冀在电子商务立法资源和法律制度规范方面的协同推进优势。京津冀三地人大常委会及政府法制工作部门制定电子商务立法规划时，要将总体思路向其他省市及时通报。京津冀一地立法机关先行启动电子商务立法程序的，应当及时向其他省市通报立法项目进展情况和立法研究成果，并就有关问题征求意见和建议，保证区域电子商务法律规则的协调性。

（四）建立完善京津冀电子商务协同立法的具体制度体系

1. 优化京津冀电子商务发展的基础环境

良好的政策和法律环境是京津冀电子商务发展的外部动力。京津冀电子商务立法要强化组织保障、明确权责分工。明确政府权责，提高管理效率，加大资金支持力度，灵活运用资金，促进电子商务企业尤其是中小企业发展。减轻税收负担、拓展融资渠道、支持人才引进。

2. 完善京津冀电子商务发展的支撑体系

电子商务的平稳运行离不开内部的制度支撑体系，包括交易前、交易中、交易后的各个主要环节。京津冀电子商务立法应当支持电子支付、安全认证、信用服务等电子商务服务体系发展。金融管理部门应当会同有关部门加强电子支付、商业预付卡等新型支付方式研究，完善管理措施。鼓励电子商务企业、专业电子商务平台在本市设立物流中心、采购中心、结算中心、运营中心等机构。鼓励传统经营者发展电子商务或者利用电子商务平台开展经营业务。鼓励发展跨境电子商务以及商品流通综合服务平台、网络、渠道建设；支持建立完善电子口岸数据交换平台，实现对外贸易监管数据电子化报送，提高通关效率，为跨境电子商务提供支持和便利。

3. 健全京津冀电子商务行业监管机制

京津冀电子商务协同立法要加强部门联动，促进信息共享。建立健全网上产品质量监管制度，完善消费者权益保护机制。建设电子商务监测工作制度，搭建电子商务统计信息管理平台。完善电子发票制度，减少运营成本。遵循"政府推动、企业主导、市场运作、依法规范"的原则，组织、指导和协调电子商务的推广以及相关的信息化推进、管理工作，制定完善商务领域电子商务发展的政策、措施、标准、规则，增强电子商务企业诚信规范经营自律意识；树立诚信电子商务企业形象，提高全社会诚信经营水平。规范信息化管理，加快信息化建设，促进经济发展和社会进步，保障电子商务企业规范化、法制化运行。建立并完善电子商务消费投诉处理机制、信用评价机制、消费信息公布机制，加强电子商务消费者权益保护。制定完善电子商务领域违法行为的民事责任、行政责任、刑事责任体系，规范与促进京津冀电子商务产业的持续健康发展。

（五）建立完善京津冀电子商务协同立法后评估机制

开展区域电子商务协同立法后评估有助于提高京津冀电子商务立法的实

效与协调性，更好地实现跨区域电子商务产业依法协同治理。第一，确定立法后的评估法规对象。第二，确定电子商务法规评估主体与评估方案。评估主体可以分为评估责任主体与实施主体。评估责任主体主要是指地方人大及其常委会，实施主体主要指具体开展评估工作的主体。三地立法机关可以联合开展对区域内电子商务地方性法规的评估。京津冀人大常委会需要组成区域联合立法后评估工作小组，制定评估方案，明确评估任务，共同对京津冀三地制定的电子商务条例实施情况展开评估。京津冀协同立法后评估工作小组在三地人大常委会指导下选择评估方案，对电子商务法规开展合法性、合理性、可操作性与协调性评估。第三，实施评估活动。评估小组需要尽可能多地将电子商务法规的实施情况收集起来，并运用成本效益法进行整理与分析。第四，形成立法后评估报告。电子商务立法后评估报告一般应包括评估电子商务法规立法目标、具体规定、法律责任等规范的实施情况、实施效果、主要问题和评估结论。注重评估电子商务立法规范自身的协调性，评估电子商务立法所产生的协同效应，评估电子商务立法制度目标实现情况。[1]

综上，建立健全京津冀立法协同机制，能够为三地协同发展提供立法保障。加强京津冀电子商务协同立法，有利于实现电子商务立法成果共享，提高电子商务立法效率与立法质量。加强京津冀电子商务立法协同机制建设，是京津冀电子商务法制统一的客观需要，是国家京津冀协同发展战略实施的迫切要求。我国要加强京津冀电子商务立法协同中央顶层设计，完善区域电子商务立法协同综合长效机制，健全京津冀电子商务具体制度体系，为促进京津冀电子商务协同发展提供全面系统的法治保障。

---

[1] 焦洪昌、席志文："京津冀人大协同立法的路径"，载《法学》2016 年第 3 期。

财税体制改革的法律框架与法治化路径

——从事权与支出责任的关系切入

王利军*　李大庆**

【摘要】 在推进国家治理体系和治理能力现代化的进程中，财税体制改革与财税法治建设的两个命题之间，既有差异性，也有协同性。前者为国家治理的基础，后者是国家治理的依托。事权决定支出责任，因而引导构建科学合理的财税法律体系是建立现代财政制度的基本路径。财税体制改革必须依托法律制度框架，走法治化的路径。制定财政基本法、税收基本法等宪法性财税法律

【关键词】 财税体制改革　财税法治　事权与支出责任

从法治的角度来审视我国的财税体制改革，探索其中涉及的法律问题及其解决之道，既是将财税体制改革纳入法治轨道，保障"重大改革于法有据"，同时能有效促进财税法治目标的实现。从法治的角度来审视财税体制改革，将财税纳入法学的范畴，是我国财税领域发展的大势所趋。[1]

一、概念界定：事权与支出责任的法学内涵

深化财税体制改革涉及中央与地方、政府与企业以及部门间的权力和利益调整，是一项系统性极强的改革任务，而理顺政府间财政关系是其中的核心和关键所在。中央对此已经做出多项政策安排，从十八届三中全会提出

---

* 王利军，河北经贸大学法学院副院长、教授。
** 李大庆，河北经贸大学法学院院长助理、讲师，法学博士。
〔1〕 刘剑文："理财治国视阈下财税改革的法治路径"，载《现代法学》2015年第3期。

"建立事权与支出责任相适应的制度"到《深化财税体制改革总体方案》提出合理划分政府间事权和支出责任，促进权力和责任、办事和花钱相统一，以及《国务院关于推进中央与地方财政事权和支出责任划分改革的指导意见》（国发〔2016〕49 号）。

（一）事权的法学内涵

尽管"事权"与"支出责任"的概念在我国学界早已被使用，但是从法学角度对其内涵进行解释的现象并不多见。事权一般被理解为政府职能或职责，从法律角度而言，它是宪法赋予政府的职权，我国《宪法》及其相关法律规定了各级国家机构的职权。其中，比较典型和重要的内容包括：《宪法》第 62 条规定的全国人民代表大会职权、第 67 条规定的全国人大常委会职权、第 89 条规定的国务院职权，以及《地方各级人民代表大会和地方各级人民政府组织法》第 8 条规定的县级以上的地方各级人民代表大会职权、第 44 条规定的县级以上的地方各级人大常委会职权、第 59 条规定的县级以上的地方各级人民政府的职权、第 61 条规定的乡镇人民政府职权等。上述规定在法律中可称为"职权条款"。法律对事权的界定，需要在"职权条款"的基础上进一步细化，明确各级政府及其所属各部门的具体职权内容和法律界限，其中包括两个方面的内容：首先是政府与市场的关系。公共财政理论认为，政府职责是为社会提供公共产品和公共服务，能够通过市场获取的产品和服务不属于政府的事权范围。由于国家提供公共产品和公共服务的对象是本国公民，涉及公民的基本权利，因而事权属于宪法学范畴。从法律角度来说，事权是政府所承担的向社会提供公共产品和公共服务的宪法义务。其次是中央与地方的关系。基于宪法所要求的平等原则，国家为公民提供的基本公共服务应当是均等化的。无论是联邦制还是单一制，对于一个大国，由于存在经济发展不均衡，如果想保证基本公共服务均等化，事权划分的合理性与正当性是一个关键性的问题。

（二）支出责任的法学内涵

支出责任属于财政法律制度的基本范畴，是政府通过财政支出来履行其职责的法律形式。支出责任所侧重表达的含义是为完成某项事权职责而进行实际资金支付和管理的责任。[1]首先，在支出责任的概念中，"支出"所指

---

[1] 徐阳光：《政府间财政关系法治化研究》，法律出版社 2016 年版，第 36 页。

向的内容并非局限于单纯的财政支出环节，而是以其作为财政运行最终环节的特殊地位来概括整个财政行为的。因此，支出背后所隐含的是包括税收等财政收入和预算等相关范畴。因为在一个完善的财政体系中，任何支出方面的权责都是建立在收入和预算基础之上的。因此，对支出责任在法律规范层面上的理解就不能仅仅局限于财政支出的相关法律制度，而必须将其置于整个财政法律体系当中来考察。其次，支出责任中的"责任"是一种"法律性责任"，其含义接近法定职责，所强调的是政府不可抛弃和推卸的义务，而不同于违反法律义务所导致的法律上的不利后果。综合而言，支出责任是财税体制法律化的直接表现，支出责任的落实状况决定着政府履行法定义务的状况。

值得强调的是，无论是事权还是支出责任，法律上的主体都是政府。这意味着事权与支出责任尽管在表面上涉及的是政府间财政关系，但实际上隐含着更为根本的国家与公民（纳税人）之间的关系。赋予政府事权的目的是有效保障公民基本权利，而支出责任则是达到这一目的的基本路径。从法律属性上来看，事权和支出责任的概念具有较强的同质性，所体现的是有权必有责、权责相一致的法治原理。

二、理论脉络：事权与财权、财力以及支出责任的关系及其法律解释

马寅初先生曾经指出，整个财政制度的确定，不是以财源来限制权职，乃是由权职的需要来决定财源。[1]这意味着事权决定支出责任，而不是相反。事权本身虽然并不具有财税制度的属性，但却是财税体制构建的一个逻辑前提。如何构建财税体制更加合理，衡量的标准是其与事权划分的匹配程度。在我国的财税体制改革过程中，围绕财税体制改革中政府间财政关系的主题，曾经出现过"事权与财权相结合""财力与事权相匹配"以及"事权与支出责任相适应"等多种表述，需要厘清其中的相关概念和整体性的逻辑思路，并对其将构建何种财税体制进行分析。

（一）"财权"与"财力"的法律解释

关于事权与支出责任的概念，前文已做分析，这里重点解释财权和财力。财权是政府财政权力的简称，从内容上说，可以包括财政收入权、支出权、

---

〔1〕 马寅初：《财政学与中国财政——理论与现实》（上册），商务印书馆 2001 年版，第 171 页。

预算权、监督权等多个权能，不过一般容易被简化理解为获取财政资金的权力，即财政收入权。财力侧重于描述实际掌握并可支配的财政资金的数量，是政府所在地区经济实力的反应。不过，需要注意的是，财力不完全依赖财权，财权大小也不代表财力强弱。因此，无论是财权还是财力，其所体现的都是政府自身的资源，与其为社会提供公共产品和服务，履行事权职能尚有较大差别。由此也可看出支出责任这一概念的优势在于，将政府作为义务主体而非权力主体和资源的拥有者，唯有如此，政府才可能是权力受法律的约束的法治政府。这样就为法治政府建设找到一条新的途径——通过约束财税权力进而约束政府，这是一种财税法定的权力法治化探索。[1]

（二）事权引导下的财税体制及其法律解释

事权划分是构建科学的财税体制的基本前提，也是完善财税法律体系的必要条件。

首先，"事权与财权相结合"是一种以财政收入为中心的财税体制结构，强调政府有多大范围的职能就应当享有多大的财政权力。其中"财权"是指各级政府筹集与获取财政收入的权力。另外，受到各地经济发展水平不同的影响，政府的财权大并不意味着能够获取更多的财政资金，这反而有可能使得一些欠发达地区的政府以实际财政收入水平较低为由不积极履行职责。

其次，"财力与事权相匹配"尽管也是以财政收入为中心的财税体制结构，但是理顺了"事"与"财"的关系，将事权作为主导，财力要符合事权的范围和需要，相比之前的"事权与财权相结合"更加合理。同时"财力"是指各级政府实际可支配的财政资金，其来源可能主要是财权，也包括上级政府的转移支付。这一观念要求根据事权大小来分配财政资金，不完全与财权相结合，而是适应了各地不同的经济发展水平，但同时需要配以较为规范的转移支付制度。

最后，"事权与支出责任相适应"是以财政支出为中心的财税体制结构，强调政府履行事权必须通过财政支出予以落实。以"支出责任"取代"财权"和"财力"，不仅更加科学，而且揭示了现代财政制度的核心在于"支"而不是"收"，有利于逐渐引入"以支定收"的政府理财观念。这是一种更加符合市场经济体制要求的财政观，它的基本逻辑是"市场经济—公共需要

_____

〔1〕 刘剑文：《理财治国观——财税法的历史担当》，法律出版社 2016 年版，第 122 页。

—政府职能—财政支出—财政收入"，循着"政府究竟需要干什么事儿""政府究竟需要多少钱"以及"政府应当收多少钱"的线索，回归理性意义上的中国公共财政框架。[1]

上述三种表述所隐含的理论脉络是，事权在财税体制改革中的地位逐渐趋于主导，财税体制改革呈现围绕事权划分展开的路径，财税体制构建的中心由收入转向支出，强化政府的相关法律义务，特别是推进各级政府事权规范化、法律化，完善不同层级政府，特别是中央和地方政府的事权法律制度。

三、制度变迁：从分税制改革到建立现代财政制度的转型

（一）对分税制改革的法律分析

我国目前的财税体制是在 1994 年分税制改革的基础上建立起来的。当时改革的主要目标是增加中央财政收入，这在当时是具有积极意义的。但是由于改革所确立的"收入导向"，中央与地方政府关注的焦点并不在于事权如何划分，而是如何争取到更多的收入。这使得原本应当解决法律上"分权"问题的财税体制改革沦为单纯"分钱"的博弈，强化了经济效果而淡化了法律色彩。现在来看，当时改革所确立的"事权与财权相结合"在实践中导致了"事权下沉、财权上收"的不合理现象，地方政府的积极性难以发挥。此外，分税制改革的一个致命缺陷在于对中央的财政行为缺乏有效的宪法约束。[2] 概而言之，财税体制改革应当将社会财富的公平分配和使用作为基本的价值取向，分税制改革没有坚持这种价值取向，尽管中央政府在这次改革中成为最大的获益者，但是从整个国家的层面看，财税体制中仍然存在诸多弊病。的确，任何人都不能站在当今的时代去否定 20 年前改革的历史意义，但是其中存在的教训和遗留的问题却值得深思。

（二）现代财政制度的法律含义

十八届三中全会提出建立现代财政制度，并将完善立法和明确事权作为优先内容，特别是把科学的财税体制与国家长治久安的制度目标联系起来，这进一步彰显了财税体制改革的法治意义。财税体制改革和财税法治建设是

---

〔1〕 高培勇："'量入为出'与'以支定收'——关于当前财政收入增长态势的讨论"，载《财贸研究》2001 年第 3 期。

〔2〕 熊伟：《财政法基本问题》，北京大学出版社 2012 年版，第 106 页。

围绕国家治理这一核心议题展开的两翼，并贯彻"重大改革于法有据"的实践法治精神。现代财政制度是一个系统性的法律体系，包括三个方面的内容：第一，推进各级政府事权规范化、法律化，就是要以制度化的形式明晰各级政府的事权，从而更好地为社会提供公共产品和服务，保障公民基本权利。在这一过程中，应当按照法治原则进行事权划分，应当遵循宪法的首要原则，即以公民基本权利为本位，同时遵循市场优先的原则，客观划定政府事权与市场竞争的界限。第二，以落实税收法定原则为先导，完善税收制度。税收法定是国家与纳税人之间的基本财产分配秩序，它要求控制国家征税权以保护纳税人的私人财产权。对税种法的制定和修改必须按照课税要素法定化的层次分别进行，统一税收优惠立法并完善税收征管体制。第三，建立全面规范、公开透明的预算制度。预算法构成事权和支出责任相适应的制度支撑，实现预算的全口径和硬约束，以程序正当性确保社会财富分配在实体上的公平与正义。

四、法律路径：财税体制改革与宪法及相关法律的完善

财税体制改革中所涉及的许多重大问题，如国家与纳税人之间的关系、中央与地方的关系、立法与行政的关系等属于宪法学范畴，财税制度关系国家治理的基础，理应在宪法中做出规定。我国宪法对财税制度的规定仍然有很大的欠缺，从根本上应当通过立宪或修宪的方式为财税体制改革提供顶层设计。由于我国目前的改革还处于各项具体财税制度的调适过程中，《宪法》的稳定性尚无法容纳大幅的修改，更为理性的选择是渐进性的修法路径，即从相对低位阶的法律开始，逐渐完成法律乃至宪法的修改，顶层设计的任务则由中央或者国家政策来暂时承担，待时机成熟时再行修宪。在法律渊源和部门体系中，宪法和法律之间还存在一种具有"中介性"的制度，即宪法性法律更适宜作为落实财税法定等宪法原则的制度载体。2014 年的《预算法》修改和 2015 年《立法法》修改都涉及财税体制改革的关键内容，取得了一定成果，但是仍然存在一些需要破解的难题。

从财税法的体系结构来看，宪法性的财税法律制度至少包括三个部分，即预算法、财政基本法和税收基本法。在预算法方面，2014 年修法对第 1 条立法宗旨进行了修改，删除了"加强国家宏观调控"，增加了"规范政府财政

收支行为"，可谓对预算本质的回归，是此次预算法修改的最大亮点和突破。这与我国财税体制改革中提出的"实施全面规范、公开透明的预算制度"是一脉相承的。此外，还规定了预算全面性完整性原则、强化了人大及其常委会对预算的全过程监督以及增加了各级人大对政府预决算草案实质审查的措施等。

在财政基本法方面，2017年全国两会上有代表呼吁制定《财政法》，将其作为财政领域的纲领性法律，对财政活动的基本方面做出根本性的规定，但是我国始终未能在立法上推进。财政基本法首先导致的问题是财政收支划分制度不够明确和权威。现行《预算法》第29条将中央与地方预算收支划分和转移支付的具体办法授权国务院规定并报全国人大常委会备案，实质上强化了行政权在收支划分中的地位，不符合重大财政事项由法律规定的原则，也不利于财政收支权力的合理配置。此外，关于财政收入和支出的标准、征收税费的主体和程序等重要问题，现行《预算法》均未涉及，这需要在财政基本法中做出安排。

在税收基本法方面，学者多年努力并提出的草案至今仍被搁置。在财税体制改革中，税收制度的完善需要一部统领各税种法和税收征管法的基础性法律，将税法的基本问题通过宪法来明确。[1]我国的税收法律制度存在结构性缺失的根源，就在于税收基本问题是通过政策而不是法律来规定的。税收是国家与纳税人之间关于财富分配的基本方式，直接关涉私人财产权的保护，理应属于宪法规定的内容，但是1982年《宪法》并未对此给予充分的关注。在该法中，与税收有关的条文只有第56条"中华人民共和国的公民有依照法律纳税的义务"。从体系解释来看，该条文属于公民基本权利和义务的范畴，尚不能体现出税收法定的含义。这使得现行实体税法完全脱离了宪法的控制，政府对课税拥有近乎绝对的权力。尽管有全国人大常委会和全国人大在1984年和1985年的授权，但是国务院行使税收立法权的程序和方式并不规范。在整个社会纳税人权利意识比较淡薄的环境下尚可勉强维持，但是随着《物权法》《侵权责任法》等保障合法私人财产权的法律出台，私人财产权与国家征税权之间的矛盾愈发突出，税收法定的诉求比以往任何时候都更为强烈。税收基本法应当成为调整国家与纳税人财产关系、平衡国家征税权与私人财产

---

〔1〕 刘剑文：《重塑半壁财产法：财税法的新思维》，法律出版社2009年版，第145页。

权的基本制度规范。

五、结论：构建科学的财税法律体系

2011 年，国务院新闻办公室发布《中国特色社会主义法律体系》白皮书称，到 2010 年底，中国特色社会主义法律体系已经形成。但是从财税领域财税的具体情况来看，现实情况还是存在诸多缺失。财税体制改革与国家法治建设既有同步性，也有个别化的差异。因此，财税法治建设必须坚持法律体系和法治体系"双管齐下"的建设。财税体制改革的目标是在财税领域实现"良法善治"，而这需要建立科学合理的财税法律体系。财税体制是一个系统性的法律结构，需要在宪法统帅之下构建协调的财税法律体系。我国当前的财税体制主要还是政策体系，但是已经形成了比较清晰的改革和立法思路。需要进一步加强的是财税体制的法律规范性和稳定性，基本的路径是通过立法将成熟的经验上升为法律制度，确保相关主体在财税事项上的稳定预期，实现社会和谐与国家长治久安的目标。

从循环贸易看我国金融体系的完善

王宗玉[*]　　平之晨[**]

【摘要】 循环贸易是融资性贸易的典型类型，表面上呈现出买卖关系，实质上却属于国有企业与民营企业之间的借贷关系，这种交易模式在实践中较为常见，但融资方往往不能及时偿付资金以及合同性质和效力不明确，这可能给出资方和中间方招致严重的不利后果。基于此，本文深入分析研究了循环贸易各方参与者的根本利益需求，并从化解民营企业融资难以及规范国有企业投资行为的角度，有针对性地提出了完善我国金融体系的建设性意见。

【关键词】 循环贸易　借贷关系　民营企业　国有企业　金融体系

一、循环贸易的模式介绍

自上海钢贸危机和青岛港事件以来，"融资性贸易"这一概念在金融监管层面被不断提及。"金融"和"贸易"向来关系密切，在商品和服务价值交换的过程中，供、需双方通过设置账期或者利用货权进行担保实施资金的融通，这是正常的商业行为。而"融资性贸易"却是将"融资"作为主要目的，"贸易"仅充当了掩盖"融资"行为的表面形式，这种贸易模式往往存在一定程度的风险。

融资性贸易比较容易被类型化，循环贸易即是其中的一种典型模式。循环贸易是指三家或三家以上的企业签订标的物相同，但货款和履行期不同的多份合同，在合同履行过程中没有实际货物的交付，需方只向供方出具收货

---

　* 王宗玉，法学博士，中国人民大学法学院副教授。
　** 平之晨，中国人民大学法学院 2014 级法律硕士。

确认单并开具增值税发票。如图所示，A、B、C 三家公司在同一时间内，背靠背签订了三份内容相似的买卖合同。A 和 B 达成买卖合同 1，约定 A 以 P 元的价格向 B 购买 n 吨钢材，A 的付款日期为 1 月 1 日，B 的交货日期为 1 月 4 日；B 则与 C 达成买卖合同 2，约定 B 以 P-X 元的价格向 C 购买 n 吨钢材，B 的付款日期为 1 月 2 日，C 的交货日期为 1 月 3 日；与此同时，C 又与 A 达成买卖合同 3，约定 C 以 P+Y 元的价格向 A 购买 n 吨钢材，C 的付款日期为 1 月 30 日，A 的交货日期为 1 月 31 日。

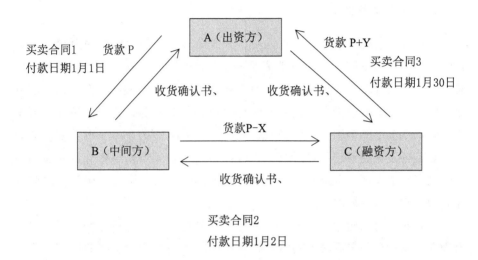

如果本次交易的各个环节都能被如实公开，我们会发现在 A、B、C 三方之间虽然存在着白纸黑字的买卖合同，但实际上从 A—B—C—A 进行闭环转移的只有货款，而标的物 n 吨钢材并未真实出现在交易过程中。A 在此交易结构中担任的是资金提供方，B 在收到 A 支付的款项 P 元之后，以一定比例抽取了 X 元作为报酬，然后立即将剩余的货款 P-X 元转手给了 C，B 明显属于中间方，亦称过桥方，他没有实际出资，也没有使用资金的意图，资金的真正使用者是 C，C 利用三份买卖合同设计的差异化履约期限，实际占用了将近一个月的资金 P-X 元，待买卖合同 3 约定的付款期限届满，C 再将 P+Y 元支付给 A，最终完成了交易，其中 P 元是 C 归还 A 的本金，超出部分 Y 元可以视作是借用 A 资金所产生的利息。由此可见，A、B、C 三方之间的买卖关系只是交易的表面形式，而借贷关系才是交易的实质目的。

在交易实践中，出资方 A 与融资方 C 之间除了 B 之外，通常还存在着其他多个中间方 E、F、G 等。当该交易引入的中间方越多，循环贸易的链条就越长，A 与 C 之间真实的交易目的也越难以被发现，由此积聚的风险也将越来越大。此外，对上图所示的交易结构稍加变形，还能演绎出另一种实践中较为常见的循环贸易形式，即出资方 A 与融资方 C 是关联企业，同属于同一控制人，A 和 C 之间通常不再签订买卖合同，而是通过其他方式，由实际控制人安排资金在 A 和 C 之间进行流通。

二、循环贸易的风险点

循环贸易主要有两方面的风险点：一是融资方不能及时偿付资金；二是合同性质和效力不明确。在正常情况下，如果融资方能够按时归还资金，贸易链条上的各方均能相安无事，并且还可以实现各自的利益。但是，融资方往往以小额资金撬动了大笔借款，而且出资企业对融资方的资信情况掌握不够，融资方很可能会引发道德危机，此外，多数融资企业以从事传统行业为主，对市场波动的敏感程度较高，在经济下行的背景下，因资金链断裂而违约的概率也很大。一旦融资方出现偿付不能的情形，出资方和中间方之间的冲突和矛盾便将一触即发。

一方面，由于向融资方追讨借款已经不具有现实的可操作性，因此对于出资方，通常在制定诉讼策略时主要会考虑以表面的法律关系向中间方主张买卖合同违约，要求法院判决双方解除合同，令中间方归还货款以及相应的利息。另一方面，中间方在交易中只起到了资金过桥的作用，既没有实际出资，也没有控制货权，所承担的风险却远远高于所获得的利益，因此往往在应对出资方提起的诉讼时会选择揭露贸易链条中的全部交易事实，主张实质的借贷关系，要求法院驳回出资方的起诉，令其直接向融资方索要借款。2015 年，最高法出台了《关于审理民间借贷案件适用法律若干问题的规定》，该司法解释对长期被禁止的企业间借贷行为做出了一定程度的"松绑"，规定了"为生产、经营需要订立的民间借贷合同有效"，并且还规定了"当事人以签订买卖合同作为民间借贷合同的担保，借款到期后借款人不能还款，出借人请求履行买卖合同的，人民法院应当按照民间借贷法律关系审理"。这些新规定为此交易背景下中间方的利益诉求提供了有力的法律依据。

根据民事诉讼法的精神，法院认定合同性质通常是基于诉讼当事人对于己方主张所提供证据的充分性和有效性。从目前各级法院公布的判决书来看，尤其是最高法作出的（2014）民二终字第 56 号判决，[1]其认定贸易中没有真实货物交付，"走单、走票、不走货"的事实也"不能否定双方之间业已形成的买卖法律关系"，[2]由此基本上可以确认法院当前在裁判中对表面买卖合同的效力予以直接否认的可能性越来越小。笔者认为，法院采取这种审慎的裁判态度，其原因主要在于原告（出资方）一般都是将循环贸易中的一个环节作为案件事实向法庭呈现，而若要将循环贸易的全貌进行揭露，则必须依赖于被告（中间方）的举证抗辩，然而由于实质的借贷关系隐藏在表面的买卖关系之下，并且被告在很多情形下受到原告的隐瞒，对于交易的实际情况所知甚少，相关证据的收集难度变得极大，即便被告保留了一部分记录，也以间接证据为主，在效力上难以完全对抗经双方签字确认后的买卖合同。因此，循环贸易的风险便几乎都转嫁到了中间方身上，而该中间方为了弥补损失，又会继续寻找与之签订买卖合同的另一家中间方主张利益，层层递进，可能会引发连环诉讼，牵涉到多方主体。此外，如果法院采纳了被告（中间方）提交的证据，最终同意以借贷关系来审理本案，因为中间方本身就存在着用货物为贸易做担保的嫌疑，所以也很有可能会被认定为借款合同的当事人并承担相应的担保责任。

综上所述，当融资方无法偿还借款时，最终的风险必然会在出资方和中间方之间进行消化，而由于中间方的举证义务较高，其在案件中承担败诉风险的可能性更大，中间方为了止损还会继续往上寻找其他的责任方，进而陷入讼累，为金融市场带来了不稳定因素。

三、完善相关金融体系的建议

在实践中，循环贸易通常是由作为融资方的民营企业发起，并引入国有企业担任出资方以及中间方。循环贸易之所以在民营企业的圈子中如此盛行，主要原因在于民营企业目前仍无法得到充足有效的金融支持，这与民营企业

---

〔1〕 参阅（2014）民二终字第 56 号判决书，中设国际贸易有限责任公司与中国航油集团上海石油有限公司一般买卖合同纠纷二审案。

〔2〕 石金平、宋硕："循环贸易纠纷裁判路径探析"，载《人民法院报》2015 年 4 月 15 日第 007 版。

对国民经济的巨大贡献率完全不符，民营企业资金需求和社会资金供给之间产生的结构性矛盾，已经成为影响我国金融市场健康发展的重要障碍。民营企业融资难是由企业自身发展畸形、金融体系建设不完善、政府及银行固有偏见等诸多因素共同作用的结果，主要表现为融资渠道窄、融资门槛高、融资成本大、融资周期长以及融资风险多等情况。[1]具体而言，首先，民营企业整体素质不佳是造成融资难的内部原因。大多数民营企业至今还没有建立起健全的内部治理结构和内控机制，财务管理制度也不够规范，企业主体的信用意识较差，并且囿于产业结构的局限，容易受到市场外部环境变化的影响，通常会承受较高的经营风险。其次，我国的金融体系不健全是造成融资难的外部原因。当前的直接融资市场和间接融资市场均发展滞缓、供给不充足，可供选择的融资方式单一有限，而且融资担保体系尚未真正建立，也无法成为支持民营企业融资的有效配套措施。再次，政府和银行对民营企业的固有偏见是造成融资难的直接原因。一方面，各级政府普遍认为国有企业和大型企业能够带动地方经济指标的增长，倾向于将大量的优质资源投放于这些企业中，从而忽视了对民营企业的培育和支持；另一方面，商业银行出于控制风险的考虑，为了追求更低的不良贷款率，长期形成了向国有大型企业发放贷款的惯性，金融创新意识和服务意识逐渐式微，进而也就失去了对民营企业提供贷款的动力和兴趣。

针对上述现象，笔者认为民营企业强烈的融资需求应得到正视，拓宽融资渠道、创造融资机会是解决融资难的重要手段：第一，"打铁还需自身硬"，民营企业应放弃"只重数量不重质量"的粗放型发展模式，着力构建现代公司的治理体系，实施合理有效的风险防控措施，规范财务管理制度，培育诚信经营意识，努力提高自身信用等级，顺应市场发展趋势，谋求企业转型，加强风险应对能力。第二，逐步提高民营企业外源性融资比例，促进直接融资市场和间接融资市场的快速发展。针对直接融资市场，我国应继续完善多层次资本市场，在有效防范风险的前提下，降低进入门槛，为优质的民营企业提供更多上市融资的机会，同时也应鼓励风险投资、创业投资、产业基金、企业债券等其他直接融资方式的多样化发展；针对间接融资市场，除商业银

---

〔1〕 康萍："当前商业银行民营企业贷款风险分析及防范对策"，载《上海金融报》2014年3月28日第A13版。

行外，村镇银行、小额贷款公司、担保公司、融资租赁公司等中小型金融机构也可以成为民营企业重要的资金来源，为民营企业的生产经营提供良好的金融支持和服务。第三，各级政府应关注到民营企业对地方经济发展的重要作用，及时调整金融政策支持的目标定位；与此同时，商业银行也应改变信贷投放的导向，转变发展思路，提高创新能力，通过深入了解民营企业的经营特点和资金需求特点，并不断更新升级风险管控机制，为民营企业提供有针对性的金融产品，以此协调民营企业大量的融资需求与商业银行严格的风险管控之间的矛盾。

而循环贸易之所以会吸引大量国有企业积极参与，主要原因在于在经济放缓的背景下，国有企业的业务量相较从前有所减少，营业收入和利润渐趋放缓，而在通过加入民营企业所发起的循环贸易中，国有企业不仅可以利用自身得天独厚的融资优势轻松地获得一定的收益，还能以此做大业务规模，完成上级部门所要求的关键指标考核。[1]在行政监管层面，目前国务院国资委已经多次发文对融资性贸易的风险进行了提示，并对违规开展融资性贸易业务发生了大额损失的有关央企进行了严肃通报（《关于进一步加强中央企业大宗商品经营业务风险防范有关事项的紧急通知》《关于中央企业融资性业务风险有关情况的通报》《关于6家中央企业所属子企业违规开展融资性贸易等业务有关问题的通报》《关于第二批五家中央企业贸易业务发生大额损失情况的通报》）；此外，国资委主任肖庆亚也于2017年3月12日在两会"部长通道"答记者问环节公开表示："未来要严格控制盲目投资，单纯为了扩大规模，特别是融资性贸易，是要严格禁止的。"[2]笔者认为，对国有企业开展融资性贸易进行风险防范具有一定的必要性。首先，国资委应当明确界定实质性贸易的认定标准，不是所有形成闭环结构的交易模式都应被纳入监管约束的范畴，而是要根据是否存在实质性贸易而采取不同的监管态度。实质性贸易基于贸易的发生，必然有货物的实质性转移、资金的实质性周转、且以盈利为目的，并不是以追求贸易量为目的，此种贸易有真实交易作为支撑，不会受到规制，而无实质性贸易的融资性贸易在法律上难以找到合理的依据，

---

〔1〕 朱彩英："国有企业融资性贸易的现状及其利弊分析"，载《当代经济》2017年第6期。

〔2〕 肖亚庆："央企总体债务风险可控"，载中国证券网，http://news.cnstock.com/paper，2017-03-13，789625.htm，访问日期：2017年5月。

隐藏的风险性也较大，因此需要被严格禁止。[1]其次，国资委应当联合中国人民银行等多家单位，在现有征信系统的基础上继续打造完善的企业信用信息"大数据"平台，对企业的信用记录进行全面的分类管理和评估，建立失信预警和红黑名单公示制度，及时有效地为国有企业提示交易风险。再次，国有企业内部也应加强风控机制的建设，健全"三重一大"制度，完善决策程序，严格遵守业务流程管理要求，业务部门联合法务部门，共同对客户和业务模式的风险进行全方位的评估，从而在交易的源头上减少风险。

近年来，循环贸易在我国金融市场上呈现出较为流行的态势，尽管这种交易模式中隐藏着巨大的风险，然而相关主体仍然乐此不疲，究其原因是其符合了参与各方的根本利益需求。如果监管层在制定金融监管措施时仅以一刀切的方式加以限制，而不考虑相关利益方的诉求并有的放矢地进行疏通，恐怕难以真正解决实际问题。因此，在对循环贸易进行金融监管时，我们应当从舒解民营企业融资难的现状以及规范国有企业投资行为出发，综合运用多种手段化解融资性贸易的风险，以期达到促进民营企业可持续发展以及国有资产保值增值的目标。

---

　　[1]　孙祎楠："浅析国有企业开展的融资性贸易及风险防范"，载《现代经济信息》2017年第6期。

当前形势下首都地方立法工作面临的主要挑战和回应对策

郑　翔[*]

【摘要】 当前首都地方立法面临各项挑战，依据这些挑战，本文提出要将全面依法治国的要求落实到立法过程，推动社会资源合理配置，实现城市可持续发展目标；针对首都"城市病"调整立法重心；完善京津冀区域立法协调机制；完善利益协调机制提高城市公共治理能力。

【关键词】 首都立法　地方立法　京津冀　城市病　利益协调　可持续发展

《中华人民共和国立法法》的颁布进一步对地方立法工作提出规范要求。新时期首都立法工作的主要目标是研究重点领域立法布局，提高立法质量，使法律法规更具针对性和可操作性，切实解决首都经济社会发展过程中存在的问题。本文试图分析首都地方立法面临的挑战，并提出相应对策。

一、首都地方立法面临的主要挑战

（一）首都可持续发展的挑战

城市可持续发展谋求的是城市社会经济和生态的整体协调发展，实现各种资源的可持续利用。北京作为我国首批可持续发展试点城市，取得了巨大的成就，城市功能越来越完善。但北京面临能源紧缺等突出问题，且承受着人口不断增长导致的压力。"十三五"时期北京市面临的经济社会和城市建设加速发展与人口增长、资源紧缺及生态环境质量要求逐步提高的矛盾日益突

　＊ 郑翔，男，湖南长沙人，北京交通大学法学院副教授、硕士生导师，研究方向为经济法、交通运输法。

出。为此，必须把握可持续发展这一核心，通过地方立法的形式，将建设生态健康城市的思想贯穿于法律，促进北京的可持续发展。

（二）特大城市"城市病"的挑战

城市病是指由于城市人口、交通运输过度集中而造成的弊病。北京突出的问题是人口多、大气污染和交通拥堵。若要解决城市病，则需要分别从宏观、微观层面出发，考量近期、远期目标进行立法规划，需要对北京市大城市病的现状、原因、已有解决方案及其缺陷进行实证调查，对治理北京市大城市病问题提出可行性建议，需要通过科学、民主立法，使社会相关方面的意见得到体现，使整个公共政策决策过程公开化，使得城市病症得到充分研究，形成社会统一共识。

（三）京津冀协同发展的挑战

2015 年《京津冀协同发展规划纲要》的提出是三省市全面加快经济社会发展的机遇，但京津冀协同发展仍然面临着诸多问题。京津冀虽在地理上天然接壤，但地区间经济发展水平差异大，如何打破地方行政壁垒形成统一的系统，防止由于行政主导强于市场作用而导致市场配置资源的有效性不足的情形出现？如何避免制度规则缺失导致区域协同发展的混乱和无序？京津冀协同发展如何建立立法协调机制？如何通过立法使得京津冀协同发展过程中不同主体的利益得到合法保护？若要回答这些问题，则必须要从区域发展的经济与社会基础的分析出发，调整首都地方立法工作机制。

（四）社会问题复杂化的挑战

随着市场经济体制的确立，社会分工呈现细化和纵深化的趋势，社会问题呈现复杂化，带来了许多未知的权利范畴和冲突，现有法律的不足会越来越明显[1]。越来越多的立法工作的利益平衡机制是要在数个利益存在多方面冲突的不同群体中找到利益最大公约数。"立法者立法通常是以社会现象的典型情况为依据的。同时，立法者虽然要考虑各种可能性，但总无法穷尽所有可能性……随着立法多样化，各类法律明确规则之间的相互联系越来越复杂，这也会使立法者难以认识辨清其间的相互矛盾"[2]。不同利益的社会阶层要

---

[1] 陈姿含："论立法的权利转向——透视我国历史新时期的立法实践"，载《中共中央党校学报》2014 年第 2 期。

[2] 刘星：《法律是什么》，中国政法大学出版社 1998 版，第 60 页。

求把自己的意志反映到法律制度中来。而地方立法应从法律制度上平衡各方利益，从而最大限度地实现最广大人民的根本利益和长远利益，最大限度地维护弱势群体的合法权益，维护社会公平正义[1]。面对多元化利益，立法者一是要协调好立法的直接参与者之间的不同意愿与主张，不能擅自独断；二是要合理地反映出他们所代表的人群的利益和意志，不能丧失民意；三是要处理好全体社会成员的共同利益与特殊阶层和特殊群体的利益之间的关系，不能有所偏向。法律既要反映立法者对现实问题的判断，也不能无视不同利益群体的立法需求，更需要符合社会关系发展的基本规律。

二、对当前形势下首都立法工作面临挑战的对策

近年来，北京市常委会每年审议通过地方性法规约 6 项，规章约 10 项，这说明北京的立法资源和立法能力是有限的，应该将北京市的立法资源和立法能力运用到当前形势下首都面临的急需解决的方面，关注交通拥堵、空气污染、人口等人民群众最关心的问题方面，要关注养老、医疗、住房等与人民群众利益息息相关的问题。

（一）将全面依法治国的要求落实到立法全过程

全面依法治国是提高中国共产党执政能力的重要方针，因此在首都立法工作中必须将全面依法治国的要求落实到首都立法工作的全过程。首都立法工作的每一环节都应坚持运用法治思维和法治方式[2]。法治思维和法治方式实际上是对立法工作起到授权和限权的作用，地方立法工作应在法律授权的有效范围来进行，明确地方立法权力边界，明确立法工作的主要范畴。

1. 明确地方立法的权利边界

立法权限的体系和制度，主要包括立法权的性质、类别、构成、各种立法权间的关系、立法权在国家权力体系中的地位等内容[3]。我国现有立法体制地方立法权是有限的，受到调整对象和调整手段的双重限制。从法律依据

---

[1] 曾宪平："社会主义法律体系形成后如何继续做好地方立法"，载《人大研究》2011 年第 5 期。

[2] 乔小南："坚持以法治思维和法治方式推动地方人大立法工作与时俱进"，载《内蒙古日报》2015 年 2 月 6 日第 02 版。

[3] 陈俊："小议当代中国地方立法权限的划分及完善"，载《湖南师范大学社会科学学报》2009 年第 2 期。

来看，基本依据是《立法法》对地方立法调整对象的限制性规定，该法第 8 条列举了 10 项只能制定法律的事项。此外，国家相关法律对地方立法的调整手段有限制性规定，以《行政处罚法》《行政许可法》以及《行政强制法》等法律的规定最为典型。三部法律分别从源头上对地方性法规向行政机关赋予行政处罚权、行政许可权和行政强制权的种类、内容作了限制。

首都地方立法工作的权利边界已经有相关法律法规给予了规定，在实践中需要将这些规定细化。行使地方立法权限时，注意从体制机制和工作程序上防止立法权力的缺位和越位，地方立法工作应该在界定清晰的边界范围内发挥主动性。同时还需要注意立法法对政府规章的立法权限作了规范，一些原本通过规章解决的问题需要通过制定地方性法规来解决。

2. 明确地方立法的主题范围

地方立法主题应集中于法律授权的"地方性事务"，其范围并不是固定不变的，根据形势的发展，党和国家会对中央和地方事权范围做适当调整。而且地方立法机关发挥主动性，也会推动中央和地方事权范围的变化，也能对"地方性事务"内涵的发展起到试点试验的作用。首都在立法主题方面要考虑首都特色，在城市建设和管理、环境保护等方面确定适合地方的立法主题。而且首都立法与其他区域立法范围又有所不同，首都功能所决定的地方事务需求存在着差异性，应在立法主题中体现首都功能特色。

（二）立法推动社会资源合理配置实现城市可持续发展目标

首都若要实现城市可持续发展，应当根据城市自身的情况，因地制宜地设计，必须坚持以最小的资源环境代价发展经济，探索出符合首都城市特色的经济、社会与生态环境协调的发展模式。要针对城市发展中不平衡、不协调、不可持续的突出问题，以及制约科学发展的体制机制障碍和重点领域问题，并通过立法对这些问题加以解决。

1. 明确北京市城市发展的基本定位

可持续发展目标涉及经济发展、社会进步和环境保护三个方面，首都的可持续发展要求实现经济社会发展与首都城市功能的有机协调。首都地方立法工作应将北京市城市定位目标作为法律制度设计的前提条件，要强化首都作为全国政治中心的功能，促进体现政治中心功能以及由它派生的经济调控中心、信息中心、交通中心等功能。同时，加强首都作为全国文化中心的功能，立法鼓励城市文化设施的建设，大力发展有地方特色的文化产业。未来的城市可持续发展目标，还应把首都的发展视野向更广阔的京津冀范围引导，形成北京、天津的双核心结构和环渤海区域发展的多中心模式。

2. 促进城市发展方式的改变

深入落实科学发展观，立法工作应促进首都发展方式转变，增强自主创新能力，节约资源，保护环境。立法工作要有利于实现资源的可持续利用，促进北京走内涵式城市发展的道路，提高土地的使用效率，建设节水型城市，大力开展节能工作。

3. 关注加强城市服务管理和保障公共安全

在提高城市服务水平方面，要适应改善民生、保障公民基本权利的要求，加强社会领域立法工作，切实解决与人民群众切实利益最密切的问题，促进社会公平正义。从建设中国特色世界城市、保障首都安全的高度，加强了对城市安全管理的整体考量，将首都公共安全保障措施和保障程序法定化。

4. 完善首都周边新农村建设相关法律制度

在建设社会主义新农村方面，立法推动首都农业向机械化、专业化、组织化发展，建设都市型现代农业[1]。依靠科技和制度创新繁荣农村经济，健全农业社会化的服务体系，逐步建立起比较完善的农产品流通体系；积极支持发展多种形式的农村专业合作组织，鼓励龙头工商企业与农户合作经营；大力发展农产品加工业，促进农村第二、三产业的发展，使北京农业成为资本、知识、技术密集型的现代集约可持续农业。

发展都市型现代农业的焦点是农村土地产权法律制度。首先要在法律上明确土地所有权，清晰界定土地产权边界，其次要进一步降低土地流转的交易成本，增强产权流动性。为慎重稳妥推进农村土地制度改革试点，更好地保护农民合法权益[2]，大兴区正在积极积累相关经验，为北京市农村土地产权立法提供可行性示范。

（三）针对首都"城市病"病因调整立法工作关注重心

首都立法工作关注重心，应针对首都发展的实际问题，考虑城市资源禀赋优势、城市人文环境优势、城市地理环境优势等因素，根据首都现实需求

---

〔1〕 张引："做好新形势下首都地方立法工作的实践与体会"，载《北京人大》2013年第1期。

〔2〕 郑翔等：《都市型现代农业法律制度体系研究》，北京交通大学出版社2013年版，第3～10页。

和承受程度而制定有自己特色的地方立法，缓解和解决首都"城市病"。

1. 关注控制城市人口增长的立法工作

（1）宏观层面，加强产业结构调整立法促进人口疏解。通过产业政策立法，促进城市功能分散和城市间的均衡发展。北京必须准确定位其功能，将首都非中枢管理功能分散到附近城市，将京津冀协同发展的国家战略实施，带动人口向周边流动，形成以北京为中心的辐射式的城市群。在立法中明确以产业调整调控人口的相关措施，通过制度设计淘汰劳动力密集型的低端产业。

（2）微观层面，加大社会领域立法控制人口无序增长。北京在立法工作中完善流动人口服务管理体系的制度设计，更多地运用市场化等手段控制人口总量，促进人口有序流动。例如，把居住证制度细化，强化实有人口服务管理；加强出租房屋规范化管理长效机制建设，集中整治群租房、地下空间非法使用等问题。

2. 关注地方大气污染治理的立法工作

北京是全国最早开展环境保护工作的城市[1]，但随着城市化、现代化建设的加快，大气污染问题日益突出。北京的大气污染治理不是孤立的，而是与整个生态环境的治理密切相关的，要把治理密切结合起来，走一条积极治理和科学防治并重的道路[2]。《北京市大气污染防治条例》已经正式施行，但还需要加强相关配套制度的建设。

（1）从宏观层面，需要立法促进调整经济和产业结构，淘汰落后产能，改善能源结构。北京大气污染治理的目标是改善空气质量，以控制细颗粒物污染为重点，着力强化污染治理，着力实施生态建设。为实现该目标，在产业政策相关法律制度，需要关注产业结构的优化和调整。

（2）从微观层面，需要明确综合治理污染源的责任主体、相关调整措施和法律责任。相关立法工作关注的重点，包括完善监测体系和信息发布制度，落实大气污染防治属地责任；积极发展绿色交通，控制机动车污染；大力发展清洁能源，控制燃煤总量；加快产业结构调整，深化工业污染治理；加强

---

[1] 王锦辉："北京大气污染的加剧及治理"，载《北京党史》2014 年第 4 期。

[2] 鲁来顺："捍卫北京蓝天之战——北京市进一步治理大气污染提升首都空气质量议案办理前后"，载《中国人大》2012 年第 14 期。

科技支撑，促进污染减排；提高绿色施工和道路保洁水平，遏制扬尘污染；加强生态建设，增加环境容量；加强重污染日预警，实施应急管理；强化政府、企业责任，促进公众参与。

（3）建立京津冀地区跨区域大气污染治理合作机制，实现大气污染联防联控。落实联防联控主体与责任，健全管理体制和制度；健全区域污染联防联控长效机制。

3. 关注缓解城市交通拥堵的立法工作

北京市现行治理交通拥堵方面的法律制度存在着多方面的缺失，需要考虑社会经济发展的现实需求、道路承受能力、市民出行的需要，逐步调整相关制度。

从宏观层面看，针对城市空间结构布局不合理的问题进行制度设计，完善规划制度，实现城市发展规划和交通规划统筹安排。

从微观层面制度设想：

（1）完善道路基础设施建设、养护制度，大力发展智能交通系统。城市道路建设应重点建设路网微循环，要加密路网，通过次干路、支路的分流来缓解主干路的拥堵。

（2）以发展慢行交通为目标，逐步提高公共交通体系的吸引力。改进公共交通服务质量，坚持城市公共交通社会公益性的特征，保障公共交通的普遍服务特性。在相关立法中规定促进公共交通建设和运营所需的财税政策、融资机制、路权优先政策、建设用地优先保障等制度。

（3）完善相关限行、限购、提高停车费等措施，提出征收拥堵费的具体设想，制定鼓励大力发展交通服务替代品的相关政策。

（4）制定《校车管理条例》，针对流动人口出行特点完善公共交通设置、发展地下物流系统。

（5）建立联动机制，实现信息共享。明确治理交通拥堵相关行政机构的管理职责和权限，建立城市综合交通管理指挥中心，推进交通信息和其他相关信息的联动共享，利用大数据分析技术手段，整合相关交通信息，优化交通调度、快速事故处理和投诉响应机制。

（6）制定交通违法行为细化规则，加重对违法行为的处罚力度。不仅设置罚金等金钱罚，也考虑设置社区服务等时间罚。同时随着个人收入进一步规范和公开化的趋势，可考虑按收入论罚的处罚规则。

（四）建立和完善京津冀区域立法协调机制

在京津冀区域协同发展进程中，京津冀区域立法影响到缔约方或协作方辖区内公民、缔约方或协作方外区域公民的权利义务，因此相关立法要注意对促进区域间产业分工、资源整合和环境保护等规则的统一，营造区域内平等的投资、贸易和服务环境。

1. 建立立法准备阶段的协调机制

立法准备工作指的是立法的预测、规划、论证及草案的拟订等工作[1]。在这个阶段，主要有四种协调机制：省（市）际协议、区域立法规划、区域立法起草论证和制定区域立法示范文本。在京津冀战略实施过程中，三地立法机关也已经采取多种方式进行立法起草规划的协调，并且相互参与其他地区的立法论证工作。今后可以考虑将具有共同性的问题委托非官方的学术机构、社会团体的专家学者制定示范性文本，供三地参考使用。

2. 建立区域立法确立阶段的协调机制

京津冀地区已经建立三省市推进协同发展联席会议机制，可考虑借助该平台，召开区域立法联席会议，形成各方交流信息与观点、协商问题解决方案和实现合作的重要机制。在立法确定阶段，可考虑采取委托起草的方式，在立法过程中，注意建立利益共享和补偿机制。区域合作的基础是共同利益的追求与分享，区域立法应将各区域的利益类型、主体、追求方式、分配方案，以及各利益主体间的关系等，以规则的形式确定下来。

3. 建立协调区域立法程序的机制

京津冀区域立法协调的程序机制主要包括同步提案或送审制度和协商加入机制。同步提案与送审有利于在区域间立法生效的同时性，形成区域间立法的协调。协商加入机制是考虑到最初没有参与区域立法的地方立法机关，有可能基于某种需要或者态度的转变等，希望加入到区域立法中来。为此需要设定相应的制度或机制，在规范主体增加方式的基础上，尽量简化新加入主体的程序，使区域立法具有更大的容纳性。

4. 建立区域立法完善阶段的协调机制

在区域立法完善阶段，主要通过立法冲突解决机制和立法交叉备案，来

---

〔1〕 汪全胜："试论构建我国的立法准备制度"，载《福建政法管理干部学院学报》2002年第1期。

消弭不同地区之间的立法冲突。区域立法冲突解决机制应该遵循《立法法》所规定的立法冲突解决机制的一般规则。地方间的立法交叉备案是指，特定区域内的立法机关在各自完成立法后，将法规向区域内其他地方的相关立法机关进行备案，其他地方立法机关可以进行协调性的审查，当发现该地方立法有可能损害本地利益或影响整个区域共同利益时，可以就此提出立法协调要求并协商处理的制度[1]。交叉备案注重地方立法间的相互协调性审查以及对区域法制协调性目标的实现。

（五）立法完善利益协调机制提高城市公共治理能力

城市公共治理的核心是社会主体的自我协商、约束、管理，并成为国家公共治理体系之中的组成部分。城市公共治理的目标必须着眼于维护最广大人民根本利益，最大限度地增加和谐因素，确保人民安居乐业、社会安定有序。[2]首都立法应该通过完善利益协调机制来提高城市公共治理能力，形成有序的社会治理体系。

1. 明确城市公共治理的基本规则

城市公共治理体系是规范城市中社会运行和维护公共秩序的制度总称，通过一系列制度和程序来规范行政行为、市场行为和社会行为。政府治理、市场治理和社会治理是现代国家治理体系中三个最重要的次级体系。[3]在这种多元参与的网络化治理模式中，政府应发挥作用，在结构设计、决策程序和管理方式等方面形成规范的法律设计。城市的公共治理应按照"党委领导、政府主导、法人负责、公民参与"的原则，协同社会组织，发挥市场机制的作用，实现共同建设、共同享有。[4]

2. 保障城市公共治理主体多元化

城市公共治理与政府治理是相辅相成的关系。在城市公共治理体系中，首先要逐步培育和完善社会组织，使其成为能够自主发挥积极作用的组织。在立法中明确社会组织的治理结构和行为规则，使其自治作用在法治框架中

---

〔1〕 王春业：："论经济区域内地方立法间的交叉备案"，载《上海政法学院学报》2013 年第 6 期。

〔2〕 韩庆祥："为什么要创新社会治理体制？——十一谈深入学习贯彻十八届三中全会精神"，载《光明日报》2013 年 12 月 12 日第 001 版。

〔3〕 俞可平："推进国家治理体系和治理能力现代化"，载《前线》2014 年第 1 期。

〔4〕 杜德印："运用法治思维做好首都公共领域立法工作——在市五年立法规划研讨会上的讲话摘要"，载《北京人大》2013 年第 11 期。

得以发挥。通过"发挥社会组织对其成员的行为导引、规则约束、权益维护作用"，来推动和保障社会组织提供基本公共服务，以此顺应社会治理改革的趋势。其次，要培养广大人民群众形成良好的公民意识，使其参与社会治理活动时做到依法、理性和有序，同时要扩大公民在社会治理体系中的话语权和决定权。

3. 建立和完善城市公共治理途径

建立和完善城市公共治理途径，核心点是要注重公民参与和决策的民主化。参与的民主化表现为多路径的参与，例如对话、沟通、协商等机制，目的是让不同群体、不同利益阶层可以平等、自由地表达自己的利益诉求和建议，形成有效的利益平衡机制。决策的民主化，是应构建科学民主的社会治理决策程序，形成科学的决策表决机制，这样就可以将社会冲突控制在合理范围之内，避免出现大规模群体性事件和社会动荡。[1]

三、结论

现代立法的实质是一个利益识别、选择、整合的交涉过程。首都立法工作是城市治理的重要组成部分，必须坚持以人为本，统筹兼顾广大人民的根本利益、现阶段群众的共同利益和不同群体的特殊利益，把保证国家法律实施、促进首都科学发展、规范约束权力运行、保障公民合法权益、整合协调利益关系、维护社会公平正义作为首都立法的基本宗旨。面对当前形势对首都立法工作的挑战，应积极调整首都立法工作的关注重心，调整立法主题，积极回应广大人民的法律需求，科学立法，民主立法，实现首都立法工作的新突破。

---

〔1〕 孙涛："发达国家完善社会治理体制的经验"，载《学习时报》2015 年 8 月 13 日第 A5 版。

关于中国房地产价格宏观调控的若干政策建议

戚庆余*

【摘要】 近年来，中国房地产价格涨速过快，给宏观经济的稳定运行带来较大风险，而房地产价格飙升有其深刻的财政体制原因，本文在对该问题成因分析的基础上，参照中国古代粮食储备制度历史经验、改革开放以来的经验以及国外实践，提出包括国家房地产储备制度、房产税等在内的若干政策建议。

【关键词】 房地产价格　宏观调控　房地产储备

一、引言

房地产价格是房地产市场的核心问题，也是对房地产市场进行宏观调控的经济杠杆和抓手。中国的房地产价格增长过速已经广受诟病，例如，著名经济学家张五常就公开讲话，认为房地产价格高说明中国民众对未来收入预期高，而且未见中国房地产价格下跌的趋势，并且不应把房地产价格水平高看作灾难。

社会主流的意见还是认为房价过高，社会各界担心房地产价格这个"靴子"什么时候会落地。由政府进行宏观调控，防止房地产价格过高以后的泡沫破裂给国民经济整体造成系统性风险的观点，渐成共识。试举一例，北京东四环外朝阳无限小区，2002 年封顶后开始预售，价格 5000 元左右一平方米，2012 年涨到 3.5 万元一平方米，2016 年涨到 7 万元一平方米，2016 年价格是 2002 年价格的 14 倍。2002 年北京城市居民人均可支配收入 12 463.9 元，

---

* 戚庆余，中国人民大学法学院博士生。

2016 年，全市居民人均可支配收入 52 530 元，收入为 2002 年的 4.21 倍。按照人均可支配收入计算，2002 年人均可支配收入是单位房价的 2.5 倍，也就是说每年收入可以买 2.5 平方米的房子。2016 年人均可支配收入是单位房价的 0.75 倍，也就是人均可支配收入只能买 0.75 平方米的房屋。从 2002 年到 2016 年，收入房价比从 2.5 下降到 0.75，降幅高达 70%。而且，随着房价的新一轮上涨，收入和房价的差距还在进一步加大。这是中国房地产市场的一个缩影，全国各地都存在不同程度的房价快速上涨现象，只是该矛盾在北、上、广、深等一线城市尤为尖锐。

房地产价格畸高对我国经济发展产生了深远的、全面的影响，本文将对房地产价格的影响以及在房地产价格宏观调控中的政府、市场关系进行分析，以期探寻在社会主义市场经济条件下，如何更加妥当地运用宏观调控政策使房地产价格趋于理性。

二、房地产价格过高对国民经济的影响分析

房地产价格过高首先会影响人民居住的基本生活需要是否能得当满足。自从人类走出山，走出原始森林，就开始了居住在乡村或城市中的生活，房屋用于为人类遮风挡雨、抵御野兽的袭击，防范敌人的进攻，保护个人的隐私，用于生活、生产和经营活动，用于人类的交流沟通和政治、经济、文化、社会活动……房地产是现代社会的基础，房地产是现代人类的必需品，中国人理想的生存状态叫"安居乐业"，而"乐业"的前提是"安居"。所以，房地产价格首先影响的是人们的生活。由于北京地产价格过高，跟收入增长不成比例，导致一半左右高校毕业生选择不在北京工作，今年北京企业已面临招聘困难的局面，与去年同样的薪酬待遇的工作岗位招不到同样满意的员工。按照马克思关于劳动力价值的理论[1]，这是房地产价格上涨导致北京生活成本大幅上升、劳动力价格上升造成的。

房地产价格上升，租金成本提高，挤压了企业利润空间，导致一些略有盈利的企业破产倒闭。这就减少了市场上某些商品的供给，同时，工作岗位也相应地减少，这将导致失业率上升。由于房地产价格上涨，钱用于投资到

---

〔1〕 中共中央马恩列斯著作编译局：《马克思恩格斯选集》（第 2 卷），人民出版社 1972 年版，第 180~181 页。

股市、银行的吸引力下降，个人甚至企业趋利性选择投资于房地产。其后果是，一方面造成房地产之外的其他企业资金短缺，融资困难，资金成本上升，利润下降，进一步加剧企业资金链的紧张程度甚至导致企业因资金链断裂而破产；另一方面，资金涌入、房地产投资需求过旺会进一步推高房价，加剧房地产价格与社会购买力之间的矛盾。

另一方面，房地产价格上涨导致房地产开发企业和出让土地的政府收入上升，可以将更多的社会资源用于发展经济。社会投资被价格信号吸引到房地产行业，在其带动下，与之相关的钢材、水泥、玻璃、木材、建筑机械等行业都能得到迅猛发展，为 GDP 增长率做出贡献。但是房地产畸形发展会导致社会资源配置扭曲，产业结构失衡。大量的银行按揭贷款和房地产投资贷款使银行系统被房地产行业绑架，面临较高风险，一旦房地产泡沫被刺破，房价下跌，银行将形成大量坏账，房地产企业破产会连累银行业，导致银行破产，金融系统崩塌，国民经济将陷入混乱。因为这种关联关系，刺破房地产泡沫对政府意味着极大的经济风险甚至是政治风险，但是由于害怕眼下的风险而任由房地产价格上涨，只能让房地产泡沫越来越大，风险也将越来越大。直到这个风险突然超出社会经济的承担范围而自然破裂，就像日本 20 世纪 90 年代初期房地产泡沫破灭导致经济长期一蹶不振一样。

三、房地产价格上涨的原因分析

中国房地产价格问题跟地方政府的土地财政政策直接相关。地方政府土地财政政策通过拍卖土地把土地价格炒成了天价。北京三环到四环之间的房地产价格已经达到每平方米 10~12 万元，而建筑成本每平方米只有 1500 元，加上配套基础设施投资也才 2000 元，其中大部分价格是由土地价格组成的，土地拍卖价格就是政府出让国有土地获得的土地出让金，因此房地产价格中的相当部分进了政府的口袋。而土地财政产生的原因在于财政体制。中国财政体制经历了复杂的演变过程：大体上，从 1949 年解放到改革开放前，中国实行统收统支的财政体制；改革开放后开始实行财政包干体制；1980 年正式实施"分灶吃饭"的财政体制；1988 年开始实行"划分税种、核定收支、分级包干"的财政包干体制，包死上解基数、超收多留。1994 年开始实行分税制体制。分税制下财政"放权让利"，调整了财政收入在中央和地方之间的分配比例，使中央财政收入占的比例上升，确立了中央财政的主导地位，财政收入在中央与地方接近平均分配，我国目前中央财政收入占财政总收入的比重在48%~53%的水平，各地方政府发展经济的积极性空前高涨，但中央财政调控能力下降，以至于1991年长江发大水时，中央财政无力救灾，只能向地方政府借钱。从1979年改革开放初期到1994年分税制前后，直到2015年中央、地方、全国财政收入及其比例如下图所示：

财政收入结构表

年度	财政收入（亿元）	中央财政收入（亿元）	地方财政收入（亿元）	中央财政收入占比（%）	地方财政收入占比（%）
1979	1146.38	231.34	915.04	20.2	79.8
1980	1159.93	284.45	875.48	24.5	75.5
1985	2004.82	769.63	1235.19	38.4	61.6
1986	2122.01	778.42	1343.59	36.7	63.3
1987	2199.35	736.29	1463.06	33.5	66.5
1988	2357.24	774.76	1582.48	32.9	67.1
1989	2664.9	822.52	1842.38	30.9	69.1
1990	2937.1	992.42	1944.68	33.8	66.2
1991	3149.48	938.25	2211.23	29.8	70.2
1992	3483.37	979.51	2503.86	28.1	71.9
1993	4348.95	957.51	3391.44	22	78
1994	5218.1	2906.5	2311.6	55.7	44.3
1995	6242.2	3256.62	2985.58	52.2	47.8
1996	7407.99	3661.07	3746.92	49.4	50.6
1997	8651.14	4226.92	4424.22	48.9	51.1
1998	9875.95	4892	4983.95	49.5	50.5
1999	11 444.08	5849.21	5594.87	51.1	48.9
2000	13 395.23	6989.17	6406.06	52.2	47.8
2001	16 386.04	8582.74	7803.3	52.4	47.6

续表

年度	财政收入 （亿元）	中央财政收入 （亿元）	地方财政收入 （亿元）	中央财政 收入占比（％）	地方财政 收入占比（％）
2002	18 903.64	10 388.64	8515	55	45
2003	21 715.25	11 865.27	9849.98	54.6	45.4
2004	26 396.47	14 503.1	11 893.37	54.9	45.1
2005	31 649.29	16 548.53	15 100.76	52.3	47.7
2006	38 760.2	20 456.6	18 303.6	52.8	47.2
2007	51 321.8	27 749.2	23 572.6	54.1	45.9
2008	61 330.4	32 680.6	28 649.8	53.3	46.7
2009	68 518.3	35 915.7	32 602.6	52.4	47.6
2010	83 101.51	42 488.47	40 613.04	51.1	48.9
2011	10 3874.43	51 327.32	52 547.11	49.4	50.6
2012	11 7253.52	56 175.23	61 078.29	47.9	52.1
2013	129 209.64	60 198.48	69 011.16	46.6	53.4
2014	140 370.03	64 493.45	75 876.58	45.9	54.1
2015	152 269.23	69 267.19	83 002.04	45.5	54.5
2016	159 552	72 357	87 195	45.4	54.6

显而易见，中央财政收入占比从改革开放初期的20.2%逐渐上升到1985年的38.4%，又从1985年的38.4%逐步下降到1993年的22%；分税制后的1994年，中央财政收入占比立即上升到了55.7%，之后到2010年，中央财政占比基本在50%～55%之间；2011年之后中央财政占比逐年下降，直到近3年，比例基本稳定在45.5%左右。由土地财政可以得知：政府是房地产价格上涨的主要受益者。也可以看作人们高价购买房屋，其中大部分支援了国家建设。正如中国早期股市为国有上市企业解决了资金不足的问题，或者如工农业产品价格剪刀差年代，中国的农民哺育了中国薄弱的工业。

四、房地产价格宏观调控的政策建议

住宅是人民基本生活需要。恩格斯在1872年《论住宅问题》第二版序言

中指出："当一个古老的文明国家这样从工场手工业和小生产向大工业过渡，并且这个过渡还由于情况极其顺利而加速的时期，多半也就是'住宅缺乏'的时期。"我们的一线大城市房地产价格飙升，有大量人口涌入的原因，也有城市规划、拆迁的原因，但是不同之处在于，我们的市场上有大量的房屋，但是由于房价太高、真正需要购房的人们无钱购买——在经济学上被称为"有效需求不足"，以及国有土地价格增长过快，这是推动房地产价格上涨的主要原因。

恩格斯在他的著作中，把工人阶级的一切要求，包括解决住宅问题的要求同无产阶级革命和消灭私有制联系在一起，给解决资本主义国家工人的住宅问题指明了根本的解决途径。然而根据我国目前尚处于社会主义初级阶段的基本国情，我们的住宅问题要通过市场的决定作用和更好地发挥政府的作用来解决。

参照中国历史经验以及改革开放的经验，提出如下建议：

（一）建立房地产的国家储备制度

房地产价格调控可以借鉴我国历史上的粮食储备制度。西汉时，我国正式建立"常平仓"，其最基本的职能就是平抑粮价。当粮食供过于求而导致粮价下跌时，政府出高价收储过剩粮食，避免谷贱伤农。当灾害、战乱发生导致粮食供不应求、粮价上涨时，政府将储备的粮食低价抛售，既赈济灾民，又能稳定粮价。因此，借鉴粮食"常平仓"制度，建立房地产国家储备制度——在房价低迷、供过于求时，由国家出资购买房地产项目和单元以较高价格收归国家储备；在房地产价格上涨时，由国家出地、出资，建设房地产，并且以较低的价格抛售国家自建和储备的房地产，平抑房价。

（二）建立公租房制度

就像大禹治水由"堵"改为"疏"一样。在社会主义市场经济条件下，靠行政命令锁定房地产价格是有违市场规律的，不如借鉴香港、新加坡经验，由政府提供廉价的公租房，增加有效供给，满足城市流动人口的住房需求，这些人可以在退休时回到原居住地养老，也可以购房落户。以此解决城市流动人口住房问题。例如，北京市人民政府 2011 年 11 月 29 日发布《关于印发〈北京市公共租赁住房申请、审核及配租管理办法〉的通知》，规定符合一定条件的家庭，可以申请公共租赁住房。

（三）适度收紧房地产信贷政策

银行信贷从两个方面促进了房地产业的发展：①为房地产开发项目提供贷款，促进了其承接和建设；②银行购房按揭贷款促进了暂时没有购房能力的购房人提前消费。因此，房地产开发贷款和按揭购房贷款政策成为影响房地产价格的重要因素。

提高房地产开发贷款审批标准，提高投资性购房按揭首付款比例和利率水平，抑制房地产投资过热，减少房地产有效需求，从信贷政策上调控价格。从严掌握信贷资金贷后管理，加强对信贷资金挪用的打击力度，防止假冒其他用途的贷款间接流入房地产行业。用于去二三线城市房地产库存的资金间接流入一线城市，是今年大幅推高一线城市房地产价格的罪魁祸首。

（四）积极推进房产税改革

在现有财政体制下，若想改变土地财政政策，就需要为地方政府找新的税收增长点。设计合理的房产税制度，提供替代税源，同时发挥税收的宏观调控功能是必由之路。针对中国部分城市房地产价格上涨快、投机性购房需求旺的情况，2010 年 5 月 27 日，国务院转发《关于 2010 年深化经济体制改革重点工作的意见》，指出要"逐步推进房产税改革"。2011 年 1 月国务院常务会议同意在上海、重庆等部分城市试行对个人住房征收房产税。税收具有调整人们经济行为的功能，目前投资性购房需求过旺与此项经济行为不必承担沉重的税收负担有直接关系。如果对投资性购房行为征收房产税——以家庭保有的二套以上房地产按照其价值征收一定的房产税，而对居民拥有用于自住的首套房屋免征房产税，就能发挥税收的收入调节和财富调节的作用，缩小贫富差距。

（五）加强大城市周边卫星城建设

北京城市副中心、河北雄安新区的做法类似于 19 世纪末英国社会活动家 E. 霍华德提出的"田园城市"和 20 世纪 20 年代英国建筑师 R. 昂温提出的卫星城建设。对于破解北上广深等特大型城市的大城市病，减轻人口压力过大造成的房地产价格飙升具有一定的参考意义。中国现在也具备了居住在卫星城的经济、技术条件，即城市居民几乎家家有汽车。

五、小结

"安得广厦千万间，大庇天下寒士俱欢颜？"不仅要解决房价过高的问题，还要躲在"无知之幕"[1]后面思考这些政策，以避免偏见。

"常平仓"的思路是历史经验，值得借鉴。通过房产税制度的改革完善替代"土地财政"，给政府提供替代税源。从法理上讲，房产税是政府公共产品的价格。房地产信贷政策、公租房制度、卫星城建设也都是经过实践检验的政策措施，若能实施，必见奇效。

---

[1] [美] 约翰·罗尔斯著：《正义论》，中国社会科学出版社 1988 年版。

铁路行业社会资本准入的支撑制度

亏道远*

【摘要】 吸引社会资本是铁路行业引入竞争、打破垄断、推行市场化改革的主要途径，但铁路行业在吸引社会资本实践中却出现了"国家热"而"社会资本冷"的尴尬境地，究其原因，一方面是由于缺乏规范明晰的准入制度，铁路行业社会资本准入不畅；另一方面是铁路行业缺乏合理的市场结构、定价制度以及公益性补贴制度，导致社会资本投资铁路行业后受制于人，无法开展自主经营，无法根据自己的努力实现营利。因此，铁路行业吸引社会资本的改革，不仅需要从完善准入制度本身进行，更为重要的是需要结合铁路行业深化改革，建立可实现有效竞争的主体制度、定价制度和公益性补贴制度。

【关键词】 铁路行业　社会资本　准入　支撑制度

近年来，为深入推进铁路行业的深层次改革，解决铁路行业垄断过度、市场缺位和融资单一等问题，国家发布了一系列政策鼓励社会资本投资铁路行业，但是，社会资本并未热捧，大量的社会资本并未涌入铁路行业，而是持观望态度，即便有部分社会资本投资铁路行业，也很少有成功的典范。究其原因，主要是社会资本准入的基础缺失，社会资本投资铁路行业的营利无法得到有效保障，主要表现在：其一，铁路行业仍然是一家独大的垄断结构，社会资本投资进入铁路行业后无法与中国铁路总公司展开竞争，只能受制于铁路总公司；其二，铁路行业的定价权仍然不够明晰，社会资本投资进入铁路行业后很难准确预期自己到底拥有多大的定价权，预期自己的营利空间；

---

* 亏道远，石家庄铁道大学文法学院副院长。

其三，铁路行业的公益性补贴政策不到位，社会资本投资进入铁路行业后需要承担公益性运输任务，却很难获得合理补偿。因此，需要从铁路行业的主体制度改革、价格制度改革和公益性补贴制度改革等方面探寻社会资本不愿意投资铁路的原因，并从制度建构的层面提出对策。

一、主体制度：铁路行业社会资本准入的基础

（一）制约社会资本准入的主体因素

2013年国家对铁路行业实行了政企分开改革，此次改革基本理顺了政府与企业的关系，建立了能够独立行使监督管理职权的铁路政府监管体制，确立了国家出资铁路企业的市场主体地位，为铁路行业深化改革奠定了良好的基础。

但经过政企分开改革后的铁路行业系统仍然封闭垄断，无法形成公平自由的竞争环境，主要原因是铁路行业中的铁路总公司仍然拥有绝对垄断地位。在此格局下，铁路行业社会资本准入后设立的企业，如果想开展正常的铁路运输业务，则必须借助铁路总公司的线路展开运输，接受铁路总公司的调度指挥。社会资本准入设立的铁路企业根本无法通过公平自由的竞争实现营利，只有从事单独铁路线路运输的铁路企业才能很好地实现自主经营从而能够实现营利，而这些线路一般是运输煤炭等大宗矿产资源的货运专线。

因此，制约铁路运输市场公平自由竞争的主体因素是铁路总公司的一家独大，铁路行业在这样的主体结构环境中引入社会资本，根本无法实现大规模吸引社会资本投资的政策目的。只有通过深化铁路行业改革，重组铁路总公司，从铁路行业内部培育竞争主体，才能建构保障社会资本准入后能够进行公平自由竞争从而实现营利的主体制度。

（二）保障社会资本准入的主体制度探索

制约铁路行业社会资本准入的主体因素主要是铁路总公司一家独大，因此，建构保障社会资本准入市场主体制度的路径主要是重组铁路总公司。通过铁路总公司的重组，从铁路行业内部培育竞争主体，创建能够开展铁路运输市场公平自由竞争的市场主体制度。

1. 铁路总公司重组模式的理论争鸣及选择标准

（1）铁路总公司重组模式的理论争鸣。对于我国国有铁路运输企业如何

重组有很多理论观点，主要有两种：

第一，区域分割模式。这种模式的主要实践者是美国。美国铁路路网主要为铁路货运公司所有，实行区域化分割，允许平行线路竞争，截至 2007 年，美国共拥有 7 家 I 级铁路货运公司，33 家 II 级铁路公司，523 家 III 级铁路公司[1]，其中 7 家 I 级铁路公司拥有美国铁路营业里程的三分之二。[2]这种模式对铁路主要通道分割造成的交易成本最小，有利于提高运输效率，有利于吸引民间资本投资铁路[3]。但铁路行业通过该种模式只能将绝对垄断改为寡头垄断，无法实现铁路行业垄断领域和竞争领域的分离、无法保持铁路行业规模经济效益、社会资本投资设立的铁路企业会受制于区域铁路公司，很难吸引社会资本投资铁路行业。

第二，网运分离模式。该模式的实践者主要是欧洲各国。首先由瑞典开创，并由欧盟委员会倡导，德、英、法等国积极响应。网运分离模式要求铁路路网运营与铁路运输服务分离，铁路货物运输与铁路旅客运输分离，铁路货物运输公司和铁路旅客运输公司使用路网公司的线路从事运输业务，并支付路网使用费。该模式能实现铁路运输行业垄断领域与竞争领域的分离、实现铁路运输业务环节的自由竞争。但会导致较高的交易成本且铁路线路的使用费率很难确定，而且由于没有铁路线路这一最核心要素，不能成为独立的市场主体，也无法打破垄断[4]。

（2）铁路总公司重组模式的选择标准。两种模式各有优缺点，但选择哪种模式需要确立选择标准，主要为：其一，能否促进铁路行业公平自由竞争秩序的形成。铁路总公司重组的目的就是打破铁路行业内部的封闭垄断，建构公平自由的竞争秩序。其二，能否保持铁路行业的规模经济效益。铁路行业需要实施垄断经营并保持规模经济效益的主要是铁路路网运营领域，而铁路运输业务领域则不需要保持垄断经营，也不具有规模经济效益。铁路总公司重组的模式选择应该尊重铁路行业的垄断特征和规模经济特征，对不同领域采取区分对待的竞争政策。

〔1〕 杨晓莉："美国铁路发展现状及启示"，载《综合运输》2010 年第 2 期。
〔2〕 张汉斌："美、日、欧铁路管理体制改革及启示"，载《经济体制改革》2014 年第 2 期。
〔3〕 赵坚等："我国铁路重组为三大区域铁路公司的设想"，载《综合运输》2012 年第 7 期。
〔4〕 赵坚等："我国铁路重组为三大区域铁路公司的设想"，载《综合运输》2012 年第 7 期。

2. 铁路总公司重组的创新模式

区域分割重组模式只能形成区域之间的寡头竞争，无法形成铁路运输市场公平自由的竞争秩序，不适合中国铁路总公司进行重组的路径。相反，网运分离重组模式正好可以促进铁路行业公平自由竞争秩序的形成，保持铁路路网的完整性和规模经济效益。因此，铁路总公司的重组应该向网运分离模式努力。但必须明确的是，不能照搬欧洲网运分离模式，需要结合中国国情，以网运分离为基础进行路径创新。

（1）铁路总公司重组路径创新的思路。主要体现为：

第一，将铁路总公司改组为铁路国有资本经营公司。《中共中央关于全面深化改革若干重大问题的决定》提出要完善国有资产管理体制，以管理资本为主，加强国有资产监管，改革国有资本授权经营体制，组建若干国有资本运营公司，支持有条件的国有企业改组为国有资本投资公司。组建铁路国有资本运营公司最便捷的途径就是将铁路总公司改组为铁路国有资本运营公司，铁路国有资本运营公司只从事资本经营，对其持股公司主要行使股权职能，主要是：第一，选择管理者的权利，包括选择董事会成员和监事会成员；第二，重大决策保留权，包括增资、减资以及合并或解散公司等职权；第三，行使收益权，收取所持股份公司分配的利润。

第二，整合资源组建铁路路网公司。按照网运分离的模式，整合18个铁路局的铁路路网管理资源，组建由铁路国有资本运营公司完全持股的铁路路网公司。铁路路网公司不以营利为目的，其职责是公平公正地向所有铁路旅客运输服务公司和铁路货物运输服务公司提供路网服务并收取铁路路网使用费。

第三，整合资源组建若干铁路旅客运输公司。整合18个铁路局的铁路旅客运输服务资源，组建若干个完全由铁路国有资本运营公司持股的铁路旅客运输公司。它们属于营利性企业法人，实行市场化运作，但强调铁路旅客运输的公益性特征，以确保铁路旅客运输安全和服务质量。

第四，整合资源组建若干铁路货运公司。应该整合18个铁路局的铁路货物运输服务资源，组建若干个由铁路国有资本运营公司完全持股或者控股、参股的铁路货物运输公司。铁路货物运输公司属于营利性法人，完全采用市场化经营，与其他铁路货物运输公司展开公平自由竞争。

（2）铁路总公司重组创新模式的优势。主要体现为：

第一，充分尊重铁路运输规律，区分了铁路行业垄断与竞争环节，有利于促进铁路行业公平自由竞争秩序的形成。分离需要保持规模经济效益并实行垄断经营的铁路路网经营业务与能够开展竞争的铁路货物运输业务以及铁路旅客运输业务，充分尊重铁路货物运输的营利性与铁路旅客运输服务的公益性特征，并在铁路国有资本运营公司的持股上进行区别对待。

第二，实现了铁路统一调度指挥的相对独立性，为确立公平公正的调度指挥服务体系提供了制度性保障。该种创新模式将铁路调度指挥系统划归到铁路路网公司，可以实现铁路运输的统一调度指挥，进行总体上车流调度协调。同时，在该种重组模式下，铁路调度指挥系统相对于所有铁路货物运输公司和铁路旅客运输公司都是相对独立的，这为铁路路网调度指挥系统提供公平公正的服务，提供了制度上的保证。

第三，优化了铁路清算服务系统。在该种重组创新模式下，铁路货物运输公司的收入和铁路旅客运输公司的收入应该全额划归经营主体，铁路货物运输公司和铁路旅客运输公司只需按规定的价格向铁路路网公司支付铁路路网使用费即可。

综上所述，该重组模式可以为铁路运输市场提供公平自由竞争的主体制度，有利于社会资本准入设立的铁路企业公平自由地参与铁路运输服务业务竞争而实现营利。

二、定价制度：铁路行业社会资本准入的核心

社会资本投资主体的主要顾虑之一，就是投资后能否享有充分的自主经营权开展正常的铁路运输业务从而实现营利。价格机制是市场机制的核心要素，充分享有自主定价权是市场主体自主经营权的核心保证。因此，探寻合理的定价权制度，充分保证铁路运输市场主体的自主定价权是吸引社会资本投资铁路行业的核心要素。

（一）阻碍社会资本准入的价格因素

铁路在社会和经济中的巨大作用不仅表现在运输活动本身方面，也体现在其特定的运价体制上[1]。各国在铁路发展过程中都对铁路定价权进行了不同程度的管控，美国通过《管制商务法》《爱尔金斯法》等法律确立了严格的铁路运价管制制度。在20世纪70年代以前，美国所有铁路必须遵循ICC的

---

〔1〕 欧国立："中国铁路运价体制和运价政策的变迁"，载《综合运输》2006年第4期。

规定制定运价本并按本执行，也不允许降价，如果铁路公司要求调价，要事先向 ICC 申请，并通知客户，如果客户有不同意见，则由 ICC 进行调查取证，考虑双方意见决定[1]。直到 1980 年国会通过了《斯塔格斯铁路法》，才放松了铁路运价管制，明确了市场竞争是铁路经营与价格管理最有效的调节手段，并允许铁路可以与货主协商定价，甚至可以秘密定价。其他铁路发达国家也基本都经历了对铁路运价从严格管控到不断放松的过程。

与其他铁路发达国家不同，我国原《中华人民共和国铁路法》确立了严格铁路运价管控准则。这种价格制度在计划经济体制下发挥了重要作用，但随着改革开放的不断深入，以此运行的价格制度在实践中带来了诸多问题。从 1982 年以来，我国开始逐步放松对铁路运价的管控，并且经历了几次涨价，2015 年 4 月 24 日国家对《铁路法》第 25 条进行了修改，对原来严格管控的票价制度进行了一定程度的松绑，引入政府指导价、政府定价和市场调节概念，但对于哪些领域应该由市场调节，哪些领域进行更为合理的政府管控，仍未找到清晰的途径。

（二）保障社会资本准入的定价制度探索

铁路运输企业的定价模式主要有政府定价模式、最高限价模式和市场定价模式。各国在铁路发展进入一定阶段后基本都采用过政府定价模式，我国目前实行的就是此种定价模式。日本在 1987 年民营化改革时采用了最高限价模式，虽然 1997 年将最高限价审批改为认可，但基本上还是这种模式的延续，没有实质性的改变；美国、英国等目前主要采取市场定价模式。

我国铁路定价制度的改革已经启动，但现有的法律规定还过于笼统和模糊，缺乏具体的操作性，并且由于铁路在我国经济社会发展中具有重要的地位，因此，我们既不能完全由政府严格管控，也不能选择完全市场化定价模式，对于如何让铁路运输企业享有合理的定价权，需要从选择铁路定价模式的标准和具体选择定价模式判断两方面进行研究。

1. 选择定价模式的标准

（1）垄断性标准。为了满足铁路行业规模经济效益和统一调度指挥的需要，应该赋予铁路行业在一些具体业务领域的垄断权。但是，一旦赋予了这些领域垄断权，对这些领域就应该实行严格监管，尤其是铁路运价的监管。

---

[1] 张冬生："美国铁路运价考察"，载《中国铁路》2001 年第 6 期。

如果赋予垄断领域自主定价权，垄断领域的铁路企业会很容易通过垄断地位滥用市场支配地位，影响铁路行业的健康发展。因此，对于垄断性较强的铁路业务领域，在铁路定价模式的选择上，应该选择政府定价模式或最高限价模式。

（2）公益性标准。公益性是铁路运输的主要特征，在深化铁路改革过程中，我们在不断强调铁路运输营利性特征的同时，仍然需要关注铁路运输的公益性。因此，对于铁路行业公益性较强的业务领域，不能完全采用市场定价，应该对其有所限制，应该相对合理地选择政府定价模式或最高限价模式，以保障铁路运输服务对象公益性利益的享受。

（3）竞争性标准。打破垄断，引入竞争是未来铁路行业改革的主要方向，在一些公益性不强和对国民经济安全以及国家安全影响不大的铁路行业具体业务引入竞争，将会促进铁路行业的快速发展。因此，对于竞争性较强的铁路业务领域，在铁路定价模式的选择上可以选择市场化定价模式，使该类业务领域的铁路企业通过市场化竞争实现自己的营利目的。

2. 具体领域定价模式的判断

（1）铁路路网运营业务领域定价模式。保障铁路运输市场公平自由竞争的主体制度，确立了铁路路网运营领域应该由国有独资的铁路路网公司经营，赋予了铁路路网公司垄断地位，并且将铁路路网公司界定为不以营利为目的的特殊企业，突出铁路路网运营业务的公益性特征。因此，在定价模式的选择中，应该选择政府定价。采用政府定价模式，一方面可以通过定价权的限制，对具有绝对垄断地位的铁路路网公司进行严格监管，避免铁路路网公司通过调整运价侵害其服务对象的权利；另一方面，对铁路路网运营实行政府定价，可以降低铁路运输公司与铁路路网公司之间的交易成本，从而提高铁路运输的效率。

（2）铁路旅客运输业务领域定价模式。我国铁路旅客运输具有极强的公益性特征，但并不代表不可以实施市场化竞争运营，所以，铁路旅客运输业务也具有竞争性，保障铁路运输市场公平自由竞争的主体制度确立了铁路旅客运输应该由几家国有独资铁路公司运营。因此，在铁路旅客运输业务领域的定价模式选择中，应该选择最高限额定价模式。采用最高限额定价模式，既便于铁路旅客运输业务的竞争性经营，又可以保障铁路旅客运输的公益性。

（3）铁路货物运输业务领域的定价模式。铁路货物运输是铁路业务中营利性最强的业务领域，具有很好的营利空间，具有极强的竞争性，各国在铁路改革的过程中基本都开放了铁路货物运输的市场定价权，并且铁路货物运输的公益性特征一般都不强，有一部分公益性较强的特殊铁路货物运输完全可以通过公益性补贴实现。因此，原则上应该选择市场化定价模式，只有在极为特殊的线路，才应该使用最高限额定价模式，以防止因铁路货物运输的绝对垄断而影响当地经济社会的发展。

综上所述，在建构保障社会资本准入的定价制度路径的选择上，应该区分不同的业务领域，衡量它们各自的垄断性、公益性以及竞争性特征，从而依据各自领域的不同特征选择合理的定价模式。

三、公益性补贴制度：铁路行业社会资本准入的保障

（一）阻碍社会资本准入的公益性因素

目前推行的铁路运输行业改革主要强调铁路运输的营利性，这样的改革方向很正确，既符合铁路运输行业发展的时代需求，也符合世界铁路运输行业发展的趋势。但是，也不能忽略铁路运输行业的公益性特征，更不能降低铁路运输服务的公益性程度。在深化铁路运输行业改革的过程中重视铁路运输行业的公益性，会受到社会公众的支持，有助于铁路运输行业改革的顺利推进。

由此可见，在强调铁路运输行业营利性改革的同时，应兼顾铁路运输的公益性，从立法论的角度分析，应该在立法中规定铁路运输企业提供公益性运输服务的强制性义务。这也是世界上铁路发达国家的普遍做法，如《欧盟委员会91/440/EEC 指令》规定铁路企业应当按照商业化原则来运作，铁路企业同时应承担国家强加的公共服务义务以及与成员国主管当局签订的公共服务合同[1]。《德国铁路通用法》认可了欧盟委员会规定铁路运输企业应该提供公益性运输服务强制性义务的精神[2]。

相对于欧美等发达国家，我国铁路运输的公益性特征更为明显，通过立法规定铁路运输企业的公益性运输服务强制性义务实属必要。目前国有铁路运输企业承担着大量的公益性运输成本，仅2011年全国铁路公益运输线路亏

---

〔1〕 曹钟雄：《国外铁路法律法规选编》，中国铁道出版社 2003 年版，第 168 页。
〔2〕 曹钟雄：《国外铁路法律法规选编》，中国铁道出版社 2003 年版，第 206 页。

损额达 700 亿元，主要包括军事物资、扶贫救灾、军人、残疾人和在校学生等大量非营利性的公益性运输服务成本[1]。社会资本投资铁路行业后，必然会要求其设立的铁路运输企业提供这些公益性的运输服务，但如果还让它们承担公益性运输服务的成本，会影响它们的收益，打消社会资本投资铁路行业的积极性，从而阻碍社会资本投资铁路行业。因此，只有建立规范科学的公益性补贴制度，才能保证铁路运输公益性补贴的持续性，达到真正吸引社会资本投资铁路行业之政策目的。

（二）保障社会资本准入的公益性补贴制度探索

要保证铁路运输行业公益性补贴能够合理地进行，必须建立规范科学的铁路运输行业公益性补贴制度，明确铁路运输行业公益性补贴的主体、范围和标准。

1. 明确公益性补贴的主体

如果要顺利地实施铁路运输行业公益性补贴政策，首先必须明确铁路运输行业公益性补贴的主体。铁路运输服务的公益性补贴属于财政补贴，所以铁路运输服务公益性补贴的主体应该是政府的财政部门。如果铁路运输企业提供主干线范围内的公益性运输服务，则需要中央政府财政部门承担公益性补贴；如果铁路运输企业提供支线范围内的公益性运输服务，则应该由相关地方政府财政部门承担公益性补贴。

但铁路运输服务具有极为特殊的专业性，实施具体公益性补贴的过程也较为复杂，仅靠政府财政部门难以实现，还需要铁路运输行业政府主管部门以及相关铁路运输企业的配合。因此，铁路运输服务公益性补贴具体应该为：政府财政部门主导，其他相关部门和企业配合实施。《铁路投融资意见》中确立的公益性补贴主体制度体现了这一设计思路，具体为承担过渡期铁路运输公益性服务补贴的主体为：财政部、国家铁路局和铁路总公司。

2. 明确公益性补贴的范围

明确铁路运输行业公益性补贴的范围是顺利地实施公益性补贴工作的关键环节。如果要确立科学合理的铁路运输行业公益性补贴范围，必须考虑两方面的因素：其一，是否具有公益性。公益性是政府对铁路运输行业进行公

---

[1] 张彬、杨烨："国家财政或补贴铁路公益服务"，载《经济参考报》2012 年 10 月 30 日第 A01 版。

益性补贴的主要理由，如果接受补贴的项目不具有公益性，则相关政府没有必要进行公益性补贴，即便对某些铁路运输企业的运输服务进行了补贴，其性质也不属于公益性补贴；其二，是否因提供公益性运输服务而受到损失。并非所有的铁路公益性运输服务都需要政府对其进行补贴，只有因提供公益性运输服务而且受到损失的部分，相关政府才有义务进行公益性补贴。因此，一方面要求铁路运输企业必须有损失，另一方面也要求导致铁路运输企业遭受损失的因素必须具有公益性，二者缺一不可。

依据以上确立的标准，比较可行的方法是：其一，采用列举式方法规定一般的铁路运输公益性补贴项目，如涉农物资和紧急救援等公益性运输服务等，这些项目公益性明显，而且在铁路运输企业提供这些公益性运输服务过程中确实遭受了损失，因此在立法中以列举式的方式清晰列出这些项目；其二，采用归纳式的方法规定兜底性条款。由于铁路运输服务行业情况较为复杂，立法时很难做到全面列举，因此，应该依据"公益性"和"遭受损失"两项标准，以归纳式方法规定达到公益性补贴范围标准的其他铁路运输服务项目提供公益性补贴。

3. 明确公益性补贴的标准

从表面上看，额度标准似乎很容易确定，但是，依据保障铁路运输市场主体自主经营定价权制度，其价格随着市场需求的变化而变化，很难确定其具体的损失额。比较可行的方法是依据铁路运输企业提供的公益性运输服务总额，确定一个补贴的比例，依据补贴比例进行补贴。

综上所述，合理的主体制度、定价制度和公益性补贴制度是保障铁路行业社会资本准入后能够正常开展经营活动并实现营利的主要制度支撑，如果没有这些制度的支撑和保障，铁路行业社会资本准入后将无法开展正常的经营活动，也无法实现营利，也就没有投资铁路行业的动力。

竞争政策的基础性地位及其实现路径

王先林[*]

【摘要】 近年来，竞争政策不仅受到学界的关注，而且也越来越受到国家的重视。特别是 2015 年以来，3 月 13 日，《中共中央、国务院关于深化体制机制改革加快实施创新驱动发展战略的若干意见》提到"强化竞争政策和产业政策对创新的引导"；5 月 8 日，《国务院批转发展改革委关于 2015 年深化经济体制改革重点工作意见的通知》再次提到促进产业政策和竞争政策有效协调；10 月 12 日，《中共中央、国务院关于推进价格机制改革的若干意见》更进一步提出逐步确立竞争政策的基础性地位。特别是 2016 年 6 月，国务院印发了《关于在市场体系建设中建立公平竞争审查制度的意见》，要求建立公平竞争审查制度，防止出台新的排除、限制竞争的政策措施，并逐步清理废除已有的妨碍公平竞争的规定和做法。这些预示着竞争政策在我国社会主义市场经济发展中将会发挥越来越重要的作用。本文拟就竞争政策的基础性地位及其实现路径问题进行粗浅的分析，以作抛砖引玉。

【关键词】 竞争政策　经济政策　实现路径

一、竞争政策的含义、定位和目标

（一）竞争政策的基本含义

竞争政策从最广泛的意义上讲，凡是与市场竞争有关的或者能够影响一国国内或与其他国家间的竞争条件或竞争环境的所有政策都属于竞争政策的

---

* 王先林，法学博士，上海交通大学特聘教授、博士生导师，凯原法学院常务副院长，竞争法律与政策研究中心主任，国务院反垄断委员会专家咨询组成员，上海市法学会竞争法研究会会长。

范畴，包括限制竞争的政策。这就是所谓的广义上的竞争政策，其在内容上既包括竞争法律，也包括旨在促进国内经济竞争自由和市场开放的各项政策措施。即使在某些特殊的领域需要限制竞争，那也是作为竞争政策适用范围的限制或者适用除外的形式而存在的，在总体上不影响竞争政策作为促进竞争政策的基本定位。

在狭义上，竞争政策就等同于竞争法，尤其是反垄断法。虽然在很多国际文件中将竞争政策与竞争法等同使用或者并列使用，但是在已经有了竞争法概念的基础上还要提出竞争政策的概念，因为竞争政策在范围上更广泛，因此竞争政策更多的时候是在广义上来使用的。我国《反垄断法》第9条规定国务院反垄断委员会职责中的"研究拟订有关竞争政策"，依其本意，应属于广义上的竞争政策。

广义上的竞争政策无疑是以狭义上的竞争政策即竞争法为核心的。与其他经济政策相比，竞争政策的一个重要特点是以有关具体的法律为基础的。竞争政策是直接的规则调节，而不是间接的参数调节；它以法律形式规定了哪些市场竞争行为是允许的，哪些行为是不允许的，而不是斟酌使用、灵活运用的；它是长期相对稳定的，而不是随机应变[1]。狭义的竞争政策直接关系到竞争法，尤其是反垄断法的实施方向、方式和力度，但其有效作用又离不开广义的竞争政策。

竞争政策的发展在不同国家经历了不同的路径。在发达国家，大多是从广义的竞争政策出发，确立清晰的竞争政策目标，再聚焦到狭义竞争政策即竞争法的实施；而在发展中国家和转型经济国家，则普遍通过竞争立法及其实施，再逐步地实现广义竞争政策的全面推行[2]。在现代市场经济国家，反垄断作为竞争政策的核心内容，是保证经济正常运行所必不可少的，是现代市场经济国家普遍的制度安排。反垄断是现代市场经济条件下国家调节经济的重要方式和职能之一。在法治经济的背景下，反垄断需要得到法律的确认、规范和保障。在早期，反垄断法主要集中在发达市场经济国家，成为这些国家保障和促进经济发展的重要政策法律工具。但现在，反垄断法已经成为越来越多国家和地区的制度选择。目前大约有130个国家和地区制定和实施了

---

〔1〕 陈秀山：《现代竞争理论与竞争政策》，商务印书馆1997年版，第134页。

〔2〕 徐士英：《竞争政策研究：国际比较与中国选择》，法律出版社2013年版，第5页。

自己的反垄断法。

我国目前的竞争政策的基本框架主要体现在《反垄断法》《反不正当竞争法》及其配套法规之中。

（二）竞争政策在经济政策体系中的地位

从政府的经济政策体系来看，竞争政策只是其中的一个组成部分，此外还有财政政策等其他政策。这些政策的作用领域和方式各不相同，但是基于分类标准的差异，不同的经济政策之间可能存在一些内容的交叉。其中，由于产业政策的实施往往需要辅之以其他经济政策，其他经济政策的实施则常常围绕产业政策，是实现产业政策目标的工具，因此产业政策的资源配置功能更为明显，也更适合作为其他经济政策的代表与竞争政策进行比较。

作为国家经济政策的两个重要的组成部分，竞争政策和产业政策具有基本的一致性，但也存在多方面的差异和冲突。两者的一致性表现在它们都建立在市场经济的基础上，都弥补了一定的市场机制缺陷，都以共同提高国家整体经济效率、维护社会公共利益为最终目标。竞争政策的实施需要在产业组织之间或产业组织内部这个大舞台上进行，产业政策的落实同样离不开竞争政策维护的公平市场机制。但从总体来看，两者在不少方面存在明显的差异，包括调整手段的差异、作用机制的差异等，因此存在着潜在的冲突，需要对两者进行有效的协调[1]。

相对于其他经济政策，竞争政策应是市场经济条件下的一项基础性的经济政策，这是由市场经济本身的特点决定的。作为市场经济最基础、最重要的运行机制，竞争是推动市场主体进行合理决策的基础。只有竞争才能迫使市场主体对价格信号作出及时反应，促使企业不断根据市场变化，对生产要素进行重新组合，从而达到资源的最佳配置。竞争具有合理配置稀缺资源，推动经济技术进步，保障人们的经济自由等多种功能。竞争是市场经济的灵魂和发展的动力，市场经济本质上是一种竞争性经济。但竞争不能是自发、盲目的，需要国家通过有效的竞争政策加以引导和规范。完善的竞争政策不仅是使市场在资源配置中起决定作用的重要法宝，也是其他经济政策发挥作用的前提，并有利于防止政府不当干预经济活动。

[1] 王先林、丁国峰："反垄断法实施中对竞争政策与产业政策的协调"，载《法学》2010年第9期。

（三）竞争政策的目标和实现形式

竞争政策的目标是保护和促进竞争，维持自由、公平竞争的市场环境，实现理想的经济效率。为了实现这一目标，必须运用相应的手段，对竞争过程和竞争者的行为施加影响，以预防和阻止损害、限制竞争的情况和行为发生。竞争政策的基础是通过约束各种反竞争的行为以保护和促进竞争性的市场结构和市场行为，从而使市场机制功能最大化。因此，尽管各个国家和地区的竞争政策在内容上有着较大的差异，但是其典型的规定都是为处理各种反竞争行为提供救济。这些反竞争行为包括固定价格或者其他卡特尔安排、滥用市场支配地位等，这些实际上也正是竞争法的核心内容。此外，那些转型经济国家，竞争政策还需要解决政府限制竞争即所谓的行政性垄断问题，这在一些国家也是反垄断法的规制对象。

市场决定资源配置的本质要求，就是在经济活动中遵循和贯彻价值规律、竞争规律和供求规律。这就要求大幅度减少政府对资源的直接配置，推动资源配置依据市场规则、市场价格、市场竞争实现效益最大化。正是基于并保障实现"使市场在资源配置中起决定性作用和更好发挥政府作用"，竞争政策在经济政策体系中的基础性和优先性地位必将进一步突出。明确竞争政策的这一基本定位，有助于其他经济政策工具的运用，进一步优化竞争执法的环境，实现竞争政策目标，并有助于培育有竞争力的市场主体，进而形成优质的竞争文化。

二、我国确立竞争政策基础性地位的背景和条件

（一）我国产业政策和竞争政策发展的历史沿革

我国正式引入产业政策是在 20 世纪 80 年代后期。20 世纪 90 年代以来，我国根据国内外环境和经济、社会发展的需要，借鉴发达国家的成功经验，制定、颁布了多项产业政策，在促进产业结构优化、纠正市场机制缺陷方面发挥了重要的作用。自 2000 年以来，我国的产业政策几乎涵盖所有产业，更多地表现为对产业内特定企业、特定技术、特定产品的选择性扶持以及对产业组织形态的调控，强调要发挥市场在资源配置中的基础性作用，要加强国家产业政策的引导，目录指导、市场准入、项目审批与核准等行政性直接干预措施进一步被强化，而深化市场体制改革、促进市场机制等更好地发挥资

源配置功能的具体政策措施相对较少。

我国竞争政策也经历了一个从无到有并不断发展和完善的过程。从1949年新中国成立至1978年改革开放前，实行计划经济体制，一切由国家计划管理，不存在市场竞争。从1978年改革开放开始，到1992年中共十四大提出建立社会主义市场经济体制的目标之前，实行有计划的商品经济，市场竞争机制被有限度地引进。由于我国自身经济发展的缺陷以及对竞争缺乏全面认识，使竞争在促使优胜劣汰、实现资源有效配置的同时，也产生了不正当竞争和排除、限制竞争等行为，产生了市场竞争方面的立法。从十四届三中全会通过了《关于建立社会主义市场经济体制若干问题的决定》，随着市场化改革在各个领域的全面推进，竞争机制在很多领域被广泛推行，与此同时，为了保护和促进有效竞争，维护消费者利益和社会公共利益，促进社会主义市场经济健康发展，中国关于市场竞争方面的立法也进入了一个重要的时期，尤其是2007年通过了《反垄断法》，其中首次正式提出竞争政策。

结合我国产业政策和竞争政策的发展历史，两者在不同经济发展阶段的地位和相互关系大致可作如下划分：

第一阶段：产业政策占绝对主导地位，不存在竞争政策。时间从1949年新中国成立至1992年中共十四大提出建立社会主义市场经济体制的目标。在这一时期，中国先后实行计划经济体制、有计划的商品经济，在改革开放后，市场竞争机制被有限度地引进。虽然在此期间有少部分保护竞争的法规的制定，但从整体和实施效果方面来看，这一阶段竞争政策还没有形成体系。

第二阶段：产业政策占主导地位，竞争政策开始萌芽并艰难发展。从党的十四届三中全会通过了《关于建立社会主义市场经济体制若干问题的决定》至2008年《反垄断法》的通过，随着社会主义市场经济体制的逐步完善，为保护公平竞争的市场秩序，《反不正当竞争法》和《反垄断法》先后颁布实施，至此竞争政策正式进入政策体系之中。

第三阶段：产业政策占主要地位，竞争政策作用正逐渐被认可。2008年以来，随着反垄断执法的常态化，竞争政策对于维护公平竞争的积极作用被逐渐认可。现阶段，产业政策仍处于经济政策的核心地位状态，片面强调产业政策作用忽视竞争政策作用带来的诸多弊端也在逐渐显现。2013年中共十八届三中全会通过的《中共中央关于全面深化改革若干重大问题的决定》明确指出"经济体制改革的核心问题是处理好政府和市场的关系，使市场在资源配置中起决定性作用和更好发挥政府作用"，这使得更能体现市场经济本质要求的竞争政策有了发挥作用的政策依据，尤其是2015年以来，党和国家的一系列重要文件不断提出要重视竞争政策并实现竞争政策和产业政策的协调发展。

从经济发展的角度来看，我国产业政策的实施在改革开放三十多年来经济保持高度增长中发挥了重要作用，同时，不可否认的是产业政策还会在今后的经济转型升级和产业结构调整中发挥积极作用。但另一方面，由于过于注重实施扶持性产业政策，忽视发挥竞争政策作用，出现了一系列的问题：虽在经济总量上取得了快速增长，但产业发展深层次结构矛盾也逐步显现；虽在促进大企业发展方面取得积极成效，但阻碍了公平市场经济秩序的建立；企业创新积极性不高，自主创新能力严重不足；扶持性产业政策直接干预企业正常经营，造成资源配置扭曲，效率低下；产业政策中的优惠补贴审批成为滋生少数干部权力寻租的土壤。这些都需要我国在今后的发展中更加重视竞争政策的作用，并促进其与产业政策的有效协调。

（二）我国确定竞争政策基础性地位的时机已经成熟

我国经济发展进入了新的历史阶段，竞争执法也进入了新常态，这也表明我国将竞争政策基础性地位的历史时机已经成熟。

首先，全面深化改革的制度要求。全面深化改革的核心是要充分发挥市场在资源配置中的决定作用，同时更好地发挥政府的作用。一方面，对公平竞争的追求，意味着政府在干预市场的手段选择上应当优先倾向于竞争政策；另一方面，对政府与市场关系的优化需求，在很大程度上意味着我国政府在干预市场的过程中应当尽量减少带有很强行政色彩的产业政策。此外，社会主义市场经济本质上是法治经济，而竞争政策本身在很大程度上是一种法律化的经济政策或者是主要通过法律来实施的经济政策，因而实施竞争政策更符合法治经济的内在要求。

其次，经济发展阶段的现实基础。经过三十多年的改革开放，我国目前的企业数量已经超过1000万户，多数领域的市场企业梯队结构不断趋向合理，我国企业的整体质量不仅能够确保企业对内竞争的有效展开，而且能够确保我国本土企业能够有效地参与全球市场的竞争。

再次，反垄断执法新常态的大势所趋。竞争政策是依赖于市场竞争机制的干预手段，竞争政策的应用对政府的要求比产业政策对政府的要求要高得多。从我国当前实践来看，虽然我国的三大反垄断执法机构只有9年的实践经验，但借鉴他国经验和教训，我国反垄断执法在整体上进步很快，越来越呈现出常态化和规范化。有了不断丰富的执法经验作为基础，我国目前的反垄断执法能够支撑政府在干预市场上实现竞争政策基础性地位的选择。

总之，随着社会主义市场经济的深入发展，我国目前已经到了确定竞争政策基础性地位并且实现竞争政策与产业政策协调发展的阶段。长远的发展趋势应当是产业政策渐退、竞争政策稳进并演进到竞争政策优先于产业政策的格局。

三、竞争政策基础性地位的主要实现路径

（一）加强和改进竞争执法

在我国当前经济发展阶段，实现竞争政策基础性地位的首要任务是切实加强和改进反垄断执法，及时发现和制止垄断行为。一方面，由于社会主义市场经济体制不完善、法律法规不健全等特点，目前我国各种垄断行为呈多发态势，只有进一步加大反垄断执法力度，努力维护公平竞争的市场秩序，才能保障市场配置资源的基础性作用得到充分发挥。另一方面，执法本身就是最好的普法。查处典型案件并予以公开曝光，能够有效警示其他经营者，有助于向全社会普及竞争文化。

目前，在我国反垄断执法工作如同反腐败工作一样，要"老虎""苍蝇"一起打，以此来彰显反垄断法的威力。近年来反垄断执法机构陆续对国内外大公司开展了反垄断调查，产生了非常大的影响，增强了反垄断法和反垄断执法机构的权威性。

为了提升人们对我国反垄断法的信心，在我国进一步实施反垄断法的过程中，迫切需要寻找一些合适的领域作为突破口。从目前存在问题的症结、民众关注的焦点和产生的示范效应等方面来看，垄断行业无疑应当作为进一步加强我国反垄断法实施的突破口，也将是我国反垄断执法实现转折的重要契机。

（二）探索实施公平竞争的审查制度

在我国要逐步确立竞争政策的基础性地位，不可避免地要在制度安排和

设计上处理竞争政策与产业政策及其他经济政策的关系，这种竞争审查制度的作用和特点，使其成为竞争政策中重要的组成部分。从竞争审查针对的对象来看，其调整的是政府的部分限制、排除竞争的行为。近年来，竞争审查已成为世界各国和国际组织推进竞争政策的重要手段，成了刺激经济发展、应对世界范围内的金融危机引起的经济下行的有效工具。

竞争审查所规制的反竞争的要素与反垄断法有一定的重合，也有很大的区别。我国普遍存在对产能过剩的产业仍然进行财政或税收补贴，对大中型企业特别是国有企业进行产业扶持并间接地挤压了中小企业的生存空间，行业监管机关对已经高度集中的各监管行业企业进行干涉，扭曲了资源配置，进而造成效率低下等问题。这些问题都与竞争审查所规制的反竞争的要素高度重合，因此竞争审查不仅在发达国家普遍适用，在发展中国家也受到高度重视。

目前，各地陆续出台了实施意见，国家发改委等部门正在起草这方面的法规性文件，有望逐步建立起我国的公平竞争审查制度。

（三）大力实施竞争倡导

竞争倡导是许多国家和国际组织认可的推动竞争政策落实以及构建竞争文化的重要机制。竞争倡导的含义说明竞争倡导是竞争执法机构一系列行为的总称，这些行为包括了两方面的内容：第一，对于其他负责监管和立法的政府机关的行为导向；第二，对全体社会成员的推进措施，以提高他们对竞争的优势以及竞争政策在促进经济增长、保护竞争方面的作用的意识。与竞争政策下的具体制度不同的是，竞争倡导的政策目标是通过前述两方面的推进措施的实施，构建一个良好的竞争文化的环境。竞争倡导的实施给许多国家带来了积极作用。

竞争文化是竞争倡导实施的重要评价标准，一国竞争文化环境的优劣往往会直接影响到竞争政策和竞争法的实施。对于那些刚刚实施反垄断法的国家，竞争文化一般都是欠发达的，一般认为在这些国家，应首先通过针对社会公众的竞争活动培育广为接受的竞争文化，再开展具体的执法措施。我国实施《反垄断法》虽然在法律实施方面取得了较大的成绩，但不可否认的是，不论是政府机关还是社会公众，对于竞争文化并没有太多认同。从这个意义上来看，竞争倡导在我国就应当被重视。

竞争倡导实现目标的手段，是从多层面去影响政府行为、企业行为和民众意识，优化竞争环境。在竞争倡导的实施初期，可按如下机制发挥功能：首先，对政府部门的竞争倡导。除竞争审查外，应当通过多种方式加强对政府相关部门的竞争文化宣传，提高政府部门对竞争政策的认识。其次，对市场主体的竞争倡导。除了竞争执法对市场主体的警示和法制宣传作用，竞争执法部门还应当采取多种方式为市场主体提供多方面的服务，倡导竞争理念。再次，积极探索新媒体、自媒体宣传方式加强竞争政策宣传，正面引导社会看待竞争执法、理解竞争政策。最后，充分发挥科研院校等其他社会组织力量。

（四）积极研究应对竞争中立政策

一般认为，竞争中立政策是首次在澳大利亚提出的概念，该政策在促进国有企业与私营企业公平竞争方面起到了很大的作用，是运行得比较成功的政策工具。根据经济合作与发展组织对竞争中立的定义，当市场中没有经营实体享有过度的竞争优势或竞争劣势时，市场就达到了竞争中立状态。以竞争中立这一理念构建的竞争中立政策，是确保经营者不因所有制而产生竞争优势的一系列制度工具，是近年来世界各国贯彻、实施竞争政策的重要途径。

虽然竞争中立政策已越来越成为世界各国竞相推进的重要竞争政策，但各国的倾向和出发点又有区别。美国在国际上推行竞争中立政策，更多地具有主导国际经贸规则治理和变相实施贸易保护主义的诉求，而不是为了针对自身问题，典型的例子是美国在主导《跨太平洋战略经济伙伴关系协定》的谈判中明确要求体现竞争中立的原则，其最后文本也明确要求政府应当对国企、私企、外企一视同仁，使国企获得竞争优势。

我国目前应积极开展竞争中立政策研究，有利于为国家应对 TPP 谈判提供支撑经验，进而探索如何完善分类监管机制。就竞争中立本身来说，在已经明确市场作为资源配置的决定性方式并且已经有了作为竞争政策核心内容的《反垄断法》的今天，我国现在可以欢迎和积极介入这方面的谈判；另一方面，在具体的谈判过程中也需要仔细分析现有谈判方案的内容，看清其背后的真实意图，并在国内的政策法律上作出应对。首先，应警惕美国将竞争中立的概念扩大化，将外企和民企贴上政府经营活动的标签，将其纳入非竞争中立范畴[1]；同时，也要看到竞争中立本身也有其合理性，特别是我国在深化

---

〔1〕 王婷："竞争中立：国际贸易与投资规则的新焦点"，载《国际经济合作》2012 年第 9 期。

改革过程中的重要一环就是减少国有企业的垄断[1]。

事实上，2015年8月24日发布的《中共中央、国务院关于深化国有企业改革的指导意见》明确提出，根据国有资本的战略定位和发展目标，结合不同国有企业在经济社会发展中的作用、现状和需要，将国有企业分为商业类和公益类，在对国有企业进行合理分类的基础上对商业类国有企业逐步实行竞争中立也是我国深化改革的要求和体现。

---

[1] 东艳："全球贸易规则的发展趋势与中国的机遇"，载《国际经济评论》2014年第1期。

中国能源转型的困境与制度保障

侯长超 *

【摘要】 中国处于可再生能源替代化石能源的转型期，此次转型期由环境恶化的直接原因以及社会成本过高的内在原因导致，呈现出低碳、可持续、由资源依赖型转向技术依赖型的新特点，正是由于转型发生的原因以及其呈现出的特点，中国此次能源转型面临成本过高的问题、利益关系难以调整以及能源市场化难以形成的困境，针对此困境，笔者认为应当由政府发挥牵引作用，采取税收政策、补贴政策等一系列措施，并针对成本过高问题适当引入民营资本。

【关键词】 能源转型 可再生能源 社会成本 市场竞争

以可再生能源代替化石能源、降低碳排放为主要内容的能源转型已经成为中国以及世界各国能源政策的重要内容。此次，"十三五"规划的十年是中国能源低碳转型的关键时期，在不同于以往以煤炭取代木材、以油气取代煤炭这两次能源转型的后知后觉，此次能源转型中，中国已经不可避免地被卷入能源革命的浪潮之中，为了抓住此次能源转型的机遇，我们必须对中国在此次能源转型中所遇到的挑战有一个较为直观的认识，在认识问题的基础之上不断推动能源转型顺利进行。

一、能源转型概述

（一）能源转型的含义

关于能源转型的具体含义，国内外学者对其进行界定的角度各不相同，

---

* 侯长超，首都经济贸易大学法学院硕士研究生。

有的学者认为：能源转型是由原动机推动的，伴随着能源系统深刻变革的，一次能源结构长期变化过程[1]。还有的学者从物质状态来认识能源转型，将能源转型分为固体向液体向气体的转型，并且认为能源转型的最后一个阶段，应当为从水中提取以氢能、太阳能、风能和核聚变为主的氢经济。哪个国家或民族能驾驭这股能源转型大潮，在此轮能源转换中表现出领导力，并为刺激本国的经济增长制定政策、发展技术？哪个国家或民族就能够成为21世纪的赢家[2]？而在当前的中国，对于能源转型的普遍认识，主要从其阶段性以及内容的角度来理解，"此次能源转型主要为以可再生能源代替化石能源，降低碳排放；是继以煤炭取代木材、以油气取代煤炭的第三次能源转型"。

（二）此次能源转型的新特点

1. 低碳、可持续的能源供给

相对于以煤炭、石油等不可再生能源为主要能源供给原料的两次能源转型，此次能源转型将发展以太阳能、风能等可再生能源为国家的主要供应能源，以往的事实证明，煤炭、石油等资源的使用已经带来了一系列严重的社会问题——温室效应、大气污染、资源浪费等。当前的能源转型源于对高碳能源使用后果的科学认识以及低碳能源利用技术的快速发展，人类的自觉行动加上科学技术进步构成推动第三次能源转型的基础[3]。因此，低碳化成为此次能源转型最重要的路径与指标。

2. 由资源依赖型转向技术依赖型

以往不管是以煤炭为主的能源结构还是以石油为主的能源结构，无一例外，都对资源的依赖程度极大，经济的发展对本国的煤炭资源以及石油资源的依赖较大这一状况对本土能源不丰富的国家而言，能源转型越成功，其与其他国家的差距越大。

而此次能源转型，相对于对资源的依赖程度，其对技术要求的依赖程度更高，对于可再生能源——太阳能、风能、核能等，其并不专属于某个国家、某个地区，任何国家均可以利用本国的可再生能源。而这就产生了对技术的要求，如何能将这些可再生能源转化为日常生活、生产所需要的能源，成为

---

〔1〕 朱彤："五问国家能源转型"，载《财经》2016年第18期。

〔2〕 〔美〕罗伯特·海夫纳三世著：《能源大转型——气体能的崛起与下一波经济大发展》，中信出版股份有限公司2013年版，第15页。

〔3〕 史丹："全球能源转型特征与中国的选择"，载《经济日报》2016年8月18日第014版。

各国亟须解决的重要难题。

二、能源转型的原因

（一）直接诱因：中国气候环境急剧恶化

大气污染、环境恶化是近年来中国人民最直观的感受，而环境急剧恶化的很大一部分原因在于以煤炭、石油为能源供应燃料的大量使用而产生二氧化碳、二氧化硫等物质，在中国，煤炭消费是造成煤烟型大气污染的主要原因，也是温室气体排放的主要来源[1]。为了遏制环境的进一步恶化，必须减少二氧化碳等的排放量，这已经成为中国人民的共识，但是中国是一个能源消耗大国，且经济依然处于稳步增长时期，能源使用量呈现有增无减的趋势，综合环境以及经济发展的平衡，无法做到减少能源的供应，而只能实现能源由高污染转向低污染、甚至无污染，同时又不会使得能源供应呈现短缺，这就要求能源向低碳、可持续利用的方向转型。

（二）内在原因：社会成本过高

每一个时代的主流燃料都存在自身的局限性，每种燃料的退出，并不是因为我们耗尽了这种燃料，而是因为它导致了过高的社会成本（包括经济、环境以及安全方面）[2]。这里所讲的成本并不只是经济上的内部成本，还应当包括环境成本、安全成本等外部成本。每一种能源的使用都是经济以及环境等的整个社会成本的投入，而能源的使用过程所造成的成本的最大消费部分，并不在于明显的经济成本，而往往是隐性的外部环境成本。

就中国的历史来看，当中国初步使用煤炭资源时，其成本是小于产出的，当时中国煤炭储量丰富，也不存在严重的环境问题，外部成本不易显现，煤炭自然成了社会发展的主导能源。而发展到现在，中国的环境问题日益突出，碳资源的使用每增加一点都会导致环境的污染与损害，进而引发中国人民的身体健康问题，碳资源的使用已经失去了其经济效用，对于石油也同样如此，这也是越来越多的国家寻求新的能源取代煤炭以及石油等资源的原因。对比

---

〔1〕 中华人民共和国国务院新闻办公室："中国的能源状况与政策"，载《人民日报》2007 年 12 月 27 日第 010 版。

〔2〕 ［美］罗伯特·海夫纳三世著：《能源大转型——气体能源的崛起与下一波经济大发展》，中信出版股份有限公司 2013 年版，第 5 页。

欧美等发达国家，我国的环境问题更为严重，可以预见，中国的主流能源将在不久的将来由煤炭转为低碳、可再生能源。

三、中国在能源转型期所面临的挑战

（一）跨越式发展所带来的成本问题

因为中国现在能源供应仍然是以煤炭为主，相比较于国外已经完成向油气的两阶段转化，中国不可能采取煤炭向石油、石油向可再生能源的逐步转化，否则中国将错失能源转型的最好时机。所以相比于欧美等发达国家石油→可再生能源的转型模式，我国则为煤炭→可再生能源的转型模式。

而跨越式发展就意味着中国能源转型基础较差，动力不足，以煤炭为主的能源供给模式，相比较于以石油为主的能源供给模式，意味着更高的碳排放量，意味着更严重的环境污染，相比于西方能源转型的一个进程，中国要在几乎相等的时间内完成两个进程才能追上发达国家的脚步，这就意味着将付出更多的人力、财力成本来治理高碳能源模式所遗留下的环境问题以及其他社会问题，也意味着将投入更多的成本来发展新能源；压缩改革进程时间的举措也意味着我们要付出更大的代价，时间成本的减少往往意味着金钱成本的增加。

能源使用的历史告诉我们，反对能源转型潮流的政府行为、法令和政策，最终都将遭到时代的淘汰[1]。所以现在中国已经没有了退路，其必将走向能源转型的道路，所以现在中国面临的一个最重要的问题就是，如何以最小的成本和代价完成这一能源转型过程。

（二）利益关系的调整

每一次能源转型的过程都是一个新领域取代旧领域的过程，都会存在成功者和失败者，例如当石油取代煤炭成为全球能源供给的主要来源时，石油公司迅速崛起，据2015年福布斯排行榜显示，在世界排名前十的公司中，能源供应公司中只有埃克森美孚以及中国石油[2]，可以看到这两家公司全部为

---

〔1〕〔美〕罗伯特·海夫纳三世著：《能源大转型——气体能源的崛起与下一波经济大发展》，中信出版股份有限公司2013年版，第14页。

〔2〕参见 http://www.360doc.com/content/15/0517/09/7949420_471151854.shtml，访问日期：2016年12月6日。

石油公司，而煤炭公司早已无法与之竞争。新旧能源的更替意味着新旧利益团体的交替，而新旧利益集团的交替又意味着旧的利益团体的阻挠，随着可再生能源对化石能源替代的不断深入，可再生能源企业和化石能源企业之间的竞争也将日益激烈，在这种情况下，若不能完成由此导致的利益关系的再调整，那么一定会妨碍能源转型政策的进一步执行，推迟中国能源转型的进度。举例来讲，在19世纪初的荷兰，当其传统主导能源"泥炭"的消费低位受到发热量更高的进口炭的威胁之时，荷兰政府采取了各种措施，保护本地泥炭产业，结果不仅延迟了荷兰能源体系向煤炭转型，而且使本来就衰退的荷兰经济雪上加霜[1]。一旦无法妥善处理新旧利益团体的关系，旧利益团体必将成为能源转型的最大阻力。

（三）能源市场化难以形成

一个健康的市场应当存在积极的竞争，但我国能源领域长期存在行政干预、项目审批、价格管制、国企垄断等诸多破坏市场经济的行为，能源市场化任重而道远。

首先，从观念上来讲，我国对待能源领域一直没有一个正确的认识，对于能源领域一直是谨慎对待的态度，因为能源的管理涉及一国经济的发展，牵扯社会的方方面面，能源领域的管制难以放开，所以我国制定的有关能源的法律也一直处在行政管理法的层面，难以激发起市场的活力。

其次，国企垄断，难以竞争。石油、化工、天然气、电力等中国最重要的能源部门均由中石油、中石化、国家电网等大型国企垄断，这造就了一个个超级庞然大物，在改革初期，这些国企确实发挥着重大的作用，但是随着改革的深入，国企的存在已经严重损害到其他市场主体的生存，新型能源更是无法与之竞争，而最终胎死腹中。

最后，价格管制。我国长期实行能源领域政府定价、指导价，难以还原商品的内在价值，市场定价难以发挥作用，能源领域没有竞争的动力，自然也就没有降低成本的需要，一直呈现粗放式发展。

所有这些问题的存在都导致我国能源领域市场化任重而道远，而能源市场化难以建立势必影响到新兴可再生能源的快速发展，进而使能源转型的进程被不确定地延长。

---

〔1〕 朱彤："对当前我国能源转型的理论思考"，载《光明日报》2015年12月24日第016版。

四、中国能源转型的制度保障应对

（一）政府出台措施以孕育市场竞争

我国尚处于能源转型的不成熟阶段，可再生能源企业也正处于摸索壮大时期，难以形成确定的发展方向，相比较于传统能源企业较为客观的利润，资本市场更加趋向于流向传统能源企业，因此政府必须出面保护可再生能源企业的成长，笔者认为具体可采取以下措施：

1. 完善可再生能源补贴政策

应当看到每一个行业都是在不断变化的，一个灵活的贴补政策既能促进可再生能源的发展，又能不断促使其产生危机意识、增强竞争力，因此应当适时调整可再生能源补贴水平。对已经规模化且成熟的可再生能源，如陆上风电、光伏发电等，根据其成本下降的事实减少补贴，而对于尚处于起步阶段的可再生能源企业，给予更多的补贴，积极促使补贴政策发挥市场导向作用。

2. 优化可再生能源基金管理

目前国家支持可再生能源发展的财政专项基金涉及诸多方面，包括沼气补贴、海洋能源专项资金等，但这些基金由于分散管理，没有发挥基金统筹管理的优势，难以形成优劣互补的局面，影响可再生能源项目资金流转，因此，有必要建立统一的可再生能源基金池。

3. 税收政策

我国已经存在《节约能源法》《可再生能源法》《清洁生产促进法》等与可再生能源相关的立法，但是适用可再生能源企业的税法却一直未予明确，税收政策零散且滞后，税收政策不明确会给可再生能源企业带来困惑，因此，现阶段，亟须针对可再生能源部门成立相关税法，制定明确、导向性强的税收政策，增强行业发展信心。

4. 充分发挥政府采购的作用

对于可再生能源企业发展初期存在的生产成本较高、资金供给不足的特点，政府完全可以将部分发展潜力较大、技术相对成熟、与环境相对友好的产业纳入到政府采购的范围中来，这比单纯提供资金上的支持要发挥更大的作用，"需求拉动式"的促进比"供给推动式"的促进对企业的发展更有意义，同时政府采购可以在市场发展中起到导向作用，促进成本较高、但是潜力较大的企业发展。

（二）民营资本规模引入与规制

前文已经提到，中国若要完成能源的完全转型，将会比西方发达国家付出更多的成本，如此庞大的社会变革，仅仅依靠政府的财政支出是难以实现的，并且近年来中国为了处理各类社会矛盾，经济放缓，资本实力尚不足够强大，因此，此次能源转型必须得到私人资本的支持。

但是在我国大规模引入民营资本是非常困难的，因为我国能源领域的法律皆为行政管理法，缺乏对民营资本的保护。对于民营资本投入能否得到回报，我们的法律并没有给出答案[1]，当无法可依之时，又转变为政府制定相关行政法规予以规范，这就使得民营资本的进入缺乏安全感，难以达到引入资本的目的。因此对民营资本的规模进入必须确定依法管制的原则，这里的"法"必须是法律，而不能是行政法规。如果不是通过法律进行管制，而是通过行政法规，那么就可能发生政府与部门之间的政治交易[2]，难以起到应有的作用，法律的确定性和稳定性会为民营资本的进入提供一定的保障。

---

〔1〕 肖国兴："论民营资本规制与能源发展转型的法律契机"，载《法学》2013 年第 12 期。
〔2〕 肖国兴："论民营资本规制与能源发展转型的法律契机"，载《法学》2013 年第 12 期。

制度创新视角下深圳以法定机构
推进政府职能转变问题研究

李伟舜 *

[摘要] 现时期，以法定机构推进政府职能转变有其必要性和客观性。深圳 10 家法定机构试点工作既有其共性问题，也有其个性问题。其存在的问题在于，制度供给严重不足和缺位导致法定机构和相关单位的权力边界不明晰，法定机构应有的自主权无法得到真正保障，从而影响法定机构制度优势的发挥，其他问题则都由此问题衍生而来。解决问题的基本思想是：将一般法与特别法和章程相结合。一般法解决规制共性问题，个别法和章程解决各法定机构个性问题。科学合理的薪酬机制和严密的内外部监督机制也是必不可少的。以法定机构推进政府职能转变，需要有严密的法治实践体系。法治实践体系要以社会本位为理念，坚持法定原则和责权利效相统一原则；这一体系包括法律法规规则体系、法定机构运行机制体系、法定机构运行监督体系、法定机构运行保障体系和法定机构党务工作规则体系。

[关键词] 法定机构 政府职能转变 共性问题 个性问题 一般法 特别法 章程

一、深圳以法定机构制度推进政府职能转变的必要性与紧迫性

（一）推进国家治理体系和治理能力现代化的重要路径

无论是建立完善的市场体系，还是培育成熟的社会体系，抑或是推动政

---

* 李伟舜，深圳市委党校政法教研部副教授。

府内部治理结构的改革完善，都取决于政府角色的现代转型[1]。用法定机构承接政府的市场治理和社会治理职能转移是当今世界各国和先进地区的重要治理经验，法定机构制度是减轻政府负担、提升政府公共服务能力、提高市场效率、增强社会良性运作的重要路径和实现多元国家治理主体治理能力现代化的重要内容。

（二）实现政府、市场社会良性互动的时代要求

历史经验表明，政府包办和管制一切的模式不可持续，而且最终会扭曲整个国家生活，导致社会停滞。解决这一问题需要市场和社会机制的参与，以矫正政府机制之偏失。因此，根据时代要求，转变政府职能，激活市场和社会活力，实现政府、市场和社会的良性互动成为现代社会的治理目标。经立法设计的法定机构，承接政府转移的职能，善用其灵活高效的体制机制，行使政府下放的公共权力，扎根于市场与社会，提供恰当的公共产品；法定机构不但要接受市场与社会的监督，也得接受政府的监督与考核，执行国家法律和政策，与政府协同服务于经济社会发展。

（三）建成现代化国际化创新型城市的应有之义

以法定机构推进政府职能转变，有利于城市多元治理主体体系的形成，实现政府治理体系、市场治理体系和社会治理体系的现代化，促成深圳城市治理制度的现代化；其次，以法定机构推进政府职能转变，有利于政府减负，发挥政府机制的优势，提升政府的城市治理能力。

实现政府、市场和社会良性互动是当今世界趋势，由法定机构推进政府职能转变也是先进国家和地区共同经验。善于吸纳引进世界经验，全面推进深圳经济社会发展，构建国际化都市，是深圳的国际化品性。

深圳法定机构制度是体制机制创新的产物，是深圳城市治理理念转变的要求。深圳法定机构制度从无到有，以试点方式逐步推进，由政府主导，为国内法定机构制度建设积累经验。

二、以法定机构建设推进政府职能转变的现状分析

作为推动政府职能转变、事业单位改革的重要尝试，法定机构试点工程

---

[1] 吉圈圈："当前国内广告业发展瓶颈及趋势浅析"，载《中国市场》2011 年第 18 期。

成为深圳事业单位体制机制改革创新的一道亮丽风景线。2007年10月《关于推进法定机构试点的意见》颁布，10家机构先后被纳入试点。在法规建设上，目前已制定管理办法的有4家单位；进入政府立法程序有2家；其余4家的管理办法处在草拟阶段。在深圳，市编制管理部门是法定机构试点工作的主导部门，法定机构试点单位的设立权和撤销权属市机构编制部门，法定机构试点单位的确定、职责划分及管理运行体制的构划由市编制管理部门负责。

三、以法定机构建设推进政府职能转变的问题

（一）共性问题分析

（1）制度供给严重不足与缺位。当前，深圳法定机构制度非常不完善，立法位阶低，制度供给严重不足与缺位，制度设计简单粗陋，操作性不强，这些严重影响了法定机构试点工作的进一步开展。

第一，立法位阶较低，制度权威不够。现有的制度中，对所有法定机构起一般性规制作用的是《关于推行法定机构试点的意见》，其属政府部门的规范性文件。虽然相比这4家法定机构的个别性立法位阶较高，但也都为市政府规章，这些规范性文件层级不高，制度权威欠缺，影响法定机构试点工作的推行。

第二，立法严重缺位，制度真空亟须弥补。除了4家法定机构有专门的政府规章调整外，市规划国土发展研究中心、市房产评估发展中心等6家法定机构没有相应的特定管理制度，职能由17号文进行原则性指导规制，这就导致这6家法定机构的内外部权责关系不明晰，影响其工作开展。

第三，立法粗糙，操作性不强。17号文对法定机构的用人机制薪酬分配、薪酬水平等内容，缺乏细化的程序性规定与指引。即便是4部个别立法的政府规章，制度设计也不详细，影响法定机构制度优势的发挥。

（2）制度衔接与工作协调难度大。第一，制度衔接难度大。由于法定机构是新生事物，需要一系列配套制度改革，如何协调是一个不小的难题。第二，部门工作协调难度大。深圳法定机构试点工作在市委市政府主要领导的大力推动下，形成了由编办主导、其他部门共同配合的工作机制。由于这项改革牵涉多方利益和各部门职责权限的再分配，以及由于顶层制度设计不足，需要打破现有格局。但相关部门倾向于用旧制度去应对新改革，影响了试点

工作的进一步开展。

（3）政府部门与改革单位在职责划分和利益分配方面存在一定难度。一些行政主管部门担心改革将使其部门利益受到损害，改革的积极性不高。

（4）法定机构的独立性与自主性需加强。法定机构主管部门担心试点改革会带来不稳定因素，就用现有的事业单位管理体制和运行机制去处理与法定机构的工作关系，导致法定机构的用人自主权严重受损。

（5）理事会职能发挥有待完善。现实中多数法定机构的理事会总是议而不决，法定机构的理事会除履行决策职能外，还对法定机构的运营享有监督权，但这一职能也没得到实现。

（6）信息公开制度有待加强。绝大部分法定机构没有落实好信息公开制度，法定机构的运作达不到公开透明的要求，影响法定机构的公众民主参与度。

（7）岗位等级体系、福利薪酬等制度不利于法定机构的发展。对于一些没有独立立法的法定机构，这些机制都只简单套用传统事业单位的体制机制，无法适应法定机构的实际运作要求。

（8）法定机构财会制度需建立。深圳法定机构财务会计制度缺位，既影响法定机构的发展，又不利于加强对法定机构的监督。法定机构不同于行政部门系列，不能简单套用机关会计制度；由于其具有一定的公益性，法定机构不同于从事市场活动的企业，因此不能用企业会计制度来规制法定机构。国外对其财务管理多是另辟路径，为法定机构量身定做独特的财会制度。

（9）监督机制需完善。对于法定机构，普遍存在误读，认为法定机构就是政府等公权力部门，要弱化监管，人员总量要取消控制，薪酬要向市场看齐。严密的法定机构的内外监督体系是法定机构健康发展的基本要求，但现实中严重缺乏法定机构的监督机制。

（10）劳务派遣用工制度被普遍滥用，在具有人事和财务自主权的单位，出现这种违法现象实属不该。

四、推进深圳法定机构制度建设的建议

（一）法定机构建设的理念——社会本位

深圳试点法定机构，其初衷是打破传统事业单位政事不分、监督失衡、

公共服务成本居高和效率不高等弊端。西方国家之所以选择法定机构制度，是因为这种模式能够更好地实现公共管理和提供公共服务。现阶段，以社会整体利益为出发点和归宿点就是我们推进和完善法定机构制度的宗旨。

（二）针对共性问题的建议

基本思想：将一般法与特别法和章程相结合。一般法解决规制共性问题，个别法和章程解决各法定机构个性问题。

1. 制定《法定机构通则条例》和《法定机构会计准则条例》

制定《法定机构通则条例》用以取代17号文。通过条例固化法定机构的改革成果，解决法定机构的共性问题，并对未来法定机构试点的拓展起到前瞻性规制。内容至少包括：法定机构的法人治理结构、法定机构内外部法律关系的权责义务、运营管理、会计制度、考核与监督体系、法律责任等。

法定机构的财会制度应自成体系，这在国外已有通例。如，1999年3月，日本对独立行政法人的财务会计进行专门立法，颁布《独立行政法人会计基准》，形成独立性政法人独特的财务会计制度体系。独立行政法人不但接受政府派遣监事的财务监督，还要接受政府聘请的专业财务机构的定期审计。因此，我们建议制定《法定机构会计准则条例》，以便为法定机构量身定做一套适合其发展的财会制度，同时也便于加强监管，避免监管真空。

2. 适时将一些法定机构暂行办法上升为条例

政府规章的效力不比条例，制度权威不够。我们建议将《深圳市前海深港现代服务业合作区管理局暂行办法》修改为人大制定的条例。对公证处进行立法，把《深圳公证处管理暂行办法》升格为市人大条例。

3. 加快各个法定机构管理办法的制定

加快推出以下机构管理办法的出台：市规划国土发展研究中心、市房产评估发展中心、深圳国家高技术产业创新中心等。

4. 重视法定机构章程建设

通过章程解决法定机构的个性问题。章程是法定机构的宪法，应该受到重视。章程的制定由理事会讨论通过，并报相关主管部门审核批准生效。

5. 成立法定机构监管部门，由市人大管理

当前市编办是法定机构试点工作的主导者，但市编办对法定机构并没有日常监督权。专门的法定机构是法定机构可持续发展的必要条件。专门的法定机构监管部门职权还可监管采用法人治理机构的事业单位。将这一机构设

立在人大具有下列优势，权威性高，享有对各机关的质询权，是代议机关，有利于法定机构制度的宣传，有利于得到社会公众的理解和支持。

6. 构建严密的内外部监督制度

（1）内部监督。法定机构理事应设置审计委员会，在法定机构内部要有内部审计部等部门。内部审计部根据有关风险，对财务、业务和各业务单位的活动进行独立审计，并向理事会报告。

（2）外部监督。第一，政府的监管。深圳政府应形成有一套既定的程序，可对法定机构进行监管和问责。确保法定机构在致力达到机构目标时，既能充分体现政府意图，又能较好保障公众利益。第二，外部审计。法定机构应外聘会计师事务所，对法定机构的账目进行独立的审计，出具审计意见，确保年报真实准确。审计部门有权对法定机构进行审计调查，然后向专门法定机构发送审计报告。第三，信息公开。为便于社会公众监督法定机构，督促其依法运行，法定机构负有每年公布年报的法定义务，内容包括年度事务计划、收支情况，理事会成员及变动情况、人员薪酬总额等。

7. 设立法定机构发展基金，资金来源为各法定机构的盈余

在深圳国际仲裁院这种机构资金结余是常态，把这些盈余资金用活，避免资金浪费，并可作为全面推进法定机构制度的坚强后盾，节省财政资金。

8. 扩大法定机构试点范围，把公证处列入试点范围

公证处一直以来业务量巨大，营业收入颇丰，不需要财政投入，实行法定机构制度具有天然优势。其次，对于一些实行法人治理结构的事业单位，条件成熟的可以采取狭义的法定机构模式。

9. 由主管机关与法定机构签订《法定机构事项安排备忘录》

这一文件要明晰双方的权责义务、工作指标的考核和财务安排。文件可增强法定机构与政府之间法律关系的透明度，为法定机构的问责提供明确依据。文件可包括以下内容，法定机构的治理结构、运营管理和工作考核指标、财务安排、杂项。

10. 加强法定机构试点工程的宣传工作

法定机构作为一种先进的制度，尽管从2007年开始就在深圳推行，但大多深圳人对此并不了解，不利于法定机构试点工作的进一步推进。因此，我们必须从多方位、多层面宣传法定机构试点工作。

结　语

以法定机构推进政府职能转变，是解决政府低效、给政府瘦身、推进国际治理现代化的必然要求。由法定机构承接政府向市场和社会所转移的职权，行使公共权力，必须以社会整体利益为出发点和立足点且于法有据。以法定机构推进政府职能转变，要有法律制度保障和严密的法治体系。

党的领导是中国特色社会主义事业实现的组织保障与关键所在，这是为宪法法律所确定。构建法定机构党务工作规则体系是确保党的领导依法实现的制度体系，这一机制不但要实现将党的意志转化为法律法规规则，也要保证党的领导与法定机构的发展规律相契合。这就亟须市委党务主管部门根据深圳法定机构发展的特性，构建出特殊系列的党务工作规则体系。

制约广告业科学发展的制度因素及经济法对策

药恩情*

【摘要】 制约我国广告业发展的制度因素包括四个方面：市场调节与国家调节关系错位，宏观经济与微观经济的关系错位，非公企业与公有企业地位不平等，以及经济权力与市场权利失衡。实现广告业科学发展的主要途径，包括协调政府调节与市场调节的关系，协调宏观经济与微观经济的关系，协调经济权力与经济权利的关系，协调公有经济与非公经济的关系。

【关键词】 广告业　科学发展　经济法　广告法

广告业属于创意经济中的创意产业，是现代服务业和文化产业的重要组成部分。经济文化的全球化、市场竞争日益扩张不断升级等宏观因素，成为推动我国广告业和创意产业发展的重要力量[1]。然而，过分强调计划的作用、忽视市场的决定性作用，导致政府对微观经济管理过度，这也阻碍了广告业的科学发展。揭示制约广告业发展的制度性因素，为广告业发展创造良好的制度环境，成为本文的着眼点。

一、广告业科学发展的界定

广告业科学发展有三个层次的含义：第一层次是遵循广告业发展规律，借鉴发达国家先进广告理念和经营方式，充分发挥市场配置资源的基础性作用[2]。

---

* 药恩情，中北大学副教授。

〔1〕 吉圈圈："当前国内广告业发展瓶颈及趋势浅析"，载《中国市场》2011 年第 18 期。

〔2〕 刘凡："以科学发展观为指导：在广告监管工作中努力做到'四个统一'：我国广告业发展与广告市场监管的形势和任务"，载《工商行政管理》2007 年第 18 期。

第二层次是发挥市场机制在广告业资源配置中的决定性作用，运用国家宏观调控政策，促进广告业的持续、稳定发展。市场机制的"决定性作用"意味着只要是市场能发挥作用的领域都要交给市场，政府不再过度干预微观经济活动。第三层次是进行微观经济自发调节，宏观经济政府控制。提供社会福利政策不能妨碍市场机制作用的发展，而应使市场带来的效率和政府提供的社会保障结合起来。

二、制约我国广告业科学发展的制度因素

主要制约我国广告业科学发展的是制度因素，即不符合广告业发展的制度影响了广告业的科学发展。我国广告行业市场竞争秩序不规范，与目前产业发展初期不合理的市场结构有直接关系[1]。制约广告业发展的制度因素表现为：市场调节与国家调节关系错位，宏观经济与微观经济的关系错位，非公企业与公有企业地位不平等，以及经济权力与市场权利失衡。

（一）市场调节与国家调节关系倒置

政府对经济和市场的干预有双重作用：如果干预适当，会促进经济的发展和市场的公平和繁荣。如果干预不适当，会妨碍市场功能的充分发挥。市场缺陷和政府失灵在任何社会都存在。在自由主义盛行的时代，忽视政府或国家的作用，市场失灵就更加明显；在国家干预主义盛行的年代，忽视市场的作用，政府失灵更加明显[2]。在当代，政府本身创造了一系列条件以营造良好的市场环境，也设置了许多妨碍发展市场经济的障碍。如果不对政府进行监督和制约，就容易形成独裁和垄断。而政府一旦不正当地介入竞争领域，就会使不正当竞争发展到极为恶劣的程度，给政府的腐败提供了"温床"[3]。

（二）宏观经济与微观经济的关系错位

同其他行业一样，政府对广告业的管理暴露出"宏观经济管理不足，微观经济管理过度"的问题。政府作为管理者，应当居中裁判，公正执法。然

---

〔1〕 刘凡："用科学发展观统领广告监管工作"，载《中国工商管理研究》2004年第12期。

〔2〕 刘文华、王长河："经济法的本质：协调主义及其经济学基础"，载《法学杂志》2000年第3期。

〔3〕 陶广峰："从中国经济法的发展历程看经济法的国家观"，载《甘肃政法学院学报》2009年第1期。

而，实践中却大量存在着执法者与违法者"猫鼠串通"的现象〔1〕。按照我国规定，发布医疗广告必须有省级卫生行政机关的审批材料，广告公司制作一份没有虚假内容的广告方案交卫生行政机关报批，待得到审批同意的文件后，再把另一份虚假内容的广告方案与批准文件一起交广告发布者发布。面对广告公司偷梁换柱的做法，卫生行政机关不撤回批文，不通知广告监管机关责令停止发布广告，这就是虚假医疗广告在我国公开传播的原因。

（三）非公企业与公有企业地位不等

创造平等竞争的机会和条件是要求企业在进入市场时，除了市场本身的进入障碍外，不应受到限制，也不能因为这些差别而在取得收入和承受负担方面的条件有明显不同〔2〕。在地区分布上，所有制结构呈现出中西部以公有经济为主，东部沿海发达地区及大中城市非公经济快速发展的格局。当前一些反市场化思潮，造成了国企在政府的支持下大举进入竞争性行业和兼并民企。〔3〕广告市场主体所有制结构和利益关系的多元化现象，对广告业的监管和发展提出了更高的要求。基本经济制度的实现形式以及发挥国有经济主导作用的方式，都有待进一步探索。因此，以民营经济为主体的中国广告公司整体缺乏竞争力，在广告策划水平、制作水平等方面与国际广告公司存在相当大的差距。非公企业与公有企业地位不等，侵犯了广告经营者的竞争权，成为制约广告业持续发展的主要因素之一〔4〕。

（四）经济法权力与经济法权利失衡

经济法权力是指国家机关、社会团体的经济法权力。〔5〕经济法权力包括市场规制权、宏观调控权、政府参与权。〔6〕经济权力既是市场权利的保护神，又是市场权利最危险的侵害者。因此，应当以法律来平衡经济权力和市场权利。〔7〕对经济管理主体而言，"法不授权不为自由"。经济权利是由经济法所确认的，经济法主体可以为或不为一定行为，以及要求他人为或不为一定行

〔1〕 徐孟洲、侯作前："市场经济、诚信政府与经济法"，载《江海学刊》2003年第4期。

〔2〕 史际春："建立我国中小企业法论纲"，载《中国法学》2000年第1期。

〔3〕 成思危："发展非公经济意义重大任务艰巨"，载《人民讲坛》2010年第1期。

〔4〕 成思危："发展非公经济意义重大任务艰巨"，载《人民讲坛》2010年第1期。

〔5〕 宁立志等：《经济法权研究》，武汉大学出版社2012年版，第22页。

〔6〕 宁立志等：《经济法权研究》，武汉大学出版社2012年版，第40页。

〔7〕 董延林、王秉春："经济法与政府干预经济的法治化"，载《学习与探索》2003年第6期。

为，以满足自己的利益和意愿的法律资格。[1]法律赋予经济管理主体的职权，必须遵循政府与市场互补的规律，既定其职权的边界，特别是在经济权力与市场权利的边界。

经济法权利是经营者、消费者等主体的权利，是社会成员享有的不同于民事权利的一种权利。[2]经济法权利包括消费者权、竞争权、信息资产权。[3]对市场主体而言，"法不禁止即自由"。这是因为市场机制在经济体制中的决定性地位决定了市场主体权利的优位性，法律应当本着"最大限度地保障经济自由"的精神，确定经济管理主体的职权边界，即经济权力的边界。[4]经济权力不恰当地限制了市场主体权利，阻碍市场经济的发展。国有广告公司在经济上既受到市场环境的制约，又在用人问题、工资问题、奖金问题上服从于那些与广告业关系不大的上级主管机关。国有广告公司人事权、收益分配权得不到应有的尊重，这严重阻碍了国有广告公司的市场竞争力。[5]

在《广告法》中，规定经济法权力的条款不胜枚举，而规定经济法权利的寥寥无几。

三、促进我国广告业科学发展的经济法对策

广告业科学发展离不开经济法理论的指导。在广告业发展方面，社会整体利益与社会个体利益的矛盾，主要表现为计划机制与市场机制的矛盾、宏观经济与微观经济的矛盾、经济权力与经济权利的矛盾、公有经济与非公经济的矛盾。两大系列矛盾都是既对立又统一的关系。[6]协调是科学发展观的基本精神，也是经济法的基本理念。经济法的本质是平衡协调法，它是市民社会与政治国家两个领域的利益相互融合的表现，它是平衡协调运用市场之手和国家之手的结果，是协调国家、社会、团体、个人之间利益的产物。根

---

[1] 宁立志等：《经济法权研究》，武汉大学出版社2012年版，第22页。

[2] 宁立志等：《经济法权研究》，武汉大学出版社2012年版，第22页。

[3] 宁立志等：《经济法权研究》，武汉大学出版社2012年版，第40页。

[4] 范健：《经济法中的国家主体问题研究》，法律出版社2000年版。转引自杨紫烜：《经济法学》（第四版），北京大学出版社、高等教育出版社2010年版，第102页。

[5] 韩耀、姚杰："江苏广告业的发展与对策研究"，载《北京工商大学学报（社会科学版）》2001年第5期。

[6] 马跃进、李彦芳："协调——科学发展观的精神，经济法的理念"，载《山西财经大学学报》2005年第1期。

据这一原理，实现广告业科学发展的主要途径，包括协调政府调节与市场调节的关系、协调宏观经济与微观经济的关系、协调经济权力与经济权利的关系、协调公有经济与非公经济的关系。

（一）协调政府调节与市场调节的关系

经济体制改革是全面深化改革的重点，核心问题是处理好政府和市场的关系，使市场在资源配置中起决定性作用和更好地发挥政府作用。国家调节和市场调节也是社会整体利益和社会个体利益的矛盾的一个方面。经济法的首要任务在于平衡市场与政府之间的关系。市场与国家之间的选择却可能偏向。比如，如果我国的政府干预过多，那么经济法理论就会强调放松管制；而在市场秩序混乱不堪时，我们又强调需要更多的政府管制。可以国家少一点，市场多一点，但不能只要市场不要国家。[1]

如何使市场在资源配置中起决定性作用呢？积极推进广告代理制。在《广告法》中规定广告代理制，完善广告业经营机制，推进广告企业改组改制。鼓励广告原创作品进行作品登记，广告中使用他人作品的，应当依法取得权利人的授权，同时探索和建立企业内部的原创作品及策划方案申请投标前的备案保护制度，鼓励广告企业增加创新研发投入，依法保护广告企业多种形式的创新研发智力劳动成果。重视和加强对知名广告企业商标的保护，以及对广告原创作品的版权保护和创新技术的专利保护，加大对侵犯广告业知识产权行为的打击力度。[2]

（二）协调宏观经济与微观经济的关系

科学的宏观调控和有效的政府治理是发挥社会主义市场经济体制优势的内在要求，政府干预经济要适当。第一，国家干预不可取代市场的自发调节。有形之手的运作，必然会在一定程度上损伤无形之手的运作绩效。第二，国家干预在面临自由裁量权的行使时，应当合乎权力运作之内在要求。第三，国家干预不可压制经济主体之自主性与创造性。[3]不能理解为发挥市场机制的决定性作用可以取消政府干预微观经济活动。对于社会组织可以处理好的事项，应当授权社会组织来做，对市场主体的垄断行为、不正当竞争行为，

---

〔1〕 鲁篱：《经济法的基本范畴研究》，法律出版社 2008 年版，第 1 页。

〔2〕 国家工商总局、国家发展改革委："关于促进广告业发展的指导意见"，载《中华人民共和国国务院公报》2008 年第 31 期。

〔3〕 鲁篱：《经济法的基本范畴研究》，法律出版社 2008 年版，第 64 页。

政府还应履行监管职责。

（三）协调公有经济与非公经济的关系

非公经济通过对资源的有效配置，来为市场经济注入活力。公有经济与非公经济各有优点，公有经济更有利于维护经济秩序，非公经济更有利于为经济注入活力。公有制经济和非公有制经济都是社会主义市场经济的重要组成部分，都是我国经济社会发展的重要基础。通过协调公有广告企业与非公广告企业的关系，促进广告业的科学发展。公有广告企业在稳定社会秩序，参加国际竞争方面具有优势。非公广告企业在提高经济效益方面，促进充分就业方面具有优势。应适时调整两类企业所占比例，使广告业快速、稳定发展。

（四）协调经济法权力与经济法权利的关系

政府和市场的合理职能界定，两个方面更好地分工和配合，这是使经济社会发展效率不断提高的基本制度性保障。其一，无论是商品还是资源要素价格，都主要由市场决定；其二，消费市场需求决定投资、引导投资，防止因政府干预而导致投资消费关系扭曲；其三，所有企业的经营活动都需要由市场决定成败，在市场平等竞争中获得生产要素和实现优胜劣汰，政府不应干预企业行为。

在广告业发展的制度设计中，应合理收缩经济管理主体的经济权力，扩大广告活动主体的市场权利。经济管理主体、社会中间层主体、市场主体是广告业的三大经济法主体。在政府购买公共服务的改革中，可以把一部分职权授予社会中间层主体，如把广告组织登记改为在广告行业协会备案，广告行政审查改为行业协会审查。广告监管机关对广告活动主体、广告行业协会的行为进行监管，对涉嫌构成虚假广告罪的进行移送，对可能构成垄断行为的会同发展改革部门进行查处。

四、结语

"经济法的功能主要在于直接解决社会化大生产本身的经济问题，调整手段主要在于运用宏观调控和市场规制等方法，实现竞争的整体秩序，促进整个社会增量利益的生产。"〔1〕广告业宏观调控要体现民主调控与科学调控，即在尊重广告行业的市场规律、尊重广告市场主体权利的前提下，对广告业进行宏观调控。通过优化广告产业结构，健全广告市场规则，保护消费者和广告活动主体的合法权益，完善广告业发展的促进和保障机制。

---

〔1〕 鲁篱：《经济法的基本范畴研究》，法律出版社 2008 年版，第 64 页。

中国国企改革路径依赖及其治理模式回应

李昌庚[*]

【摘要】 在市场经济社会，国有企业主要存在于市场机制无法或难以发挥作用的领域，以发挥弥补市场失灵和促进再分配政策等作用。随着国家治理和社会管制能力提高，中国国企改革有其成功之处，但也存在诸多后遗症。吸取国外等国家国企改革的经验教训，寻求适合中国国情的国企改革路径依赖，合理界定国有企业市场定位是国有企业治理的逻辑前提。国有企业治理主要是行政型治理模式，外部治理是关键，内部治理仅具有相对意义。特殊企业立法及其区别法律规制是国有企业发展趋势，加强国企党建是社会转型期国企改革及其行政型治理的需要。

【关键词】 国企改革路径依赖　国有企业治理　行政型治理模式

2016 年 10 月，习近平总书记在全国国有企业党的建设工作会议上强调，通过加强和完善党对国有企业的领导，加强和改进国有企业党的建设，推动国有企业深化改革，坚定不移把国有企业做强、做优、做大等。若要准确理解和把握习总书记上述讲话精神，讨论中国社会转型期国企改革路径依赖及其治理模式回应很有必要。

一、国有企业市场定位

国有企业的缺陷与不足，主要包括效率低下、亏损严重等。从深层原因来看，主要包括两点：一是国有企业产权主体模糊，信息严重不对称，委托代理成本高；二是国有企业与行政权力存在联系，具有公权力属性和超经济

---

* 李昌庚，男，中国人民大学法学博士，南京晓庄学院社会发展学院副院长、教授。

性，容易形成政经混合体，具有行政垄断倾向，有违市场公平竞争规律。因此，国有企业难以成为一般市场竞争领域的主要主体[1]。20 世纪 70 年代末 80 年代初，西方发达国家国有企业在国内生产总值中所占比重平均为 7.7%[2]，世界银行列举的 8 个发达工业国家在 1978~1991 年间国有企业产值占 GDP 的平均值为 7.8%，列举的 40 个主要发展中国家大约在 10%[3]。由此可见，国有企业不是一般市场竞争领域的主要主体。

在市场经济社会，国有企业作为国家调控经济的一种手段，主要存在于市场机制无法或难以发挥作用的领域，以起到弥补市场失灵和促进再分配政策等作用。国有企业在世界各国产业分布总体上具有趋同性，主要分布在规模经济突出的自然垄断产业、公共性产业、基础产业等。因此，国有企业总体上具有社会公共性、非竞争性、非营利性等特点。除了苏联东欧等传统社会主义国家及其他少数非市场化国家外，世界上很少有国家把利润作为国有企业的首要目标，这体现了国有企业具有私有企业所无法取代的特殊职能。

从历史经验来看，市场机制受到较大破坏时，往往是国有化比重相对较高的时期。许多国家在两次世界大战和经济危机时期，通过政府投资或国有化等方式产生了一批国有企业，政府在推动大企业集团发展方面起到了加速作用。许多国家经历了多次国有化和私有化交替的浪潮，国有企业也从没占据市场经济社会的主体地位，国有企业仍然作为国家调控经济的一种手段，以弥补市场缺陷作为基本原则。

然而，随着市场经济的进一步发展以及国家治理水平的不断提高，处于充分管制下的私有企业也能起到纠正市场失灵的作用，国有企业的存在空间进一步收缩和限制。从发达国家来看，在国有企业集中的领域也没有绝对垄断，开始引入私人资本，甚至全部私有化。比如英国的通信业、运输业的45% 由私有企业承担，比利时的供水、供电、供气等国有化程度只有 19.7%，日本国铁也实现了私有化等[4]。

---

〔1〕 李昌庚："金融危机视野下经济法价值拷辨——以国有企业为例的实证分析"，载《政治与法律》2010 年第 6 期。

〔2〕 《1983 年世界发展报告》，中国财政经济出版社 1983 年版，第 67 页。

〔3〕 袁易明、魏达志：《危机与重构—世界国有企业研究》，中国经济出版社 2000 年版，第 84~85 页。

〔4〕 袁易明、魏达志：《危机与重构—世界国有企业研究》，中国经济出版社 2000 年版，第 94~95 页。

当然，发展中国家为了发展经济建立国有企业，除了弥补市场失灵外，还要考虑构建国家工业及其国民经济体系、奠定经济基础等因素。作为发展中国家，国家治理水平、法治化水平都不高，这决定了包括中国在内的发展中国家国有企业的存在空间更大。

由此看来，中国作为后发型发展中国家，其市场经济发展具有阶段性，进一步深化国企改革，合理界定国有企业的国家所有权市场边界，在国有资本应当进入的领域，把国有企业做强、做优、做大。

二、中国国有企业改革现阶段所面临的问题

对于从社会主义计划经济向市场经济转型的中国，国有企业改革经历了从"政企分开"到"政资分开"的改革路径探索。从中国社会平稳转型视角来看，相对于苏联东欧等传统社会主义国家的"休克疗法"，我国国有企业改革采取的渐进式改革模式比较可行。但同时也带来了一系列后遗症，包括如下方面：国有企业市场定位在国家立法和政策层面上不是很明晰，虽然国有企业不断从竞争性领域退出，但比重依然过高，多数国有企业仍存在于一般竞争领域；国有企业尤其中央国有企业数量虽然大幅下降，但仍相对较高；国有经济比重虽然不断下降，但仍达到国内生产总值的三分之一左右，远高于世界平均水平；中央与地方国有企业分工及其关系与中央与地方的财权和事权划分不协调；国有企业按照公益类与商业类进行的分类监管及其区别法律规制没有得到解决；国有企业治理与普通商事企业公司治理混淆。

原有的渐进式改革模式容易导致国企认识模糊不定或缺乏明确的国企市场定位及改革方向，而这在政治体制改革滞后等情况下又会进一步延缓国有企业深化改革。

这些问题如若不能得到及时有效的解决，将直接影响到市场经济体制完善和政治体制改革等，进而影响到能否为中国社会平稳转型提供适宜的经济土壤。

三、国外国有企业改革的经验教训

对于苏联东欧等传统社会主义国家，计划经济向市场经济转型，这是历史发展必然的选择。即便以市场为基础的西方国家以及其他许多发展中国家，

在经历国有化浪潮之后，一旦战争、经济危机等影响市场机制发挥作用的因素消除，也会面临国有企业改革问题。

学界早有关于国外国有企业改革的介绍，从中梳理经验教训，发现主要包括如下几个方面：

第一，普遍设立国有企业改革主管机构。无论西方发达国家还是其他发展中国家，都大多如此。比如意大利的国家参与部、西班牙的国家工业局和资产剥离操作局、俄罗斯的国家和地方国有财产管理委员会、企业私有化委员会等。

第二，普遍为国有企业改革立法。比如俄罗斯早先有《俄罗斯私有化纲要》，1991 年颁布了《俄罗斯联邦所有制法》，随后又颁布了《小私有化法》《长期归国家所有的财产使用法》等。

第三，苏联东欧国家普遍采取"休克疗法"，付出沉重的社会代价，国有企业改革也不例外。东欧剧变前，许多国家国有经济比重高达 80% 以上，政府与国有企业的关系还没有理顺，还存在非常严重的"大锅饭"问题，经济转轨缺乏市场基础[1]。有效的私有化需要相应高效的金融市场等诸多市场基础支撑。没有巩固的经济制度和完善的竞争框架的私有化是毫无用处的。[2]因此，这些国家国有企业私有化改革付出了沉重的社会代价，导致国家政局动荡与冲突，社会撕裂与对立，甚至国家分裂等。

四、中国进一步深化国企改革的路径依赖

我国国有企业改革已经进入与政治等因素处于胶着状态的攻坚期。一方面，原有的渐进式改革模式对于容易改革的领域是行得通的，但如果继续原有的改革模式，国企改革的攻坚期和深水区则无法突破。20 世纪 90 年代提出的许多国企改革观点和对策至今依然存在就充分说明了这一点。因为这种改革模式最大的特点是缺乏明确的顶层设计，这势必影响到我国市场经济体制完善和政治体制改革进程。另一方面，我国没有必要采取"休克疗法"，我国国有企业改革已经初步实现了"软着陆"，与当初苏联东欧等国家不同，国有

〔1〕 王金存：《世界国有企业：发展、管理、改革》，企业管理出版社 1995 年，第 323 页。

〔2〕 王建铆、史璞兰：《国有企业改革：中国的实践和西班牙的经验》（中英文本），上海远东出版社 2003 年版，第 39 页。

企业改革不是单纯的企业改革，还涉及经济体制改革、政治体制改革等一系列配套改革。当国企改革进入攻坚期和深水区时，尤其面临诸多政治问题等胶着状态困扰，更需要顶层设计。此时，"休克疗法"不仅涉及国企改革，还涉及政治体制改革等，而基于中国国情，这是非常慎重的事情。

我国必须突破原有的渐进式改革模式和激进式改革模式。一方面，在已有国企改革的基础上，主动深化经济、政治等领域的全方位改革，加强顶层设计，制定改革路线图，破除国企改革的瓶颈。另一方面，在主动改革的前提下，吸取苏联东欧等国家"休克疗法"的经验教训，做好配套改革措施的衔接与完善。应当基于中国特殊国情，立足已有改革基础，以史为鉴，以尽可能小的成本与代价完成国企改革、实现社会平稳转型[1]。

基于上述思路，我国进一步深化国有企业改革应考虑如下方面：

（1）借鉴国际做法，设立或授权类似国企改革领导机构，专门负责国企改革。我国现有的国资委以及财政部门等均面临着改革[2]，不宜担任国企改革重任。由国企改革主管机构按照市场规律列出改革路线图、时间表和改革清单，设立或授权类似专门机构既能把握改革实质和方向，也能尽可能减少或避免国资流失。

（2）借鉴国际做法，加强国有企业改革立法，从而为国企改革提供法治保障。具体包括如下几点：一是现实环境具备立法条件的，应当立法；二是现实环境尚不具备立法条件的，因为国企改革本身就具有探索性与突破性，留待条件成熟再考虑立法；三是某类产业或某个国有企业改革能够单独立法的，可以考虑单独立法；四是国企改革立法暂不宜提高立法位阶的，或具有临时性特点的立法，尽量以规范性文件或部门规章等形式出现。

（3）为国企改革提供保障资金，减少改革阵痛。2014年以来，我国多地通过企业联合或政企联合等多种方式成立国企改革发展基金，进一步拓宽国企改革保障资金来源渠道，支付改革成本与代价。除此以外，还可以进一步探索国企改革保障资金筹集渠道。

（4）凡是现有体制下能够改革的领域，优先改革。从我国目前来看，主

---

〔1〕 李昌庚："中国社会转型的路径依赖及其法治回应"，载《青海社会科学》2016年第2期。

〔2〕 李昌庚："企业国有资本出资人：国际经验与中国选择"，载《法学论坛》2014年第2期；李昌庚："国有财产监管制度研究"，载《法治研究》2014年第4期。

要包括如下几点：①国企按照公益类与商业类以及商业一类与二类的分类改革。根据《关于国有企业功能界定与分类的指导意见》规定，国有企业分为公益类和商业类两种。所谓公益类国有企业，是指主要提供社会公共产品和公共服务，以保障民生、服务社会为主要目标的国有企业。商业类国有企业又分为商业一类和商业二类两种。②按照国有企业市场定位目标及其分类改革要求，进一步重组国有企业，依产业或行业特点有序推进混合所有制改革和员工持股计划等。③改革国资委和财政部门等，建立若干国有资本投资运营公司，构建科学合理的企业国有资本出资人制度和相应的监管制度。④在国企分类改革等基础上，国有企业按照国家公私产分类进行区别法律规制，加强国有企业特殊立法，准确界定国有企业治理模式及其监管制度。

（5）凡是现有体制下难以改革的领域，通过政治、经济等领域的改革进行协同推进。比如某些领域的混合所有制改革、中央与地方国有企业的功能定位区分及其关系等。而这些改革又需要置身于整个国家改革中，因而，某些领域的国企改革暂时滞后是必要的，而仓促改革和紊乱改革布局或致改革失败。

（6）进一步深化国企改革需要注意的几个问题。主要包括如下：

第一，妥善、谨慎使用国企改革用语。国企改革在有些国家推行私有化阶段也有不同称呼，如墨西哥的"非参与化"、巴西的"灵活化"等。考虑到中国国情等因素，我国更需要谨慎处理，所谓的民营化以及当下提出的混合所有制改革等绝非中庸或折中做法，关键要看国企改革的实质与方向是否符合市场规律。

第二，无论理论界还是实务界，都存在一个误区，即认为商业类国企尤其商业一类国企应当按照完全市场化方式运作。这是一种理想化的愿景，国有企业的公权力属性决定了其容易产生行政垄断倾向，有违市场公平竞争规律，挤压私人空间。因此，政府在市场竞争领域要尽可能减少既制定游戏规则、又直接参与游戏规则的现象，国有资本要主动退出一般市场竞争领域或尽可能降低国有资本比例。

第三，通过社会保障制度、国企改革发展基金、供给侧改革等措施，尽可能减少或避免国有企业尤其央企混合所有制改革过程中可能出现的"下岗潮"，使我国失业率保持在合理控制范围。

第四，通过专门机构，加强国企改革领导和国资监管，尽可能减少或避免"权贵资本主义"、某些不必要的外来资本垄断和国有资产流失严重等问题的发生。

五、中国国有企业治理模式回应

长期以来，我国在国有企业改革过程中，一直试图通过借鉴普通商事企业的公司治理结构来解决国企问题。这在一定阶段起到了一定效果，但并没有根本解决国企问题，不仅异化了《公司法》等商事法律法规及其普通商事企业的公司治理，还混淆和模糊了国有企业治理的本质特征。解决问题的关键是，依循上述国企改革路径依赖，进一步深化国企改革，合理界定国有企业市场定位，只有在此前提下，研究国有企业治理才有现实意义。

（一）国有企业治理模式

国有企业的公权力属性决定了"政企不分"是其主要特征。在西方国家，对于非独立法人企业的国有企业，所有者、经营者和决策者三者合一，不具有一般企业的内部治理结构，比同政府模式管理，政府直接享有企业最终经营管理权，企业管理者按照政府雇员管理。独立法人的国有企业，虽具有一般企业的内部治理结构，但董事会、经理层等构成受到政府严格限制。比如法国国有企业董事会实行国家、企业和职工比例构成；政府通过任免或提名董事长和总经理来实现对国有企业的管理；企业的重大问题常常受到议会和政府的决定和影响。

但这不完全同于有的学者提及的"企业政治联系"。在国际上尤其西方国家，私有企业为主导，有些私有企业作为"公司帝国"，利用财团优势影响或左右着选举及其政治人物等。即便在我国私有企业领域，也已出现端倪。这便是所谓的"企业政治联系"。对于私有企业，这具有后生性，并非都是必然的。这并非一定都是坏事，而是社会经济发展的一种规律以及如何进行法律规制的问题。但这并不足以影响到私有企业及其公司治理的本质特征。而国有企业的"政企不分"则是国家所有权公权力属性决定的，是其本质特征，具有天然性，必然决定了国有企业治理的特殊性，从而有别于私有或公私混有等普通商事企业的公司治理。

因此，市场经济环境下的中国国有企业，应当立足于国企"政企不分"的本质特征，以及国企改革路径依赖，国有企业治理不能简单以普通商事企业衡量，更需要公权力的制度安排，即良好的国家治理及其民主法治化水平。国有企业治理追求一种以公权力制度安排为核心的行政型治理模式，而非一般意义上的企业型治理模式。国有企业治理的关键在于外部治理，而非内部治理[1]。

从国有企业外部治理来看，关键在于良好的市场经济和民主法治环境。一方面，需要成熟而健康的市场机制及其市民社会对国企的监督制约；另一方面，需要人大、司法机关以及政府等公权力制度安排对国企的监督制约。包括人大对国有企业设立、变更、重大事项决策、国有资本经营预算、行政首长提名或选聘国企负责人等的审批、监督等。这是国有企业治理的关键！这在西方国家的体现较为明显。比如美国国有企业实行国会和审计署等多重监督。国会对国有企业设立、董事会、经营范围、经营目标、市场准入、销售价格、利润分配等都要审批监管。加拿大联邦政府拥有的国有企业，主要受到议会、总督、国库委员会、主管部长和财政部等多方公权力监督。德国国有企业实行双重委员会制度，即管理委员会和监事会组成。联邦政府通过派驻监事会的政府代表控制监事会。除此以外，财政部行使出资人监督职能、审计署行使审计监督职能等。

从国有企业内部治理来看，借鉴普通商事企业的公司治理结构，如股东会、董事会、监事会和经理层等方面，仅具有相对意义，国有企业内部治理受到政府公权力影响，是一种低效率的内部治理结构。其中，国有企业出资人制度尤其值得关注，其有助于改善国有企业内部治理。从我国来看，企业国有资本出资人既有国资委，也有财政部门，不仅造成出资人不统一，而且还导致出资人职能与社会公共管理职能混淆等一系列问题。因此，笔者建议国资部门作为功能类和竞争类国企的出资人代表，专司功能类和竞争类国有资本监管职能；财政部门作为公益类国企的出资人代表，专司公益类国有资本监管职能[2]。因此，企业国有资本出资人职能统一由财政部门履行，财政部门再下设若干国有资本投资运营公司行使具体出资人职能；国资委统一对所有国有财产专门履行社会公共职能的监管职能[3]。

---

[1] 李昌庚："国有企业治理拷辨"，载《经济法研究》2011 年第 2 期。

[2] 张林山：《国资国企分类监管政策研究》，中国言实出版社 2015 年版，第 25~26 页；温源："国企如何动'手术'"，载《光明日报》2015 年 1 月 8 日第 13 版。

[3] 李昌庚："企业国有资本出资人：国际经验与中国选择"，载《法学论坛》2014 年第 2 期。

当然，对于不同类型的国有企业，由于国有控股程度或国家控制力不同等因素，其行政型治理模式也存在差异。比如公益类国有企业外部治理较少受到市场环境影响，更多受到公权力制度安排影响；其内部治理若借鉴普通商事企业的公司治理，也并无多大意义，不如更多比同政府模式管理。商业类尤其商业一类国有企业，由于国有控股程度及其国家控制力不断降低，其外部治理除了受到公权力制度安排影响外，还要受到市场环境的影响；其内部治理相对于公益类国企，则更多借鉴普通商事企业的公司治理。总之，公益类国企、商业二类国企、商业一类国企依序受市场环境影响程度不断提高，受国家公权力制度安排影响程度不断降低。

（二）国有企业治理立法

从立法来看，我国国有企业一方面依附着诸多行政权力及其资源，另一方面却以普通商事企业的公司治理审视或解决国有企业治理问题，国有企业并未严格区别法律规制，大多一概适用《公司法》等私法规范，不仅未能管束国有企业，而且也使《公司法》等私法规范异化，结果必然发生企业治理异化，无助于国有企业问题的解决。即使近几年颁布了《企业国有资产法》，也难见成效。因此，在市场经济社会，国有企业应按国家公私产分类区别法律规制，并主要以特殊企业立法等公法规范调整国有企业及其治理，这既是国际惯例，也是我国未来发展趋势。国有独资或绝对控股的公益类国企和商业二类国企应当作为特殊企业对待，主要以特殊企业立法等公法规范考量国有企业治理。在国际上，这类国有企业一般作为特殊企业实行"一特一法"或"一类一法"，而非适用于普通商事企业立法。

（三）加强国企党建与国有企业治理的关系

立足于我国现实国情下的国企改革路径依赖及其国家顶层设计改革的大背景下，方能准确理解和处理国企党建与国有企业治理之间的关系，从而使我国国企行政型治理模式多了一些中国元素。具体包括如下两点：

1. 社会转型期国企改革的需要

在我国社会转型期，当前改革已经进入了攻坚期和深水区，面临着诸多利益藩篱。因此，基于中国国情，若要打破既得利益障碍，以尽可能小的成本与代价实现社会平稳转型，就需要强有力的政治权威主导改革，相应的法治回应就不能简单地以理想化的法治标准衡量[1]。同样，国有企业改革也不例外。为了打破既得利益障碍，也需要强有力的国企改革领导权威主导改革。

2. 国企行政型治理的需要

国有企业治理主要是一种行政型治理模式。虽说国企行政型治理模式并非必然体现出企业党建特征，但基于社会转型期国企改革以及中国的政党政治特色，国企行政型治理模式必然体现出国企党建工作。同时，借此将加强国企党建与企业文化建设进行有机结合，从中凸显企业文化精神，也便于国际接轨。

在此背景下，现阶段如何妥善处理好企业党委会与董事会、监事会和经理层的关系就显得非常重要。在我国社会转型期，在国企董事长或总经理是中共党员的情况下，国企党委书记兼任国企董事长或总经理、党委会与董事会成员交叉以及党委会与董事会在企业许多重大事项中合并会议等是较好的选择，可以较好地处理企业党委与行政的关系，减少或避免内耗，提高企业效率。

六、余论

必要的改革成本与代价是不可避免的，但立足于当下中国国情，以史为鉴，包括国企改革在内的政治权威主导下的主动改革，以尽可能小的成本与代价实现社会平稳转型，则是较为理想的选择。当然，这种改革路径依赖有时因既得利益障碍或决策者人事变迁等因素而怠于改革，步入原有渐进式改革陷阱，甚至异化改革，从而延缓国企改革进程。这关键取决于执政者的政治智慧与勇气。

国企行政型治理模式受制于我国政治、经济以及国企改革路径依赖等诸多因素，无论市场经济环境还是公权力制度安排背后的民主法治环境，均有待完善，尚需与我国国企改革以及相应的经济、政治等领域的改革协同推进。在此阶段，就不能简单地用一般市场经济法则衡量国有企业。

---

〔1〕 李昌庚："中国社会转型期的路径依赖及其法治回应"，载《青海社会科学》2016 年第 2 期。

中国产业园区 PPP 法律问题研究

朱国华* 李 红**

【摘要】 改革开放以来，我国各级政府产业园区发展路程中也做出了一系列探索和尝试。从 1979 年探索开始的深圳蛇口工业园区到"一带一路"的战略下新兴产业园区的国际化，打破了政府或其下属融资平台主导的产业园区开发管理模式。在此背景下，本文从法律的角度对产业园区进行探析，为蔓延开来的产业园区 PPP 模式提供可行的法律建议。

【关键词】 产业园区 PPP 法律问题 经济合同

一、产业园区的公共性及 PPP 的公共性

(一) PPP 的公共性

PPP 体现个体营利性和社会公益性的冲突，使其本质上体现出公共性特点。从公开性、公平性和公益性三个角度来理解，公开性即为向公众提供优质的公共服务，公共部分必须依法披露，符合条件的私人部门享有参与竞争的权利；公平性即采用公开公示的方式在市场中寻找合作主体，具有资质的社会资本方可公开公平竞争；公益性即政府提供公共产品或服务的领域还延伸到保障性安居工程、医疗等方面。

(二) 产业园区的公共性

产业园区引入社会资本采用 PPP 合作的形式：①提供主体的公共性。主要表现在服务宗旨的公益性和政府权力的指导性，在产业园区规划开发发展

---

* 朱国华，同济大学法学院教授，博士生导师，同济大学发展研究院副院长。

** 李红，同济大学法律硕士，就职于上海招商证券。

过程中接受政府的指导，为地方产业经济服务。②管理监督的公共性。随着产业园区参与主体的多元化，政府部门不是唯一的服务提供者，它必须依靠民众进行共同治理与共同管理，开发管理主体和参与主体的多元化，体现了其具有公共性的特征。③发展目标的公共性。产业园区的直接客体或对象是园区范围内的企业其他机构单位，间接客体实质上通过园区企业产业链的健康有序发展，提升区域产业经济竞争力，通过增加区域就业、公共服务提升等，而具有公共性特质[1]。④利益冲突的公共性。园区服务对象是整个区域经济或者产业新城的公共经济利益，注重在民主政治理念上实现园区内的企业的高度参与，产业升级发展，谋求园区公共福利[2]。

二、国内外产业园区开发管理相关的法律规定及分类

（一）我国产业园区开发管理相关的法律及分类

我国产业园区的开发管理过程带有相对强烈的行政干预色彩，主要由政府机构开发管理，我国产业园区管理大体分为三种基本类型[3]。

1. 政府主导型

从产业园区的规划、基础建设到土地开发乃至招商引资以及社会管理等方面，管委会代表一级政府行使相关职责和社会管理的职能。虽然经济管理权限较大，但管理机构精简高效。一般此类产业园区都采用管委会开发管理体制，但一些少数发展较快的园区也逐步采用与行政区合一的开发管理体制。

2. 企业运作型

产业园区的开发管理主体是独立的经济组织，如市开发公司等，其既不是一级行政组织，又并非政府派出机构；但承担着园区区域内的规划、建设及管理职能。

3. 政企混合型

作为当地政府的派出机构园区管委会，行使政府的管理职权成立开发总公司或者专业公司，实现了管委会行政权与经营权的分离，管委会重在监督

---

〔1〕 阿尔弗雷德·韦伯：《工业区论证》，李刚剑、陈志人译，北京：商务印书馆 2009 年第 51 期。

〔2〕 Moszoro. M、Gasiorowski. P. *Optimal Capital Structure of Public-Private Partnerships*. IMF Working Paper, 2008. 11.

〔3〕 潘大钦："世界开发园区管理模式的探索与借鉴"，载《国际经济合作》2010 年第 10 期。

与协调；开发公司重在基础开发和建设〔1〕。这种模式是在开发区成立一个开发总公司，由其负责土地开发建设以及企业服务管理。

（二）国外产业园区开发管理相关的法律及分类

1. 政府直接管理型

由政府设立专门的管理机构直接开发管理开发园区。其中比较典型的有日本的筑波科学城以及我国的台湾新竹科学工业园等。健全的园区立法及大量的园区优惠政策是促进产业园区建设发展的重要条件。新竹科学工业园区，其管理机构的园区管理局隶属国科会，全面负责园区内的土地规划和开发等园区运转过程中的一切活动。但产业园区内的土地开发、基础设施的建设、公共配套的建设等许多具体事务也被政府控制，导致政府的行政干预较强、缺乏市场灵动性机制〔2〕。

2. 政府指导型

指该国政府虽然不直接对园区进行开发管理，但通过间接的手段对产业园区的开发管理进行指导。该类型主要出现在自发形成的产业园区，其中以硅谷为代表。可以说硅谷没有明确的固定范围，设置旧金山湾区政府协会，对湾区的建设发展进行总体规划，协调各种矛盾。

3. 大学、科研机构管理型

指产业园区的开发管理以学校或科研机构为主。大多数该类型产业园区位于学校或科研机构附近。这种模式一方面消除了政府的不必要行政干预，对中小型投资者非常具有吸引力，有利于借助大学的人才、技术优势资源；有助于学校及科研机构在最大限度层面上把科技优势转化为经济优势。

4. 企业管理型

在园区的经营和管理中以企业为主，因此企业作为市场经济的主体，全面负责区内基础设施的开发建设、经营，企业管理型一般在发达国家较常见。企业管理型的确有利于利用市场机制管理经营园区，有效利用园区内的资源，但是诸多问题也出现在企业管理园区中〔3〕。

〔1〕 付冰："产业园区管理体制创新研究"，载《现代经济信息》2013年第3期。
〔2〕 董世龙："国内外科技园区法规政策比较研究"，武汉理工大学2003年硕士学位论文。
〔3〕 董世龙："国内外科技园区法规政策比较研究"，武汉理工大学2003年硕士学位论文。

5. 基金会管理型

基金会或者协会管理模式通常以资金为媒介来带动行政管理和技术管理，将管理者的管理权与承担的利益及风险挂钩。此基金会或协会管理型有利于调动多方积极性，实现管理者权责的有机统一，并且这种体制会间接体现政府的影响；但以资金为媒介的管理模式也同样易造成各方关系不易协调的情形[1]。

(三) 我国产业园区现行开发管理共性问题

我国产业园区自开发建立以来不断进行改革创新实践，并逐步演化出政府主导、企业主导以及政企混合型三种类型开发管理模式。但近年来，尤其是在 2008 年世界金融危机后，其开发管理面临着以下主要矛盾及问题。

1. 功能定位不明，同质化现象严重

产业园区并非一级政府，需要接受上级政府、部门各方面的考核，随着行政及社会事务增加，其开发功能、经济功能、创新功能相反逐步弱化。另外，园区的发展多与地方政府的业绩密切相关，园区特色也不鲜明，地方政府往往热衷于综合性园区模式，导致千万家产业园区相似的产业、相似的政策同质化的现象非常严重。

2. 法律地位不明、政企职责不清

在我国绝大部分的园区管委会行使一级政府权力，没有专门的国家立法，导致园区的主体地位缺少权威，出台政策缺乏稳定性。园区的管委会行使行政职权，导致其职权的行使、管理处罚实施的程序缺少相应的法律依据，在行政复议、诉讼中居于被动地位。

3. 服务配套滞后，社会职能缺乏

大部分的园区成立以来，主要精力都用在经济管理方面，在社会管理职能配套方面，出现了很多园区企业只能在离园区很远的市区选择住宿的现象；从另外一个角度来说，这也加重了企业招人难、留人难的困境，难以保障园区企业职工等正常的生产生活需求，出现了园区相关社会配套滞后于园区同步发展要求的现象。

---

[1] 蒲晓晔、赵守国："国外典型经济园区融资模式的启示"，载《西北大学学报（哲学社会科学版）》2013 年第 5 期。

三、产业园区 PPP 的法律问题

(一) 社会资本的合作伙伴如何选择

在 PPP 模式下，政府通过协议引入民间资本：采取一种新型的市场化运作方式，实现公私合作、风险共担。但不排除信息不对称、地方性的政府缺乏经验等原因，导致对社会资本的资质、信用没有很好的了解；加上政府为了加快园区的建设、急于引进社会资本，降低了对社会资本融资能力及建设管理能力、资质牌照的审查力度，导致项目公司开发、建设的时候问题层出不穷。为了避免此类问题的出现，合作伙伴的选择是园区开发运作至为重要的一步[1]。

(二) 需要建立什么样的系统合同框架

产业园区 PPP 项目的各参与方，需要一系列明确清晰合同体系的机制设计以确立、调整各方权利、义务关系。根据《财政部关于规范政府和社会资本合作合同管理工作的通知》，产业园区 PPP 项目合同包括 PPP 项目合同、股东协议、履约合同、融资合同、保险合同等。在园区开发建设运营过程所涉及的一系列合同之间是相互贯通、紧密衔接的，并非各自独立、互不关联的。

(三) 法律、政府、融资、收益风险如何解决

1. 法律风险

在我国还没有专门针对园区 PPP 模式设计的法律，园区 PPP 项目参照的法律有可能修改或者废除，因而相关的合法性、合同协议的有效性、服务收费都有可能发生变动，从而给园区 PPP 项目的正常建设和运营带来很大的风险。

2. 政府相关风险

园区 PPP 项目中涉及土地审批一级开发和项目本身的审批，可能导致审批本身花费时间较长以及程序的人为复杂化。即使项目获得批准后，园区项目公司对性质、商业规模进行调整也是很困难的，存在由于政府不履行或者拒绝履行合同规定的义务，而给项目本身带来巨大直接或间接影响的风险。

---

[1] 孙学工等："我国 PPP 模式发展的现状、问题与对策"，载《宏观经济管理》2015 年第 2 期。

3. 融资风险

我国传统大部分的产业园区融资以银行贷款为主，其他金融工具银行贷款较少。然而主要通过银行贷款这种融资方式很难满足前期巨额资金投入、运营期限长、收益回报缓慢的园区 PPP 项目建设运营的资金需求。虽然理论上，银行可以对产业园区 PPP 项目未来预期收益现金流进行贷款，但实际操作中，在银行层面贷款面临一系列困境。

4. 收益风险

因为项目开发建设能够在短时间内收回成本回报以及现金流收益，很多社会资本方比较注重 PPP 项目的实物开发投资及前期工程建设，而轻视周期较长后期的管理运营和公共产品或服务的增值收益[1]。中国现阶段大部分园区，包括积极向园区 PPP 模式探讨的园区，其收入主要依靠地产增值，在这种依附在土地溢价基础上的一种盈利模式下，收益也许能够维持前期的园区开发建设成本并有所盈利，但显然是无法补足后期收益和资本的流动性。

（四）独立、有效监管的缺失及混乱问题

园区 PPP 项目作为涉及区域产业、经济发展国民利益密切关联的公共服务项目，理应建立运行有效的市场监管机制。有效的市场监管机制能够调整公众或者入驻园区的企业与园区 PPP 项目产业之间的信息空白，弥补双方可能存在的信息不对称，确保园区 PPP 项目运行在实体上和程序上都合法且合乎公共利益。由于园区 PPP 项目的公共性，必须要建立一个有效的监管机构，才能真正保护园区 PPP 项目牵涉的公共利益。现代监管理念是监管独立，美国、英国独立监管已经成为监管改革和各国普遍认同和遵循的法律原则[2]。

（五）周期太长、如何完善退出机制

园区 PPP 模式在上位法律的框架下的经营周期很长，产业园区 PPP 项目中可能出现一方或双方的中途退出的情形。根据我国目前政府运作的 PPP 项目经验，退出有如下几种分类：①正常退出：此种结果的两种可能前提：合作期限届满时未申请延期或延期申请；又或是依据相关法律、项目合同等约定了发生提前终止的情况。②非正常退出：项目公司或特许经营权人私自出

---

[1] 周兰萍："新常态下 PPP 项目风险控制难点及对策"，载《建筑》2015 年第 20 期。

[2] 笪素林、钱钢："中国政府监管机制的现状与理论构建"，载《现代经济探讨》2006 年第 10 期。

租转让、抵押处置项目财产，或擅自歇业停业，出现了可能严重危害公共利益、公共的重大安全、工程质量的问题；另外一方面是政府方无正当理由收回特许经营权自己接管，或擅自转让给其他利害关系的经营方，即政府方违约在先。所以如果不能建立合理的 PPP 项目退出机制，则将会给社会公共利益或财产造成重大的损失。

（六）纠纷属性：行政合同、民事合同的争歧

利益的博弈必然会引起一定矛盾纠纷，我们首先需要做的是给这个法律事件定性。主要有行政合同说，公共部门的政府代表是基于公众的授权，通过 PPP 合作的形式将社会公众意识具体化，而与投资主体签订的合同，本质是一种公众行为，行使的是国家管理权，体现的是行政性、公益性[1]；民事合同说，经济合同当然也属于民事合同，政府从事例如购买物品、承租房屋等此类的私法行为时，并非是基于公权力，因此理当归属于私法行为范畴。从合同法的角度来看，公共部门的政府和私人部门的社会资本具有法律意义上的平等地位，通过要约、投标、谈判来达成意思一致；混合说，认为既有行政合同范畴的公法性质，兼具民法合同思维的私法性质，这种具有公法私法融合性质的合同正是经济法上的经济合同。

四、产业园区 PPP 的法律建议

（一）按照主体资格、选择依据、选择流程确立合作伙伴

1. 主体资格

所谓社会资本，是指建立现代企业制度的企业法人。《PPP 项目合同指南（试行）》中也对社会资本进行了大同小异的界定，是指按照法律设立并存续的民营企业、国有企业、外国企业以及外商投资企业的法人主体，与政府签订 PPP 项目长期合作。

2. 选择依据

PPP 模式下引入社会资本合作，政府在选择社会资本时候，如果可考虑范围的项目伙伴数量众多，政府就面临以什么样的方式来选择？如果采取招标方式，就需要严格按照《中华人民共和国招标投标法》。在政府与社会资本

---

〔1〕 李霞："论特许经营合同的法律性质——以公私合作为背景"，载《行政法学》2015 年第 1 期。

合作中，政府采购就需要按照以上方式，公开招标更应成为常态。

3. 选择流程

在《政府和社会资本合作项目中政府采购管理办法》中提到，在项目伙伴的选择上可以建立资格预审、采购文件和评审、采购结果确认谈判工作组、项目合同文本和中标结果公示、项目合同的签署和公告的流程。具体来讲，如果适用到产业园区 PPP 项目中，我们需要以专门法律规范的形式明确规定：PPP 项目实施机构，根据园区项目的不同种类，准备资格预审条件，发布资格预审公告。

（二）PPP 项目合同、股东协议、建设、保险等全面建立合同体系

我们需要建立一个关于园区 PPP 合同类型及内容的系统专门的法律规定，主要包括以下几方面。

1. PPP 项目合同

在确定对产业园区 PPP 模式开发建设之前，首先需要建立一个指导、战略性的纲领性合同，那就是 PPP 项目合同。目的是在政府方和社会资本方之间明确双方权利义务，有利于实现合同目的。在整套园区合同框架中，园区的 PPP 项目合同居于核心地位，不仅影响到合作的模式的选择，还关系到股东之间的法律协议，并且会对融资形式、种类、来源以及保险合同的具体条款设计起到决定性作用。

2. 股东协议

为了分散风险，园区 PPP 项目多选择由两个以上社会资本组成投资联合体并共同组成项目公司。这些自然人或法人股东作为利害关系人，可能有更多的机会参与项目的建设，在某些情况下甚至能够更直接地参与、影响园区的重大决策，有机会全面详尽地掌握产业园区 PPP 项目的实施进展情况。

3. 建设合同

产业园区的开发运营最基础的框架是拆迁改造、整理土地、建设厂房，产业园区 PPP 项目公司可以与两个以上资质不同的承包商签订合同。工程承包商的合同履行程度通常会牵涉到前期基础设施建设进度，更会影响前期建设项目的贷款偿还和成本回收进程。为了降低园区 PPP 项目建设期间的风险，建议产业园区 PPP 项目公司仅与单一承包商签订价格固定并且工期固定的工程承包建设合同。

4. 保险合同

可以说大部分的园区开发建设都是涉及几十亿的投资，投入巨大资金的同时也面临着巨大的投资风险，建议项目公司根据不同阶段的风险级别对产业园区进行差异投保。鉴于产业园区 PPP 项目所涉及的风险可能存在持续复杂性，为了投保更加及时、具有针对性，建议在签署保险合同或制定保险方案涉及合同具体条款时，选择性地咨询相关园区领域保险专业人员或机构[1]。

（三）统一规范、以法律形式建立风险分担原则

1. 统一法律规范

根据我国 30 年 PPP 发展经验，各部委制定一个联合统一性的 PPP 法律，减少各法律制定主体的不统一性。尤其是不同领域的 PPP 模式应用设定具体的规定，实现产业园区在建设时期也有对应的园区 PPP 法律进行规范。在产业园区 PPP 模式探讨立法领域，应该明确产业园区 PPP 项目的适用范围等一系列适用园区 PPP 的法律。

2. 法律形式确立风险分担原则

在园区 PPP 在面对可能的风险时，我们需要建立一个风险分担的原则并将其纳入法律法规中以不变应万变。①利益共享和风险共担原则：园区 PPP 项目的特色在于政府引入社会资本，双方在共同享受项目带来收益的同时，共同承担园区发展过程中带来的风险。双方在开始园区 PPP 项目合作前应建立风险评估机制，以合理降低风险，要做好适当的引导者，充分树立起一种可持续发展的合作伙伴意识。②风险与收益相匹配原则：园区 PPP 项目中需要建立一个风险与收益均衡对应的高风险高回报、低风险低收益机制。社会资本在参与园区 PPP 项目建设中承担相应的风险也应当有相应合理的回报。根据双方各自的优势，各司其职、各取所需。③风险动态弹性原则：随着外部客观环境的变化和项目的合作推进，有些风险是难以预测的，那么对于新风险，需要约定合同的变更条款，以便合同及时更新以确立风险分担格局从而实现风险的及时调整和分担。④风险上限固定原则：在投资运营阶段，地方政府和社会资本要根据自身的财务能力、技术能力、管理能力承担风险，并建立一个风险上限条款。避免风险分配失衡造成的项目失效。

---

〔1〕 何春丽：《基础设施公私合作（含跨国 PPP）的法律保障》，法律出版社 2015 年版，第 5 页。

（四）政府部门独立、第三方介入、公众参与监管

以专门园区 PPP 立法的形式，具体明确实现政府部门独立、第三方介入以及社会公众参与的监管制度，应做到以下几方面：

1. 政府部门独立监管

在园区 PPP 项目中，可以由签订合约的政府部门督促参与园区开发建设的社会资本积极及时履行合约；政府采购需要在信息公开的前提下进行，保证在园区招投标过程中程序公平、公正，兼顾公平和效率。另外借鉴国外经验建立独立的法定监管机构，人员构成尽量以法律、财务审计为主，加强执法队伍建设，建立独立、专业的监管团队[1]。

2. 引入第三方中介机构

第三方中介机构在技术信息领域方向更加专业，在专门的监管评估绩效考核方面也更加专业，在市场化的竞争下，第三方中介结构目前比政府相关部门更有利于建立一个比较完备的评价机制，这可以有效地降低政府监管、评估预测成本[2]；其次准备入驻园区的企业无法准确了解园区 PPP 项目建设的绩效，这可以更好地保证绩效评估的公正性。

3. 优化园区相关价格制度

一方面保证入驻园区的企业在合理的承受范围内，价格机制市场化同时注重公益性；另一方面又要给参与园区开发建设运营的资本方留有合理利润盈利空间，盈利的同时也要保证相应的园区社会福利性制度。

4. 扩大公众参与

听取消费者诉求，引入社会公众参与制度，一方面可以保证决策的科学化、民主化，另外一方面，通过消费者的积极参与，加强对园区项目建设规划、发展方向的认同感从而降低执行成本。另外，让不同行业的园区企业以及不同级别的园区企业充分反映自己的诉求，以便园区建设发展的项目公司了解消费群体的需求，共同发展园区产业。

---

[1] 唐健飞：“中国（上海）自贸区政府管理模式的创新及法治对策”，载《国际贸易》2014年第4期。

[2] 韩永红：“国外主要自由贸易园区及其法律规制——评析与启示”，载《政法学刊》2015年第4期。

（五）完善立法权限，建立产权交易、股转系统等多样化退出渠道

1. 理清立法权限

我国没有具体关于园区 PPP 项目退出的统一的立法，关于公用事业接管的相关规定，也只散见于《办法》建设部和地方性的条例、规章中，一方面位阶太低，另一方面具体立法明显缺失。尤其在特许经营权人的项目公司提前与园区政府终止 PPP 项目，又没有新的适合社会资本方组建的项目公司接受经营时。为了保证公众利益，应规定进行必要的谈判，对接受处罚并承担违约责任、及时进行整改的项目公司，可以归还其特许经营权进行继续经营。

2. 退出方式多样化

以专门立法的形式，建立专门针对园区 PPP 项目的产权交易市场和股份转让系统，社会资本的私人部门可以通过专门、合法的股转系统寻求合理的退出路径，通过建立合理赔偿机制，来约束园区建设运营过程中政府的官僚作风或非理性的行为。

（六）界定纠纷属性，创新解决机制

笔者更倾向于认为产业园区 PPP 项目合同是经济合同，具备行政合同范畴的公法性和民事合同范围的私法性耦合交融性。我们是否可以通过完善民事合同下的经济诉讼制度，来建立一种针对园区 PPP 模式下的带有民事性、行政兼容适应的独特争端解决机制？

1. 规定行政调解制

以法律的形式规定，确立园区政府与社会资本的行政调解制度。园区开发建设的政府和社会资本本来就是在合意一致的基础上的达成的合作，以法律规定行政调解先行的前提也在情理之中。调解本身也利于提高效率、缓和矛盾。

2. 完善诉讼判决形式

考虑到公司合作的民事性，可以依靠法律条文的形式明确增加确认契约有效、无效，财产、非财产给付等民事性要素。

3. 增加暂停履行合同

在不损害公共利益的前提下，原则上不终止合同履行，在一定条件下，经过合理的考量可以暂停合同履行。中国园区 PPP 项目可以尝试一些独立于行政机构的监管裁决机关，另外还可以通过建立不具有利害关系的专家委员会，便于纠纷得到更加高效、及时、合理的解决。

五、结语

自华夏幸福的固安工业园 PPP 模式入选国家发改委项目库之后,国家层面一直在推动这种园区 PPP 模式的试点,并希望各地政府能够仿效固安工业园模式建设自己的开发区和产业新城。我们看到产业园区 PPP 项目虽然目前理论和法律制度尚未健全,但是试点项目已经得到了国家及省级层面的推广和支持,产业园区 PPP 模式的法律探索也在不断地前行。现阶段产业园区 PPP 法律体制还没有形成一个完整、系统的框架,我国和地方立法也没有出台相应的法律法规,而本文的研究也只处于初步探讨阶段,尚不够全面。但相信在不久的将来,产业园区 PPP 的法律制度会更加成熟和完善。

【其他经济法治论题】

经济法学理论的哲学思辨

——记刘文华老师的经济法学思想

付大学*

【摘要】刘文华老师的经济法学思想就是对经济法理论的哲学思辨。他对经济法的总体评价为：经济法是中道之法、合作之法与和谐之法，不走极端、提倡合作与促进和谐是经济法应有旨趣。他研究经济法的基本工具是矛盾论：经济法是平衡协调社会基本矛盾的应然结果，是探赜对立统一哲学思想解决经济发展问题的必然产物。他的经济法理论精髓是分合论与纵横统一论：只合不分走老路，只分不合走歧路；只纵不横是计划，只横不纵是自由。

【关键词】经济法 中合和 矛盾论 分合论

一、"中""合"与"和"在经济法理论研究中的应用

刘老师认为经济法本身就是中道之法、合作之法与和谐之法，经济法学理论建构与研究应该体现"中""合"与"和"的思想。

（一）经济法是中道之法

经济法的理论建构要走中庸之道，不能走极端。从经济法产生的角度分析，中西方国家走中庸之道是经济法产生的历史原因。刘老师在论证中西方经济法的起源时，就指出中西方国家走中庸之道因而产生经济法。自由资本主义时期无法产生经济法，是因为过分强调市场与自由，进入完全放任自由

---

* 付大学，中国人民大学经济法学博士研究生，天津职业大学副教授。

的极端；社会主义计划经济时期无法产生经济法，是因为过分强调政府与计划，进入完全管制的极端。现代资本主义社会与社会主义社会相互汲取了对方的一些优点，同时应用了市场与政府，兼顾了自由与计划，从而产生了经济法。国内一些有影响力的经济法教材忽视了这个理论规律，忽视了经济法产生的历史原因，甚至有人提出经济法古已有之，使经济法成为无源之水、无根之木，最终产生经济法的虚无主义。

从法域角度分析，经济法既不是公法，也不是私法，而是体现中庸之道的公私混合法；既不同于纵向的行政法，也不同于横向的民法，而是纵横统一法。作为经济法调整对象的经济关系，"纵"不包括非经济的管理关系、国家意志不直接参与或应由当事人自治的企业内部管理关系；"横"不包括公有制组织自由的流转和协作关系及实体权利、义务不受国家直接干预的任何经济关系。[1] 基于中道之法，刘老师科学地界定了经济法的理论范围。

从法益角度分析，经济法既不突出公有利益至上，也不强调私有利益占优，而是平衡协调各方利益，追求各方主体利益最大化，或言之社会公共利益最大化。进而，一些学者提出，私法体现个人本位，公法体现国家本位，而经济法则体现社会本位，这是有一定道理的。社会本位本身就包含个人利益和公有利益，当二者冲突时，则以卡尔多-希克斯效率[2]来衡量哪个优先，而不是依靠主观臆断。近年，经济学界争论的火热话题——产业政策和竞争政策的优先问题。若从经济法视角思考，这就是一个伪命题。必须结合具体的案例来判断二者哪个优先，若某个事项执行产业政策所带来的法益更多，则产业政策优先；若某个事项执行竞争政策所带来的法益更多，则竞争政策优先。显然，经济法的这种法益衡量方式，是一种不走极端的中庸之道。

（二）经济法是合作之法

刘老师指出，"当今世界和我们国内都应提倡'合、和'法的主旨思想是所会成员和组织，都要对社会负责，在共担社会责任的前提下，协调发展"。[3]

---

〔1〕 参见潘静成、刘文华主编：《经济法》（第3版），史保春等撰稿，中国人民大学出版社1999年版，第49~50页。

〔2〕 如果一项制度给一些人增加的福利能够弥补另一些人造成的损失，总体而言福利大于损失，那么这项制度就符合卡尔多-希克斯效率。

〔3〕 刘文华："经济法路向何方？"，载《河北工业大学学报（哲学社会科学版）》2017年第1期。

就国内角度而言，公私合作伙伴关系（PPP）就是强调政府（或公共部门）与私人（或市场主体）之间的合作。PPP 是经济法的主要研究领域，通过经济法律相关制度的构建来促进公与私之间的合作共赢。然而，现有制度中却没有从经济法视角来构建合作与争议解决制度，导致 PPP 中真正私人主体参与的部分不多，其发展前景令人担忧。如现有制度将 PPP 争议纳入行政审判庭审理，让人怀疑"私"一方的利益能否得到公平保护。

就国际角度而言，正因为合作能给世界带来前所未有的繁荣，世界范围内才成立了各种合作组织。中国倡导的"一带一路"国际合作组织，以及2017 年 5 月在北京召开的首届"一带一路"国际合作高峰论坛，无不是中国领导人的合作思想在世界范围内的推广，会对世界格局产生重大影响，也会造福于各参与国国民。"一带一路"国际合作法律制度的具体构建离不开经济法理论的指导。一方面，"一带一路"法律制度构建不能仅保护个体利益（如参建企业的企业利益至上），而忽视各参与国的整体利益；另一方面，"一带一路"法律制度构建不能仅保护我国的国有利益，而忽视其他国家利益。这两种做法都会导致"一带一路"国际合作的失败。"一带一路"国际合作中融资、建设、运营等都需要经济法律制度的调整。

（三）经济法是和谐之法

从法律主体的角度分析，经济法将"人"抽象为特殊部分的社会人，[1]如消费者和经营者、雇佣者和劳动者、竞争者和垄断者等，从而隐藏他们之间的个性，主要目的在于实现各特殊部分社会人之间的和谐相处。如通过《消费者权益保护法》实现消费者与经营者之间的和谐；通过《反不正当竞争法》与《反垄断法》实现竞争者与垄断者之间的和谐；通过《劳动法》和《劳动合同法》等实现雇佣者和劳动者之间的和谐。

从内容构成的角度分析，经济法两大部分即市场规制法和宏观调控法，都是要实现我国经济与社会、政府与市场、整体与个人之间的和谐。市场规制法的主要目的就是实现整个市场运行的和谐，从微观角度矫正市场的残酷性，避免"丛林法则"过于血性。宏观调控法的主要目的就是实现整个经济、社会的和谐，从宏观角度纠正市场的盲目性，避免"二八定律"肆意妄为。

---

〔1〕 参见 ［日］丹宗昭信、〔日〕伊从宽：《经济法总论》，吉田庆子译，中国法制出版社 2010年版，第 156~157 页。

市场规则与宏观调控共同发力，实现整个国家的和谐与稳定。

从法意立论的角度分析，经济法是和谐之法。经济法立论从不否认民商法的存在，也不否认行政法的存在，并认为他们都有独特的调整领域与调整方式，是整个法律体系中不可或缺的部分。经济法学者从不高傲地漠视其他法律部门存在的价值，从不轻视各个法律部门对整个法治建设的意义。经济法立论既不蚕食其他法律领域，也不画地为牢、固守己见，而是对跨学科、跨部门的研究持积极与开放态度。真正的经济法学者对之前的"大经济法"思想一直给予批判态度，认为那种思想是对经济法的莫大曲解。

二、矛盾论在经济法理论研究中的应用

任何社会都充斥着不同的矛盾，大大小小的矛盾构成社会基本矛盾体系，这也是促进社会发展的基本动力。据此，刘老师提出社会基本矛盾论，并认为社会整体利益和社会个体利益是贯穿人类社会始终的一个基本矛盾，到了现代社会更表现为多对矛盾和矛盾方面，如国与民、统与分、政府与市场等。左边系列矛盾方面，一般体现着社会整体利益、意志和行为；右边系列矛盾方面则多体现着社会个体利益、意志和行为。我国在改革开放之前的社会主义计划经济时期过分强调"左"方面的矛盾，导致经济发展乏力，积贫如疾；而西方自由资本主义时期过分强调"右"方面的矛盾，导致经济危机周期性爆发。然而，两大系列矛盾方面都是相互联系、相互制约、相互转化的，是既对立又统一的关系。我国计划经济时期和西方自由资本主义时期都强调了对立，而忽视了统一，导致经济社会发展都出现了严重的问题。

经济法学恰恰是在平衡社会基本矛盾及其矛盾方面而应运产生。刘老师主要列举了三个方面：其一，"无形之手"与"有形之手"两只手的协同并用。只有两只手并存、共同地调节社会经济生活，经济法才能够产生。只有一只手，或虽有两只手，但只对立不统一时，都不会产生、形成经济法的。其二，纵向经济关系与横向经济关系的平衡结合。如果一类经济关系，或两类经济关系极度失衡，就不可能产生现代经济法。只有当两种经济关系要素并存、结合时，才能产生现代经济法。其三，公法与私法在一定范围和一定程度上相互渗透和相互转化，是现代经济法产生、形成的法律上和法学上的原因。德国法哲学家拉德布鲁赫也注意到这个问题，他指出，"即使是在我们

这个时代所实现的法律生活的深刻变化，也是以最清楚的形式表现在公法和私法的关系中，表现在双方的重新相互渗透中——在一个新的法律领域的产生过程中——就像经济法和劳动法，人们既不能将之归入公法也不能将之归入私法"。[1]

新时期的供给侧结构性改革就是为了解决供给质量、结构调整、要素配置等方面的矛盾，需要经济法来平衡协调一些矛盾，因而经济法应被赋予新的历史使命。例如，为了高效地进行生产要素配置，解决政府财产资金短缺，提高管理效率，公共部门与私人部门开始深度合作，形成公私合作伙伴关系。作为公私混合法的经济法，能更好地调整公私合作伙伴关系、平衡各方主体利益关系。因此，刘老师的社会基本矛盾理论仍然是新时期研究经济法中各种问题的理论工具。

三、分合论在经济法理论研究中的应用

分与合以及分合理论是哲学上的基本范畴和理论。天下万事万物，合久必分、分久必合，这是一个普遍的哲学规律。大到一个国家的发展进程，小到一个具体财产制度，甚至个体与个体之间的关系，都体现着分合规律。从国家角度，我国的发展史就是各民族、各地域之间的分合史，虽然"合"是主旋律，是主流和常态，但"分"却时常发生，甚至到目前为止，台湾也未实现与大陆在实质意义上的统一。从财产角度，我国财产制度中私有财产是"分"，集体所有和国家所有是"合"，体现"合"的财产制度在我国占绝对主导地位。从人与人关系的角度，在个体与个体的关系中，单身与独居是"分"，家庭与合居是"合"，"合"是人与人关系的主流。分合规律成为客观事物存在和发展的普遍属性。就整个法律体系而言，从奴隶社会的诸法合一，发展到近代社会的诸法分立，再到现代社会诸法的再度融合，就是分合论规律的生动体现。

刘老师将分合论应用到经济法基本理论研究中，他认为作为纵横统一的经济法，纵是合，横是分；国家调控是合，市场调节是分；计划是合，市场是分。所有经济领域，无论是动态的，还是静态的，都是分中有合、合中有分、分合并存、分合并行。刘老师指出，在一定意义上说，经济体制改革就

---

[1] [德] 拉德布鲁赫：《法学导论》，米建译，商务印书馆 2013 年版，第 88 页。

是在保持必要的社会的"合"的前提下，实现社会个体的"分"的要求，诸如企业扩权让利、农田承包到户。但同时国家也保持必需的集中，壮大国有企业，实现规模经济。通过经济体制改革，使分合得当，协调发展。"只合不分走老路，只分不合走歧路"，不能再片面地只分不合，或只合不分，不可再走极端。[1]

分合论是刘老师经济法理论的精髓，其贯穿于经济法理论的始终。刘老师提出，"不分而合走老路，只分不合走歧路"，[2]合是目的，分是动力，它们都为经济法理论研究指明了方向。从经济法的产生、经济法律关系、到法律责任都体现了刘老师所倡导的分合思想。从经济法产生的角度，经济法是公法与私法从分到合的产物，没有公法与私法的融合就不可能有经济法。从经济法律关系的角度，主体上涉及个体、群体、公共部门之间的分与合的问题，客体上涉及私有财产、共有财产和公有财产的分与合问题，内容上涉及权利与权力的分与合问题。从法律责任的角度，经济法中法律责任条款一般会同时包含民事责任、行政责任和刑事责任，这三种责任既相互独立，又融合于一个条款之中，这是分合论的典型表现。

四、结　语

刘老师的经济法理论中蕴含着丰富的哲学思想，本文仅仅提炼很微小的一部分，只是管中窥豹。刘老师所提出的责权利效相统一思想、"上下"思想、"上中下"思想、"竞与争"思想、法律调整对象思想、国企改革思想等都为弟子们挖掘他的思想提供了丰富的宝藏。

刘老师对经济法研究现状有着深深的忧虑，不仅仅是对研究者知难而退的忧虑，更多的是对许多经济法研究缺乏哲学支撑而丧失说服力的忧虑。刘老师一直建议，经济法学研究者要从哲学范畴中寻找灵感、从哲学理论中寻找支撑、从哲学思维中寻找突破。

---

〔1〕 参见刘文华："经济法理论在求实、创新中行进"，载《商丘师范学院学报》2012 年第 7 期。

〔2〕 参见刘文华：《走协调结合之路》，法律出版社 2012 年版，第 136 页。

经济法的"社会本位"宗旨

孔德周*

【摘要】经济法以"社会本位"为宗旨。本文首先从庞德的观点出发，分析社会与国家，进一步明确社会不同于国家。从前资本主义时期到现今全球经济时代，社会与国家两个概念的区别也越来越明显。经济法的社会本位宗旨要求：在建设现代市场经济的实践中，要兼顾效率和效益、近期利益与远期利益，个人与集体、局部与整体的利益。

【关键词】经济法　社会本位　国家　宗旨

经济法以"社会本位"为宗旨，这是经济法学各种不同观点之间最大的共识。"社会本位"可理解为社会公共利益至上。社会公共利益则体现为有利于每个社会个体维护和实现其合理[1]权益的良好的社会秩序，以及对国家、地方、集体和个体等各种主体的权利（力）和物质利益、近期利益与远期利益、当代人的利益和未来人利益的协调与一体保护。

美国社会法学派代表人物庞德认为，法是一项"社会工程"，而法理学则是社会工程学。他认为法律是一种社会控制的工具，它的目的是承认、确定、实现和保障利益，而利益是"人们个别地或通过集团、联合或关系，企求满足的一种要求、愿望或期待"，也就是"通过政治社会的武力对人们的关系进行调整和对人们的行为加以安排时所必须考虑到的东西"。他把利益分为个人

＊ 孔德周，法学博士，首都师范大学法学院教授 。

〔1〕 笔者认为，此处的"合理"，应具有"公平""正义"等含义。"合理"与"合法"是不同的概念，前者作为立法的理想或价值取向，属应然的范畴；后者是根据已有的立法作出的一种客观判断，属实然的范畴。"合法"不一定就合理，因为法有"良法"与"恶法"之分，符合良法才能称之为"合理"。实际上，"合理"是判别法为良法或恶法的标准。

利益（包括人格利益、家庭关系利益、物质利益）、公共利益（包括国家作为法人的利益、国家作为社会利益捍卫者的利益）和社会利益（包括一般安全利益、社会组织安全的利益、一般道德的利益、保护社会资源的利益、一般进步的利益、个人生活方面的利益）。[1]庞德更好地阐述了相对确定的整体——"国家"与具有更大模糊性的整体——"社会"的区别，不仅考虑了各种主体的物质利益，而且更重视所有主体存在的秩序环境，类似于我们常讲的既注重物质文明、又注重精神文明。庞德不仅将法律视为"社会工程"（这里的"社会工程"即系统科学所说的"社会系统工程"），而且将社会视为一个大系统，他关于"社会利益"含义的说明，揭示了社会作为系统应有的整体性、和谐性（有机联系性）、发展性（即动态性），有助于我们更好地理解"社会"的含义。

根据上述认识，经济法宗旨中的"社会"不是国家：国家与个体一样（当然层次比个人高），都只是"社会"这个系统的一个组成部分；社会也不是国家、地方、集体和个人等的简单相加。除这些内容之外，它还包括上述各主体的利益间相互促进、相互制约的联系，这种联系构成社会的秩序，社会是否和谐、社会利益是否能得到更好的实现，更主要地取决于其内在的秩序即各主体利益之间联系的性质；此外，社会是一个开放的系统，随着国际经济全球化的发展，它还会越出国界，成为多个国家（地区）、多种因素构成的更大的整体（这种发展已有明显的进程[2]）；而且，社会是一个动态的、不断发展的系统，它也不仅仅指当代的、我们生活于其中的静态的社会，而是发展中的、将来我们的后代还要生活于其中的社会。也就是说，它是由当代人和未来人（我们的子孙后代）共同组成的、人际关系和代际关系的统一。当代人要形成为未来人着想的道德意识，并用切实可行的法律对其提供保护，

---

〔1〕　吕世伦：《当代西方理论法学研究》，中国人民大学出版社1997年版，第201~202页。

〔2〕　联合国环境规划署第15届理事会通过的《关于可持续发展的声明》指出："联合国环境规划署理事会认为，要达到可持续的发展，涉及国内合作和跨越国界的合作。可持续发展意味着走向国家和国际的公平，包括按照发展中国家的国家发展计划的轻重缓急及发展目的，向发展中国家提供援助。此外，可持续发展意味着要有一种支援性的国际经济环境，从而导致各国特别是发展中国家的持续经济增长与发展，这对于环境的良好管理也是具有很大的重要性的。可持续发展还意味着维护、合理使用并且提高自然资源基础，这种基础支撑着生态抗压力及经济的增长。再者，可持续的发展还意味着在发展计划和政策中纳入对环境的关注与考虑，而不代表在援助或发展资助方面的一种新形式的附加条件。"联合国文件 UNEP/GC.15/L.37，Annex Ⅱ，1989。

只有靠当代人的自觉，才能有效维护未来人的利益。

在前资本主义时期（含资本主义原始积累时期）和垄断资本主义前半期，以及社会主义集中的计划体制时期，国家作为社会中的利益主体之一，占有绝对优势的地位，其他利益主体只是处于服从的地位，甚至根本没有任何地位，因而国家与社会整体这两个概念几乎有着完全相同的内涵和外延。生产的社会化发展和市场机制的普遍采用，都使国家的地位明显下降，使国家调节受市场机制的制约更明显、更强烈、更复杂；国家也日益沦为社会利益主体中的一元。

信息时代的到来和经济全球化的发展，使经济意义上的国界日趋模糊，在经济安全、环境保护、可持续发展等问题上，国与国的合作与协调也日益成为必要。这种合作与协调拓展了"社会"的外延，也更加限制了国家在本国经济生活中的作用，社会与国家两个概念的区别也越来越明显。社会日趋成为一个包括国家、一切其他利益主体及所有利益主体间相互制约和协调的关系体系，成为跨国界的、动态的和发展的巨大系统。国家的地位从经济生活中绝对的利益主体和绝对的权力主体两位一体，转变为众多利益主体中的一元和对经济的辅助性调节实施者双重身份的统一；国家在调节经济的过程中，不能仅从自身利益出发，同时还应该反映其他利益主体的要求，国家日益成为整个社会利益而非仅仅自身利益的代表；国家的经济管理也由过去的干预、控制、管制转变为管理和协调；管理的方法也由过去单纯的命令与服从转变为命令与协商、引导相结合，管理主体与管理受体都在同一管理关系中，既是权力（利）主体，又是义务主体；税收和国有资产的收益也由过去单纯作为国家管理和经营的直接或最终目的，转变为既是国家获利的目的，又更是一种重要的经济调节手段，作为一种经济生活的内在力量，去调控社会经济生活，实现整个社会的利益。作为主要调整经济管理和经济协调关系的法律部门，经济法也必须以协调和统一保护所有经济利益主体的权益为根本目的。上述转变，构成了"社会本位"宗旨的主要内容和根本要求。

经济法的"社会本位"宗旨，决定了它调整经济关系的最终目的，是维护社会在静止和动态两种状态中的利益，它要求创造一种社会存在和发展的和谐环境，既注重以法律责任作为外部力量干预经济主体的行为、促使每个个体做出符合（至少不违反）社会整体利益的行为，更注重对有利于社会利益的道德价值观的塑造，力求创造和培育一种成本更低的社会调节规范。[1]
行政法以维护国家权力的正常行使为目标，其意义更多地体现为一种手段，
其性质取决于国家权力的内容和性质，而国家天然地是社会整体利益的代表，
却并不必然地以社会整体的利益为其行为的目标，因为除执行社会公共职能
外，它还要维护统治阶级的政治利益。因此，它的"行政权力本位"并不必
然要求考虑社会整体的利益；民法的设立基于一个基本的经济学假设，即：
个体追求其利益最大化的行为必然导致社会整体利益的增加，国家的财富是
人民个体财富的总和。它认为，只要保护好个体的权益，当然能达到社会的
利益最大化的目标。这个假设已经被自由资本主义时期的实践证明为错误的，
但市场经济的规律使民法不可能放弃基于这一假设确立的"个人（权利）本
位"的宗旨和精神。从这一意义上讲，民法、行政法是调节既有关系之法，
经济法则是展望未来、创造未来、保护未来之法。[2]

经济法的宗旨要求：在建设现代市场经济的实践中，要兼顾效率和效益、
近期利益与远期利益，个人与集体、局部与整体的利益；既要保障每个市场
主体参与竞争的权利，又要维护整个经济领域自由竞争的公共秩序；国家的
各种宏观经济政策，如对政府调节和市场调节的使用、区域经济政策、产业
政策、自然资源的开发利用与保护政策，以及国民经济和社会发展规划等，
均应符合经济持续、稳定、协调发展的要求。一切经济行为都应符合社会整
体利益的要求，行为人应承担对整个社会的责任。任何主体，包括国家、企

---

〔1〕 社会调控体系中，不同的调控方式有不同的"成本"，例如习惯是自发的，习惯的执行是
"零成本"的，因为一旦某种规则由强制性的规范转变为人们的习惯，就会省去为贯彻执行这种规则
而设立的机构和设施；道德可以利用社会舆论这种成本较习惯的执行稍大（舆论的监督、谴责甚至制
裁，例如不与违反道德者来往等也是需要付出成本的）一些的力量来贯彻；法律规范的实施成本与前
两者相比显著加大，因为国家必须为此设立专门的司法机构，死刑更要剥夺罪犯的生命。此处笔者讲
经济法"力求创造一种成本更低的社会调节规范"，就是指经济法根据其宗旨的要求，内在地要求创
造一种有利于法律规范转化为道德规范甚至人们普遍的行为习惯的机制，包括在经济法的规范中写进
与既有的道德规范中有利于社会整体利益的部分相一致的内容。

〔2〕 例如，民法保护的未来人，至多只及于胎儿，其他一切未来人都不是他的主体，他所保护
的只是当代人的秩序和当代人的个体的利益；行政法对未来人利益的保护只具有程序上的意义而无具
体的内容，因而是间接的；经济法则要设计具体的经济体制、自然资源开发、利用与保护制度、在工
业生产中保护自然环境的措施（即是认为环境保护法独立于经济法，环境保护也要在许多方面和很大
程度上靠经济法来实现）等方面，来统一保护当代人整体的利益和未来人的利益。因此，"生态人"
概念的提出、经济法和环境保护法的发展，还提出了一个新的问题，即未来人的社会主体地位问题，
社会学、伦理学家、法学家都应在理论上解决这一问题。

业和个人，都应对发展社会生产力，提高整个社会长期的经济效益，以及为经济的未来发展提供合理的经济制度和整体秩序负责，在这个前提下，实现个体、局部和近期的经济利益，并处理好各方面的关系。

经济法宗旨的上述要求，说明经济法是将全部经济关系作为一个大系统来认识和处理的，集中体现了它的系统思想。实质上，"社会"一词本身就是一个系统科学的概念，可视为"系统"在社会关系领域中的代名词。

部门法的宗旨是其本质、根本任务、价值取向以及基本原则等的高度概括和总结，是该部门法基本精神最凝练的表述。因此，它同时又是该部门法建设的根本指导思想和该部门法理论思想的最集中体现。经济法的宗旨也要求，在经济法理论研究和法治实践中，要自觉地运用辩证系统观的思想和方法。

论衍生合约在破产法中的超级优先权

——基于功能性视角

杨疏影*

【摘要】供给侧改革中的"三去一降一补",必定导致无法适应市场竞争的企业消亡,在此过程中,破产法起着重要作用。而金融衍生交易作为金融市场重要的组成部分,衍生交易的净额结算机制与破产法理念之间存在着冲突,学界一般认为应当修改破产法,赋予衍生交易在破产程序中的超级优先权,本文持赞同观点。由于金融衍生合约不同于一般合同的特殊性,合同法中关于社会价值的一般表述,在金融衍生合约中得到抑制。相反,衍生合约更注重于功能性的考量。因此,为保证衍生合约的稳定性和流动性,需要在破产程序中赋予衍生交易不同于一般合同的更加灵活宽泛的豁免权利。就宏观的整个金融市场而言,衍生合约往往作为风险控制的工具,被应用于更为复杂的金融产品或交易结构之中,如果没有破产法上的超级优先权作为支撑,那么衍生合约将无法起到风险隔离的作用,如此才会更容易引发金融危机。同时,也要认识到,超级优先权并非完美,其中也存在负外部性等问题。

【关键词】衍生合约　超级优先权　流动性　功能性

---

* 杨疏影,女,中国人民大学法学院博士研究生,中国人民大学金融法研究中心助理研究员。

一、问题的提出：场外衍生交易[1]的净额结算机制与破产法之间的冲突

2008 年次贷危机不仅给全球经济带来了巨大的冲击，随着金融机构的不断倒闭，也引发了人们对金融法和破产法这一交叉领域的深入思考。金融衍生交易虽然由一系列合同组成，但它被公认为是现代经济生活中最为复杂的商事交易形态，其本身颇为精巧的结构设计、与其他金融创新制度之间的复杂关系、从金融市场实践中发展出的一套特殊的交易规则，都导致这种新型交易形态与传统的法律制度之间存在着冲突。金融危机暴露出金融衍生交易[2]，特别是场外衍生交易的净额结算机制与破产法的优先清偿之间的冲突。学界关于此方面的争鸣，显得尤为激烈。

净额结算履行方式是指，当衍生合约一方当事人因出现潜在亏损而拒绝履约或拒绝按照风险敞口支付或追加担保品时，守约方可以宣布合约提前终止，了结双方之间在合约下的多项权利义务，兑现合同项下的全部浮动盈利。在场外衍生交易②中，ISDA 主协议以及我国 NAFMII 主协议都确定了终止净额结算的方法。按照该方法，作为合同当事人的守约方，有权要求违约方支付合同项下尚未履行部分以提前终止日的市场价格计算出来的浮动盈利。在破产的语境下，当一方当事人破产时，衍生合同提前终止，尚未履行的权利义务按终止日市价确定盈亏并进行净额结算，其效果是令衍生合同当事人从破产债务人处获得了优先的全额清偿，相当于在破产法上赋予了金融衍生交易的对手方凌驾于任何破产债权人之上的超级优先权。这与破产法传统上奉行的保护破产债务人财产的完整性、公平对待债权人等原则发生冲突。

就我国的破产法立法现状而言，净额结算机制主要与三方面条款发生冲突：一是《破产法》第 18 条下破产管理人对待履行合同的选择权，可能挫败

---

[1] 无论在学界还是在实践中，衍生品（derivatives）、衍生工具（derivatives instruments）、衍生交易（derivatives transaction）、衍生合约（derivative contracts）等概念往往没有明确的区分。由于本文主要从合同法和金融交易市场的角度来探讨，因此也根据行文中不同的情况，选择采用衍生交易和衍生合约这两个概念。在合同层面讨论是采用衍生合约这一提法，在整个交易规则和市场层面讨论时则采用衍生交易这一提法。

[2] 金融衍生交易有场外和场内之分。场内交易是指在集中的、有组织的交易场所中公开交易的金融衍生交易，它们具有统一的、标准化的合同条款以及强制性的风险控制安排。场外交易指不在交易所内交易，而是由金融机构与客户之间，或者金融机构之间进行的一对一的私下交易，其合同条款基于交易双方的需求而自主拟定。

净额结算规则的适用；二是《破产法》第 31 条、第 32 条设计的优惠性清偿或欺诈性转移，可能禁止终止净额结算下的款项相互冲抵；三是《破产法》第 40 条中关于抵销例外的规则，可能导致非破产当事人因破产事件而去的债权被排除在净额结算（抵销）范围之外。理论上说，如果能够迅速进行破产抵销，也能够产生和净额计算一致的结果，但是破产抵销权要经历烦琐而漫长的甄别确认程序，而且债权人须向管理人进行主张。这种时限的拖延性和抵销的不确定性，将无法及时切断因破产事件导致的对场外衍生产品价格的敏感性影响。[1]在我国，2005 年修订后的《证券法》事实上已经对证券市场交易中净额结算的优先地位给予了某种程度的确认，但依然对场外的衍生交易中的净额结算机制未有明确的法律规定，因此对该问题仍然存在着争议。

然而 2008 年的金融危机使人们对给予衍生交易在破产法上的超级优先权有诸多诟病。由于超级优先权允许濒临破产的企业的对手方在破产程序之外执行其合同的债权债务，学界对此的反思趋向于认为衍生交易所拥有的破产超级优先权有加速破产公司资产流失之嫌。有学者称，应当回归传统破产法的理念，在立法上建议严格限制甚至取消金融衍生交易在破产法上的超级优先权。在此充满争议的背景之下，我国在这一金融与破产法交叉领域应当如何立法，是本文需要研究的问题。

本文从三个方面来对金融衍生交易与破产法上的超级优先权进行思辨。任何研究的路径都遵循由微观到宏观、由个体到群体的路径展开，本文亦是如此。

第一方面，是从微观的衍生合约出发。由于衍生合约具有不同于一般合同的特殊性，合同法中关于合同价值的一般表述，在金融衍生合约中体现得并不明显。相反，衍生合约作为一种控制风险的金融工具，更注重功能性的考量。因此，为保证衍生合约的稳定性和流动性，需要在破产程序中赋予衍生交易不同于一般合同的更加灵活宽泛的豁免权利。

第二方面，从宏观出发，衍生合约作为风险管理的工具，被广泛地运用于各种复杂的金融交易架构之中。如果取消衍生合约在破产法上的超级优先权，会导致衍生合约丧失其应有的风险管理的功能，从而影响到复杂的金融

---

〔1〕 参见罗曦："场外金融衍生产品交易的法律规制与中国实践"，载《国家检察官学院学报》2012 年第 2 期。

交易架构的稳定性和流动性，进而容易引发系统性风险。其中，以资产证券化中的 SCDO 受衍生合约影响最为巨大。文中将以 SCDO 作为例证，详细分析衍生合约对于维护金融交易稳定、降低系统性风险的作用。我国的金融发展较为落后，但在此阶段仍应考虑到金融产品的创新可能会突破传统法律的桎梏。因此，立法者应当在破产法的立法中赋予衍生交易超级优先权，从而为金融市场预留出发展和创新的空间。

第三方面，在肯定衍生合约的超级优先权具有积极作用的基础之上，承认衍生合约并非完美，其具有负外部性，特别是对公司的次级债权人的危害需要得到正视。对次级债权人的损害是否大于超级优先权所带来的好处，这是一个非常有价值的研究方向，但需要更进一步的实证研究和法理论证。在未有一个明确的答案之前，衍生合约在破产法上的超级优先权仍然是一个非常有效的方式。

二、衍生合约的异质性：套期保值的功能要求得到破产法超级优先权的支持

从法律的角度分析，衍生交易是一种合约，其内容类似于传统的买卖合同，但其特殊性在于合同的全部条款在当下已经确定，但合同的履行、标的物的实际交付，依赖于未来发生的事件或未来的某个时间点。从权利义务的角度分析，即，衍生合约规定的是对标的物在未来某种条件下处置的权利和义务。这种特殊性并非仅仅是订约与履行时间上的分离，它还为衍生合同带来了在合同属性上的根本改变：传统的合同法上，合同的主要价值在于促进交易；而衍生合同不仅仅是确定未来权利义务的契约，还构成了所谓的金融产品，具有了可交易性。

由于衍生合约不同于传统合同，其具有可交易性，这就要求衍生合约具有稳定性和流动性，从而便于在金融市场上转让。例如，在衍生合约的履行期到来之前，有潜在获利的一方当事人可以通过收取不高于获利款的对价将合约转让给第三人。相反，有潜在亏损的一方当事人也可以通过向第三人支付该笔金额，把合约项下的权利义务转让给后者，相当于"付款赎身"。[1]

虽然衍生合约质变为一种可交易的金融商品，但需要注意到，衍生合约

---

〔1〕 参见刘燕、楼建波："金融衍生交易的法律解释"，载《法学研究》2012 年第 1 期。

"状态依存"的这一本质特征，意味着衍生合约的履行将面临重大风险。衍生合约下的信用风险（即对手方履约风险）是双向的、变动的，需要担保的并非传统意义上的合同主债权，而是一方当事人在合约下可实现的预期收益，该预期收益因对方可能违约而暴露在风险中，行业术语为"风险敞口"（risk exposure），从而需要对方提供担保品以消除风险。相对于传统合同主债权的固定性或确定性，衍生合约的风险敞口在合约整个有效期内方向和金融都是变化的，它源于合约下的潜在盈利并随着基础资产的市场价格而波动。正是为了应对这一履约风险，实践中产生了一套围绕着衍生交易的特殊交易模式，促成了场内和场外衍生交易的顺利进行。衍生工具的套期保值或者保险作用直观地表现为衍生合约下的收益或损失与当事人在现货交易中的损失或收益对冲。因此，套期保值功能的实现有赖于合约项下的潜在收益得到完全兑现，不论合约是否实际履行，这一理念也贯穿于合约终止与违约责任追究的缓解，遵循着兑现衍生合约下的潜在收益这一基本思路，场内交易中，以保证金交易、每日无负债结算、强制平仓、清算所作为中央对手方等一整套安排。它们作为交易所的规章制度获得了法律认可，能够被强制适用。相比之下，场外衍生交易不存在集中交易场所和中央结算机制，而是金融机构之间或金融机构与客户之间一对一的交易关系，只能依赖合同安排来保证衍生合约的履行，国际上一般运用"净额结算机制"，作为违约风险发生时保证衍生合约顺利进行的机制。在场外衍生交易中，采用的就是"净额结算机制"作为衍生合约的履约风控手段，而这也正是衍生合约与破产法的冲突所在。

净额结算机制这一合同提前终止的处理方式与传统民商法的处理方式完全不同。在传统民商法下，合同提前终止也即解除合同，意味着尚未到期、尚未履行的部分不再履行，已经履行的部分则计算守约方的实际损失，多退少补予以清结。但在衍生交易中，合同提前终止后依然要兑现尚未履行部分的全部盈亏。换言之，衍生合约提前终止的效果与假定合同在终止日全部履行完毕的效果是一样的。制度如此设计，正是基于衍生合约作为风险管理工具的属性。亦即，不能因违约方的过错而影响守约方利用衍生品合约套期保值目的的实现；违约方需要补偿守约方其本该获得的风险管理收益，就如同其正常履行了衍生合约一样。

并且，净额结算机制脱胎于"轧差"这一在现代金融市场上非常普遍的清算方式，具有类似于传统民法中的"债之抵消"的效果，指合约当事人将各自对对方的支付义务相互抵冲后，仅由一方支付净差额的支付方式。但净额结算机制中的相互抵充，比传统民法上债与债之间的抵销范围更为广泛。基于双方的合同约定，净额结算不仅可以将衍生合约双方之间的同期支付义务相互冲抵，也可以将当事人之间不同合同的支付义务相互冲抵，还可以在合同提前终止的情形下，将未来的应付义务相互冲抵或与本期支付义务冲抵。在多变协议下，净额结算可以实现多个当事人之间的支付义务相互冲抵，从而极大地减少了当事人实际支出的现金额。金融交易多为金钱之债，往往呈现出交易数量多、金额大、频率快等特点，因此，以相互冲抵后的净额加以履行是非常必要的，这样也有助于维护交易安全，稳定市场秩序。

由此可以看出，从微观的衍生合约出发，由于衍生合约具有不同于一般合同的特殊性，合同法中关于合同价值的一般表述，在金融衍生合约中体现得并不明显。相反，衍生合约作为一种控制风险的金融工具，更注重功能性的考量。因此，为保证衍生合约的稳定性和流动性，需要在破产程序中赋予衍生交易不同于一般合同的更加灵活宽泛的豁免权利。

三、风险控制功能：金融创新需要衍生交易的超级优先权控制信用风险

随着金融市场的日益复杂化，金融工具往往涉及许多风险，衍生交易作为风险控制的工具应运而生，也给了我们一个观察金融市场的基本视角，那就是，尽管有许多机构和投资者参与到金融市场之中，但并不是所有的投资者都可以完全承担金融市场中的风险。比如，对于低风险偏好人群，日本的房地产市场中，投资者可能会运用汇率掉期来降低日元汇率的影响；市政基建项目也会运用利率掉期来降低借贷成本。而对于高风险偏好人群，比如对冲基金，则会利用衍生交易来获得更大的风险敞口。衍生交易可以将风险进行分解，从而根据投资者风险偏好的高低，找到最匹配的金融产品和投资者组合，从而最终回归金融的实质，为实体经济或者投资项目寻求到有效的资金来源。正如储蓄者不想面临流动性风险，从而储蓄银行给予储蓄者存款保险，保证了其资金来源一样；衍生交易市场也为投资者提供了相似的保证，使他们免于面对种类纷繁又无法承受的风险。因此，通过衍生交易将风险分割成不同的等级，对应相应承受能力的投资者，是衍生交易对整个金融市场

的贡献所在，而破产法上的超级优先权可以保证衍生交易风控功能稳定发挥，从而保证整个金融市场的稳定。

最典型的案例是 SCDO（Synthetic Collateralized Debt Obligation，简称 SC-DO），发起人可以通过衍生交易将基础资产中的信用风险从交易结构中转移出去，从而降低 SCDO 中的整体风险。由于 SCDO 只将信用风险进行了转移，而无须设立 SPV 转移基础资产，其是一种成本低廉且更为灵活的资产证券化方式，因此它对于很多金融机构，显得更为具有吸引力。自 1997 年，SCDO 市场发展非常迅速，占据了 CDO 市场的巨大份额，并且也成为信用衍生交易市场的重要组成部分。[1]

在资产证券化领域中，传统的 CDO 是将一些不良债务捆绑并且重新划分其中的风险等级，销售给相应的风险承担投资者。CDO 中发起人需要将基础资产通过"真实销售"的方式，从发起人的资产负债表移除，转移给 SPV，来达到破产隔离的目的。因此，在 CDO 的交易架构中，SPV 都真实地持有基础资产（房贷或者公司债等）。这样的方式不仅可以帮助银行或公司将债务移到资产负债表外，同时可以帮助银行或公司从银行体系中获得资本来源，充实其资金流动性。

而 SCDO 作为 CDO 中的一种，它与传统的 CDO 拥有基本相同的交易构建，但明显的区别在于，传统的 CDO 中，需要专门设立一个 SPV 来真实持有作为基础资产的房贷或公司债，从而达到发起人资产与 CDO 中的基础资产相分离的作用。而在 SCDO 中，并没有设立实际持有公司债或 MBS 等债券的 SPV，而是由发起人（一般为银行或公司）保留房贷或公司债。由于 SCDO 中的资金流并不是从基础资产本身中获得的，而是根据交易各方主体之间的投资组合协议而定，因此 SCDO 中仍然存在着由于发起人破产而引发的信用违约风险。因此，正如传统的资产证券化一样，在 SCDO 中仍然需要做破产隔离的处理，保证证券只受基础资产组合表现的影响，而将发起人的信用风险隔离出去。为了使 SCDO 中的基础资产与发起人的其他资产达到破产隔离的状态，往往使用信用违约掉期（Credit Default Swap）或者信用联系票据（Credit-Linked Note）等衍生交易形式将发起人破产等信用风险转移出去。SCDO 中，信用违约掉期这一衍生交易模式作为其控制风险的工具，其原理与一般给公

---

〔1〕 See Yuri Yoshizawa, Moody's Investors Serv., Moody's Approach to Rating Synthetic CDOs. (2012).

司债权保险的信用违约掉期基本一致。

举例说明，在传统的 CDO 中，其交易架构中需要银行将基础资产 MBS Alpha 通过真实销售的形式，出售给 SPV，使 CDO 实际持有 MBS Alpha。而在 SCDO 中，不需要实际持有 MBS Alpha，仍然由银行本身持有 MBS Alpha。SCDO 先将 MBS Alpha 根据风险和收益的不同，划分为不同的等级，再针对每一个等级中的资产分别发行信用违约掉期。SCDO 担任信用违约掉期的卖方，而其对手方担任信用违约掉期的买方。在发起人没有破产等信用违约的情况下，卖方 SCDO 会定期收取费用，而作为其对手方的买方会定期支付费用。一旦发起人出现破产这一信用违约事件，信用违约掉期的卖方（SCDO），则要赔偿买方所有利息与资本损失，而基础资产 MBS Alpha 则作为信用违约掉期的抵押品，通过净额结算机制被提前清偿给交易对手方。通过这样的形式，就像为证券化中的基础资产买了一份保险一样，其中的信用违约风险得到了对冲。发起人无需将基础资产转移给发行人。相反，发起人只需执行一个信用衍生交易，比如信用违约掉期（credit default swap），或者信用联系票据（credit-linked note），就能将基础资产中的可能影响到投资者的信用风险从交易结构中剥离出去，[1] 从而保证 SCDO 不会因发起人的破产而受到影响。

赋予衍生交易破产法上的超级优先权，可以消除其法律上的障碍，从而有效率地保证在发起人破产或违约之际，投资者可以不受影响，保证用于消除对手方信用风险的抵押物能够完全用于 SCDO 之中。同时，超级优先权可以保证净额结算机制的顺利实施，保证衍生交易中的各方主体拥有随时结束合同、结算交易、清算的权利，从而达到保证交易顺利进行，免受对手方违约风险的影响的作用。在以 SCDO 为代表的等复杂的金融创新产品之中，衍生合约在破产法上的超级优先权使得 SCDO 可以像传统的资产证券化一样，将发起人破产的风险进行破产隔离。正如真实销售在传统资产证券化中保证发起人的破产不会影响到投资者对证券化资产所拥有的权利一样，在 SCDO 中，运用抵押品以及破产法上的超级优先权，可以使整个证券化交易对手方的破产风险相互隔离。此外，在资产证券化中，投资者往往希望投资于安全

---

〔1〕 传统的资产证券化，不仅会剥离信用风险，还会将与资产有关的所有风险都剥离出去，比如利率风险、提前清偿风险、货币风险等。

的、具有稳定流动性的抵押品之中。而那些不具备稳定可流动性的抵押品的资产证券化，往往无法得到较高的信用评级。这些都表明如果要构造一个在金融市场中可以顺畅流通、交易的 SCDO，必须要保证其远离对手方的破产风险。对于机构投资者，衍生交易扩大了 SCDO 中抵押品的范围，同时，对于借款人，增强了其信用，使出借人可以有效率地将信用风险与其投资者相隔离。[1]

四、回应质疑

首先，是对衍生交易加剧了 2008 年次贷危机这一观点的回应。衍生交易在破产法上的超级优先权是为其套期保值、对冲风险的功能提供法律上的确定和保障，也是保障其他金融创新乃至金融市场的稳定。在 2008 年次贷危机中，雷曼兄弟破产案件中，有关衍生交易的诉讼频发。有学者认为，这正好证明了衍生交易在破产法上的超级优先权并未解决与衍生交易清算权利相关的法律风险问题。雷曼兄弟破产案为研究衍生交易在破产法上的超级优先权的界限到底在何处提供了很好的文本。针对在次贷危机中超级优先权使衍生合约加剧了金融危机这一观点，在雷曼兄弟破产案的听证中并没有认为衍生合约是加速了雷曼兄弟破产的主要原因，更遑论其是加剧金融危机的凶手。[2]责怪衍生交易对手方在雷曼兄弟濒临破产之时的疯狂挤兑行为，正如责怪储蓄者在银行倒闭之前疯狂挤兑一样。诚然，挤兑的行为加速了雷曼兄弟的破产，但这并不代表着这是其破产的本质原因；而且即使在事后限制衍生交易对手方的超级优先权，也无法挽回雷曼兄弟破产的命运。[3]这样一味地责怪也并没有为如何绕过破产法上的超级优先权提供一条新的解决之路。

其次，有学者提出，超级优先权与传统破产法和其他制度的冲突如此多，

---

〔1〕 But see Beverly Hirtle, *Credit Derivatives and Bank Credit Supply*, 18 J. Fin. Intermediation. (2013)

〔2〕 See Kimberly Summe, *Misconceptions about Lehman Brother's Bankruptcy and the Role Derivatives Played*, 64 Stan. L. Rev. Online 16. (2012)

〔3〕 See Robert R. Bliss & George G. Kaufman, Resolving Large Complex Financial Institutions: The Case for Reorganization, at 10 ("the major problem stems from the fact that the firm is in liquidation…Stays can suspend collection of debts but they cannot force continued rolling over of funding or provision of services.").

超级优先权并非唯一的控制对手方风险的解决方式，可以运用其他模式来替代。场内衍生交易中的清算所被认为是更为科学有效的方式，因此，在 Dodd-Frank 法案中就对许多掉期合约规定了强制清算的要求[1]，即像场内交易一样，在交易主体之间插入中央清算所，各交易主体的对手方为中央清算所，而不相互直面。强制清算的好处在于，通过中央清算所，减轻了金融市场参与主体监测和处理对手方违约风险的成本，有助于增强掉期市场的流动性，从而消除针对超级优先权的批评。然而，需要注意到的是，强制清算模式一般需要标准化的衍生合约，其项下的权利义务相对固定，由于场外衍生交易具有个性化、定制化的特点，其仍然占据有很大的市场份额。超级优先权对无法纳入到场内的衍生交易，仍然起着保护其免受对手方违约风险干扰的作用，因此，其无法被完全替代，仍然有其存在的理由。即使是对金融衍生品规定较为严格的 Dodd-Frank 法案之中，也只是将一部分衍生交易纳入到了强制清算的范围之内，仍有很大一部分衍生交易游离于场内交易。

最后是超级优先权的负外部性问题。通过超级优先权来管理对手方的违约风险，并非是零成本的。其主要的成本也并非来源于缔约主体本身，相反地，它带来了许多负外部性，这些成本主要来自于低级债权人。交易对手方往往容易忽略公司债务中低级债权人的规模。这个问题是必须得到重视的，因此，超级优先权为衍生交易对手方带来的益处和其对公司其他债权人所带来的损失之间，孰轻孰重，值得我们深入思考。这一方面需要更多实证分析的考证，可能是未来非常有价值的一个研究方向。

五、结　语

我国破产法在与金融结合的领域立法仍属空白。因此，研究欧美国家关于衍生交易在破产法上的超级优先权，并吸取次贷危机所暴露出的问题，是非常有价值的。中国金融制度还处于基础阶段，仍然应当肯定超级优先权对保证衍生合约功能的正常发挥具有积极意义；同时还应在发达国家的经验中看到，从宏观出发，在金融市场中，衍生合约往往作为风险管理的工具，被应用于更为复杂的金融创新产品中。因此，应当在我国立法上赋予衍生交易

---

[1]　Dodd-Frank Act § 713, Pub. L. No. 111-203, 124 Stat. 1376 (2010).

在破产法上的超级优先权。在肯定衍生合约的超级优先权具有积极作用的基础之上，承认衍生合约并非完美，其具有负外部性，特别是对公司的次级债权人的危害需要得到正视。

经济法保障"共享发展"的内在逻辑联系探微

——兼论市场决定资源配置下更好发挥政府作用的经济法之完善

陈阵香*　　陈乃新**

【摘要】经济法保障"共享发展"有其内在的逻辑联系。这是因为经济法不是（经济）行政法，它不是政府以公权力干预经济的立法（当然，这种立法因其有改变资源配置、财产归属的内容，从而也不容否定其对经济有作用）。经济法是在市场决定资源配置下，既对私人物品，又对公共物品，从直接促进社会整体增量利益的角度出发，调整平等主体之间，以及不是平等主体之间的生产劳动关系、市场竞争关系和生活消费关系等（或者"劳动力的自有自用自益"关系），确认、设定和保护劳动权（工作权）与经营权、市场竞争权与消费权（或统称劳动力权），以保障经济发展公平的法律部门。经济法便因此而成为保障"共享发展"，并成为在市场决定资源配置下更好发挥政府作用的法律部门。它在我国社会主义市场经济中极具发展前景。

【关键词】经济法　共享发展　劳动力权　经济发展公平

经济法保障"共享发展"有其内在的逻辑联系。经济法不是（经济）行政法（以下称行政法），不是国家干预经济的法。经济法恰好是在市场决定资源配置下，既对私人物品，又对公共物品，从保护劳动力权入手，直接促进社会整体的增量利益，并由此保障劳、资、政各方，穷人与富人等各种人群都能共享发展，促使政府更好发挥作用的法律规范体系。为此，本文试以建立"公平竞争审查制度"为引子，再论经济法是什么、经济法怎样体现"共

---

　* 陈阵香，澳门科技大学法学院 2015 级经济法学博士研究生。

　** 陈乃新，法学博士，湘潭大学法学院教授、博士生导师。

享发展"之经济发展公平，以及如何完善市场决定资源配置下更好发挥政府作用的经济法等问题，对比表达个人的看法。

一、从建立"公平竞争审查制度"再次引出经济法是什么的思考

（一）国家已经真正重视经济法

国家现在已经真正重视经济法。1986 年我国制定《民法通则》，立法机构提出："民法主要调整平等主体间的财产关系，即横向的财产、经济关系。政府对经济的管理，国家和企业之间以及企业内部等纵向经济关系或者行政管理关系，不是平等主体之间的经济关系，主要由有关经济法、行政法调整，民法基本上不作规定。"[1]因为那时用经济法、行政法一起调整不是平等主体之间的经济关系的，所以，经济法与行政法就一直相混至今。过去重视的经济法实际上是行政法（经济方面的特别行政法）。这可能与我国长期实行"使市场在国家宏观调控下对资源配置起基础性作用"[2]的经济体制有关，在这种经济体制下，实际上由政府决定资源配置，那就相应地需要用法律来保障政府对经济活动行使干预权，以使与政府决定资源配置保持一致，而这种法律就被当成了经济法。

但是，我国实行"使市场在资源配置中起决定性作用和更好发挥政府作用"[3]的经济体制以来，国家通过出台各种政策，开始重视真正的经济法。例如，2016 年国务院印发《关于在市场体系建设中建立公平竞争审查制度的意见》，该《意见》要求：国务院反垄断委员会要发挥职能作用，组织、协调、指导反垄断工作，研究拟订有关竞争政策，组织调查、评估市场总体竞争状况，为推进和逐步完善公平竞争审查制度奠定坚实基础。[4]有学者就认为：为确保公平竞争审查制度的推进，应当将公平竞争审查制度写入《反垄断法》。一方面，可以在总则中确认竞争政策的地位，可以考虑将现行《反垄

---

〔1〕 关于《中华人民共和国民法通则（草案）》的说明 ——1986 年 4 月 2 日在第六届全国人民代表大会第四次会议上 全国人大常委会秘书长 法制工作委员会主任 王汉斌 。载 http://www.law-lib.com/fzdt/newshtml/20/20050720184626.htm，访问日期：2017 年 4 月 25 日。

〔2〕 参见 2003 年江泽民："全面建设小康社会，开创中国特色社会主义事业新局面——在中国共产党第十六次全国代表大会上的报告"。

〔3〕 参见习近平："《中共中央关于全面深化改革若干重大问题的决定》的说明"，载《人民日报》2013 年 11 月 16 日第 01 版。

〔4〕 参见《国务院关于市场体系建设中建立公平竞争审查制度意见》（国发）。

断法》第 4 条改造为"国家制定和实施与社会主义市场经济相适应的竞争规则，健全统一开放、竞争有序的市场体系"，确立竞争政策的基础性地位；另一方面，在第 5 章增加一则条文，明确规定国家实施公平竞争审查制度，要求相关主体制定的政策措施不得违背公平竞争的要求。[1]

这种迹象表明：在市场决定资源配置下，要求政府更好地履行职能的法定义务的导向性规定已经显现，这与传统的政府单纯以行政权力干预市场主体的习惯做法是大不一样的。这就是说，我国已经开始了改变政府单纯运用公权力，干预经济活动、维护秩序的做法；而是也要求政府能运用自己的工作能力（劳动力在公共物品生产中的表现形式），从宏观层面为经济社会持续健康发展，履行提供公共产品（包括公共服务）的义务。可见，包括为政府及其公务人员运用其制作公共物品的劳动力，设置权利义务的真正的经济法就已经开始。

（二）真正的经济法为保障经济社会持续健康发展服务

什么是经济法？这一直是一个问题。《中国特色社会主义法律体系》白皮书提出：经济法是调整"国家从社会整体利益出发，对经济活动实行干预、管理或者调控等所产生的社会经济关系"[2]的法律规范的总称，这也许是凝聚了许多经济法学人的共识之论。但是，经济法若要成为独立而又重要的法律部门，恐怕还没那么简单。

笔者研究认为：经济法在形式上确实是与国家从社会整体利益出发相关，但实际上社会整体利益可以分为社会整体的存量利益与社会整体的增量利益。所以，从整体利益出发，其含义还需要深入分析。

一是社会整体的存量利益已有民法、行政法和刑法以及相应的诉讼法等去保护。这是因为社会整体的存量利益具有既得性和独立性，社会的任何个人、任何组织损害了社会整体的存量利益，就要承担民事赔偿责任；如果违反行政法，国家就有权代表全社会给予行政处罚；构成犯罪的，追究刑事责任。因此，在这个范围内是不需要经济法的。但现在，我们是把其中的国家代表社会整体对侵害社会整体的既有利益的行为，追究行政责任（常用的是

---

〔1〕 参见时建中："强化公平竞争审查制度的若干问题"，载《行政管理改革》2017 年第 1 期。

〔2〕 参见中华人民共和国国务院新闻办公室：《中国特色社会主义法律体系》白皮书，2011 年 10 月。

罚款）的法律规范（还包括政府有权强制经营者服从社会整体的存量利益的法律规范），当作是经济法的规范，这显然不妥，应当认为这种经济法不过是特别行政法而已。

二是社会整体的增量利益的法律保护。这方面应有的保护（主要是经济法保护），已如上述所说，它虽然已经开始得到重视，但仍却非常不足，可是它又极为重要；因为"发展仍是解决我国所有问题的关键"〔1〕，而发展是要以增量的物质利益来作为支撑的。显然，经济法作为一个独立的、重要的法律部门，是不能重复已有的民法、行政法和刑法等的功能的，它应当有保障社会整体的增量利益的新的功能，能对保障经济社会持续健康发展具有积极的作用。所以，明确真正的经济法为何，是十分重要的。

二、经济法是体现"共享发展"之经济发展公平的法律

（一）经济法与行政法相混的缺陷以及"国家干预经济法论"的衰落

当今，"国家干预经济法论"的衰落是必然的，这不是因为公权力干预经济已然无效，而是因为它不属于经济法论，而属于行政法论。行政对经济当然总是有作用的，肯定是需要行政法的。但是，整体而言，公权力只对资源配置、财产归属、既得利益或存量利益格局的改变有某种作用，它并不对财富的创造、竞争与消费（劳动力的再生产）行为进行规范，从而对保障经济社会持续健康发展就很少起直接作用。

自从西方国家实行市场经济以来，以社会化生产为基础的和以资本逐利为核心的市场竞争经济，促进了经济社会的快速发展，单个国家乃至全世界都有这种趋势，否则马克思恩格斯就不会说："资产阶级在它的不到一百年的阶级统治中所创造的生产力，比过去一切世代创造的全部生产力还要多，还要大。"〔2〕但是，世界上的事情都是有利必有弊。这种市场经济的最大问题是社会化生产也会造成资源的迅速枯竭与环境污染；而资本逐利的竞争，不但剥夺了劳动者创造的剩余价值，而且激化了大、中、小资本之间的矛盾，造成了经营者与消费者的利益冲突等，人类社会遇到了过剩的金融经济危机、资源环境危机、人体能力危机与两极分化的社会危机，这种危机还趋向周期

---

〔1〕 参见《中共中央关于全面深化改革若干重大问题的决定》（2013）。

〔2〕 参见［德］马克思、恩格斯：《马克思恩格斯选集》，人民出版社1972年版，第256页。

性并日渐加深,有时还不免激化以致发生世界大战。因此,人类社会不得不提出如何使经济社会可持续健康发展的问题。当然,这里需要解决的问题是很多的,但是其中一个最重要、也是最主要的问题是,怎样把劳、资、政三者的积极因素都调动起来,而实质上就是要把这三者的劳动能力都挖掘出来,对经济社会持续健康发展起正能量作用。这听起来虽然比较抽象,实际上却是有道理的。因为我们知道:人世间的一切幸福都是要靠辛勤的劳动来创造的。[1] 我们可以要求他们不断提高劳动能力和展开创造性劳动,从正面各自为促进经济社会持续健康发展贡献才智,履行法定义务和享有共同发展的权利,这就是经济法的精髓。相对于行政法,经济法也许更重要。有人把经济法与行政法相混淆,提出"国家干预经济法论",这无疑是多余的,这种理论是会要衰落的。经济法就是经济法,它的关键在保障其"经济性"的实现,在"增量利益"的创造,在"共享发展",这是会要兴盛的。

(二)经济法契合"共享发展"的原理

"国家干预经济法论"的衰落是指经济法混同于行政法的衰落,这既不否定行政法有其作用,也肯定经济法有其独特的功能,只是说两者混在一起不合适。"共享发展"的提出,给我们研究经济法提供了契机,因为经济法正好是契合"共享发展"的。

经济法与社会法的出现,与两种物质关系需要新的法律来调整有关。一种是以不可排他性占有的资源与环境为媒介的共用共享共护关系的法律调整,这是由社会化生产的巨大生产力造成的。另一种是以社会整体经济发展利益为媒介的主体与主体之间的增量利益关系("劳动力的自有自用自益"关系)的法律调整,这主要与人的劳动能力相关的财富的协作创造、市场竞争与生活消费有关。这就是经济法。

经济法从根本上说,与劳动力权入法有关。劳动能力或劳动力,天然属于自然人个人所有,不能与人体分离而独立存在(但可由许多人协作而形成结合劳动力),所以,它不同于民法所指称的物,不存在归属权争议而无须有法定的所有权,不存在所有权与使用权分离,劳动力只能由本人使用,无所谓使用权在主体间流转(用人单位不可能通过劳动合同买到劳动力的使用

---

〔1〕 新一届中央政治局常委同记者见面习近平讲话。载 http://china.newssc.org/system/2012/11/15/013670781.shtml,访问日期:2017 年 4 月 25 日。

权），因此，民法也处理不了有关劳动力的纠纷。

人的劳动力虽然不能独自创造财富，但它与民法所指称的物、与不可排他性占有的资源与环境，都是创造财富的物质要素，而且劳动力的使用价值，"是价值的源泉，并且是大于它自身的价值的源泉"。[1]

劳动力权入法，最早要数英国 1802 年的《学徒健康与道德法》。该法规定，禁止纺织工厂使用 9 岁以下的学徒，并且规定 18 岁以下的学徒的劳动时间每日不得超过 12 小时和禁止学徒在晚 9 时至次日凌晨 5 时之间从事夜间工作。这明显是对 9 岁以下劳动能力未完全形成的儿童，不得用于工厂生产劳动的规定，以及对劳动时间不能过长而使人的劳动力造成恢复与再生的障碍的预防；这明显是保护劳动力权的规定。而那时的 1804 年的《法国民法典》却还有"租赁契约可分为两种：物的租赁契约；劳动力的租赁契约"[2]的规定。这却是把劳动力当作物，当作民事租赁法律关系的客体，以物权的法律保护来对待劳动力权的法律保护。对前者，马克思在《资本论》（1867）中就作出过评价，认为英国的"工厂立法是社会对其生产过程自发形态的第一次有意识、有计划的反作用"。[3]这是劳动力权入法的标志，是新法律部门产生的发端。

到了现代社会，这种保护劳动力权的法律制度几乎已经取向于系统化：

一是在私人物品生产领域（微观领域），包括在劳动法、公司法等企业法的理论与立法实践中，人们看到了在社会化生产中，劳动者既付出劳动力，也投入了人力资本；而投资者则既付出了财产（物力资本），也投入了劳动力（进行经营决策劳动），因此，法律对财产权与劳动力权都要保护，否则必然会发生利益失衡。

二是在公共产品（含公共服务）制造领域（宏观领域），也因经济全球化、市场竞争化、竞争法治化的推动，不得不引入劳动力权来规范国家机构及其公务人员的行为，尤其是规范政府更好发挥作用的行为。一方面，国家机构及其公务人员依然通过行政立法等，运用公权力治理经济社会，维护秩

---

〔1〕 马克思：《资本论》，人民出版社 1975 年版，第 219 页。关于机器人能否创造剩余价值？或者也能创造剩余价值，但不过是最终制造机器人的劳动者创造剩余价值的延伸。物质财富的创造，一时一事可以不需要劳动者，但全社会没有劳动者则是不可想象的。

〔2〕 参见《拿破仑法典（法国民法典）》，李浩培、吴传颐、孙鸣岗译，第 1708 条。

〔3〕 马克思：《资本论》，人民出版社 2004 年版，第 553 页。

序与保障稳定;另一方面,国家机构及其公务人员又通过经济立法等,发挥自己制造适用于经济社会持续健康发展的公共产品的劳动能力(表现为工作能力),包括公共物品创造中的各种工作责任制的立法,地区、部门之间竞争的绩效评估的立法,以及检验适于市场主体可普遍持续逐利(增量利益)标准的立法等。行政的立法与经济的立法,也可能统一通过有关市场监管与宏观调控的法律表现出来。

显然,这种确认、设定和保护劳动力权的法律制度的系统化,是从来没有过的法律现象,它就是马克思所说的属于"社会对其生产过程自发形态的第一次有意识、有计划的反作用"的立法,它的目的是使从事各种职业的人的劳动能力得到正面的充分的发挥。这正如习近平总书记所说,"劳动是人类的本质活动,劳动光荣、创造伟大是对人类文明进步规律的重要诠释""人类是劳动创造的,社会是劳动创造的""劳动是财富的源泉,也是幸福的源泉。人世间的美好梦想,只有通过诚实劳动才能实现;发展中的各种难题,只有通过诚实劳动才能破解;生命里的一切辉煌,只有通过诚实劳动才能铸就""劳动没有高低贵贱之分,任何一份职业都很光荣""完善制度,排除阻碍劳动者参与发展、分享发展成果的障碍,努力让劳动者实现体面劳动、全面发展"。[1]因此,经济法与"共享发展"具有内在的契合性,因为它是从人的劳动力即财富创造源泉切入的一种法律,它对经济社会持续健康发展具有直接的保障作用。

三、市场决定资源配置下更好发挥政府作用的经济法之完善

（一）从并非行政法又区别于民法的方向完善经济法

在《民法总则》第2条"民事法律调整作为平等民事主体的自然人、法人和非法人组织之间的人身关系和财产关系"的规定中,我们可以分析得出民事法律并不调整平等主体之间的一切关系,它调整的关系一是限于平等民事主体之间,二是限于人身关系和财产关系。所以,如生产劳动关系、市场竞争关系和生活消费关系等与劳动力(劳动力的自有自用自益)有关的关系,这些关系明显不是行政关系,而民事法律也并不调整这些关系,而且也调整不了。

---

〔1〕 参见"'平语'近人——习近平的'劳动观'",载 http://news. china. com/news100/1103 8989/20170501/30476530. html,访问日期:2017 年 5 月 4 日。

现在，调整这些关系的经济法上的法律规范，都已出现在劳动法律、公司法律、市场竞争法律（如反垄断法等），以及消费者权益保护等的法律中。但对这些法律中的经济法的法律规范，有的只把它作了民法学的解释，有的则只作了行政法学的解释，这都有不合适的地方：

例如，劳动与企业的法律，除了有的学者把劳动者定位于弱势群体，从而把劳动法律定位于向劳动者实行倾斜保护的社会法之外，也有的学者把劳动法律（特别是劳动合同法）当作民法特别法。实际上，已如上述，人的劳动力不是民法所指称的物，劳动力天然属于自然人个人，它没有法律上的归属权争议，亦无法律上的所有权范畴；它不能离开人体独立存在，且并非是人体本身，而只是人体的一种机能，它只能由自然人本人加以运用，不可能把使用权让渡给用人单位，所以，民法没有也不可能调整劳动力关系。如果立法以及学界把劳动力当作民法的物，那就必定会违反客观规律。我们如果深入分析劳动法律中的规范，不难发现它主要是保护劳动力权的法律规范；同时，劳动法律中也有（劳动）行政的一些法律规范，如监督检查等规定，但它属于（劳动）行政法的范围。此外，在公司法等企业法律中，关于公有制企业中的职工代表大会制度等，公司中的职工监事制度、"将股份奖励给本公司职工"等规定（尤其如美国的《职工持股法案》、德国的《共同决定法》等），都有体现劳动者对企业利润同创共享的劳动力关系要求的内容，都属于保护劳动力权的经济法上的法律规范。

再如，市场竞争的法律，在《反不正当竞争法》中，经营者以不违法的民事行为（如降低价格销售产品）侵犯了其他经营者的竞争权，即排除、限制境内市场竞争的，须承担违反竞争法的法律责任等规定，这明显是既保护财产权，又同等保护劳动力权的规定。因为市场竞争法律否定直接依靠财产与公权力的竞争的正当性，只肯定创造财富能力（劳动能力或劳动力）[1] 竞争的正当性，包括争夺交易机会、交易份额与利润份额的正当性；就像体育比赛只承认运动员自身"更快更高更强"能力进行竞赛的正当性，否定直接依赖财产（兴奋剂等）与公权力（如利用裁判权）进行竞赛的正当性。但在这

---

〔1〕 参见马克思：《资本论》（第一卷），人民出版社2004年版，第195页。马克思说："我们把劳动力或劳动能力，理解为一个人的身体即活的人体中存在的、每当他生产某种使用价值就运用的体力和智力的总和。"财富是由使用价值构成的，劳动力就是创造财富的能力。

些现行有效的法律中主要是行政法的法律规范，竞争权的确认、设定与保护都不明确。

上述这些有关经济的法律中，是存在一些经济法的法律规范的，但现在这尚未被很好地科学地加以研究、归类与系统化，它们可能已被简单地看作市场监管（规制）法。总的说来，在这些市场监管（规制）的法律中，行政法规范确实占比太大。这就是上述法律需要完善，需要增加经济法的法律规范的原因。

同时，在这些法律中增加经济法的法律规范时，经济法完全可以建立起自己特有的、与劳动力权有关的劳动权与经营权、市场竞争权、消费权的权利体系，以真正完善经济法，保障平等主体之间的经济发展公平。

（二）从并非民法又区别于行政法的方向完善经济法

经济法可以调整民法不调整或无法调整的某些平等主体之间的经济关系，经济法应当朝着这个方向完善；如近来提出要建立"公平竞争审查制度"，并希望将其纳入《反垄断法》等，这便是一例。当然，这还不够，经济法还应全面调整政府与市场主体之间（不是平等主体之间），共同促进与共同享用社会整体的增量利益的关系。为此，我们应当通过立法，让政府为经济社会持续健康发展，承担优质高效提供公共物品的义务，以及享有工资薪金与受激励的所得利益，并享有分享发展成果的权利。显然，这不是民法问题，也区别于行政法。经济法在这方面是大有作为和亟待完善的。经济法在这方面的完善，方向也与调整某些平等主体之间的经济关系，如财富创造中的生产劳动关系、市场竞争关系和生活消费关系等与劳动力有关的关系，具有一致性，它只是调整某些不是平等主体之间的与劳动力有关的关系。

这里，经济法的完善：首先，我们应当完善《宪法》保护劳动力权的原则性规定，或者对《宪法》的第42条作出明确解释，强调国家保护劳动能力（劳动力）权。释明"劳动是一切有劳动能力的公民的光荣职责"，以及"奖励劳动模范和先进工作者"[1]的《宪法》规定，是对一切具有劳动能力的公

---

[1] 参见《中华人民共和国宪法》第42条："中华人民共和国公民有劳动的权利和义务。国家通过各种途径，创造劳动就业条件，加强劳动保护，改善劳动条件，并在发展生产的基础上，提高劳动报酬和福利待遇。劳动是一切有劳动能力的公民的光荣职责。国有企业和城乡集体经济组织的劳动者都应当以国家主人翁的态度对待自己的劳动。国家提倡社会主义劳动竞赛，奖励劳动模范和先进工作者。国家提倡公民从事义务劳动。国家对就业前的公民进行必要的劳动就业训练。"

民而言的，一切公民包括国家机构的公职人员在内，他们作为中华人民共和国公民，都"有劳动的权利和义务"，其中有较大贡献的"先进工作者"同样有获得"奖励"的权利。

其次，我们还应当在一切由政府参加的市场监管（规制）、宏观调控等各种有关经济的法律中，增加为促进经济社会持续健康发展的各种工作目标的法律规范，完善实行"工作责任制"[1]的法律规范，增加绩效评估的法律规范，增加衡量工作好坏标准的法律规范等。总之，不能只有政府干预、管治市场主体的法律规范，更需要有政府促进社会整体的发展利益（增量利益）与市场主体等共享发展成果的法律规范。

我们由此完善经济法，是对混同于行政法的经济法的改革。在过去混同于行政法的经济法中，我们研究总结出来的市场监管（规制）权与宏观调控权，一方面，这很难与民法的财产权、人身权，以及与公法的立法权、行政权与司法权等相并列。另一方面，在现行的有浓厚（经济）行政法色彩的有关经济的法律中，如市场监管（规制）也只能是行政权中的特别权项之一；宏观调控权则只能是立法权、行政权等共同派生出来的特别权项。实际上，在经济法视野中，市场监管（规制）、宏观调控等，都不是独立的权利，而是国家机构及其公职人员运用自己劳动力依法所从事的各种工作，从而是他们行使"工作权"（也即劳动权）的行为、是行使公共物品经营权的行为，又是他们行使创造公共物品竞争（包括个人之间，地方政府之间，部门之间竞争）权的行为，还是他们行使分享发展成果的消费权的行为。所以，在这种经济法中，我们同样可以建立起自己特有的、与劳动力权有关的劳动权与经营权、市场竞争权、消费权的权利体系，而不是市场监管权、宏观调控权。我们相信，这也就是在市场决定资源配置下更好发挥政府作用的经济法，是能保障不是平等主体之间的经济发展公平的经济法。

---

〔1〕 参见《中华人民共和国宪法》第27条："一切国家机关实行精简的原则，实行工作责任制，实行工作人员的培训和考核制度，不断提高工作质量和工作效率，反对官僚主义。一切国家机关和国家工作人员必须依靠人民的支持，经常保持同人民的密切联系，倾听人民的意见和建议，接受人民的监督，努力为人民服务。"

政府与市场：经济正义与公平竞争审查机制

【摘要】长期以来，我国的经济改革和经济政策呈现出以政府为主导的基本特点，但"供给侧结构性改革"的提出改变了这一模式。在政府与市场的关系中，经济正义是首先要考虑的要素。不同的历史时期有不同的取舍，在市场失灵时，经济需要政府的管制。笔者通过论证经济行政司法审查存在问题，即仍采取权力滥用审查的方式，而非采取有限权力的审查方式，说明国家管制的合理性要遵从五项基本原则，并借鉴美国的发展，对我国行政审查提出建议。

【关键词】经济正义　政府　经济行政　司法审查

一、经济正义：从需求端到供给侧的改革

长期以来，我国的经济改革和经济政策呈现出以政府为主导的基本特点，主要是为了需求刺激政策[1]，在我国经济建设初期，各类产业的产品供给不足，基础设施普遍落后，大规模基础设施、制造业和房地产投资有其合理性和必要性，政府主导和引导各类资金和资源流向基础设施、制造业和房地产是正确举措，创造了持续数十年的增长奇迹。这种经济结构对我国的经济规制法律产生了重大的影响，形成了以经济行政法为主要格局的经济法律体制。

但是，随着三十多年的调整增长，我国已从普遍供给不足或短缺经济发

---

*　沈敏荣，首都经济贸易大学法学院教授，研究领域为经济法律伦理、竞争法、公司法。

〔1〕　厉以宁、吴敬琏、林毅夫：《解码"供给侧改革"：2016-2020 中国经济大趋势》，群众出版社 2016 年版，第 68 页。

展到普遍供给过剩，尤其是绝大多数制造业和房地产行业产能过剩和高额库存的情况。自 2015 年之后，我国提出了"供给侧结构性改革"，注重以中长期的高质量制度供给统领全局的创新模式，在优化供给侧环境机制中，强调以高效的制度供给和开放的市场空间，激发微观主体创新、创业、创造的潜能，构建、塑造和强化我国经济长期稳定发展的新动力。[1]

二、社会正义：信息真实性与经济行政权力的有限性审查

市场经济的形成源于对政府权力的怀疑。自民族国家以来，由于地域庞大，国家无法获得全体社会成员的普遍信息，而市场通过价格则具有整合的功能。亚当·斯密在《国富论》中的深刻分析给近代社会带来了曙光。亚当·斯密指出人的能力来源于后天，是将自己的潜在优势发挥出来，成为比较优势，再通过分工与交易，使这种优势成为"绝对比较优势"。这种优势的发挥在古希腊时代是通过共和国来实现的，因为共和国具有整合有限数量公民的所有信息的功能，建立在直接民主之上的共和国能够将共和国的强大与公民的命运密切地结合起来。

但是，到了民族国家，国家整合信息的功能被政权的垄断阉割，因而需要通过国家来提供公共产品，而市场提供竞争性产品。国家被限定在非常有限的范围，凡是市场能够发挥作用的，都应该通过市场，因为只有这样，社会成员的信息才能通过价格显现出来。而公共产品的提供必须通过严格的正当程序、信息公开和经受司法审查的方法来运用行政的垄断权力，因为这种权力具有垄断性，任何经济权力都无法与之相竞争，而其在市场中不受严格制约的存在都是对市场的扭曲。而如果市场竞争关系被扭曲了，作为反映市场成员信息的价格也就失真了，市场整合资源的优势也就不复存在了。

但是，市场也存在着信息失灵的情况，当市场失灵时，市场的功能也就不能发挥作用了，这时候，借助于国家的作用就成为必要了。

第一是垄断。垄断使得市场单一厂商的供应能够完全满足市场整体需求，也就是单一企业自身的生产能力能够吸收社会所有消费者的信息。第二是公共物品。公共物品相对于私人物品，其消费具有非竞争性和非排他性特征，

---

[1]　厉以宁、吴敬琏、林毅夫：《解码"供给侧改革"：2016-2020 中国经济大趋势》，群众出版社 2016 年版，第 63 页。

若依市场提供，则无法解决搭便车的难题。第三是外部性。由于人的有限理性，经济主体在自己的活动中对特定或是不特定的他人产生影响，这种影响所带来的利益或负担都不是经济主体本身所获得或负担的，是一种"非市场性"的附带影响。第四是信息的不完全或不对称。市场分工与交易的有效性依赖于信息的完全性，而当信息不完全或是信息不对称时，市场机制整合信息的功能就会出现问题。这种信息的不对称使交易双方缺乏信任，进而增加交易成本，影响市场交易。

垄断、公共物品、外部性和信息不完全或不对称的存在，使得市场难以解决资源配置的效率问题，市场作为配置资源的一种手段，不能实现资源配置效率的最大化，这时市场就失灵了。当市场失灵时，为了实现资源配置效率的最大化，就必须借助于政府的干预，这实际上已经明确了政府干预经济的调控边界。但是，现代广义的市场失灵理论又在狭义市场失灵理论的基础上，认为市场不能解决的社会公平和经济稳定问题也需要政府出面化解，从而使得政府的调控边界突破了传统的市场失灵的领域而大大扩张。因此，并不存在简单的市场失灵必然导致政府干预的逻辑。

正是基于信息的真实性和优先性，国家的管制才具有合理性和合法性。政府管制机构的一个主要活动就是收集信息，管制机构收集大量信息是管制活动的必要内容，因为信息生产本身就是管制机构的一个目标。

三、以滥用代替有限性审查：我国目前司法审查的思路及局限性

正是基于信息失真的不同情况，国家的管制被分为经济性管制、社会性管制和反垄断管制。

经济性管制是指在自然垄断和存在着信息不对称的领域，主要为了防止发生资源配置低效率和确保利用者的公平利用，政府机关用法律权限，通过许可和认可的手段，对企业的进入和退出、价格、服务的数量和质量、投资、财务会计等有关行为加以管制。

社会性管制源于大型工业化之后，工业产品具有严重的负外部性，以及消费者对诸多食品、药品缺乏足够的知识，因而产生严重的信息不对称，为保障劳动者和消费者的安全、健康、卫生，以及实现环境保护和防止灾害的目的，对产品和服务的质量和伴随着提供它们而产生的各种活动制定一定的

标准，并禁止、限制特定行为的管制，这就需要政府代表民众的利益，通过立法、执法手段加强对这类社会问题的管制。[1]

反垄断管制是在竞争性领域中具有市场垄断力量的企业及其垄断行为，特别是由市场集中形成的经济性垄断行为，需要进行市场影响的审查。

在我国目前的市场经济环境下，政府的管制权力正经历着自身的简政放权的环节，尚未发展到市场与政府权力的明确划分，并对政府权力进行确定性的司法审查的阶段。经济体制改革的核心问题是处理好政府和市场的关系，使市场在资源配置中起决定性作用和更好地发挥政府作用，简政放权、转变政府职能成为供给侧改革的一个重点。[2]

正是由于政府与市场的关系正处于改革期，因此，对政府与市场关系提供的司法审查采取滥用具体行政权力的审查方式，而非采取有限行政权力的审查方式。因此，表现在司法审查上司法机关对经济行政的审查经历了从具体行政行为向抽象行政行为的演变，但仍是采取权力滥用审查的方式，而非采取有限权力的审查方式，因为，直到目前，这种有限权力的范围仍未确定：①长期以来，行政法律、法规、规章、规则都不属于司法审查的范围。②以《反垄断法》为主导的审查。③采用滥用的思路，而非审查行政权力本身。2016年的《国务院建立公平审查机制的意见》的思路也是如此。

经济行政属于行政法，从标准的市场思维出发，应该采取能否有效收集信息这一思路来判断行政干预行为的合理性和合法性，而非采取从效果上判断的方法。因此，这种采取以反垄断法为主导的以结果来判断行为本身的违法性的思路具有局限性。

四、经济行政的行政法审查：国家管制的合理性及其设置逻辑

在市场经济条件下，国家若要进行经济干预，必须遵守下述规律才具有合理性。政府管制的合理性在于它能够获得市场的真实信息。

第一，国家干预的有限权力限定与行政职权法定原则相一致。行政职权法定原则，是指行政机关行使的行政权必须是依法的，任何法外的行政都不具有合法性。

---

〔1〕 ［日］植根草益：《微观规制经济学》，朱绍文等译，中国发展出版社1992年版，第22页。

〔2〕 两年来中央层面取消、停征、减免超过400项行政事业性收费和政府性基金项目。

第二，因为行政权是垄断权，它对经济领域的干预必须遵循正当程序的约束。行政权往往是一般授权性条款，具有相当大的自由裁量性，行政裁量权构成现代行政法上行政权的核心，通过行政程序控制行政裁量权成为现代行政法的基本原则。[1]

第三，这种正当程序必须在信息公开的支持下才会有意义，行政相对人能够在行政过程中维护自己的合法权益。根据正当法律程序，行政审批、许可的条件、标准、程序必须向社会公开，并通过一定途径、方式告知审批、许可的申请人。

第四，即使遵循上述的正当程序原则，行政权力仍然具有广泛的自由裁量权，因此，需要遵循合理原则，不要给行政相对人造成不合理的负担。

第五，司法的合法性审查。这是通过司法机关对行政权进行事后的控制，以确保行政权的行使符合法律授权的目的。

以上五项原则是现代行政法的基本原则，也是国家运用国家的立法、行政权来干预经济必须要遵循的基本原则。

五、经济行政的经济法审查：行政干预的弊端及机构的独立化和司法化

从美国的经济管制历史可以看到，美国经济的国家管制始于反托拉斯管制，而反托拉斯管制涉及大量的合理原则的应用，即无法从经济行为本身来进行判断，而需要考察经济行为的后果来判断，这就增加了自由裁量权。而政府具有自身的行政利益取向，难以保障公平公正，大量合理原则的应用使得政府不堪重负。这正是现代经济法需要解决的主要问题。

对经济行为的行政审查却碰到了制度性的难题。司法审查具有普通法依据和法官的独立性保障，而行政权力在亚当·斯密那里就由于缺乏真实的信息来源而无法审查经济权力，19世纪现代公司法的产生就是基于这一原因。行政审查本身面临着正当性的问题。但同时，合理原则的应用，使得司法系统不堪重负，正如当时就提出，司法机关无法承担合理原则的全面应用，一方面法院没有经济分析方面的人才储备，另一方面，大量的事实分析会使司法系统运转失灵。因此，必须寻找问题的解决之道。行政机关的司法化成为

---

[1] 章剑生：《现代行政法总论》，法律出版社2014年版，第53页。

了解决这一问题的有效方法。[1]

正是美孚石油公司案中最高法院的困境以及哈兰之问，促进了美国在反托拉斯制度上的变革，其中最为明显的就是司法化的行政机关的设立，即美国联邦贸易委员会（FTC）。[2]

（一）高度独立的行政机构

FTC采取委员会制而非独任制，由5名委员组成，委员由总统任命，经参议院推荐和批准。同时，一政党的委员不能超过3名，在其任职届满后可继续任职，一直到任命出继任者为止。因此，每一党派的成员在机构中至多能占微弱多数。机构成员的任期年限为7年，长于美国代议制4年选举周期，这对于确保规制机构独立性具有重要的意义。

（二）这些机构具有运用合理原则所需要的准司法性

司法是指国家司法机关根据法定职权和法定程序运用法律处理具体案件的专门活动。司法权是指司法机关运用法律处理案件的、不同于行政权和立法权的国家权力。准司法权英文为"quasi-judicial"，其中quasi是"类似、准"的意思，这意味着准司法权是类似于司法权的一种权力，或者说实体及程序上具有与司法相类似的性质。

准司法权具有司法权的特性，具有一般司法权不同于行政权之特点：解决的是他人之间的纠纷，涉及三方主体和双层关系，而非针对行政相对人的涉及两方主体和一层关系的行政事务；追求诉讼公正，兼顾效率和效益，而非追求效率与行政秩序，兼顾公正；独立于其他国家机关、法官以及任何人、任何机关、任何组织的干涉，而非以上下级命令与服从为主旋律；以公开为原则，以不公开为例外，而非表现出某种程度的封闭性；职业化要求高，表现出独特的、专业化的法律思维论证方式。准司法权也不同于一般司法权，这表现为拥有准司法权的机构通常是各种委员会而非各级法院；行使准司法权

---

〔1〕 Paul L. Joskow, Regulation and Deregulation after 25 Years: "Lessons Learned for Research in Industiral Organization", Review of Industrial Organization, 2005, 26, pp. 169~193.

〔2〕 最早提出成立联邦贸易委员会的是来自内华达州的参议员弗兰西斯·纽兰（Francis T. Newlands）。长期以来，纽兰先生一直在为建立一个能适应《谢尔曼法》的组织而奔走呼吁，特别是在标准石油公司一案判决后，纽兰多次重申需要建立新组织来贯彻"合理原则"的观点。1911年7月，他正式向参议院提出了自己的议案，一个月以后，他随即又提出了一份补充议案，这个议案的核心内容便是一个新的管制贸易委员会的成立。

的人员通常是委员会的专家成员而非法官；准司法权行使之裁决，有的具有司法的裁决效力，有的不具有司法的裁决效力，而司法权之裁决当然具有司法的裁决效力。

（三）具有终局性的事实判断权

美国《联邦贸易委员会法》第5（C）条规定，在联邦上诉法院审查时，委员会发现的事实经证据证实的，即为确定。这在美国被称为"实质证据法则"（Standard evidence rule），是美国判例法基于行政委员会之专门性及技术性而形成的。因为行政机关具有专门知识和经验，对争论的事实的证明具有判断力量。法院不能用自己的判断代替行政机关的判断，法院只审查行政机关的判断是否合理和公平。行政机关对事实的裁定，只要符合任何一个合理的标准，即认为有实质性的证据支持，即使法院不同意行政机关的判断，也必须尊重行政机关的权限。一般来说，法院须接受委员会对事实的认定，只要从整体上看，案卷中有充分的证据能够支持这些认定。在许多案件中，很难使联邦法院逆转联邦贸易委员会的事实调查，毕竟国会设置联邦贸易委员会的目的就是事实调查。在实践中，联邦贸易委员会的调查结论总是被法院认可的。

（四）向国会负责和报告

在合理原则的范围内，独立机构具有有限的立法权、行政权和司法权，这使其具有一定的"独裁"特点。在现代社会的治理结构中，这种机构的授权必然源于民意机关，并向其负责，而且，其立法权和司法权必然在是其运用合理原则完成其职责功能的范围之内。

美国、日本和法国等国家享有准司法权的反垄断执法机关经过类似法院审理程序后所作出的行政裁决具有相当于法院一审判决的效力。在这些国家，反垄断执法机关具有了第一审法院的法律地位。不服行政裁决的当事人只能以上诉的方式向高级别的法院要求司法审查，这是其外在效力的最直接表现。美国《联邦贸易委员会法》第5（C）条规定，当事人可以向居住地、营业地或行为实施地的美国上诉法院提起诉讼，以废除委员会的行政裁决。

（五）受司法审查的制约

这些合理原则的运用需要受到司法机关的最终审查，使得这些机构运用合理原则仅仅具有有限的司法性，而非司法的最终性。经济领域中合理原则的应用及其复杂性使得司法机关难以实现对经济领域的审查，因此，需要有专门的独立判断机构分流一部分司法判断的功能，但这种判断毕竟不是纯粹的司法机关的功能，如果存在争议，则需要受到司法机关的审查。因为，独立机构处理之后的争议占据很少的一部分，这就使得司法机关可以审查独立机构运用合理原则的合法性。可以认为，独立机构的作用在很大意义上是，通过分流司法机关的裁判功能，使司法机关对经济领域的争议审查成为可能。

六、独立经济审查机构的基础：第三部门信息搜集功能的健全

经济审查机构目前在我国仍处于行政化的阶段，无法取得独立地位，很大的原因在于其获取信息的渠道仍是行政性的，而无法通过社会的方法来获得，即我国社会化的信息整合渠道尚未有效建立。而用行政方法来获得信息仍面临着失真的困境。因此，建立有效的社会化获得信息的方式是建立独立的经济审查机构的社会基础。

20世纪60、70年代之后，在发达市场经济国家，由于凯恩斯主义的失灵、福利国家的危机以及民主政治的觉醒，出现了一场范围广泛的"结社运动""一场有组织的志愿运动和创建各种私人的、非营利的及非政府的组织的运动正在成为席卷全球的最引人注目的运动……民众正在创建各种团体、基金会和类似组织，去提供人道服务，促进基层社会经济发展，防止环境退化，保障公民权利，以及实现成百上千先前无人关注的或由国家承担的种种目标"。[1]

这场运动被称为"第三部门"运动，即异于政府部门和私人部门，属于公共性的非政府机构，范围涉及环保、医疗、宗教、慈善、教育等。于是，在公域（政治国家）和私域（私产领域）的基础上，社会被进一步分化为三个既相互关联又彼此独立的领域：政治领域、经济领域和社会领域。这一分化就是需要和政治国家和市民社会进一步分化的结果。政治领域就是国家，它属于政府部门活动的领域；经济领域即通常意义上的私人领域，避于营利部门活动的领域；而社会领域则是指介于前两者之间的、由两者交融而成的，在性质上更接近于私域，而在利益上又具有公共性的非营利性领域，或被称为"公共领域"，它属于非营利部门或第三部门活动的领域。

"第三部门"的研究发展了近代的市民社会理论，认为社会经济生活可以通过自由市场机制进行自我调节而无须国家干预其内部事务。社会经济生活

---

〔1〕 李亚平、于海：《第三域的兴起》，复旦大学出版社1998年版，第7页。

既不能单纯依靠市场机制进行调节，也不能过分依靠政府干预进行调节，在某些领域，甚至既无法通过市场进行调节，也无法通过政府干预进行调节。同时，一个活跃的、警觉的和强有力的市民社会，对于防止专制主义的复活和巩固民主制度都是必不可少的。社会问题可以通过社会自组织加以解决，虽然不能解决全部，但可以解决很大部分问题，并且比行政干预效率更高。在市场失灵和政府失灵的领域，社会自组织可以克服政府干预的弊端，发挥其积极作用。

社会自组织能够有效地汇集经济社会中的信息，并作出有效的处理，这些自组织包括行业协会、中介机构等其他民间组织形式。

七、自查机制与司法审查的建立：我国经济行政审查的进展及意义

（一）以反垄断法为主导的行政权力审查，社会管制与经济管制的审查尚待加强

2016 年国务院提出的行政机关对自身行政规章、规则的自我审查，正是对规则本身的竞争性提出要求，提出了在行政法体系内对政府规章进行公平竞争审查的正确思路，确保政府相关行为符合公平竞争要求和相关法律法规，维护公平竞争秩序，保障各类市场主体平等使用生产要素、公平参与市场竞争、同等受到法律保护，激发市场活力，提高资源配置效率，推动民众创业和创新，促进实现创新驱动发展和经济持续健康发展。

基于我国目前行政主导的格局，目前提出的自我审查只针对行政规章、规则的审查，使之与国家的行政法律、法规相一致，而未包括对国务院级别的行政法律、法规的审查。[1]

（二）目前的经济行政权力的审查以地方、部委行政权力与国家行政法律、法规相一致为切入点

首先，审查的标准确定了行政权力的有限性，规定其不得与市场的竞争性相冲突。具体包括：①在市场准入与方面，不得设置不合理和带有歧视性的准入和退出条件；不得限定经营、购买、使用特定经营者提供的商品和服务。②在商品和要素自由流动上，不得对外地和进口商品、服务实行歧视性

---

〔1〕 没有法律、法规依据，各地区、各部门不得制定减损市场主体合法权益或者增加其义务的政策措施；不得违反《中华人民共和国反垄断法》，制定含有排除、限制竞争内容的政策措施。

价格和歧视性补贴政策；不得限制外地和进口商品、服务进入本地市场或者阻碍本地商品运出、服务输出；不得排斥、限制或者强制外地经营者在本地投资或者设立分支机构；不得对外地经营者在本地的投资或者设立的分支机构实行歧视性待遇，侵害其合法权益。③在生产经营上，不得违法给予特定经营者优惠政策；安排财政支出一般不得与企业缴纳的税收或非税收入挂钩；不得在法律规定之外要求经营者提供或者扣留经营者各类保证金。④不得强制经营者从事《中华人民共和国反垄断法》规定的垄断行为；不得超越定价权限进行政府定价；不得违法干预实行市场调节价的商品和服务的价格水平。

其次，从正当程序入手规范行政管制行为，具体包括：①在市场准入方面，不得设置没有法律法规依据的审批或者事前备案程序；不得对市场准入负面清单以外的行业、领域、业务等设置审批程序。②在商品和要素自由流动上，不得排斥或者限制外地经营者参加本地招标投标活动。③不得违法免除特定经营者需要缴纳的社会保险费用；

最后，以信息公开、政务公开来制约行政行为。具体包括：①在市场准入方面，公布特许经营权目录清单，且未经公平竞争，不得授予经营者特许经营权；②不得违法披露或者要求经营者披露生产经营敏感信息，为经营者从事垄断行为提供便利条件；如果属于例外情形，政策制定机关应当说明相关政策措施对实现政策目的不可或缺，且不会严重排除和限制市场竞争，并明确实施期限。政策制定机关要逐年评估相关政策措施的实施效果，实施期限到期或未达到预期效果的政策措施，应当及时停止执行或者进行调整。

（三）需要从行政自查向司法审查的转变，也需要加强经济法的审查

行政管制的自查机制正视了行政垄断在我国形成市场竞争秩序中的消极作用，将其从原来的反垄断法审查中独立出来，这是对行政垄断问题采取正确的处理思路，而非原来的将之放在反垄断法中进行规制。但是，这一审查机制目前尚属初创阶段，需要进一步深入。

其一，将自查机制纳入司法审查的范围，而非仅仅是以单位或是个人的举报作为补充，现有的制度化构建不足，其公正性和有效性尚待加强。其二，经济行政的行政法审查并不足以有效地规范经济行政，保障其公正有效性，独立的行政干预机构的设置在我国亟须加强。其三，需要强化独立的行政干预机构，社会性的信息搜集机构和机制也需要加强。

我国公有产权管理主体研究

——主要基于自然资源管理改革之视角[*]

李　蕊

【摘要】党的十八大和十八届三中全会明确提出要"完善各类国有资产管理体制"。我国公有产权管理体制改革已经进入关键时期。当下，我国自然资源公有产权管理改革严重落后于市场经济的发展，面临产权管理分散、权限不清、职责脱节等诸多问题，这些问题已成为制约供给侧结构性改革的短板之一。鉴于国有自然资源与经营性国有资产显著的异质，不宜照搬一般经营性国有资产管理模式。建议借鉴"河长"制之经验，构建相对集中、互相协调的自然资源公有产权综合管理体制，完备自然资源公有产权管理问责机制，从制度上走出既有自然资源公有产权管理分散化、管理权责不清以及激励、约束不敷之困局。

【关键词】公有产权　自然资源管理　公众问责

一、引言

党的十八大和十八届三中全会明确提出要"完善各类国有资产管理体制"。我国公有产权管理体制改革已经进入关键时期。毋庸讳言，我国公有产权管理面临公共资源市场化配置畸形、公有产权管理主体缺位、越位和错位

* 本文系作者主持的国家社科基金项目"当前我国农地融资中的法律政策冲突及立法选择研究"（项目编号 14BFX173）的阶段性成果，并获得北京市优秀人才培养资助青年拔尖个人项目（2014000026833ZS08）；北京市属高等学校高层次人才引进与培养计划项目（CIT&TCD20154046）资助。

等一系列深层次矛盾和问题。公有产权是以由全体社会成员享有的公共财产的所有权为基础而形成的囊括管理权、使用权、收益权等若干社会性行为权利的集合体。鉴于不同性质财产权的体系化差异和研究主旨，本文在研究中排除了强调集体成员身份特征、以成员权为基础的集体产权，故本文的研究对象实然为国有产权，后文所称公有产权亦拘囿于此范畴。[1]

二、公有产权明晰和管理权责明确

市场经济的基石在于产权制度。产权是一种排他性权利，因此我们必须对其加以界定和安排，使之明晰化。明定主体的权利与责任边界乃是实现集体行动的必要条件和逻辑起点。正如科斯所言，"清楚的产权界定是市场交易的先决条件。"[2]产权明晰，就是明确界定产权主体之间的产权权能与利益并使其有效行使和实现。

（一）公有产权明晰之困

公有产权是在生产社会化基础之上的财产社会化联合和占有，属于公共、共享范畴，具有强外部性。其价值目标不仅在于实现经济利益的最大化，更加在于社会利益最大化之实现。尽管因为存在契约和产权不完备等因素，产权明晰只能是相对的，但至少可以在状态依存的互动过程中试图建立相对有效的产权结构。[3]公有产权明晰必须着眼于权利（力）的配置和制衡，配置的圭臬在于实现产权关系的人格化，从而保证每个经济运行环节中的主体都处于责、权、利的约束之中。这其中，首先需要明确主体在公共财产领域的权利（力）与义务界区，基于公共利益而不是个别主体的一己之私利，明确每一项权能的权利与责任，进而促成公有产权主体外在利益和外在责任的内部化。

产权管理是市场经济不可或缺的组成部分，若要保证公有产权的有效实现，除社会对它的意义、作用和特性需有高度共识外，关键还在于在明晰产

---

〔1〕　在当下我国的二元所有制结构中，集体所有权是一种不稳定的权利形态，其效力及其运作往往为国家所有权吸收，其实际上还是国家所有权的一种表现形式。参见张璐："论自然资源的国有资产属性及其立法规范"，载《南京大学法律评论》2009年第1期。

〔2〕　在1959年《联邦通讯委员会》一文中。

〔3〕　参见张曙光、程炼："复杂产权论和有效产权论：中国地权变迁的一个分析框架"，载《经济学（季刊）》2012年第4期。

权的基础上对于公有产权管理施以厘革，尤其要明晰公有产权管理主体及其权责边界，建立一套有效的管理机制。[1]

（二）自然资源公有产权管理

自然资源公有产权制度是生态文明建设的基础性制度。没有归属清晰、权责明确、监管有效的自然资源公有产权制度，只是一纸空文，无法让全体人民共享全民所有的资源及其收益。自然资源公有产权内涵较其他公有产权更为复杂，产权边界更不易清晰界定而且自然资源公有产权具有主体复杂性、多重性的特质，因此难以通过一般的市场法则对其产权主体的权利、利益、责任进行有效的划分。[2]

自然资源公有产权管理是政府通过规划、法律、政策等制定国有自然资源开发利用与保护战略、管控其使用目的与方式，促进自然资源保护与合理利用，以维护和实现自然资源的公益性及代际公平的有效手段，[3]其实质是对于国有自然资源的保护、使用、收益进行协调、监督和控制的过程。不仅要明确区分资源的所有权、使用权与收益权等，还要明晰产权管理职能，合理分配中央和地方政府以及不同部门的管理权限，界定其在资源保护、开发利用和资源监管中的责权关系。在平衡协调各方主体利益的同时，最大限度地发挥产权的激励、约束功能，在维护公平的前提下提高资源的配置效率。

三、我国自然资源公有产权管理主体面临的问题

产权是否明晰，不仅取决于产权是否明确界定，更主要的是取决于产权主体是否具有行使所界定的产权权能的行为能力。

（一）条块分割导致产权管理分散化

我国既有立法已然确立了自然资源国家所有权由国务院代理，各级政府及有关资源管理部门具体行使资产管理和行政监督职责，从而形成了集中统一管理与分类、分部门管理相结合、中央政府与地方政府分级管理相结合的自然资源管理体制。其最大的弊端在于多头管理导致管理权零散化，并呈现

---

〔1〕 史际春、冯辉："'问责制'研究：兼论问责制在中国经济法中的地位"，载《政治与法律》2009 年第 1 期。

〔2〕 甘庭宇："自然资源产权的分析与思考"，载《经济体制改革》2008 年第 5 期。

〔3〕 穆超、王峰："国有自然资源非一般国有资产——自然资源管理不宜采用一般国有资产管理模式"，载《中国国土资源经济》2015 年第 8 期。

出自然资源公有产权的部门化、地方化之趋向。

首先，在当前管理体制下按资源类型和功能分部门管理，没有统一的自然资源管理部门，涉及国土、发改、水利、农业、林业、环保等若干管理部门。[1]由于部门分散，管理体制各异、法律依据不一、统一规划缺乏等，问题必然导致管理权碎片化、资源管理调控能力弱化。

其次，尽管《物权法》规定自然资源国家所有权由"国务院代表国家行使"。但是面对数量庞大、分布广泛的自然资源，作为一个抽象组织体的国务院，事实上不可能全面亲自行使所有权。故而将部分国家所有权委托给地方政府行使，使得自然资源国家所有权的代表者在纵向上被分解为各级政府的分级代表，具体由各级政府的行政管理部门行使所有者代表的职能，由此形成了一元制下的"单一代表，多级行使"的中央与地方分级管理体制和交叉性委托代理关系。相较于垂直管理，属地管理有利于调动地方政府的积极性和创造性，但是复杂的科层结构也容易引致管理中各自为政、资源壁垒等问题。因此，资源管理部门接受同级人民政府与上级主管部门的双重领导。

（二）产权管理主体权责不清导致产权虚置

梳理既有的自然资源公有产权管理相关法律文本，不难发现自然资源公有产权中所有权是清晰的，但是对于管理权责的规定则语焉不详。除《宪法》第9条以及在此基础上进一步细化的《物权法》第45条至第50条外，我国还制定了《矿产资源法》《森林法》《水法》《土地管理法》等资源部门立法，对于自然资源国家所有权及其代表进行了较为明确的规定，但是立法对于自然资源公有产权管理主体的权利、义务、责任的规定则相对模糊，尤其是关于责任和义务的规定只是原则性规定，缺少实际可操作性。而且自然资源单行立法之间以及与《物权法》等其他相关法律规定之间缺少衔接，导致不同管理部门间的权力界定不清，产权被弱化或虚置，国家作为所有者，其权益得不到有效保障。

---

〔1〕 根据"三定"规定，国土资源部承担保护与合理利用土地资源、矿产资源、海洋资源等自然资源的责任；农业部负责指导农用地、渔业水域、草原、宜农滩涂、宜农湿地以及农业生物物种资源的保护和管理，负责水生野生动物保护工作；林业局负责森林、湿地、荒漠和陆生野生动植物资源的保护和开发利用。此外，环境保护部负责指导、协调、监督各种类型的自然保护区、风景名胜区、森林公园的环境保护工作。国家发展与改革委员会在资源类国有资产管理中，主要是为推进可持续发展战略，负责节能减排的综合协调工作，参与编制资源节约和综合利用的重大问题。

在自然资源分级分类管理的体制下，我国自然资源公有产权管理权责表面上清晰明确，而实质上却存在大量职责重叠和交叉。对于部门职责分工的标准和界限缺乏一套清晰的逻辑标准，导致职责分工"碎片化"和动态上职责交叉，多个部门针对同一管理对象基于不同角度实施多重管理。

四、自然资源公有产权管理主体制度改革之圭臬

自然资源公有产权管理主体改革的核心问题在于利益的平衡协调。因自然资源的公益性和强外部性决定自然资源公有产权管理必须以社会为本位，平衡协调局部利益与整体利益、当前利益与长远利益、当代人利益与后代人利益，统合实现经济效益、生态效益和社会效益。在自然资源保护、利用和收益过程中，需要按照事前规范制度、事中加强监控、事后强化问责的思路，运用更多法治化、市场化的思维完善公共权力配置和制度设计。

（一）自然资源公有产权管理不宜采用一般经营性国有资产管理模式

对于当下我国自然资源公有产权管理主体改革的基本思路，一些学者认为应借鉴经营性国有资产管理改革经验，将所有者与管理者平面分开，通过国资委或组建专门的自然资源国有公司代表国家行使所有权职能。[1]检视中国科学院、国务院发展研究中心、发展与改革委员会、环境保护部等提供的自然资源管理体制改革方案，其亦强调将自然资源所有者和管理者平面分开，使开发与保护分离，资产管理与行政监管分离。[2]

笔者认为鉴于国有自然资源与经营性国有资产显著的异质性，不宜照搬一般经营性国有资产管理模式。自然资源以"物"的形式出现，国有经营性资产则是能够以货币估值的"资产"，二者虽然同属"国家财产"，但其产权管理方式手段却分野明显。自然资源所固有的整体性、社会性、生态性和强外部性等特质亦决定着国家作为自然资源所有者，权益具体实现方式应有别于其作为经营性财产所有权主体。[3]①对于国有自然资源，公共目的附着于

〔1〕 廖红伟、乔莹莹："产权视角下中国资源性国有资产管理体制创新"，载《理论学刊》2015年第2期；肖泽晟："社会公共财产与国家私产的分野——对我国'自然资源国有'的一种解释"，载《浙江学刊》2007年第6期。

〔2〕 王峰、王澍："所有者与管理者其实可以上下分开——自然资源资产管理体制改革新设想"，载《国土资源情报》2017年第2期。

〔3〕 杨利雅："国有资源性财产管理模式探析"，载《法学杂志》2005年第3期。

该物之上，因此无论是谁实际占有或者经营该物，对其进行管理都必须着眼于对物的占有、使用、收益、处分。而且自然资源的生态价值与社会价值、经济价值具有一体性，其中生态和社会价值是其经济价值的基础，并对其具有显著的制约和影响作用。故而自然资源公有产权管理眷注更多的乃是资源生态效益、社会效益，而不是单一资源的保值增值，也不是资产投入和产出的关系。[1] ②厘定一般国有经营性资产是否属于“国家所有”，不能通过“资产”本身，而是要通过其主体，故而对其的管理必须着眼于“人”。管理国有经营性资产的要旨在于持续经营，更多地关注资产投入与产出的关系，考虑资产的保值增值。不仅如此，这部分财产也并不直接服务于公共目的，而是以其收益间接满足公共需求。因此对国有经营性资产的规制就不能直接规制“资产”，限制阻遏其流通，而需要对主体行为加以规制。[2]

（二）自然资源公有产权管理的要旨在于妥善处理政府与市场关系

产权一方面是在国家强制实施下，保障人们对财产拥有权威的制度形式，另一方面又是通过市场竞争形成的人们能够拥有财产的权威的社会强制机制。[3]因而在自然资源公有产权管理过程中，无可回避的一个问题在于如何处理政府与市场的关系。

我国过往立法及实践长期忽视甚至是排斥自然资源的资产属性，将其作为行政管理的附属而不考虑其中所包含的资产权益的实现与保护，实质上是将国家的公权力强加于财产权利，必然导致财产权利的异化。[4]不仅导致大量国有资产的流失，还引致自然资源开发利用的混乱与无序。为了摆脱资源困境，促使有限的资源得到有效的、可持续的利用，必须让市场在资源配置中起决定作用，建立适应市场经济需要的管理体制。

市场机制能够保证产权实现的效率，但却力有未逮于公平。自然资源的公益性特质为现代国家普遍干预其利用的必要性和正当性提供了较好的旁注。

---

〔1〕 参见穆超、王峰：“国有自然资源非一般国有资产——自然资源管理不宜采用一般国有资产管理模式”，载《中国国土资源经济》2015年第8期。

〔2〕 李忠夏：“‘国家所有’的宪法规范分析——以‘国有财产’和‘自然资源国家所有’的类型分析为例”，载《交大法学》2015年第2期。

〔3〕 Furubotn Eirik G., Rudolf Richter, *Institutions and Economic Theory*: *The Contribution of the New Institutional Economic*. Ann Arbor: University of Michigan Press, 1998.

〔4〕 张璐：“论自然资源的国有资产属性及其立法规范”，载《南京大学法律评论》2009年第1期。

作为管理主体，必须承担受托人之责任，用制度来拱卫公有产权公共性和社会性特质之彰显。除了实现自然资源在横向配置上的合理和科学，还必须保障代与代之间对资源性资产利益享有的公平。[1]

五、自然资源公有产权管理主体制度改进之路径

"河长"治河在本质上体现了一种流域水环境资源综合管理的方案。这种制度设计可以把各级政府的执行权力最大限度地整合，通过对各级各部门政府力量的协调分配，强有力地对流域水环境各个层面进行管理，按照流域水资源自然生态规律（流动不可分割性）实行统一协调管理，增强管理效率，有效降低了分散管理可能增加的管理成本和难度。[2]

（一）构建相对集中互相协调的自然资源公有产权综合管理体制

部门间博弈主导的传统思路不仅无法厘清职责交叉和理论关系，而且会导致运行中的政府职责出现"碎片化"问题。《中共中央关于全面深化改革若干重大问题的决定》强调要"按照所有者和管理者分开和一件事由一个部门管理的原则"健全国家自然资源资产管理体制。为克服现有自然资源分级分类管理的弊端，破除部门利益博弈之樊篱，建议借鉴河长制对于自然资源统筹协调综合管理经验，按照生态文明体制改革总体要求，充分体现"山水林田湖、生命共同体"理念，打破条块分割的状态，对自然资源实行综合管理，构建相对集中互相协调的管理模式。为在法律和事实上将国家自然资源所有者的身份独立于国家的行政管理者角色之外，[3]可采用所有者和管理者上下分开的管理体制，在中央层面设立隶属于国务院的国有自然资源资产管理委员会统一行使所有者职责，与政府管理部门之间形成制衡关系。

资源的综合管理是一个系统工程，不仅在于管理机构的精简合并，更在于机构之间的相互协调。机构撤并精简被视为职能转变的外在表现。明确职

---

〔1〕 胡建、程鹏："资源性国有资产管理之模式选择探究"，载《北方经济》2008年第24期。

〔2〕 任敏："'河长制'：一个中国政府流域治理跨部门协同的样本研究"，载《北京行政学院学报》2015年第3期。

〔3〕 张璐："论自然资源的国有资产属性及其立法规范"，载《南京大学法律评论》，2009年第1期。

责分工和健全部门间协调配合机制则被归结为转变职能后的优化性制度安排。[1]

在自然资源公有产权管理中，亦要统筹兼顾中央与地方的关系，合理划分中央政府和地方政府在管理自然资源中的事权、财权和责任，同时考虑到地区差别化因素，实行统一原则下的差异化管理。按照事权与财权相匹配的原则，严格界定中央与地方的收益归属及分配比例，实现中央和地方各级财政之间合理的自然资源收益分配，通过完善中央与资源所在地的自然资源开发利益共享机制，提高资源所在地收益分配比例。

（二）完备自然资源公有产权管理问责机制

"河长"制的另一特质在于，在现有法律体系下对行政责任的细化。各地在"河长"制实践过程中，或者通过出台地方立法，或者出台政府文件，或者通过签订"目标责任书"，都严格规定了"河长"问责制。[2]通过职责定位、责任考核、责任追究等方式，以效绩为基础，将资源管理责任以最直接的方法具体到个人上，有效解决了公有产权管理中的制度激励和约束不足的问题，其程序性、效率性、问责性的特点是对当前自然资源公有产权管理制度的有益补充。

问责制是将概括的和具体的角色担当，将问和责结合在一起的一个概念，从角色义务到说明回应再到违法追究。它强调现代社会中的角色及其义务，在其位谋其政，并施以有效的经常性督促，若有违背或落空，则必当追究责任，不允许其"脱法"。[3]若只有权利激励，缺失责任约束，必然导致权力滥用。

若要规范政府公共权力，既要优化配置公共权力的构成体系，又要约束公共权力的运行过程，还要问责公共权力运行的过程和结果。[4]令人欣喜的是，2015年中央全面深化改革领导小组第十四次会议审议并通过了《关于开

---

〔1〕 杨志云、段培红、夏冰："政府部门职责分工及交叉的公众感知：基于环境管理领域的分析"，载《中国行政管理》2015年第6期。

〔2〕 刘超、吴加明："纠缠于理想与现实之间的'河长'制：制度逻辑与现实困局"，载《云南大学学报法学版》2012年第4期。

〔3〕 史际春、冯辉："'问责制'研究：兼论问责制在中国经济法中的地位"，载《政治与法律》2009年第1期。

〔4〕 钱再见、高晓霞："国家治理体系中的公共问责困境研究——以公共权力运行公开化为视角"，载《天津行政学院学报》2015年第2期。

展领导干部自然资源资产离任审计的试点方案》，提出逐步建立完善领导干部自然资源资产离任审计制度。同年，国务院办公厅印发了《编制自然资源资产负债表试点方案》，"将自然资源资产负债表编制纳入生态文明制度体系，与资源环境生态红线管控、自然资源资产产权和用途管制、领导干部自然资源资产离任审计、生态环境损害责任追究等重大制度相衔接"，这标志着自然资源管理将进入量化时代，从而为自然资源公有产权管理问责奠定了制度根底。

当下"河长"制的问责实然还只是行政问责制，无论是被免职，还是引咎辞职，只是在行政层面进行。行政问责制虽然在一定程度上彰显了责任政府理念，但作为没有相应的法律制度作支撑、缺乏公民参与的程序公开与公正的"问责"，不但难以确保问责的实效，而且也与依法行政的要求背道而驰。[1]

我们强调"自然资源国家所有即全民所有"，意即自然资源在"法律上国家所有，实质上全民所有"，这种"双重所有"实际上是公共信托理论在自然资源管理领域的适用。[2]代表国家的政府只是特定公共财产名义上的所有权人，实质的所有权人和受益人是全体国民。公共财产本质上归属全体国民所有，这决定了政府作为法律上的所有权人应当服从于全民的意志、服务于全民的利益，其作为受托人所享有的主要是一种纯粹的管理性权利——为受益人的利益而实施管理活动，未经委托人许可不得自行处分信托财产。故而其行为必须纳入协商式民主和可问责的法治轨道中。[3]作为受托人，政府虽然取得了信托财产的所有权，但要受到诸多限制，如必须谨慎勤勉地协调公共信托资源上无可避免地用途冲突等。作为受益人的公众，则享有对信托利益的请求权，公众的受益权根植于实质意义上的所有权，是一种保留的所有权，它时刻制约着政府的管理权。[4]公共信托原则不仅在法律上赋予了自然资源实质所有者（公众）监督自然资源名义所有者和实际管理者（政府）的合法

---

〔1〕 王书明、蔡萌萌："基于新制度经济学视角的'河长制'评析"，载《中国人口·资源与环境》2011年第9期。

〔2〕 王克稳："论自然资源国家所有权的法律创设"，载《苏州大学学报（法学版）》2014年第3期。

〔3〕 史际春、赵忠龙："中国社会主义经济法治的历史维度"，载《法学家》2011年第5期。

〔4〕 王文宇：《信托法原理与商业信托法制》，中国政法大学出版社2003年版，125页。

性和正当性，也赋予了司法机关纠正行政机关错误决策的权力。这样的权力（利）配置一方面可以有效地预防政府在自然资源管理和开发利用上的错误决策，另一方面也可以及时对已经产生的错误决策进行纠正，极大地减少了因错误决策导致的自然资源破坏、浪费，也有效地保障了当代人和后代人对自然资源可持续利用。[1]

---

〔1〕 鲁冰清："论公共信托原则及对我国自然资源管理的借鉴"，载《西部法学评论》2015 年第 3 期。

养老基金投资市场准入监管法律制度

江玉荣 *

【摘要】 养老基金投资机构的遴选是一个极其复杂的过程，是保证养老基金投资管理机构的最低资质标准和优中选优的资格认定机制。养老基金投资市场准入制度是第一道"门槛"，监督主体通过发放许可证、执照等方式，可以把不合格的主体排除在市场之外；同时市场准入制度通过控制市场中投资主体数量，避免过度竞争，保护既有投资管理者的经营权，有利于维护养老基金投资市场的稳定。笔者首先通过对相关概念的分析，认识到我国养老基金投资市场准入监管存在的主要问题，而后提出自己的建议。

【关键词】 养老基金投资 市场准入 监管

一、养老基金投资市场准入监管法律制度的一般分析

（一）养老基金投资市场准入监管的内涵

市场准入英文对应的词是"Market Access"，最初产生于国家与国家之间的关税与贸易谈判中，我国于 1992 年的《中美市场准入谅解备忘录》中首次使用该词，后其广泛出现在官方文件与学术研究中，已经成为经济学、法学一个约定成俗的术语了。国内法意义上的市场准入的性质是国家对相关市场开放程度和市场秩序的管控，其深层次的目的可能体现于国家宏观调控战略的需要，也可能体现于社会主义市场经济体系建构的需要，其基本表现形式是法律、行政法规、规章或政府规范性文件，明显具有公权力色彩，是指国

---

* 江玉荣，女，安徽池州人，法学博士，中国人民大学博士后科研流动站研究人员，合肥学院副教授。

家许可和规制，被认为是监管制度中对市场配置资源机制的最直接限制手段。

我国欲从事养老基金投资业务的金融机构必须经历以下三个阶段：第一阶段，按照相应的经营类别登记设立；第二阶段，由银监会、证监会、保监会根据相应的准入条件，筛选符合标准的投资经营主体；第三阶段，由人力资源和社会保障部或者全国社会保障基金理事会等部门在具有资格申报的机构中进行二次评估。第一阶段市场主体按照自愿协商的原则履行相应的条件后，即可登记设立一般的企业组织，这一阶段主要由民商法来调整；第二、第三阶段主要是市场规制法的范畴，市场主体要按照养老基金投资管理的要求提出申请，在达到监督机关要求后，才有投资主体的资格，这两个阶段中主管机关和市场主体之间是监督和被监督关系。本文探讨的第三阶段，由人力资源和社会保障部或者全国社会保障基金理事会等部门在具有资格申报的机构中进行二次评估。

（二）养老基金投资市场准入监管制度的基本功能

1. 选择合适的养老基金投资管理机构

市场准入制度对养老基金投资行业的发展规范有着极其重要的意义，因为养老基金行业规模巨大，利益涉及绝大部分社会成员，同时从资本形态来看，它又是虚拟资本，这些特性决定着养老基金投资比其他行业产生的影响更大，同时面临的风险也会更高，因此养老基金投资管理者就十分重要了，只有交给具有一定资质水平的投资管理者，才能确保基金安全。养老基金投资市场准入制度就是第一道"门槛"，监督主体通过发放许可证、执照等方式，把不合格的主体排除在市场之外，选择那些能够适应复杂多变的金融市场主体进入养老基金投资领域。就我国而言，养老基金投资领域的准入制度显得更加重要，因为我国养老基金投资业还处于刚刚起步阶段，金融机构本身的治理还比不上发达国家，养老基金投资面临着更高的风险。

2. 保持养老基金投资市场的适度竞争

养老基金投资监管制度的核心是对养老基金投资管理者的资格设定不同的限制性条件，目的是为实施养老基金投资提供最低资质标准，充分反映该国或地区对养老基金投资管理的形式、种类、规模等政策偏好养老基金投资监管制度。不同国家、不同领域的准入条件和宽严度存在较大的区别。市场准入制度通过控制市场中投资主体数量，避免过度竞争，保护既有投资管理者的经营权，有利于维护养老基金投资市场的稳定。设立一定的"门槛"，有利于维护市场准入监管所带来的特许价值。[1]

（三）养老基金投资市场准入监管制度的主要内容

1. 养老基金投资机构（者）准入监管

机构准入监管是养老基金投资准入监管中的第一道门槛，多数国家和地区会从本国本地区的具体情况出发，对养老基金投资机构做出相应的限制。一般来讲，限定条件包括机构准入的形式、数量、地域等。如养老基金改革典型国家智利，养老基金管理公司（Administrators de Fondos de Pensiones，AFPs）由智利养老基金管理公司监管局（AFP Superintendencey）批准成立。按照规定，AFPs首先要符合智利关于公司法的要求，然后向监管当局养老基金管理公司监管局提交申请内容，包括：业务内容和目标、业务活动战略分析、活动计划等，并附上公司出资证明等相关证明材料。申请提交后，监管当局根据相关法律要求，进行可行性评估，如果申请成功，还要对公司的资本、发起人等情况进行鉴定核实。

2. 养老基金投资业务准入监管

业务准入监管主要是对养老基金投资机构的权利能力的认可，具体体现在机构的营业范围上，通常是经监管机构核准以后，方可取得的一种资格或者权能。相应地，养老基金投资营业范围监管可以分为业务进入监管和地域进入监管。为确保养老基金安全，养老基金投资往往设计了分权制衡的投资治理结构，尤其是在养老基金投资领域广泛运用信托制度的国家。

3. 养老基金投资从业人员准入监管

影响养老基金投资业绩的原因是多方面的，但与投资管理人员，特别是具有核心影响力的高级管理层，无疑有着直接关系。

（1）养老基金投资从业人员监管对象。在任何类型的企业中，越高职位的人意味着在这个企业产生的影响越大，所以很多监管制度将从业人员资格审查的对象都定位于中高级管理人员。因此，养老基金投资从业人员的监管不仅包括高层管理人员，也包括养老基金投资业其他从业人员。

（2）养老基金投资从业人员资格标准。第一，学历要求。《金融机构高级管理人员任职资格管理办法》中对金融机构从业高管的学历要求是要具有本科以上学历，那么养老基金投资从业人员可以参考金融机构的相关规定。第

二，职业经历与业绩。职业经历和工作业绩是从业人员能力的证明，是评价拟任职人员合格与否指标之一。第三，业务培训与考试。养老基金投资从业人员如果仅有金融业务的学识和经验，那也是不足以胜任基金投资业务的要求的，必须对养老基金投资管理和经营人员进行专业培训并进行考核。第四，无禁止事项。类似于公司法和其他领域的法律，贪污等经济犯罪、对企业重大损失负领导责任、个人负有较大债务、弄虚作假和违反公序良俗等事项的个人，不得担任养老基金投资高级管理人员。

二、我国养老基金投资准入监管制度现状与问题分析

（一）我国养老基金投资准入监管制度现状

1. 最低资质要求

（1）企业年金基金投资机构准入条件。与人社部发布的《年金基金管理机构资格认定暂行办法》相比，2011年人社部、银监会、证监会、保监会联合颁布的《企业年金基金管理办法》大幅度提高了企业年金受托人和账户管理人要求，将受托人注册资本从不少于1亿提高到5亿，账户管理人从注册资本不少于5000万元人民币增加到5亿。具体见下表：[1]

表4-1　企业年金基金投资准入情况

投资参与者	机构准入标准	业务准入标准	管理人员准入标准
受托人	1. 经国家金融监管部门批准，在中国境内注册的独立法人；2. 注册资本不少于5亿元人民币，且在任何时候都维持不少于5亿元人民币的净资产；3. 具有完善的法人治理结构。	1. 具有符合要求的营业场所、安全防范设施和与企业年金基金受托管理业务有关的其他设施；2. 具有完善的内部稽核监控制度和风险控制制度；3. 近3年没有重大违法违规行为。	取得企业年金基金从业资格的专职人员达到规定人数。

〔1〕 参见《企业年金投资管理办法》。

投资参与者	机构准入标准	业务准入标准	管理人员准入标准
账户管理人	1. 经国家金融监管部门批准，在中国境内注册的独立法人；2. 注册资本不少于 5 亿元人民币，且在任何时候都维持不少于 5 亿元人民币的净资产；3. 具有完善的法人治理结构。	1. 具有相应的企业年金基金账户信息管理系统；2. 具有符合要求的营业场所、安全防范设施和与企业年金基金账户管理业务有关的其他设施；3. 具有完善的内部稽核监控制度和风险控制制度；4. 近 3 年没有重大违法违规行为。	取得企业年金基金从业资格的专职人员达到规定人数。
托管人	1. 经国家金融监管部门批准，在中国境内注册的独立法人；2. 注册资本不少于 50 亿元人民币，且在任何时候都维持不少于 50 亿元人民币的净资产；3. 具有完善的法人治理结构。	1. 设有专门的资产托管部门；2. 具有保管企业年金基金财产的条件；3. 具有安全高效的清算、交割系统；4. 具有符合要求的营业场所、安全防范设施和与企业年金基金托管业务有关的其他设施；5. 具有完善的内部稽核监控制度和风险控制制度；6. 近 3 年没有重大违法违规行为。	取得企业年金基金从业资格的专职人员达到规定人数。
投资管理人	1. 经国家金融监管部门批准，在中国境内注册，具有受托投资管理、基金管理或者资产管理资格的独立法人；2. 具有证券资产管理业务的证券公司注册资本不少于 10 亿元人民币，且在任何时候都维持不少于 10 亿元人民币的净资产；养老金管理公司注册资本不少于 5 亿元人民币，且在任何时候都维持不少于 5 亿元人民币的净资产；信托公司注册资本不少于 3 亿元	1. 具有符合要求的营业场所、安全防范设施和与企业年金基金投资管理业务有关的其他设施；2. 具有完善的内部稽核监控制度和风险控制制度；3. 近 3 年没有重大违法违规行为。	取得企业年金基金从业资格的专职人员达到规定人数。

续表

投资参与者	机构准入标准	业务准入标准	管理人员准入标准
	人民币，且在任何时候都维持不少于 3 亿元人民币的净资产；基金管理公司、保险资产管理公司、证券资产管理公司或者其他专业投资机构注册资本不少于 1 亿元人民币，且在任何时候都维持不少于 1 亿元人民币的净资产；3. 具有完善的法人治理结构。		

（2）全国社会保障基金投资机构准入条件。根据《全国社会保障基金投资管理办法》，全国社会保障基金的投资管理人和托管人最低资质要求如下[1]。

表 4-2　全国社会保障基金准入情况

投资参与者	机构准入标准	业务准入标准	管理人员准入标准
社保基金投资管理人	1. 在中国注册，经中国证监会批准具有基金管理业务资格的基金管理公司及国务院规定的其他专业性投资管理机构；2. 基金管理公司实收资本不少于 5000 万元人民币，在任何时候都维持不少于 5000 万元人民币的净资产。其他专业性投资管理机构需具备的最低资本规模另行规定；3. 具有完善的法人治理结构。	1. 具有 2 年以上的在中国境内从事证券投资管理业务的经验，且管理审慎，信誉较高。具有规范的国际运作经验的机构，其经营时间可不受此款的限制；2. 具有完整有效的内部风险控制制度，内设独立的监察稽核部门；3. 近 3 年没有重大违法违规行为。	有与从事社保基金投资管理业务相适应的专业投资人员。

[1]　参见《全国社会保障基金投资管理办法》。

投资参与者	机构准入标准	业务准入标准	管理人员准入标准
社保基金托管人	1. 取得社保基金托管业务资格、根据合同安全保管社保基金资产的商业银行；2. 实收资本不少于80亿元；。	1. 设有专门的基金托管部；2. 具备安全保管基金全部资产的条件；3. 具备安全、高效的清算、交割能力。	有足够的熟悉托管业务的专职人员。

2. 资格认定机制

依据《企业年金投资管理办法》以及《企业年金基金管理机构资格认定暂行办法》，经过主管的金融监管机构（银监会、证监会、保监会）审核批准后，通过金融机构向人力资源与社会保障部申请，再经一定数量的专家进行资格评审后，决定是否发放牌照。投资管理人资格认定是一个"优中选优"的过程，满足最低资质要求只是发放牌照的基础性条件。

到目前为止，由原劳动部原劳动和社会保障部牵头，在2005、2007年分别进行了二次企业年金基金投资管理资格认定。全国社会保障基金理事会于2002年、2004年、2010共选出17家境内投资管理人，并选出境外投资管理人，具体见下表。

表4-3　全国社会保障基金境外投资管理人一览表

产品	管理人	英文名	投资团队所在地
美国股票	普信	T. Rowe Price	美国巴尔的摩
	英达	Intech	美国迈阿密
香港股票	研富	RCM	中国香港
	瑞银	UBS	中国香港
	景顺	Invesco	中国香港
中国海外	施罗德	Schroders	中国香港
	博时	Bosera	中国香港
	霸菱	Barings	中国香港

续表

产品	管理人	英文名	投资团队所在地
亚太除日本	马丁可利	Martin Currie	英国爱丁堡
	摩根	JP Morgan	中国香港
	信安环球	Principal	美国得梅因
新兴市场		Batterymarch	美国波士顿
	摩根士丹利	Morgan Stanley	美国纽约
	施罗德	Schroders	英国伦敦
欧洲股票	纽顿	Newton	英国伦敦
	富达	Fidelity	美国波士顿
全球发达	英国保诚	Prudential	英国伦敦
	威灵顿	Wellington	英国伦敦
资源类股票	天达	Investec	英国伦敦
	加拿大皇家银行	RBC	加拿大多伦多
	宏富	AGF	加拿大多伦多
	摩根	JP Morgan	英国伦敦
不动产股票	AEW	AEW	美国芝加哥
	安保	AMP	澳大利亚悉尼
	欧洲投资者	European Investors	美国纽约
全球发达被动	贝莱德	BlackRock	美国旧金山
	道富	SSgA	美国波士顿
香港股票被动	道富	SSgA	美国波士顿
全球所有国家被动	道富	SSgA	美国波士顿
新兴除亚洲被动	道富	SSgA	美国波士顿
债券主动	太平洋资产管理公司	PIMCO	美国洛杉矶
	联博	AllianceBernstein	美国纽约
债券被动	贝莱德	BlackRock	美国旧金山

产品	管理人	英文名	投资团队所在地
多资产配置	路博迈	Newberger Berman	美国纽约
	摩根	JP Morgan	英国伦敦
	瑞士隆奥	Lombard Odiez	瑞士日内瓦
	施罗德	Schroders	英国伦敦
新兴市场本币债	实港	Stone Harbor	美国纽约
	梅隆资产管理	Standish	美国波士顿
	巴黎资产管理公司	BNP	法国巴黎
	Blue Bay	Blue Bay	英国伦敦

（二）我国养老基金准入监管存在的主要问题

1. 质量规则效果不理想

我国现行的养老基金投资准入质量规制目标明确，但实施过程中由于监管当局与养老基金投资管理机构之间存在信息不对称，理性的金融机构通常会以策略性的输出信号表明自身具备所需资质，而监管者只能依据这些信号来判断，只有具备特定成本特征的信号，才能保证理论上的分离均衡，监管者才能据此准确判断金融机构是否足够优秀，而实践中的信号系统常常会偏离方向。[1]另外，参加牌照竞争的候选机构会采取那些具有针对性的行为向特定的公众传递信号，显示自己具有相应的实力。那些不具备从事养老基金投资业务资质的金融机构就有可能通过召开类似的会议释放信号，因为对于金融大部分机构，会议和类似规模的开支都是可承受的。这样一来，鱼目混珠，信号系统就无法甄别谁是有能力的金融机构，谁的能力比较欠缺。

2. 数量规制目标不明确

养老基金投资机构数量规制的目标在于，构建一个合理的养老基金市场结构，以达到有效竞争而消除恶性竞争的目的，但对于究竟什么是合理的养老基金投资市场结构，无从得知。控制一定数量的养老基金投资机构进入市场，理想的状态的确能保持适度的竞争状态、消除恶性竞争，但是这种人为

---

〔1〕 郭磊："企业年金市场进入规制研究"，载《保险研究》2009年第10期。

的控制是否能起到作用，还有待考证。

3. 立法的缺失与位阶较低

如同养老基金投资监管其他方面一样，准入监管也存在立法的缺位和位阶较低的情况。首先是基本养老基金投资准入制度缺失。从目前情况来看，准入监管制度已基本建立，但对于基本养老基金投资主体市场准入条件尚未有任何规定，在构建基本养老基金投资管理制度之前，当务之急就是建立基本养老基金投资主体准入制度。其次，现有准入监管立法位阶比较低，最高层次的立法也只是部门规章，而且很多规定都是以部门通知的形式公布出来。立法的位阶低必然会影响到法律的效果和适用范围。

三、我国养老基金投资准入监管法律制度的完善

（一）我国养老基金投资准入制度完善的原则

1. 宽严适度

养老基金改革的一个趋势就是市场化运作，即让市场机制在养老基金投资领域发挥资源配置的基础性作用。适度原则就是养老基金准入监管必须符合市场发展制度规律，不能压制了市场发展活力而成为进入壁垒，而应让竞争机制能发挥作用。同时，适度监管应该是动态监管，根据养老基金投资的发展而不断调整，通常金融市场发达、市场体系比较完善或者养老基金制度比较健全的国家，投资准入制度就相对宽松；反之政府权力介入的力度就比较大。

2. 效率和公平兼顾

经济分析法学派奠基人科斯在《社会成本问题》中论证了法律制度对资源配置的影响，认为能使交易成本降低的法律规则才是合意的法律规则，并且揭示了效率原理在法律制度中的作用：效率原理不仅决定着国家是否运用法律的手段干预经济生活，也决定着权利的保护方法。[1]养老基金投资准入制度必须以效率为导向，这是由以下几个因素决定的：首先，养老基金投资入市的原因决定了它的效率的价值取向。其次，养老基金投资准入制度本身的目的是选择适格的管理机构，防止养老基金投资市场的恶性竞争，从这个角度来说，效率也是衡量准入制度的重要指标之一。

---

〔1〕 卓泽渊：《法的价值论》，法律出版社1999年版，第203页。

3. 规范与促进相结合

养老基金投资市场准入本身是养老基金产业政策的重要内容，准入制度的核心内容是对养老基金投资管理者的资格设定限制性的条件，反映了一国或地区对养老基金投资的规模、类型、种类等政策的偏好和基本态度，直接影响着养老基金投资业的发展。首先，对我国养老基金投资管理机构的设立和资格获得，必须严格地予以规范。规定的准入实质条件和程序性规范必须要严格执行并且公开透明，不能"朝令夕改"。同时，在严格规范的基础上，考虑到我国养老基金投资的发展会有越来越多的养老基金需要进行市场化运作，但对养老基金投资机构进行资格限定绝对不是限制养老基金投资的发展，而是促进其健康发展。总之，养老基金投资市场准入制度是通过有效的规制促进养老基金投资市场的发展。

（二）我国养老基金投资准入监管法律制度完善建议

1. 理顺养老基金投资准入审批程序，重构准入程序

根据养老基金准入制度管理，一般是"谁监管、谁审批"，养老基金监管机构与审批机构常常系于一身。目前我国人社部作为养老基金行政主管部门，也是天然的审批主体。如前文所述，养老基金准入一般要经历三个阶段，完善养老基金投资准入程序主要是第三个阶段，即由人力资源和社会保障部或者全国社会保障基金理事会等部门根据之前资格准入对这些机构进行二次评估。二次评估程序进行重构，首先，必须增强程序的透明度，增加公示环节；其次，现行的封闭时间比较短，专家很难在较短的时间通过阅读申报资料来获取企业的全部信息，可以考虑延长时间或加入行业评估、中介组织的专业评估作为认定资格的比重，克服信号干扰。

2. 明确不同管理机构的权利和义务

养老基金投资管理要在不同机构之间形成分权制衡的治理结构，在机构之间形成相互监督、相互制衡机制。目前我国企业年金投资市场存在两个问题：一是由于目前建立企业年金基金计划的企业大多数是大型国企、金融机构和小部分效益较好的外资、民营企业，因此被认为是"富人俱乐部"，这些企业特别是大型国企，其谈判能力远强于初生的养老金受托人机构，在选择其他管理人时会越过受托人；二是企业年金基金管理人第二次资格认定工作结束后，多家金融机构拥有三张牌照，甚至还有金融集团拥有全部四张牌照，

显示监管当局似乎又倾向于捆绑式经营，偏好适度集中的市场结构。[1]

3. 完善养老基金投资从业人员资格制度

前文论述了养老基金投资从业人员监管也是养老基金准入监管的一个重要的部分，但我国对此的规定比较宽泛。《全国社会保障基金投资管理办法》中关于投资管理人中只有一条：有与从事社保基金投资管理业务相适应的专业投资人员；《企业年金基金管理办法》中对受托人、账户管理人、托管人、投资管理人的从业资格也是类似的规定。至于什么是与投资管理业务相适应，具体要求、衡量标准是什么，对此没有任何规定。《金融机构高级管理人员任职资格管理办法》虽然对金融高级管理人员有具体规定，但只是一个普遍意义上的要求。

4. 弥补境外投资准入监管的空白

养老基金境外投资是国外养老基金投资的普遍做法。投资到资本市场相对比较发达的国家，可以提高获得较高收益的机会。我国养老基金境外投资的限制也逐渐放开，目前全国社会保障基金规定投资到海外的资产不得超过全国社保基金总资产的20%。[2]境外投资在养老基金投资发展过程中是必然的趋势，相应地，我国当务之急就是规定哪些机构可以进行养老基金投资管理业务。《全国社会保障基金境外投资管理暂行规定》对全国社会保障基金的境外投资管理人和托管人的资格都做了相应的规定。对于企业年金和职工养老保险基金，这方面的立法几乎是空白，找不到足够法律依据。所以我国要尽快设置境外投资机构的准入规则，在机构设置条件上可以参考《全国社会保障基金境外投资管理暂行规定》，但程序上要更加严格和透明。和国内投资机构设置条件相比，国外养老基金在准入条件上要更高，因为存在的风险也可能更高。

---

[1] 杨燕绥、鹿峰、修欣欣："中国养老金市场的公共治理"，载《西安交通大学学报（社会科学版）》2011年第3期。

[2] 《全国社会保障基金境外投资管理暂行规定》第14条。

市场规制法中的"误导性"判断标准研究

程子薇[*]

程子薇[*]

【摘要】 对误导性的探讨将不可避免地涉及欺诈制度，而对两者的厘清以及误导制度从欺诈制度的借力，则必须透过传统民法与市场规制法的界分与合作来说明。另外，尽管德国并没有市场规制法的概念，但其反不正当竞争法却无疑肩负着维护市场竞争秩序的重任，也是应对误导性商业行为的主要场域，并且就判断误导性有着丰厚的理论和实践积累，因此在本文的研究过程中，德国反不正当竞争法上的做法将被充分借鉴。本文试图对市场规制法中的"误导"理论进一步阐明，并在此基础之上提出判断误导性是否存在的一般性标准。本文通过对我国市场规制法中的"误导性"的规制现状的研究，借鉴德国的相关制度，总结出适合我国的判断标准。

【关键词】 市场规制法　竞争秩序　误导性　判断标准

一、问题的提出

维护良好的竞争秩序是市场规制法的核心任务。消费者通过做出经济决策，来充当竞争的"裁判官"的角色。为使消费者居中裁判的功能得到有效发挥，保证其知情决策是关键。由此，误导性商业行为应当被市场规制法重点关注。然而，尽管与之相关联的另一个制度"欺诈"，已有着丰厚的理论积淀，学界针对市场规制法中"误导性"的研究却寥寥无几。

对此，学界的现有研究止于"判断一般理性人是否会受到误导"。这一研究现状除引入一般理性人标准外，实为循环论证。本文试图对市场规制法中

---

* 程子薇，深圳大学法学院教师。

的"误导"理论进一步阐明，并在此基础之上提出判断误导性是否存在的一般性标准。

二、市场规制法中的"误导性"的规制现状

(一) 市场规制法中"误导性"的规范基础

市场规制法对"误导性"的规制主要集中于《广告法》与《反不正当竞争法》当中。尽管"误导性"并未被作为一个立法概念处理，但它却是判断是否满足一些核心概念的决定性要素。"虚假广告"无疑是《广告法》规制的核心，无论是公法还是私法实施，均以广告被认定为"虚假广告"为前提条件。对"虚假广告"的认定经历了"误导性"从"虚假性"中逐渐分离出来并走向独立的过程。立法之初，主要通过广告具有不真实的信息来确定是否为"虚假广告"，随后"虽然真实但却具有误导性"的广告得到了广泛关注，以"虚假性"作为判断虚假广告的标准显得过于狭窄，于是误导性逐渐获得独立地位。这一种变化从《广告法》修订前后的法条变化得到展示。《广告法》(1994 年制定) (下文简称"旧《广告法》") 第 38 条规定"广告主发布虚假广告，欺骗和误导消费者……承担民事责任"。而《广告法》(2015年修订) (下文简称"新《广告法》") 第 56 条则将相应的措辞改为"广告主发布虚假广告，欺骗、误导消费者……承担民事责任"。欺骗与误导之间的顿号意味着并列关系，相关主体承担民事责任的前提从既虚假又误导转变成为虚假和误导择一即可。除此之外，新《广告法》第 28 条所规定的"虚假广告"概念同样将欺骗与误导并列，满足误导性即可使得广告落入"虚假广告"的规范框架之中。

《反不正当竞争法》第 9 条，规定了引人误解的虚假宣传与前述情况相类似。从条文上看，满足规制要求必须同时符合"引人误解"与"虚假"两要素。在《反不正当竞争法》实施过程中，这种过窄的界定限制了规制范围，解释论上用引人误解，也就是误导性作为判断标准。在 2015 年所启动的《反不正当竞争法》修订过程中，2016 年 2 月所公布的《反不正当竞争法修正草案送审稿》第 8 条已然用误导性统合了对商业宣传的信息要求。除此之外，《消费者权益保护法》第 20 条，同样将"引人误解"与"虚假"并列。

(二) 市场规制法中"误导性"的理论现状

国内学界对市场规制法中误导性的研究可以追溯到 20 世纪 90 年代，在

《反不正当竞争法》颁布实施之后，为了矫正立法过于严苛的构成要件，学者就何为"引人误解的虚假宣传"展开了讨论，并在解释论层面形成了以客观"真-伪"为基础的二元评判标准。质言之，所有广告所传递的商业信息被认为均可以被划分为真实信息和虚假信息两类，并在此基础之上形成真实信息原则上不具有误导性，例外情况下具有误导性，而虚假信息则恰恰相反的判断标准。一般消费者的理解是判断误导性是否存在的基准。这事实上以"误导性"概念完成了对二元评价标准的统合。该理论虽然打开了解释论的作用空间，且得到了学界主流观点的认可，但却是粗糙且难以操作的，并且在随后的数十年中几无发展。具体而言，从客观的角度来看，宣传所包含的商业信息往往难以通过"真伪"被分类，特别是在如何界定"真伪"的理论并不发达的前提下。近年来民法学界关于一般理性人的构建取得了长足的进步，市场规制法对误导性的判断自然可以从中汲取养分从而完善自身。但是发达的一般理性人理论着眼于塑造更为细致丰满的理性人形象，但理性人始终只是一个帮助判断的工具，而并非针对误导性本身所搭建的分析框架，若要判断一个形象更为丰满的一般理性人的认识受到误导，仍须更进一步的分析。

三、传统私法与市场规制法界分视角下的误导性判定

（一）传统私法视野下的欺诈判定

在传统私法中，消费者的知情决策对应保护行为人意思自治并被归摄于欺诈制度当中。如何判断意思表示发出方是否遭受欺诈存在通说的判断标准。除去外在的欺诈一方必须具备主观恶意，意思表示发出方做出意思表示与欺诈行为之间具有因果关系等条件之外，针对是否存在欺诈行为的判断大致可以分为两步，第一步为确定欺诈行为所指向的信息是否为可以事后验证的客观信息。第二步为判断该信息是否真实。判断欺诈行为的两步骤对市场规制法中的误导判断同样产生了深远的影响，时至今日对误导性的判断仍可以看出这两步骤的影子，只是误导理论发展出了"即使是真实信息，仍有可能导致误导""虚假信息仍有可能不具有误导性"的例外，但仍是在该两步走的基础之上所进行的增减，而并非根本性改变。但事实上基于客观信息的真伪判断欺诈行为的两步走有着深刻的传统私法的烙印，从信息层面来看，已然从源头上大幅度收窄了被纳入欺诈视野的范围，而这一做法的正当性可以从传统私

法的特征加以阐释。

为将法律约束于逻辑的框架之中以保护个人对绝对自由的追求，传统私法被认为应当符合形式逻辑。这意味着由逻辑支撑的传统私法具有高度的抽象性与一般性，排斥对具体情境的考量，也不因法律对象的不同而区别对待。[1]这要求传统私法体系具有化繁为简的能力，即能够从社会事件所牵涉的海量信息中筛选出有限的、固定的几个"法律相关要素"，在具体案件中仅针对这几个相关要素做出判断，对其他的情境及要素则不予考虑。这样做的好处在于极大地降低了传统私法的运行成本，使得法律的结果具有可预见性，同时使得整个私法体系展示出简约优雅的逻辑美感，这使得传统私法被描述为具有封闭性特征。

（二）市场规制法视野下的误导性判定

在传统私法中被边缘化的动机错误，在市场规制法中被描述为消费者的知情决策（决策的信息基础）并占据重要位置。这主要是由于市场规制法明确的规制目标为维护市场竞争秩序，而经典经济学理论已一再证实，若消费者知情决策的基础被篡改，则市场必然被扭曲。由此，市场规制法视野下，消费者保护以及竞争秩序的维护是相互牵连的两大要素。

消费者知情决策在市场规制法中的重要地位，意味着市场规制法对规制误导性应当配置更多的资源，但这或许尚不足以协调传统私法所积累的保护意思自治与维护交易安定性之间的平衡，但若我们考察一下消费社会以来经营者在传统私法调整的薄弱地带都是如何攻城略地，或许便会决定欺诈制度对纳入考量范围的信息源的严格控制的作风在市场规制法中必须改变。

四、德国反不正当竞争法中的误导性标准

（一）误导性标准与消费者形象的历史变迁

脱胎于侵权责任法故意背俗条款的德国《反不正当竞争法》，为保护消费者决策基础，在最开始时仍然延续了传统私法对信息的规制风格，这一点可以从1896年德国第一部《反不正当竞争法》第1条的措辞中窥见。当时第1条为公认的误导性规制条款，该条款以"不真实的宣传"，而非"误导性"

---

[1] 参见［德］哈贝马斯：《在事实与规范之间——关于法律和民主法治国德商谈理论》，童世骏译，生活·读书·新知三联书店2003年版，第560页。

进行立法表述。从字面意思来看,"不真实的宣传"与传统私法所秉持的客观信息真伪作为标准并无二致。1909《反不正当竞争法》修订过后,由第 3 条对误导性进行规制,同时将第 1 条作为一个兜底性一般条款。在第 3 条当中,"不真实的宣传"的立法表述得以延续。然而随后学界及司法裁判却推动了误导性判断标准的变迁:由商业行为的表达是否符合客观事实,转变为商业行为所引起公众的合理想象是否符合客观事实。

在 20 世纪 90 年代以前,德国反不正当竞争法倾向于保护"愚人"。即以轻信的、愚昧的消费者形象作为判断标准。而这使得法院裁判时不得不考虑极少数群体的对某一商业行为的理解,法官由于自身职业素养及专业能力,甚少能够被归入"愚人"一列,因此法院对公众认知的提取依赖于民意调查。

欧盟误导性商业性行为指令要求成员国统一消费者形象为平均信息能力、理解能力、注意能力的一般消费者。德国司法实践遵从了这一改变,进而将商业行为所对应的公众中的极少数群体排除出考量范围。又由于多数情况下法官均可以被认为符合一般消费者形象,因此法官多数情况下获得依据自己的认知进行判断的权力,从而一方面摆脱了对民意调查的依赖。

(二)误导性标准所要求的客观性

德国反不正当竞争法上的误导性规则对商业言论做出了较大限制,而这与基本法对言论自由的保护相违背。出于保护误导性规则的稳定性并与基本法相协调的考虑,误导性规则只处理可以进行真伪判断的事实陈述,而对价值判断不加约束。这里可以被误导性判断纳入视野的事实陈述与传统私法所要求的客观可验证事实有着显著的区别,相比于后者,前者的范围发生了实质性扩张。具体而言,在以公众想象为评判基准的背景下,事实陈述与意见表达之间的边界是流动的,部分意见表达由于可能引起相应受众产生具体想象而被认为可以提取出"事实内核",从而被归入应当接受误导性判断的事实陈述之中。然而一项价值判断是否具有客观内核,则由法院个案裁决。学界从所积累的司法裁判中提取出了正反两个方面的粗略的一般性规则。

(三)误导性标准所要求的公众想象与事实的吻合度

公众因商业宣传而产生的想象是否符合产品或服务的真实情况,是德国反不正当竞争法意义上的误导性判断的最后一环。当判断误导的信息限制于客观可进行真伪判断信息时,对这一问题的回答是用客观信息比对客观信息,判断是否吻合，这相对简单。然而当比对变为对公众想象的客观内核提取与客观真实时，则由于公众想象的可变性，而在价值与技术层面生出许多难题。

若从公众想象中提取出的客观内核具有程度之维，用以判断真伪的客观标准该如何选择？

若用作判断真伪标尺的客观事实固定，但公众想象却出现一定浮动空间时，又需要以多少契合度来判断有无误导性？这要进一步区分两种情况讨论。

五、误导性判断标准的本土化融入

对德国法上误导性判断的探索终究需要以解决本国问题为落脚点。从宏观层面来看，我国现有的制度框架、规范基础能够很好地容纳德国法上的误导性判断要素。我国市场规制法相对于传统私法的独立地位早已确立，宏观层面的理论基础业已完成。但是宏观理论与立法目的在具体制度的落实上却大大地打了折扣，而德国反不正当竞争法对误导性的体系定位与认定标准正体现了从规范市场整体秩序入手的独特性，而对此的借鉴将有助于我国市场规制法的宏观理论与制度构造相统一，进而通过规则的实施使市场规制法的立法宗旨落到实处。

从司法裁判的角度来看，一方面误导性认定标准的借鉴将强化将消费者作为一个整体对其进行保护。尽管理论界早就宣称，商业宣传是否构成误导以一般消费者认知作为评价标准，但却没有对这句话进行充分阐释。司法实践虽然从形式上接纳了这句话，甚至将其写入裁判文书当中，但实质上却延续了传统私法的做派——以商业宣传的字面客观意义作为判断标准。

另一方面，增加对不同商业宣传是否构成误导性的识别能力，减少国家对经营者竞争手段的干预。由于对误导性界定不清，司法裁判对市场规制法中的误导性的认定裹足于传统私法的客观真伪，使得商业行为很难被认定为具有误导性。但是市场中又充斥了大量使消费者陷入错误认识的误导性商业行为，于是政府从"市场失灵处"入手，制定大量的管制条款，对许多经营者的许多竞争行为进行全面禁止。此类条款在《广告法》（2015年制定）中有很多。这些管制性条款固然对"净化市场空气"起到了良好的作用，但部分情形却未免粗暴，从而导致行政权力不恰当地限制了经营者的竞争手段。

民法典编撰中的经济法问题

——以《民法总则》为例

郑俊果[*]

【摘要】"经济"与"法"涵义的多维解构，是明晰民法与经济法之间的共济关系、"法制"异于"法治"、"法律"不等于"法"的基础与关键。民法个人本位、秩序奠基的理念践行，不仅需要商法团体本位、效益为本的理念相助，更离不开行政法国家本位、正义为根，以及经济法社会本位、均衡至上理念的保驾护航。我国《民法总则》中的"绿色条款、英雄条款、胎儿保护、老人监护"等相关制度的增加，以及对诉讼时效、信息权、虚拟财产权的确认等，不仅体现出私法公法化的趋向，而且在对私益个体权益的保护与实现中，与公益共益、社会利益的兼顾与融合互助密切相关。因此，民法典编撰中相关单行法的内容组成，需要具有"公法化了的私法"、经国纬政与济世救民兼顾、体现"私事公办"的特征，并以经济法理念与原则的制度体系予以辅助与解析。

【关键词】经济法 民法总则 民法典

一、21世纪"经济法"与"民法"认知的"新维度"

（一）经济法的涵义与理念变迁——仁爱、谦和、博学

1. "经济""法"的涵义解析

日常生活中"经济"的涵义至少有四种：一是指手段措施的主要决定与

---

* 郑俊果，中国政法大学民商经济法学院副教授。

次要辅助两个方面；二是指人们物质与精神的双向需要；三是"文章西汉双司马、经济南阳一卧龙"的治国安邦智慧；四是与金钱和物质利益有关的，以最小的成本取得最大效益的生产或运营模式。

"法"的一般涵义是方法、措施，包括一切化解矛盾纠纷、解决问题阻碍的治国安邦之术、智慧应对策略。"法律"是"法"的表现形式之一，法与律相结合而成的"法律"是狭义的、具有强制力的行为规范方法与措施，"法律"不能替代"法"，进而"法制"或"律制"不能等同于"法治"，"法律"不是解决所有矛盾与问题纷争的"唯一""最高"或"最好"的措施与方法。

2. "经济法"的涵义与理念变迁——仁爱、谦和、博学

"经济法"在大陆法系的法学或部门法理论中，是指国家或政府在市场经济发展到垄断时期、为克服市场机制失灵的不足，维护或保障国民经济的持续、健康、稳定、协调发展，制定的一系列调整特殊"经济"关系的行为规范的总称。"经济法"作为市场经济进入垄断时期后，国家或政府基于整体利益，为国民经济协调、持续、稳定发展，调整特定经济关系的制度规范总称。"经济法"的核心理念是"社会本位、整体利益、结果均衡、实质正义"，体现"经济法"基本理念的法治原则是"协调平衡、维护公平竞争"的基本原则，体现在社会生活中就是注重为人，处世中的仁爱、谦和、博学，对人们的经济行为进行"社会本位、抑己利人、均衡至上"治理，而在社会生活中则带给人们言行豁达、优雅（大气、贵气）的贵族气质。

（二）民法的涵义与理念变迁——民生、民权、民本

1. 民法涵义的新维度解析

民法是指民法体系中主张民生、重视民权、以民为本的，调整平等主体之间民事法律关系的法律规范的总称。民法在市场经济发展中的特殊基础功能与地位，决定了其本土性与时空性的特征。如在罗马法时代的民法中，人法为确立人格提供了法律依据，物法为人格生存提供了物质保障，罗马法中的人格、财产法几经演变、历练，成就了现代民法中民众由物到人的主民生、享人权、重人本的品格与价值理念。

2. 民法理念的影响因素与变迁——民生、民权、民本

调整平等主体间财产与人身关系的民法理念，不仅要映射时代民事生活秩序构筑需要的道德与文明，同时还要能够切实维护各民事主体的合法权益。

因此民法理念形成的影响因素有三：一是社会环境的影响。法国资产阶级革命的彻底性，决定了《法国民法典》以人为本、自由平等的品格得以彰显；二是历史文化的体现。14 至 16 世纪欧陆国家文艺复兴、罗马法复兴、宗教改革的"三 R"现象中人文主义的胜利，使得《法国民法典》中人的价值、权利、自由得到了法律的承认保护。三是民族性格的凝练。法国人与生俱来的浪漫气质、崇高自由、平等闲适生活的精神，使《法国民法典》中的意思自治、自由主义被理所应当地确定下来。

（三）经济法与民法的联系解析

1. 经济法的特殊功能分析

现代经济法的理念立足于现代市场经济条件下，市场主体公平竞争的市场经济实践基础之上，是对经济立法、司法、守法及法律监督起统帅作用的指导思想，是由价值理念、形式理念、实体理念共同构成的。其中，经济法的价值理念是均衡至上；经济法的形式理念是政策先行；经济法的实体理念是协调平衡。[1]

2. 经济法与民法的联系解析

国家为保障市场经济的持续、稳定、健康、协调发展，通过体现以社会整体利益为本位，结果均等、实质正义理念的经济法治规范体系，确认和保护市场竞争中生产者、经营者、消费者的平等地位与公平竞争，实现民主为本、民乐至重、宪法至尊、和谐发展。在市场经济和民主政治发达的现代共享经济条件下，民法中的法律、法规制度体系既是人民意志的体现、也是实现个人长远与持久利益的国家与社会利益的彰显。民法与经济法分工协作的目的就是顺应共享经济发展的需要、人们物质与精神的均衡、眼前与长远利益的兼顾、资源利用与环境保护，实现可持续发展的统筹智慧选择。

---

〔1〕 经济法的价值理念是指：以社会本位、整体效益为主，结果均等、实质正义至上，即在处理效益与其他价值目标的关系时遵循社会整体经济效益至上、社会实质公平为主；经济法的形式理念是指，经济法的地位辅助、与时俱进，经济法调整对象的政策性、综合性、时空性、经济性，表明经济立法的形式必须多元且能够及时、有针对性地适应国民经济发展中宏观经济调控和市场规制、市场监管的需要。经济法的实体理念是指，通过维护公平竞争、协调平衡的经济法基本原则，引导实现经济法价值理念与形式理念的具体制度。

二、民法特征与功能的经济法解析

（一）民法的特征与功能解析

1. 民法的特征分析

民法所要解决问题的具有本土文化内涵与时空特征，纵观民法在各国历史时期的制度理念与体系可以发现：1804 年颁行于法国大革命时期的《法国民法典》，兼有守成、统一和更新三重目的；距《法国民法典》出世约 100 年后 1896 年颁行的《德国民法典》，其理念在于揭示充分市场自由竞争中民事法律制度体系的科学原理和民事立法的普遍规律，表现出逻辑体系严密、法律概念精确的特点。

2. 民法的特殊功能解析

现代各国民法制度体系完善中，民法的主要功能是，通过维护和保障民生、民权、民本，构建基本的社会生活秩序。民法的核心理念是"个体本位、利己不损人"，体现民法基本理念的法制原则是"意思自治、机会均等、契约自由、公序良俗"的基本原则，体现在社会生活中就是注重为人、处世中的民生、民权、民本，对人们的经济行为进行"个体本位、利己不损人、自给主义"管理，而在社会生活中则带给人们言行矫情、自我（小气、戾气）的平民气质。

（二）经济法与民法的区别解析

1. 民法与经济法理念的差异分析

现代市场经济条件下，民法、经济法都是调整市场经济的重要法治规范体系，他们价值理念的区别在于：民法的价值理念是秩序至上，经济法的价值理念是均衡至上。二者不仅能够而且必须有所不同，与民商法相比，经济法解析的特点在于：角色定位的精准性、学科属性的多元性、知识结构的综合性，研究的目的在于培养法务人仁爱、谦和、博学的法学情怀与素养。

2. 经济法视域解析民法的特殊性分析

民法是以秩序为主要价值目标的普通私法，过去秉承私事私办的原则，因此研究、学习民法时，作为普通的个人，以个体利益为本位、利己不损人的观念即可悟出民法的道理；经济法作为以公平为主要价值目标的私法化的公法，不仅承担着济世救民的任务，同时还肩负着经国纬政的使命，其目的是私事公办（为了提高维护公平正义、提高经济效率，如公益诉讼），因而研究、学习经济法时，必须本着整体利益本位、必要时抑己利人的仁爱理念，才能理解经济法的精髓、避免以小人之心度或误读君子的言行。

（三）我国《民法通则》与《民法总则》的经济法解析

1.《民法通则》到《民法总则》的理念变迁

改革开放初期，我国社会信用度的有限、经济发展不平衡、市场经济体制的特殊性决定了我国《民法典》应成为中国建立竞争、公平、统一的市场经济秩序及和睦、健康、亲情的家庭生活秩序和中国最终实现真正的人权、民主和全面的现代化过程中一块坚实的基石。《民法总则》的制定与颁行就充分体现了这样的时空性与本土性，我国《民法通则》到《民法总则》的民生、民权到民本的理念变迁可以通过期间的制度内容予以明确。

纵观民法从产生发展到现在，在政府与民众关系"由管到治、公私共济"的一家治理关系理念确立中，"公共利益、公序良俗、诚信原则、生态文明"的基本原则确立，民法理念的变迁表现为：通过物质与精神利益的均衡（民生），正视市场机会的不平等（民权），促进人格精神尊严的实现（民本）。

2.我国《民法总则》的经济法解析

我国 2017 年 10 月 1 日正式实施的《民法总则》的宗旨或价值目标是：交易更加公平、权利更有保障、老幼受到更多呵护、放心救助他人。《民法总则》的主要特色有四：

一是内容的时空性。即《民法总则》的制定与实施是全面推进依法治国背景与方略的重要组成部分，与十八届四中全会中近 200 项依法治国改革有机联系，同时体现互联网发展与国际性，适应信息社会的要求，确认与保护个人信息、数据、网络虚拟财产等相关的新型人身和财产权益。

二是体例的历史系统性。综合考量民法历史的延续与未来分则的制定，作为《民法通则》的升级版，《民法总则》强化了民法立法模式上的中国特色，维护公有制的经济基础与财产权利平等保护。

三是实施的执政为民性。强化各种民事权利保护，特别是人身尊严权利得到提升和全面列举。

四是智慧的中西融合性。既借鉴国外法制的有益经验、又传承我国优秀的法治文化智慧，只有这样全方位、多维度地考量分析，才能对我国的《民法总则》特色或价值做出准确的评判。

三、民法典编撰中的经济法问题——以《民法总则》为例

民法典编撰中的经济法问题，是指 21 世纪共享经济下，民法典编撰中各单行法的理念与原则、目标与制度的制定与践行中，需要借助经济法理念与原则、目标与制度的法理基础及政策原理，才能明晰并有效达成的相关问题。

（一）《民法总则》颁行对民法典编撰的指导意义

1. 坚持中国特色的本土化法治理念

民法典编纂将秉承《民法总则》的创新理念，统筹兼顾生态意识，开放包容，公平正义，引领推动立法精神，为经济社会平衡、包容可持续发展提供坚实的法治支撑。《民法总则》把社会主义核心价值观写入开篇第一条，赋予农村集体经济组织法人资格、完善监护制度、增加生态保护的绿色条款、见义勇为的免责规范，是为了克服现行民事法律不适应时代发展的弊病、对出现的新情况和新问题、有针对性的积极回应。

2. 凝聚社会生活规则最大共识、是民法典编撰的坚定追求

《民法总则》为民法典的编撰、为整个国家和社会注入了法治的新理念、新规则、新动力，昭示着民法典的民族智慧印记、依法治国新境界、中国梦实现的法治基石。《民法总则》指引下的民法典应扎根于中国的社会土壤，体现中华民族的"精气神"。《民法总则》体现的是一国民法的价值观，国家和民族的精神与灵魂都融入其中。社会主义核心价值观已经成为民法典的立法主线，将优秀的价值取向与价值准则融入整个民法典。

3. 民法典肩负时代引领与映射现实的历史使命

从《民法通则》到《民法总则》的法治理念与内容变迁可以看出，民法典的编撰将是中国法制史的重大事件、宏大工程，是实现国家治理体系和治理能力现代化的重大举措，是中国法治社会、追求现代法制文明的时空性表现。为落实宪法精神、适应法治中国的新天地，民法典必须作为时代的宣言，体现时空的特征，引领并映射伟大时代的奋进征程。

（二）经济法制度原理的特殊性分析

1. 扁鹊论医的疾患系统防治原理

魏文王问扁鹊兄弟三人哪位医术最好？扁鹊答：长兄最好、中兄次之、我最差。文王吃惊：你的名气最大，为何长兄医术最高呢？扁鹊说：我治已

病，治病救不了命，人们以为是大病，因此名大；中兄治初病，化解即好，一般人以为他只能治轻微小病，所以名气只及本乡；长兄治未病，防病不得病，一般人不知他能铲除病因，觉得他水平一般，但他医学水平最高。经济法理念与原则下的制度体系，即是不仅注重长兄的未雨绸缪的宏观调控法制度、具备中兄的风险与危机化解的市场监管法，而且同时还具备个案分析、对症下药、惩前毖后、欲禁于罚的市场规制制度体系。

经济法治体系中，宏观调控法通过财政、税收、预算、政府采购等法律制度体系，预防和引导国民经济与市场经济的健康、持续发展，维护与构建市场秩序的公平及有效竞争；市场监管法通过"一行三会"等金融市场监管制度，及时发现各行业领域的经营风险并予以化解或助力解决、避免引起较大的市场震动；市场规制法通过反垄断法、反不正当竞争法、消费者权益保护法、产品质量法、食品安全法等制度体系，对市场经济稳定、持续、健康、协调发展未雨绸缪、亡羊补牢、惩前毖后，以最小的成本，争取经济、政治、社会、文明、环境效益的最大化。

（三）民法典编撰中的经济法问题

民法典编撰中的经济法问题，是指21世纪共享经济下《民法总则》体现出的使男女老幼都能在交易更加公平、权利更有保障、老幼受到更多呵护、放心救助他人的立法精神或理念及其对公民权利的多元化保护制度中，对公民维护自己各种正当权利时，需要借助体现政府介入、私事公办、兼顾公共利益，才能使民众更加底气十足的相关制度基础。

1. 民法典编撰中的经济法理念问题

民法典编撰中的经济法问题：从体现《民法总则》的目标（交易更加公平、权利更有保障、老幼受到更多呵护、放心救助他人）及《民法总则》主要特色（内容的时空性、体例的系统性、实施的为民性、中西融合性）的制度分析可以看出，民法典编撰中的经济法理念问题主要表现为两个方面：

一是民法典法治理念的明确，以及亲承惠容、规避的代价，需要经济法理念的解析与制度体系的支撑，即民法典法治体系之体：树立共享经济与合作博弈的理念，注重对弱者关爱、细节兼顾、未来持续制度与原则的综合性，引领与构筑21世纪的法治文明。如生态保护与见义勇为者的责任明晰、鼓励路见不平救助行为，是经济法"社会本位、整体利益"的理念体现；强化对胎儿、未成年人与老人的保护制度，是经济法"结果均衡、实质正义"的理念彰显。

二是强化对胎儿、未成年人与老人的保护制度，体现了"结果均衡、实质正义"的经济法理念。在继承法基础上，通过《民法总则》明确规定提高对胎儿的保护程度、体现了对人的全面关怀。人身自由、人格尊严、个人信息权、虚拟财产、知识产权的系统保护，是《民法总则》落实宪法精神、尊重民事权利的体现。《民法总则》专门增加规定：未成年人遭受性侵害的损害赔偿请求权的诉讼时效期间，自受害人年满18周岁之日起计算。给受侵害的未成年人在成年之后寻求法律救济的机会有助于未成年人利益的保护。

被监护人的父母或子女被人民法院撤销监护人资格后，除对被监护人实施故意犯罪的外，确有悔改情形的，经其申请、法院可以在尊重被监护人真实意愿的前提下，视情况恢复资格。这意味着对未成年人或老年人的生活照顾更加切实。这是经济法正视主体地位不平等、体现出的具体情况具体分析的实质正义理念的体现。《民法总则》扩大被监护人范围、调整监护人范围、强化国家监护职能、完善撤销监护相关规定，监护制度内容的丰富、老年人监护制度的增加，是中国特有家庭养老制度，也是与西方国家采用社会养老制度的区别之处。家庭、社会、国家相结合的道路，是对家庭关系的重视、弘扬尊老爱幼中华传统美德的表现。

2. 民法典编撰中的经济法特征问题

基于前述《民法总则》对民法典编撰的指导意义，民法典编撰中有关经济法特征的问题主要表现为以下四个方面：

一是限制民事行为能力年龄下调，注重民事法律行为经济效果时空性的经济法特征。限制民事行为能力人的最低年龄10周岁下调到8周岁，这既是各方人士各抒己见的结果、也是寻求社会认同最大公约数的成效。《民法总则》将限制民事行为能力调至8周岁以上的未成年人的制度，是针对特定行为、特定情形、特定历史时期，强调制度践行效果的经济性时空性特征表现。因此，现实中的经营者可以放心与未成年人交易而不必担心效力问题，这对于整个社会的交易秩序维护和社会经济发展利大于弊。

二是个人尊严与信息权保护入围，体现人、物质与精神利益兼顾经济法经济性特征。"任何组织和个人需要获取他人个人信息的，应当依法取得并确保信息安全、不得非法买卖、提供或者公开他人个人信息"是《民法总则》对人民呼声的明确回应。基于个人信息权与隐私权的本质区别，个人信息权的保护规范体系的构建，应借鉴经济法中处理公私利益博弈中的智慧之举，即"本身违法与合理判断"原则，以最小的司法与执法成本取得良好的经济效果。

三是增加对数据与网络虚拟财产保护，征地拆迁公平合理补偿的制度，体现了民事财产权利来源政策性的经济法特征。《民法总则》对数据、网络虚拟财产的原则性规定，意味着民法典将正式承认数据、网络虚拟财产作为法律财产权利不容侵犯。依法征收、征用动产或不动产的，应当给予公平、合理的补偿。该规定是行政权源民事权利保障的原则性规定，是落实中央关于保护产权的意见、体现保护人民权利思想政策性的经济法特征。对因房价上涨而毁约惜售的房产交易，《民法总则》对此作出回应，规定卖方承担民事责任的方式增加了"继续履行"。

四是民事诉讼时效期间的延长与保护条件的周延，体现了对权利保护方式综合性的经济法特征。《民法总则》将诉讼时效期间延长至 3 年，不仅提醒权利人要及时行使权利，而且起始点的条件变为知晓或能够找到债务人时起算。这样更有利于建设诚信社会、保护债权人的合法权利。对未成年人遭受性侵害请求损害赔偿的，自受害人年满 18 岁之日起算，即 18 岁以后开始计算到 21 周岁，因为未成年人对具体情况的表述可能有所不同。

3. 民法典编撰中单行法的经济法理问题

民法典编撰中单行法的经济法理问题，需要体现经济法特征的法经济学解释与回应，主要应注意以下三点：

一是侵权行为的规制之道：生态保护与可持续发展要求、资源有限与防患未然，借鉴汉德公式、由预防成本最小者承担侵权责任——经济、综合性，规制与预防违法。

二是合同契约信守取势：明确 21 世纪只有变是不变的：无论情势还是不可抗力，注重契约不完备理论的运用，约定明确具体与开放概括兼备，为情势变更、不可抗力时，自治维护公平、均衡利益奠定基础——经济、政策性，化解与规制纷争。

三是争议纠纷处理之术：正视信息的不对称性，在强调当事人谨慎注意义务的同时，借鉴对赌条款原理、明确市场行情变化时争议标价值的估值调整机制，诚信、公平的履行契约——政策、时空性，防范与化解纷争。

四、结　语

民法典在新的历史时期下，体现以民为本、增进全体人民福祉的途径与方式、理念与制度的变迁表明，需贯彻《民法总则》将民事权利保护提升新高度、体现全面保护的基本方针。《民法总则》10月1日实施后保持《民法通则》效力的原因有三：一是《合同法》《物权法》《侵权责任法》都是以《民法通则》为龙头来制定的，如果龙头废了，后面的单行法逻辑结构和效力就会受到挑战；二是很多司法解释直或间接地涉及民法通则且还要继续适用，若《民法通则》司法解释无法适用；三是过渡期里《民法通则》与《民法总则》共同作用平稳过渡。

经济法秉持"社会本位、整体利益、结果均衡、实质正义"的法治理念，通过贯彻上述理念而确立的"协调平衡、维护公平竞争"原则，进而体现出具有经济性、政策性、时空性、综合性特征的经济法制度体系与公私兼容的法治理论，解析《民法总则》中"民事财产权利的行政法来源与保护程度、正视不同群体的个体差异实施不平等的保护制度、未成年人限制行为能力年龄的调整、增加老年人监护与农村集体经济组织法人主体资格"等制度，既有利于推进共享经济下现代法治理念的供给侧改革、更有利于加强法制的预期引导及行为规范尊严。以经济法制度体系中特有的"扁鹊论医"系统法治功能，不仅能够更好地体现经济法本身特有的功用，更有利于经济发展新常态下整个法制建设与经济发展遥相呼应、与时偕行。

法经济学的发展及本土化探析

王成璋*

【摘要】法经济学兴起于 20 世纪 50 年代的美国，是法学和经济学交叉的产物，至今已有 60 余年的发展。首先，我国的法经济学研究起步较晚，尚处在初级阶段，西方的法经济学理论尚未与我国法律实践进行有效结合，因此有必要进行法经济学的本土化研究。同时应看到，法经济学的本土化会对我国的部门法会产生一定的影响。法经济学本土化仍存在"重移植、轻原创""过于理论化"等诸多问题，如何解决这些问题是本土化能否成功的关键。最后，结合我国的国情及发展现状，提出针对法经济学未来发展的建议。

【关键词】法经济学　发展　本土化　法学　经济学

一、法经济学及本土化概述

（一）现代法经济学的兴起与演变

用经济学的理论和方法研究法学问题，一直可以追溯至约翰．康芒斯、卡尔．马克思、边沁、贝卡利亚、亚当·斯密，甚至古希腊时期的柏拉图、亚里士多德，他们的著作中都不同程度地体现了法学和经济学思想的交叉研究。[1]现代意义上的法经济学运动源于 1950 年代末的芝加哥大学，该大学法学院《法经济学期刊》的创办标志着法经济学的兴起。法经济学是 20 世纪 70

---

*　王成璋，男，首都经济贸易大学法学院 2017 级硕士研究生。

〔1〕　如柏拉图的《理想国》中的《法律篇》，亚里士多德的《政治学》，亚当．斯密的《论法律》和《国富论》，贝卡利亚的《论犯罪与刑罚》，边沁的《道德和立法原理导论》，约翰．康芒斯的《资本主义的法律基础》和《制度经济学》，均不同程度地体现了法学和经济学思想的交叉研究。

年代后西方经济学界和法学界发展最快的流派之一，既是西方经济学的一个重要流派，也代表了 20 世纪后 25 年法学理论的重大发展。[1]

20 世纪 60 年代以前，经济学家对法律问题的研究仅限于公司法、税法和竞争法等领域，被称为旧法经济学。1960 年，科斯在其论文《社会成本问题》中引入权利分析和交易成本的概念，同时引入普通法案例来研究经济问题，开创了新法经济学研究之先河，科斯也被誉为法经济学的创始人。[2]

法经济学的另外两位重要代表人物盖多·卡拉布雷西和阿曼·阿尔钦，也对法经济学的发展起了重要的推动作用。1961 年，卡拉布雷西发表的《关于风险分配和侵权法的若干思考》一文，从经济学的视角阐述了侵权的法律问题，颠覆了夹杂着大量道德判断的传统侵权法理论。1965 年，阿尔钦发表的《关于财产权的经济学》一文，运用效用理论和最大化方法研究了产权制度问题，表明不仅经济制度决定了特定的经济现象，而且财产权的进化、发展本身仍受经济力量支配。这两篇论文的发表标志着经济学的分析进入了传统上属于法学家的普通法研究的具体领域。[3]

1972 年，波斯纳的《法律的经济分析》的出版则标志着法经济学进入蓬勃发展期，使法经济学成为一个独立的法学流派。20 世纪 80 年代中期之后，法经济学进入了一个蓬勃发展和广泛传播时期，迄今形成了芝加哥主流学派、法经济学的制度分析学派、新制度主义分析学派、奥地利学派等不同学派。

（二）法经济学及本土化的定义

法经济学迄今并没有一个普遍认可的标准定义，科斯将法经济学分为两部分：一是运用经济学分析法律，二是法律系统的运行对经济系统运行的影响。波斯纳认为"法经济学是将经济学的理论和经验方法全面运用于法律制度分析的学科"，主张用新古典经济学的理论和经验方法研究法律制度。[4]查尔斯·K. 罗利认为"法经济学是运用经济理论和计量经济学方法检验法律和

---

〔1〕 史晋川："法律经济学评述"，载《经济社会体制比较》2003 年第 2 期。

〔2〕 史晋川、吴晓露："法经济学：法学和经济学半个世纪的学科交叉和融合发展"，载《财经研究》2016 年第 10 期。

〔3〕 陈柳钦："法经济学的动态演化及其在中国的发展"，载《延边大学学报（社会科学版）》2011 年第 6 期。

〔4〕 Posner E A., *The economic analysis of law*, Boston：Little Brown and Company，1973，p. 3.

立法制度和形成、结构、演化和影响"。[1]

国内学者种明钊先生认为法经济学的建立是历史的必然，法经济学是研究物质生产关系同法的关系之间的相互关系及其发展规律的科学。[2]学者蒋兆康对法经济学下的定义是："用经济学的方法和理论，而且主要是运用价格理论，以及运用福利经济学、公共选择理论及其他有关实证和规范方法考察、研究法律和法律制度的形成、结构、过程、效果、效率及未来发展的学科。"[3]

笔者认为，应当从更广泛的意义上理解"法经济学"，这有助于扩大我们的视野，拓展法律与经济所涵盖的范围。既要从微观上探讨法律现象和经济现象的关系，又要从宏观上说明它们之间的关系。既要对法律进行经济分析，又要对经济进行法律分析。

关于本土化的定义，有学者认为有三个层面的含义：一是简单地移植，把外来的理论直接应用在本土社会，这是任何理论本土化必须经过的一步，是学术本土化的初始阶段；二是指因本土社会的特殊性而对外来的理论作出补充、修订和否定；三是基于本土社会的原创理论。[4]这一对本土化含义的理解具有重要的借鉴意义，是对本土化研究由浅入深的三个阶段的描述。结合上文对法经济学定义的理解，笔者认为，法经济学的本土化指发源于西方的法经济学理论与中国的法律环境、法律制度和法律实践实现有效结合的过程，其目的在于创造有中国特色的法经济学理论，使其服务于中国的法治建设。

二、法经济学本土化的成因及发展

（一）法经济学本土化的成因

法经济学在中国的本土化是法经济学研究多元化的一个重要体现，法经

〔1〕 Charles. K. Rowley, *Public Choice and the Economic Analysis of Law*, Kluwer Academic Publishers, 1989, p. 125.

〔2〕 种明钊："马克思主义法学的理论基础与法经济学的建立"，载《现代法学杂志》1983年第2期。

〔3〕 Posner E A., *The economic analysis of law*, Boston: Little Brown and Company, 1973, p. 3.

〔4〕 张国良、黄芝晓：《中国传播学：反思与前瞻——首届中国传播学论坛文集》，复旦大学出版社2002年版，第150~151页。

济学理论在中国的发生发展是中国这个庞大学术和实践的大市场的内在需求所导致的，有其产生的必然合理性，其成因主要可概括为以下几个方面：一是顺应社会科学本土化潮流的结果。社会科学研究的本土化要求，也是由其自身特点所决定的。正如有的学者指出"就社会科学理论的知识论的角度而言，社会科学理论永远是局部理论或在地理论，它不可能具有全球普适性"。[1]二是西方法经济学理论与我国法律实践进行有效结合的需要。西方法经济学理论是从美国起源并迅速发展起来的，它的产生与美国的历史文化传统、法律实践密不可分，因此可以说，中国法经济学的本土化实际上是一个从"英美法研究"到"大陆法研究"的转化过程。三是形成中国特色法经济学理论的需要。只有实现法经济学的本土化，才能开拓学术讨论的空间，增加与国际学术界和学者的互动和对话。法经济学的本土化也关系到法经济学研究学术生根和捍卫法经济学者的学术自主性的问题。[2]

（二）法经济学本土化的发展历程

1949年新中国成立后至1978年改革开放前，受国内经济水平低下及社会科学各学科不平衡发展的限制，中国大陆对法经济学的研究一直处在空白的状态。改革开放后，随着经济水平的提高以及国内外学术交流的日益频繁，法经济学理论开始得到引进和发展。

国内最早提到法经济学的是中国人民大学的吕世伦教授，他在1978年给研究生开设的"西方法学思想"课中开始提到该学科，但由于当时"文革"刚结束的国内环境，没能引起人们的关注。[3]1983年，我国学者种明钊和顾培东发表了介绍法经济学理论的论文《马克思主义法的理论基础与法经济学的建立》，这是国内最早引进和提倡法经济学的研究。到20世纪80年代末，得益于新制度经济学和新政治经济学在国内的兴盛，法经济学开始从国外被大量引入并迅速传播。

20世纪90年代后，在当时社会主义市场经济体制最初正式实践的大背景之下，形式上契合"市场经济是法治经济"的命题并能够分析经济体制改革中的立法问题的法经济学开始迅速发展起来。国内学者开始尝试对西方经济

---

〔1〕 吴重庆："农村研究与社会科学本土化"，载《浙江学刊》2002年第3期。

〔2〕 殷继国："中国法经济学研究本土化探析"，载《湖南科技大学学报（社会科学版）》2010年第3期。

〔3〕 吴锦宇："重述'法和经济学'在中国大陆的发轫"，载《社会中的法理》2010年第2期。

学理论进行评述以及对中国的法律制度、法律实践进行经济学分析。西方大量的法经济学著作被介绍和翻译过来[1]，这一时期法经济学的发展有两大特点：一是法学和经济学学者同步对法经济学领域进行关注，主要以法学学者为主；二是以法学的规范研究为主，只有极少的经济学模型研究和案例分析。[2]21 世纪后，国内法经济学研究发展迅速，有关法经济学的杂志文章日益丰富，研究主体中经济学研究者占比增多，在本土化的道路上更迅速地推进了法经济学研究的规范化和形式化。

三、法经济学本土化对部门法的影响

法经济学理论的特殊性在于，将法学思维与经济学思维融合在一起，将法学中的公平、正义理念与经济学中的效率、成本收益理念结合在一起，能更全面地应对和处理社会中出现的问题。从西方国家发展起来的法经济学理论，应当与我国的立法实践和司法实践结合起来，形成有中国特色的法经济学理论，更有效地应用于我国的立法活动与司法活动。

（一）法经济学本土化对民法的影响

法经济学理论的本土化，必然会对传统民法理论产生一定影响和冲击，虽然法经济学与民法学的精神暗合，如民法领域普遍遵循"意思自治"原则，与传统经济学研究采取的个人主义前提有很大程度的一致性，以及从主体上看，民法以"抽象人"为标准进行判断，与经济学上"经济人"或"理性人"假设同样吻合。但民法学与法经济学的核心概念不同，民法学系启蒙于自然主义的"所有权"思考，而法经济学选择了实证主义的"产权"作为其核心概念。科斯指出"产权"与"财产权"之间的差异，即"法律上的所有权是一种归属概念，经济学要决定的是存在的合法权利，而不是所有者拥有的合法权利"。法经济学与民法学核心概念不同，导致进行法经济学的财产法应用时，出现"财产性同质化"作用，导致单向因果关系的逆转和信息成本

---

[1]　如科斯的《企业、市场与法律》、罗伯特·考特和托马斯·尤伦的《法和经济学》、理查德·波斯纳的《法律的经济分析》、罗宾·麦乐怡的《法与经济学》、卡拉布雷西的《事故的成本：法律与经济的分析》等。

[2]　史晋川、吴晓露："法经济学：法学和经济学半个世纪的学科交叉和融合发展"，载《财经研究》2016 年第 10 期。

的无限扩张，引发社会秩序上交往安全的偏差。[1]对于法经济学理论在财产法领域的应用上，我国学者冉昊认为，应当致力于寻找"真实而又易处理"的前提性假设，只有找到这样的前提，并以其为基石展开建构，传统规范法学意图通过科学性实现的法律系统调整，才有可能是符合实践的。

（二）法经济学本土化对公司法的影响

法经济学理论中的公司契约理论为我们理解和适用公司法提供了一个新思路，根据公司契约理论，公司的本质是契约，而契约的订立是在当事人平等互利、自由的原则基础上达成的合意协议。有学者认为，公司法今后的修改、解释和适用应遵循公司契约路径的最优化模型，公司法的存在是为了使契约双方在博弈的过程中分享彼此合意的收益，同时减少不必要的效率损失。[2]遵循契约路径保证了公司内部权力的分立与制衡，能很好地协调股东和利益相关者之间的关系。要根据环境和情况的动态变化，遵循契约动态变化的路径要求、不断减少双方损失、减少不必要的"敲竹杠"成本，降低公司内部代理人的道德风险行为，从而优化公司治理结构，实现社会福利的最大化。

（三）法经济学本土化对刑法的影响

如何进一步认识和把握犯罪现象的规律并更有效地控制和减少犯罪？若只靠犯罪和刑法理论，似难有更大突破，这主要在于方法论的局限，因此法经济学理论的引入，为刑法犯罪问题的解决提供了启发性的策略指导和智慧贡献。法经济学理论能够适用于刑法的原因主要有：①犯罪并非只是一种败德行为，或者是情绪化的非理性的行为，而是一种产业、一种资源配置方式，因此它与普通市场具有某种同构性。②刑法作为国家的主体性活动，和个人行为一样，也要受到收益和成本的驱动和制约。③刑法制度作为整个国家制度的一部分，在社会特定时期受制于特定的文化观念和意识形态，通过对现代国家的刑法制度进行经济分析可知，刑法存在一个有效率的逻辑结构。[3]

经济学对犯罪原因的解释或许是最简单的：犯罪就像其他正常行为一样，

---

〔1〕 冉昊："法经济学中的'财产权'怎么了？——一个民法学人的困惑"，载《华东政法大学学报》2015年第2期。

〔2〕 曲振涛、肖芳、周方召："公司法契约路径的经济学分析"，载《2005年中国法经济学论坛会议论文集》。

〔3〕 沈海平："寻求有效率的惩罚——对犯罪刑罚问题的经济分析"，北京大学2008年博士学位论文。

是行为人基于成本收益衡量而进行理性选择的结果。经济学以理性选择范式为基础，成功地构建了犯罪供给模型，利用它可以较为准确地预测犯罪发展、变化的走向，并且借此可为遏制和预防犯罪提供有价值的政策建议。[1]另一方面，对犯罪的惩罚也并非没有代价，因此需要考虑惩罚的成本与效益。法经济学理论的本土化，有助于为惩罚确立一个合适的政策目标和资源投入规模。

四、法经济学本土化的问题与反思

（一）法经济学本土化的问题

我国的法经济学理论发展经过近 30 余年的发展，已取得不少学术成果，但仍应认识到，我国的法经济学研究存在诸多不足之处，主要表现在：

第一，我国的法经济学研究存在"重移植、轻原创"的现象，很多学者不热衷于西方法经济学理论的本土化，即原创性理论的研究，导致研究成果大多停留在书本上，容易因中西方文化传统和法律实践的差异而产生"水土不服"的现象。

第二，与西方法经济学研究发达国家相比，中国法经济学的发展水平在整体上仍有较大差距，主要原因有：一是研究成果仍停留在西方法经济学的翻译层面，学界未提出一个符合中国实际的法经济学理论框架；二是研究成果停留在法经济学理论著述层面，至今未提出一个中国法律实务届所接受的法经济学实践方案。[2]

第三，站在法系的视野，法经济学最初是作为英美法国家的"地方性知识"而生成的，对英美法有整体上的"路径依赖"，使得原教旨主义的法经济学总是倾向于假定英美法的法院体制、法律程序，并且主要是遵循美国的法律传统，这成了限制法经济学学者对大陆法系制度安排进行原创性和建设性研究的最客观原因。[3]

第四，由于到目前为止的法经济学研究多是理论与演绎性的，大部分结论还都停留在"假说"阶段，还没有得到法律实践的全面检验，同时对法经

---

〔1〕 沈海平："寻求有效率的惩罚——对犯罪刑罚问题的经济分析"，北京大学 2008 年博士学位论文。

〔2〕 魏建、周林彬：《法经济学》，中国人民大学出版社 2008 年版。

〔3〕 肖松："中国法经济学：可能性及限度"，载《商业时代》2011 年第 24 期。

济学的研究过于理论化，缺少定量分析，尚未达到足够的深度。

（二）法经济学本土化的反思

中国的法经济学本土化研究虽然处于基础研究层次，但也逐渐形成了自己的研究范式，我国学者魏建认为，当前中国法经济学的本土化研究有三个研究方向：一是博弈论在法律分析中的应用，二是行为法经济学，三是关于社会规范的研究，研究社会规范和法律制度之间的兼容与冲突。笔者认为，有关法金融学的研究也应作为未来的发展重点之一。结合上文分析，笔者认为应当对法经济学的本土化进行反思，对未来法经济学理论研究的建议如下：

首先，以研究"中国的"法律现象和法律实践为出发点。各个国家的法律都会受到本国的历史传统、文化习惯、经济水平的影响，因此各国的法律会存在一些差异。实现法经济学的本土化，应当把中国法律原则、法律制度和法律问题作为研究对象，不仅限于中国固有的法律传统、习惯和风俗等，还包括从西方移植的法律制度经过本土化后成为中国本土资源的部分。[1]除了中国的法律制度外，我国特有的法律问题和法律实践也是法经济学本土化研究的对象。

其次，法经济学本土化应以促进法经济学科的发展和解释、解决中国现实经济问题为出发点。学科建设不仅要着眼于国内的重大经济社会现象研究，而且要跟踪世界法经济学发展的潮流与趋势。法经济学的本土化不仅要把西方法经济学方面的理论、方法运用到中国，而且应创建适合我国国情、适应我国经济发展和法治改革过程、具有中国特色的法经济学体系框架。[2]

最后，法经济学是法学与经济学的融合，法学家维护的是公平，经济学家维护的是效率，因此，在坚持公正标准的同时，效率将成为法律改革的目标。若要实现这个目标，则需要一系列配套措施，需要一套可行、可计量的实现效率和监督效率的措施。因此，既要移植西方的法经济学理论和经济学、法学理论并将他们本土化，还需要经济学家、法学家以及其他学者的共同努力，认真总结中国的经验，实现法经济学的本土化。

---

〔1〕 殷继国："中国法经济学研究本土化探析"，载《湖南科技大学学报（社会科学版）》2010年第3期。

〔2〕 曲振涛："论法经济学的发展、逻辑基础及其基本理论"，载《经济研究》2005年第9期。